A. A. Gromyko
Reden und Schriften

*Andrej Gromyko*

# Den Frieden auf Erden erhalten

Reden und Schriften

*Pahl-Rugenstein*

Satz: Druckerei Locher GmbH, Köln
Druck: MVR-Druck Köln GmbH

CIP-Kurztitelaufnahme der Deutschen Bibliothek
**Gromyko, Andrej:**
Den Frieden auf Erden erhalten : Reden u. Schr./
Andrej Gromyko. – Köln : Pahl-Rugenstein, 1984.
ISBN 3-7609-0926-4

Inhalt

# An den Leser in der Bundesrepublik Deutschland

Dieses in der BRD erscheinende Buch behandelt Probleme der Weltpolitik, der Tätigkeit des Sowjetstaates auf dem Schauplatz des internationalen Geschehens und seiner Anstrengungen zur Erhaltung und Festigung des Friedens in Europa und der ganzen Welt. Die darin enthaltenen Materialien – Ansprachen, Reden und Artikel – berühren auch Fragen der bilateralen Beziehungen zwischen der Sowjetunion und der Bundesrepublik Deutschland.

Wenn ich mich an den westdeutschen Leser wende, möchte ich vor allem betonen, daß in der Sowjetunion den Beziehungen zu Ihrem Land immer große Aufmerksamkeit geschenkt worden ist. Ich glaube, auch in der BRD sollte die Wichtigkeit normaler, gegenseitig vorteilhafter Beziehungen zur UdSSR offensichtlich sein.

Diese Notwendigkeit wird außerdem von den Erfahrungen der Vergangenheit – der nahen wie der ferneren – diktiert. Ich würde auch die Tatsache betonen, daß der Zustand der sowjetisch-westdeutschen Beziehungen in nicht geringem Maße die Entwicklung in Europa in und über seine Grenzen hinaus beeinflußt.

Diplomatische Beziehungen wurden zwischen unseren Ländern 1955 hergestellt. Doch die wahre Normalisierung der sowjetisch-westdeutschen Beziehungen vollzog sich nicht von heute auf morgen. In den 50er, aber auch in den 60er Jahren wurden sie von jenen Kräften in der BRD blockiert, die die in Europa im Ergebnis des zweiten Weltkrieges und der Nachkriegsentwicklung entstandenen Realitäten zu negieren versuchten. Indessen konnte einzig und allein die Anerkennung dieser Realitäten eine tatsächlich feste Basis für die Aufnahme einer gutnachbarlichen Zusammenarbeit der beiden Staaten für das Wohl ihrer Völker und im Interesse des europäischen und des Weltfriedens schaffen.

Um diese Wahrheit und die eigenen langfristigen Interessen zu erkennen, hatte die BRD einen komplizierten, durch Zickzackkurs und Rückschläge gekennzeichneten Weg zurückgelegt, bevor am 12. August 1970 in Moskau im Ergebnis langwieriger und nicht leichter Verhandlungen der Vertrag zwischen der UdSSR und der BRD unterzeichnet wurde. Dieser Vertrag sollte eine Wende zum Besseren in den sowjetisch-westdeutschen Beziehungen markieren. Nicht nur wir Sowjetmenschen, sondern auch die Deutschen in der BRD sind voll berechtigt, zu behaupten, daß er einen bedeutenden historischen Akt darstellt.

Diese Tage bleiben meiner Erinnerung eingeprägt. Gemeinsam mit dem damaligen Außenminister der BRD, Walter Scheel, und dem Staatssekretär im Bundeskanzleramt, Egon Bahr, hatten wir tüchtig zu arbeiten, um die Verhandlungen zur Erarbeitung des Textes des Vertrages, der anschließend unterzeichnet wurde, erfolgreich zu Ende zu führen.

Heute, mehr als zehn Jahre später, sehen wir klar, wie akut und wichtig der Abschluß des Moskauer Vertrages für die Festigung der europäischen und der internationalen Sicherheit war. Diese wurde auch durch die anschließende Unterzeichnung der Verträge zwischen der VRP, der DDR, der CSSR und der BRD gefördert.

Einen bedeutenden positiven Schritt stellte ferner die am 3. September 1971 erfolgte Unterzeichnung des Vierseitigen Abkommens über Westberlin dar, das es ermöglichte, die Spannungen zu beseitigen und die Lage um diese Stadt zu normalisieren. Die Sowjetunion tritt entschieden dafür ein, alle Bestimmungen dieses Abkommens strikt einzuhalten, was sowohl den Interessen Westberlins als auch denen der beiden deutschen Staaten und der Mächte entsprechen würde, die ihre Unterschriften unter das Abkommen gesetzt haben.

Im Ergebnis gemeinsamer Anstrengungen war es in den 70er Jahren gelungen, die sowjetisch-westdeutschen Beziehungen in die normale Bahn zu lenken und zwischen der UdSSR und der BRD eine gegenseitig vorteilhafte Zusammenarbeit auf den unterschiedlichsten Gebieten aufzunehmen. Trotz der komplizierten Weltlage hat diese Zusammenarbeit die Festigkeitsprobe bestanden.

Im Zuge der sowjetisch-westdeutschen Gipfelverhandlungen in Moskau und Bonn sowie bei meinen mehrmaligen Besuchen in der BRD als Minister für Auswärtige Angelegenheiten traf ich mich mit den Präsidenten Walter Scheel und Carl Carstens, den Bundeskanzlern Willy Brandt, Helmut Schmidt und Helmut Kohl sowie mit anderen Staatsmännern und Politikern der BRD. Verständlicherweise pflegte ich regelmäßige Kontakte mit dem stellvertretenden Bundeskanzler und Außenminister der BRD, Hans-Dietrich Genscher, sowohl in Moskau, als er die Sowjetunion besuchte, als auch in New York, Madrid und Wien. Das waren im großen und ganzen nützliche und inhaltsreiche Treffen und Kontakte.

Natürlich bin ich weit davon entfernt, die Beziehungen zwischen der UdSSR und der BRD im rosigen Licht darzustellen. Bis zu einer Idyllik ist es weit. Unsere Länder gehören zu unterschiedlichen Gesellschaftssystemen. Jedes von ihnen hat seine Verbündeten und Freunde. In vielem haben wir unterschiedliche politische Ansichten. Es gibt Fragen – nicht unwichtige Fragen –, in denen unsere Positionen wesentlich auseinandergehen. Doch bei alldem kann und muß eine gemeinsame Sprache gefunden werden. Das erfordern die ureigensten Interessen unserer Staaten und Völker. Das wird von der gegenwärtigen internationalen Lage gefordert.

Die Lage in Europa und der ganzen Welt hat in den letzten Jahren einen komplizierten und scharfen Charakter angenommen. Die Hauptursache dafür liegt im militaristischen Kurs gewisser Kreise, die in einigen NATO-Ländern, vor allem in den USA, am Staatsruder stehen. Dieser Kurs zielt darauf ab, die internationalen Spannungen anzuheizen, das Wettrüsten anzukurbeln und die militärische Überlegenheit zu erlangen, um von dieser Position aus anderen Ländern und Völkern seinen Willen aufzuzwingen.

Für die Europäer, und nicht nur für sie, stellen die Pläne der Stationierung neuer amerikanischer Nuklearraketen auf dem Territorium mehrerer Länder Westeuropas eine besondere Gefahr dar. Ihre Verwirklichung zu verhindern oder mit einer noch größeren Gefahr der Nuklearkatastrophe leben zu müssen – das ist heute die allerwichtigste Frage für Europa und die ganze Welt.

Um diese Perspektive von den europäischen und anderen Völkern abzuwenden, unterbreitet die Sowjetunion Vorschläge, die ein breites Spektrum von Maßnahmen vorsehen: von wesentlichen Reduzierungen der nuklearen Mittelstreckenwaffen bis hin zur völligen Befreiung Europas von Kernwaffen. Diese Vorschläge sind bekannt. Sie enthalten alle notwendigen Elemente für eine gegenseitig annehmbare Vereinbarung, die niemandes Interessen – weder die der UdSSR und ihrer Verbündeten noch die der USA und der westeuropäischen Staaten – schmälert.

Unser Land zeigte und zeigt Flexibilität bei der Suche nach konkreten Lösungen der Frage der Nuklearmittel in Europa unter unbedingter Einhaltung der Forderung, daß das Prinzip der Gleichheit und der gleichen Sicherheit nicht verletzt wird. Das Niveau solcher Rüstungen kann und muß auf beiden Seiten radikal gesenkt werden, aber so, daß das Kräfteverhältnis zwischen ihnen unverändert bleibt. Beim Streben danach braucht die Sowjetunion von niemandem guten Willen zu borgen.

Die sowjetisch-amerikanischen Verhandlungen in Genf können fortgesetzt werden, wenn die Vereinigten Staaten nicht mit der faktischen Stationierung ihrer Raketen in Westeuropa beginnen. Gleichzeitig soll es völlig klar sein, daß das Erscheinen amerikanischer Raketen auf europäischem Boden die Fortsetzung dieser Verhandlungen unmöglich machen würde.

Was die USA betrifft, so bleibt ihre Haltung weiterhin unrealistisch und einseitig. Sie läuft darauf hinaus, daß die UdSSR ihre Nuklearwaffen mittlerer Reichweite reduzieren müsse, während die USA und ihre NATO-Verbündeten sie steigern würden. Bei einer solchen Einstellung kann man selbstverständlich nicht mit einem Fortschritt bei den Verhandlungen rechnen. Eigentlich strebt Washington das gar nicht an. Es steuert hartnäckig darauf zu, in Westeuropa seine Raketen – die Pershing II und die Cruise Missiles – aufzustellen.

Die Sowjetunion kann angesichts dieser Bedrohung nicht gleichgültig bleiben. Sie will und wird ihre Sicherheit und die Sicherheit ihrer Verbündeten nicht aufs Spiel setzen. Die UdSSR ist gezwungen, gemeinsam mit anderen sozialistischen Ländern die notwendigen Maßnahmen zu ergreifen, um die entstandene annähernde Gleichheit der Kräfte zwischen dem Warschauer Vertrag und der NATO aufrechtzuerhalten.

Aber die wachsende militärische Konfrontation ist nicht unser Weg. Die Sowjetunion setzt sich für eine radikale Begrenzung und Reduzierung der Nuklearrüstungen ein.

Würden die USA und die anderen NATO-Länder bereit sein, zu der Lage zurückzukehren, die vor Beginn der Stationierung amerikanischer Mittelstreckenraketen in Europa bestanden hat, wäre die UdSSR ebenfalls bereit, ihre Gegenmaßnahmen rückgängig zu machen. Das würde den Weg zu Verhandlungen über die Reduzierung sowohl der europäischen als auch der strategischen Kernwaffen bahnen.

Im Zusammenhang mit der geplanten Stationierung

der auf die UdSSR und ihre Verbündeten gerichteten amerikanischen Nuklearraketen auf dem Territorium der BRD möchte ich mit aller Überzeugtheit betonen, daß es weder uns noch der anderen Seite mehr Sicherheit geben wird. Es würde im Gegenteil das bereits existierende Niveau der Sicherheit in Frage gestellt.

Das, was ich diesbezüglich sage, betrifft auch jene Länder Westeuropas, die ihr Territorium für die Aufstellung amerikanischer Raketen zur Verfügung stellen.

Die Sowjetunion plante und plant nichts Schlimmes gegen die BRD oder ein anderes NATO-Land. Wir glauben daran, daß ihre Völker gleich unserem Volk keine Nuklearkatastrophe wollen. Man muß alles tun, damit sie nicht ausbricht und die Gefahr dieser Katastrophe gebannt wird.

»Der Moskauer Vertrag und die nach seinem Abschluß erfolgte aktive Entwicklung der sowjetisch-westdeutschen Beziehungen haben dem natürlichen gegenseitigen Bedürfnis der Völker der UdSSR und der BRD nach Frieden und Entspannung Rechnung getragen», hob K. U. Tschernenko hervor. »Das muß man respektieren. Die Sowjetunion geht davon aus, daß zur Erhaltung der normalen und guten Beziehungen zwischen unseren Staaten – und wir sagen ja dazu – auf beiden Seiten guter Wille, die gebührende Achtung der Sicherheitsinteressen und gemeinsame Anstregungen zur Überwindung der jetzigen gefährlichen Zuspitzung der nuklearen Konfrontation auf dem Kontinent erforderlich sind.«

Diese Betrachtungsweise entspricht den Hoffnungen unserer Völker. Sie findet bei allen jenen Anklang, denen das Schicksal des Friedens in Europa und in der Welt am Herzen liegt.

Bei der Lektüre dieses Buches kann dieser oder jener Leser anderer Meinung als der Autor sein. Schließlich geht es darin um Prinzipien und Richtungen der sowjetischen Außenpolitik, um den Standpunkt der Sowjetunion zu den internationalen Ereignissen. Betrachtet man die Dinge objektiv, so ist es unmöglich – davon bin ich fest überzeugt –, sich nicht mit der Feststellung einverstanden zu erklären, daß es zum Kurs der friedlichen Koexistenz der Staaten mit unterschiedlicher Gesellschaftsordnung, zum Kurs auf die Anbahnung vielseitiger und tiefgehender Beziehungen zwischen ihnen keine vernünftige Alternative gibt.

Der Autor wäre durchaus zufrieden, wenn sich der Leser darüber Gedanken machen würde, und man muß sich darüber Gedanken machen, heute mehr denn je.

Bei dieser Gelegenheit möchte ich den Lesern meines Buches alles Gute wünschen.

*Andrej Gromyko*

## Vorwort

Es fällt einem Autor meines Erachtens immer recht schwer, ein Vorwort zu schreiben, zumal, wenn es sich um sein Buch handelt, das im Ausland herausgegeben wird. Üblicherweise ist es notwendig, mit einem Mindestmaß von autobiographischen Angaben aufzuwarten. Aber darauf kommt es nicht so sehr an. Spricht man von den wichtigsten Marksteinen in der Tätigkeit dieses oder jenes Politikers und dessen Ansichten, so ist es verständlich, daß dabei politische Ereignisse, mit denen er verbunden war, in den Vordergrund treten. In meinem Fall sind das jene internationalen Ereignisse, an denen ich durch die Umstände beteiligt war oder bis jetzt beteiligt bin. Ich glaube, daß meine Reden, Erklärungen, Artikel und andere Materialien aus mehr als vier Jahrzehnten – vom zweiten Weltkrieg bis zur Gegenwart – dies am besten widerspiegeln.

Kurz zu meiner Person. Ich wurde 1909 in einer halbbäurischen, halbproletarischen Familie geboren. Eine solche Bevölkerungskategorie existierte im vorrevolutionären Rußland. Dazu gehörten diejenigen, die nicht genügend Land hatten, um sich und ihre Familie zu ernähren. Sie fanden aber auch keine ständige Arbeit in der Industrie, in der Stadt. Kurzum, wir besaßen eine armselige Wirtschaft mit schlechtem Boden. Häufig

*Der Vater Andrej Matwejewitsch und die Mutter Olga Jewgenjewna, 1916*

suchten uns Mißernten heim. Selten reichte das Brot bis zur neuen Ernte. Daher suchten mein Vater und ich, der ich damals 14 Jahre alt war, uns einen Nebenverdienst, hauptsächlich beim Holzeinschlag, beim Flößen und Transport in holzverarbeitende Betriebe.

Meine Heimat, die Gomelstschina, liegt im südwestlichen Teil der Osteuropäischen Ebene, ungefähr auf dem halben Weg zwischen Moskau und Kiew. Unser Gebiet war immer reich an Wäldern, aber auch an Sümpfen, die mit Sandboden abwechselten. Der Slawenstamm »Radimitschi« erhielt eine ganz bescheidene Gabe des Schicksals. Das war, um ein Modewort zu gebrauchen, die Umwelt. Das Volk zeichnete sich hier immer durch seine Güte und Aufgeschlossenheit aus, aber nicht jenen gegenüber, die hierher mit dem Schwert kamen. Als die UdSSR vom faschistischen Deutschland überfallen wurde, kämpfte im Sowjetischen Belorußland jung und alt, ebenso wie das ganze sowjetische Volk, tapfer gegen die Eindringlinge. Die Hitlerfaschisten brachten diesem Land und seinem Volk unsäglich viel Leid. Jeder vierte ist umgekommen. Auf belorussischem Boden gibt es unzählige Gräber und Denkmäler der heldenhaften Soldaten.

Meine Kindheit verbrachte ich in der Umgebung der Stadt Gomel. Dieser Landstrich ist heute der Rayon Wetka im Gebiet Gomel. Seinerzeit hatte sich der berühmte Rebell gegen den Zarismus Jemeljan Pugatschjow in dem kleinen Städtchen Wetka unter dem Schutz von Altgläubigen verborgen gehalten, bevor es das absolutistische Regime der Zarin Katarina II. in seinen Grundfesten erschütterte.

Die russische Stadt Gomel wurde zum ersten Mal in Chroniken aus der Mitte des 12. Jahrhunderts erwähnt. Im 14. Jahrhundert gehörte sie im Ergebnis der ihr aufgezwungenen Raubkriege dem Großfürstentum Litauen an; im 16. Jahrhundert wurde sie von den polnischen Pans erobert. Aber im Jahre 1772 kam sie und mit dem Recht der Geschichte als ein ureigenes Stück russischen Bodens wieder zu Rußland.

In meinen Kindheitserinnerungen ist Gomel als wichtiger Eisenbahnknotenpunkt geblieben. Die Industrie war hier ziemlich schwach entwickelt und hauptsächlich durch die Streichholzfabrik „Vesuv" vertreten. Die im zweiten Weltkrieg stark zerstörte Stadt ist jetzt nicht nur völlig wiederaufgebaut, sondern auch zu einem großen Industrie- und Kulturzentrum der Belorussischen SSR geworden. Bis 1926 zählte sie und der Bezirk Gomel insgesamt zur RSFSR. 1970 wurde Gomel für die Verdienste im Krieg mit dem Orden des Roten Arbeitsbanners ausgezeichnet.

1931, ich war zu der Zeit Student, heiratete ich Lidija Dmitrijewna Grinewitsch. Sie war ebenfalls Studentin und Tochter belorussischer Bauern, die in der Umgebung von Minsk lebten. Wir haben zwei Kinder – Anatoli und Emilija. Anatoli ist Professor, Doktor der Geschichtswissenschaften, korrespondierendes Mitglied der Akademie der Wissenschaften der UdSSR. Er leitet das Afrika-Institut der Akademie der Wissenschaften der UdSSR. Unsere Tochter ist Kandidatin der Geschichtswissenschaften (das entspricht dem Doktortitel im Ausland). Sie ist wissenschaftliche Mitarbeiterin. Meine Frau und ich haben also allen Grund, mit

*Andrej Gromyko mit seiner Gattin L.D. Gromyko (auf der Krim)*

*Mit seiner Gattin, Kindern und Enkelkindern (auf der Krim)*

unseren Kindern zufrieden zu sein. Wir haben drei Enkel: Igor, Andrej und Alexej und zwei Enkelinnen: Lidija und Anna. Einer der Enkel hat einen Sohn, einen kleinen Draufgänger, weswegen ich ihn Kosake nenne.

Meine Schwester Jewdokija ist bei guter Gesundheit, während meine beiden Brüder, Alexej und Fjodor, im Krieg umgekommen sind. Sie waren Offiziere der Sowjetarmee. Einer fand im Ostseegebiet in den ersten Wochen des Krieges den Tod. Der zweite war Chef einer Artilleriebatterie und fiel bei der Überquerung des Dnjepr, nicht weit von der Stadt Bobruisk, als die sowjetischen Truppen im Zuge einer Großoffensive die zurückweichenden Hitlerhorden verfolgten. Während des Krieges sind auch viele andere Verwandte von mir und von meiner Frau umgekommen.

1930 trat ich in die KPdSU(B) ein – so hieß damals die Kommunistische Partei der Sowjetunion.

Soweit ich mich erinnern kann, waren mir immer Lerneifer und Wissensdrang eigen. Meine Eltern taten alles, damit ich eine gute Bildung erhalten konnte. Das war nicht leicht für sie. Während der Semesterferien verdiente ich durch körperliche Arbeit etwas dazu, um der Familie zu helfen. Ich absolvierte das Institut und promovierte. Die letzten Semester bewältigte ich in Minsk und Moskau.

Im Jahre 1934 geschah etwas, das meinen weiteren Lebensweg beeinflußte. Im zweiten Promotionsjahr wurden sechs Mann, darunter auch ich, in die Hauptstadt geschickt. Ich promovierte bereits in Moskau im Fach Wirtschaft. Gleich nach der Promotion, 1936, nahm ich meine Arbeit als Dozent am Institut für Wirtschaft der Akademie der Wissenschaften der UdSSR auf.

Damals glaubte ich, mich meinem Beruf eines wissenschaftlichen Arbeiters für immer und ewig verschrieben zu haben. Nebenbei unterrichtete ich am Moskauer Institut der Ingenieure für Kommunalbau. Unter den Studenten meiner Gruppe befanden sich Menschen, die später zu angesehenen Persönlichkeiten im Lande wurden. Damals waren Studenten nicht selten genauso alt wie ihre Lehrer, deswegen fühlten sich letztere – ich jedenfalls – ziemlich unwohl. Vielleicht hätte ich mir einen Bart wachsen lassen sollen?

Etwa um diese Zeit beschloß ich, ohne Arbeitsunterbrechung in einer Militärfliegerschule zu lernen. Das war der Traum vieler meiner Altersgenossen. Doch mußte ich eine Enttäuschung erleben, denn, um Flieger zu werden, war es ein wenig zu spät für mich. Man sagte mir, daß nur Bewerber bis zu 25 Jahren aufgenommen werden. Ich aber war bereits Anfang 26. Ich litt sehr unter diesem Mißerfolg, wollte ich doch so sehr fliegen! Aber wie gesagt, viele wollten fliegen. In dieser Zeit trieb man nicht nur in der Sowjetunion, sondern auch in anderen Ländern eine Art Kult mit der Luftfahrt, die sich stürmisch entwickelte, das zeigte sich auch bei der Eroberung der Arktis. Ich fand mich damit ab und sagte: „Adieu, Luftfahrt, unsere Wege trennen sich."

Ende 1938 übernahm ich die Pflichten des wissenschaftlichen Sekretärs im Institut für Wirtschaft. Ich begann mich in das strenge Regime der alltäglichen wissenschaftlichen Arbeit schon einzuleben, als mich eines Tages der damalige Präsident der Akademie der Wissenschaften der UdSSR, Komarow Wladimir Leontjewitsch, plötzlich zu sich kommen ließ und mir die Stellung des Sekretärs der Fernöstlichen Filiale der Akademie anbot. Ich begriff sehr wohl, daß man für eine solche große wissenschaftlich-organisatorische Arbeit einen erfahrenen und angesehenen Wissenschaftler brauchte. Das habe ich offen gesagt. Der Präsident stimmte mir zu. Mit allen möglichen Argumenten versuchte ich, diesen berühmten Botaniker auf meine Seite zu ziehen. Für mich aber dachte ich: »Wäre er Psychologe und nicht Botaniker, hätte er mich vielleicht umstimmen können, und ich wäre nach Wladiwostok gegangen.« Aber es war mir nicht mehr lange vergönnt, im Institut zu arbeiten.

Einige Zeit später, ich war bereits Botschafter in Washington, begann ich allerdings die Arbeit an dem Buch »Export des amerikanischen Kapitals«, schloß es ab, als ich Botschafter in London war, und veröffentlichte es im Jahre 1957 (unter dem Pseudonym G. Andrejew). Für das Buch wurde mir vom Wissenschaftlichen Rat der Staatlichen Moskauer Universität der wissenschaftliche Grad eines Doktors der Wirtschaftswissenschaften verliehen. 1961 erschien mein zweites Buch »Expansion des Dollars« (unter demselben Pseudonym). Diesem Forschungsthema bin ich bis heute treu. Ende 1982 wurde mein neues, drittes Buch »Die Außenexpansion des Kapitals« herausgegeben, das die beiden ersten Werke fortsetzt und ergänzt. Dieses riesengroße Wissensgebiet ist mir als Forschungsprojekt besonders nah.

Wenn ich wieder zu den dreißiger Jahren zurückkehre, so muß man daran erinnern, daß dies die Periode des unentwegten Wachstums und der Stärkung des Sowjetlandes war, dessen Volk den Sozialismus aufbaute, indem es das einstige, vom Zaren geknechtete Rußland, den »Hinterhof« des Kapitalismus, in einen starken Staat der Arbeiter und Bauern und der werktätigen Intelligenz verwandelte. Dabei verlief die grandiose Friedensarbeit zur Schaffung einer neuen Gesellschaft in der UdSSR, besonders in der zweiten Hälfte jenes Jahrzehnts, in einer gespannten Atmosphäre. Es roch immer stärker nach Pulver. Alles deutete darauf hin, daß über dem Land Gewitterwolken des Krieges zusammenzogen. Das wollte man natürlich nicht wahrhaben. Doch die Dinge lagen eben so und nicht anders, und verstandesmäßig begriffen das die sowjetischen Menschen.

In Europa und in anderen Weltteilen fiel ein Land nach dem anderen der Aggression Hitlerdeutschlands, des faschistischen Italien und des militaristischen Japan zum Opfer, die offen den Weg der Entfesselung des zweiten Weltkrieges einschlugen. Angesichts der wachsenden Gefahr für den Weltfrieden betrieben England, Frankreich und die USA in den Vorkriegsjahren eine »Beschwichtigungspolitik« gegenüber den Aggressoren, wobei sie versuchten, die Stoßrichtung der faschistischen Expansion von sich abzuwenden und sie gegen die UdSSR zu lenken. Das alles ist jetzt gut bekannt.

Diese Politik, die im Münchener Abkommen zwischen den Regierungschefs Englands und Frankreichs und dem deutschen Faschismus im September 1983 gipfelte, ermunterte die aggressiven imperialistischen

Mächte nicht nur zu neuen Abenteuern, sie kehrte sich obendrein vor allem gegen diejenigen, die diese »Beschwichtigungspolitik« in Europa und in der übrigen Welt praktizierten. Kaum ein Jahr nach dem Abkommen von München wurden England und Frankreich in den Weltbrand hineingezogen.

Die Sowjetunion kämpfte in den dreißiger Jahren beharrlich für die Bildung eines Systems der kollektiven Sicherheit in Europa und tat alles, um die Aggressoren zu zügeln und den zweiten Weltkrieg zu verhindern. Um dies aber zu erreichen, waren natürlich die Bemühungen der Sowjetunion allein nicht ausreichend. England und Frankreich lehnten die entsprechenden sowjetischen Vorschläge ab und zeigten keinerlei Interesse, gemeinsam mit der UdSSR der faschistischen Aggression eine Abfuhr zu erteilen.

Es wurde immer offensichtlicher, daß die Völker, vor allem Europas, sich am Vorabend einer neuen Welttragödie befanden. In dieser Situation unternahm die Sowjetunion alle nur möglichen Schritte, um den Beginn des Krieges zumindest zu verschieben und somit die Zeit für Vorbereitungen zur Abwehr der Aggression zu gewinnen.

Die Notwendigkeit, die vor der UdSSR stehenden überaus komplizierten außenpolitischen Aufgaben zu lösen, stellte besondere Anforderungen auch an ihre Diplomatie, die dafür alle vorhandenen Möglichkeiten und Mittel einsetzen mußte. Deswegen maß das ZK der KPdSU(B) der Auswahl und dem Einsatz der diplomatischen Kader eine sehr große Bedeutung bei.

Anfang 1939 wurde ich von einer bevollmächtigten

Kommission des ZK der Partei, die neue qualifizierte Kader für die außenpolitische und diplomatische Tätigkeit auswählte, zu einer Aussprache eingeladen. Diese Kommission saß im früheren Gebäude des Ministeriums für Auswärtige Angelegenheiten am Kusnezki Most. Als ich zur festgesetzten Stunde vor der Kommission erschien, erkannte ich gleich unter deren Mitgliedern W.M. Molotow und weitere bekannte Partei- und Staatsfunktionäre. Man erklärte mir, es gehe um meinen Wechsel zu einer Arbeit außenpolitischen Charakters, aller Wahrscheinlichkeit nach auf diplomatischem Gebiet. Außer mir stellten sich der Kommission an diesem Tag drei andere Kandidaten vor. Wir alle waren darauf gespannt, wie es Fortuna mit uns gemeint hatte und welchen Tribut sie von uns forderte.

Es ist natürlich schwer, jetzt genau zu sagen, was die Kommission bewog, ihre Wahl gerade auf mich fallen zu lassen. Ich glaube, daß folgender Umstand ausschlaggebend war. Seit den ersten Tagen der Komsomolarbeit nahm ich aktiv an wissenschaftlich-propagandistischer Tätigkeit teil - ich hielt Vorlesungen, Vorträge, leitete Seminare und Zirkel in Institutionen und Industriebetrieben. Meistens hatte ich mit Vertretern der Intelligenz zu tun. Mit einem Wort, ich war Aktivist, wie man damals so sagte. Eine Rolle spielte auch die Tatsache, daß ich bereits in der Aspirantur die englische Sprache beherrschte, obwohl meine Kenntnisse alles andere als perfekt waren.

So wurde ich im Frühjahr 1939 zum Leiter des Referats sowjetisch-amerikanische Beziehungen im Volkskommissariat für Auswärtige Angelegenheiten der

UdSSR ernannt. Aber auf diesem Posten blieb ich nicht lange, etwa ein halbes Jahr.

Eines Tages erhielt ich die Mitteilung, ich habe mich bei I.W. Stalin zu melden. Das kam etwas überraschend für mich. Zuvor hatte ich Stalin nur von fern gesehen: auf dem Roten Platz, wo er Paraden abnahm und Demonstranten grüßte, und auch im Präsidium bei Sitzungen im Großen Kremlpalast, an denen ich neben Delegierten von Betrieben und Institutionen, darunter wissenschaftlichen, anwesend war.

Wenige Minuten später traf ich im Kreml ein. Im Empfangszimmer lernte ich Stalins Gehilfen und Sekretär Poskrebyschew kennen. Er meldete mich an.

Und nun war ich im Arbeitszimmer Stalins. Er saß nicht an seinem Arbeitstisch, sondern vorne, an der Spitze eines großen Tisches, an dem gewöhnlich das Politbüro seine Sitzungen abhielt. Molotow, der damalige Volkskommissar für Auswärtige Angelegenheiten, war ebenfalls zugegen. Mit ihm war ich schon zuvor zusammengetroffen, um Fragen der sowjetisch-amerikanischen Beziehungen zu besprechen. Übrigens hatte ich noch keine Zeit gehabt, mich mit einigen von ihnen eingehender zu befassen.

Stalin und Molotow begrüßten mich. Das Gespräch begann Stalin. Er sagte, es sei vorgesehen, mich in die Botschaft der UdSSR in den USA als Botschaftsrat, also als zweiten Mann dort, zu schicken. Ich war, offen gesagt, über diesen Beschluß ziemlich erstaunt, obwohl ich schon damals davon ausging, daß Diplomaten ähnlich wie Militärs zu unerwarteten Versetzungen immer bereit sein müßten.

Stalin umriß kurz und prägnant, wie es seine Art war, die Gebiete, denen man besondere Bedeutung in den sowjetisch-amerikanischen Beziehungen beimessen müßte. Aus seinen Bemerkungen ging hervor, daß die UdSSR mit den USA, diesem mächtigen Land, gute Beziehungen unterhalten könne, besonders angesichts der zunehmenden faschistischen Gefahr in Europa. Der deutsche Faschismus, bemerkte Stalin, rüste beschleunigt zum Krieg, was für jeden einigermaßen vernünftig denkenden Menschen offensichtlich sei. Molotow machte einige Zwischenbemerkungen, die Stalins Gedanken bekräftigten.

Stalin interessierte sich auch dafür, wie mein Verhältnis zur englischen Sprache sei. Ich antwortete, daß ich mit ihr auf dem Kriegsfuß stünde, aber wie es aussehe, würde ich ihrer allmählich mächtig, obwohl das Studium kompliziert sei, zumal es an der nötigen Sprachpraxis fehle. Und da gab mir Stalin einen Ratschlag, der mich etwas verblüffte, gleichzeitig aber erheiterte und mir half, mich im weiteren Gespräch nicht so eingeengt zu fühlen. »Und warum können Sie nicht«, setzte er fort, »ab und zu amerikanische Kathedralen und Kirchen besuchen und sich Predigten der Pfarrer anhören? Die sprechen ja ein gutes, gepflegtes Englisch, mit einer klaren Diktion. Nicht von ungefähr bedienten sich viele russische Revolutionäre während ihres Aufenthalts im Ausland dieser Methode, um ihre Fremdsprachenkenntnisse zu vervollkommnen.«

Ich erinnere mich, daß ich zunächst verwirrt war: Wie kann Stalin, ein Atheist, mir, auch einem Atheisten, empfehlen, ausländische Kirchen zu besuchen.

Ob er mich auf die Probe stellte? Ich hätte beinahe gefragt: »Und haben Sie, Genosse Stalin, diese Methode auch einmal angewandt?« Doch ließ ich es sein, denn ich wußte, daß Stalin keiner Fremdsprache kundig war und meine Frage sicherlich nicht ganz am Platz gewesen wäre. So biß ich mir auf die Zunge und tat gut daran. Stalin hätte natürlich aus all dem einen Scherz gemacht, wie er zu diesem Mittel oft griff, wovon ich mich später überzeugen konnte.

Das dürfte der einzige Fall gewesen sein, in dem ein sowjetischer Botschafter der Anweisung Stalins nicht gefolgt ist. Man kann sich vorstellen, welchen Eindruck der Besuch amerikanischer Kirchen durch einen sowjetischen Botschafter auf die allgegenwärtigen westlichen Journalisten gemacht hätte. Sie wären bestimmt durcheinandergeraten und hätten sich in Vermutungen ergangen, warum denn dieser »gottlose« sowjetische Botschafter amerikanische Kirchen besuche und ob das keine Gefahr für die USA in sich berge? Oder ob er womöglich überhaupt kein Atheist sei?

So habe ich meine erste Begegnung mit Stalin in Erinnerung behalten.

Bald darauf, Ende 1939, traf ich an meinem Arbeitsplatz in Washington ein.

Der bewaffnete Konflikt zwischen der Sowjetunion und Finnland beeinflußte die Anfangsperiode meines Aufenthaltes in den USA. Die Landespresse verhielt sich zur UdSSR meistens unfreundlich und sogar feindselig. Damals fragten nur wenige Amerikaner nach den Zielen des deutschen Faschismus, mit dem die finnischen Politiker in Europa und außerhalb seiner Grenzen offen flirteten. Erst später begannen immer mehr Amerikaner zu verstehen, welche wahren Ziele der Faschismus in seinen Kriegsplänen verfolgt, welches Unglück er der Welt bringt. Dieser Stimmungsumschwung trat ein, als Deutschland die Sowjetunion überfallen hatte und sich jeder Amerikaner die Frage stellte, was wäre, wenn sie auch die USA überfielen? Die Amerikaner fühlten förmlich das östlich der USA heraufziehende, drohende Gewitter.

Die Kompliziertheit der internationalen Prozesse war unübersehbar. Aber selbst die Katastrophe von Pearl Harbor als Folge des heimtückischen Schlags eines deutschen Verbündeten, des militaristischen Japan, öffnete nicht allen Amerikanern die Augen für die schreckliche Gefahr, die der deutsche Faschismus und seine Verbündeten für das friedliche Leben und die Freiheit der Völker bedeuteten. Schlimmer noch, sogar nachdem die Nazis die Sowjetunion überfallen hatten, gab es in den USA Politiker, die sehen wollten, wie die UdSSR und Deutschland einander schwächten und dadurch, ihrer Meinung nach, die Chancen der USA steigerten, im Krieg das letzte Wort zu sagen. Damals erklärte H. Truman, der später US-Präsident wurde: »Sollen sich die Deutschen und Russen nur gegenseitig umbringen.«

Von den ersten Tagen des Großen Vaterländischen Krieges an (1941 - 1945) bestand die Hauptaufgabe der Außenpolitik der UdSSR in der Sicherung der günstigsten internationalen Bedingungen zur Abwehr des Feindes, später in der vollständigen Zerschlagung der faschistischen Aggressoren und in der Befreiung der

Völker Europas von ihrem Joch. Die sowjetische Diplomatie strebte nach der Bildung und Stärkung der Antihitlerkoalition, der Eröffnung der zweiten Front, obwohl der Weg dazu lang und nicht leicht war.

Die Anbahnung und Entwicklung der Bündnisbeziehungen zu den USA war in den Kriegsjahren ein wichtiger Bereich der außenpolitischen Tätigkeit des Sowjetstaates, der sowjetischen Führung mit Stalin an der Spitze. Ich nahm daran unmittelbar teil als Geschäftsträger der Botschaft in den Jahren 1941 - 1942 und seit Mitte 1943 als Botschafter in den Vereinigten Staaten von Amerika.

Für die Staaten der Antihitlerkoalition wurden mit den wachsenden Erfolgen im Kampf gegen den Faschismus Fragen der Nachkriegsregierung immer aktueller. Sie wurden auf den Treffen der Staatsoberhäupter der UdSSR, der USA und Englands in Teheran (28. November bis 1. Dezember 1943), auf der Krim (4. bis 11. Februar 1945) und in Potsdam (16. Juli bis 2. August 1945) besprochen. Ich war Teilnehmer der beiden letzten Treffen und vieler dazwischenliegender Alliiertenkonferenzen auf Minister-, Botschafter- und anderer Ebene.

Bereits in den Kriegsjahren erkannten die Staaten der Antihitlerkoalition die Notwendigkeit an, die Organisation der Vereinten Nationen zu schaffen, deren Hauptaufgabe die Erhaltung des Weltfriedens in der Nachkriegsperiode sein sollte. Die konstruktive Haltung der UdSSR trug in vielem zum Erfolg der Konferenz der Vereinten Nationen in San Francisco bei (25. April bis 26. Juni 1945), die mit der Unterzeichnung der UNO-Charta abgeschlossen würde. Dies ist ein umfassender internationaler Vertrag, in dem die Vereinten Nationen als ihr Hauptziel verkündeten, »künftige Geschlechter vor der Geißel des Krieges zu bewahren«. Als Botschafter in den USA wurde ich beauftragt, die sowjetische Delegation auf dieser Konferenz nach der Abreise Molotows zu leiten und meine Unterschrift für die UdSSR unter dieses historische Dokument zu setzen, das auch heute noch von aktueller Bedeutung für die Beziehungen zwischen den Staaten und den Völkern der Welt ist.

Im April 1946 wurde ich zum ersten ständigen Vertreter der UdSSR in der UNO ernannt. Gleichzeitig wurde ich Stellvertreter des Ministers für Auswärtige Angelegenheiten.

Die UNO-Tribüne eröffnete eine der damals noch wenigen Möglichkeiten, die Völker und Länder der Welt über die friedlichen Prinzipien und Ziele der sowjetischen Außenpolitik aufzuklären und die Positionen der Sowjetunion zu einem breiten Kreis aktueller internationaler Probleme darzulegen, besonders zu Problemen, die die Erhaltung des Friedens und die Festschreibung der Kriegsergebnisse betrafen. Und von dieser Tribüne aus entlarvte die Sowjetunion die Umtriebe und Machenschaften einiger Staaten, verwies auf die dringende Notwendigkeit, das Wettrüsten zu zügeln, auf die Notwendigkeit der umfassenden Verringerung der Streitkräfte und Rüstungen. Das entsprechende Programm wurde von der UdSSR bereits auf der 1. Tagung der UNO-Vollversammlung zur Behandlung vorgelegt.

*Andrej Gromyko unterzeichnet die UNO-Charta im Namen der Sowjetunion. San Francisco, USA, 26. Juni 1945*

*Die Berliner Konferenz. Beim Treffen J. W. Stalins mit US-Präsident Truman, 1945*

Die Sowjetunion erhob als erste ihre mächtige Stimme gegen die Atomwaffe, indem sie deren Verbot forderte. Kurz nach dem Auslöschen des großen Kriegsfeuers erklärte der Sowjetstaat, daß die Nutzung der Atomenergie zu Kriegszwecken mit dem Gewissen der Menschheit unvereinbar ist. Er trat mit dem Vorschlag auf, eine internationale Konvention über das Verbot der Nutzung der Atomenergie zu Kriegszwekken auf ewige Zeiten zu beschließen und sie nur zu friedlichen Zwecken, zum Wohle der Menschen einzusetzen. Dieser Vorschlag wurde der, eigens im Rahmen der UNO gebildeten, Atomenergie-Kommission zur Behandlung vorgelegt, der Vertreter des Sicherheitsrates angehörten. Es ist verständlich, daß den Kern dieser Kommission die Vertreter der fünf ständigen Sicherheitsratsmitglieder bildeten.

Dieser Vorschlag wurde von den offiziellen Kreisen der USA, die damals das Kernwaffenmonopol hatten, äußerst feindselig aufgenommen.

Wir zeigten auf, daß dieses Monopol vorübergehender Art sei, daß die Beseitigung der Atomwaffen aus den Rüstungsarsenalen eine ständige Aufgabe sei, die einer dringenden Lösung harre. Den Wettlauf bei der Kernwaffenproduktion, der auch jetzt fortgesetzt wird, haben voll und ganz jene Kreise auf dem Gewissen, die die Lösung dieses Problems zurückwiesen, ohne im geringsten die Interessen und Hoffnungen aller Völker zu berücksichtigen.

Im August 1948 kehrte ich in die Heimat zurück. Ich arbeitete zunächst als Stellvertreter, seit 1949 als Erster Stellvertreter des Ministers für Auswärtige Angelegenheiten der UdSSR. Ich freute mich, daß ich zurückgekommen war und empfand fast körperlich, daß der bekannte Spruch zutraf »Im eigenen Haus helfen sogar die Wände«.

Zu jener Zeit war der kalte Krieg schon eine Realität. Durch ihre Handlungen lösten die NATO-Staaten eine scharfe Zuspitzung der internationalen Lage aus, wobei sie einen Kurs des »roll back» des Kommunismus, die Politik »des Balancierens am Abgrund des Krieges» verfolgten.

Die Sowjetunion mußte natürlich diesem aggressiven Kurs entgegenwirken und alles in ihrer Macht Stehende zur Erhaltung des Friedens tun.

Im Juni 1952 wurde ich zum Botschafter der UdSSR in England ernannt. Stalin ließ mich zu einem Gespräch in den Kreml kommen, bei dem er die Bedeutung dieses Postens unterstrich. Er hob besonders hervor, daß England auch nach dem Krieg die Möglichkeit erhielt, eine nicht unbedeutende Rolle zu spielen. Es sei noch nicht ganz klar, in welche Richtung die Bemühungen seiner erfahrenen und raffinierten Diplomatie liefen. Wir brauchen, sagte Stalin, Leute, die ihre Züge erfassen können.

Meine Tätigkeit als Botschafter in London in den Jahren 1952–1953 fiel in den Zeitraum, als die Lage in der Welt immer noch kompliziert war. Die Verantwortung für eine solche Situation in der internationalen Arena trugen zweifellos auch die führenden Kreise Englands. Natürlich beeinflußte das den Stand der sowjetisch-englischen Beziehungen negativ. Es war unschwer zu sehen, wie mit dem Erlöschen des Feuerscheins des zweiten Weltkrieges sich der Horizont unserer Beziehungen verdunkelte, obwohl von Zeit zu Zeit Lichtschimmer zu beobachten waren, insbesondere in Fragen der Wirtschafts- und Handelsbeziehungen und der persönlichen Kontakte zwischen den Staatsmännern.

Nach meiner Rückkehr nach Moskau im April 1953 arbeitete ich bis Februar 1957 als Erster Stellvertreter des Ministers für Auswärtige Angelegenheiten der UdSSR. Für mich persönlich waren das Jahre harter Arbeit, die auch reich an verschiedenen Ereignissen in der Welt waren. Die Sowjetunion unternahm aktive Bemühungen zur Minderung der internationalen Spannung, zur Gewährleistung der Sicherheit in Europa, zur friedlichen Regelung der deutschen Frage. Die Sowjetunion spielte eine bedeutende Rolle, indem sie zur Aufnahme der Waffenstillstandsverhandlungen in Korea und zum Abschluß dieses Waffenstillstandes im Jahre 1953 beitrug.

Die UdSSR leistete viel zur Unterzeichnung der Genfer Indochina-Vereinbarungen (1954), die den von Frankreich gegen die Völker dieser Region entfesselten blutigen Krieg beendeten. Im Widerspruch zu diesen Vereinbarungen, die dem vietnamesischen, laotischen und kampucheanischen Volk eine friedliche Perspektive eröffneten, begannen die USA 1965 eine unverhüllte Intervention in Indochina, die sich in erster Linie gegen Vietnam richtete.

Dies ist eine schmachvolle Seite in der amerikanischen Politik. Die Sowjetunion trat entschlossen für die gerechte Sache Vietnams ein. Von der Tribüne des XXIII. Parteitages der KPdSU (1966) aus wurde klar und eindeutig erklärt, daß die Sowjetunion gemeinsam mit anderen sozialistischen Staaten Vietnam alle nötige Unterstützung erweisen werde und das diejenigen ernsthaft in Rechnung stellen sollten, die gegen dieses Land Krieg führten. Im Referat auf der internationalen Vietnam-Konferenz (1973) wurde von mir im Namen der Sowjetunion die Zuversicht zum Ausdruck gebracht, daß die Niederlage des Aggressors unvermeidlich ist. In der ganzen Zeit des langjährigen heldenhaften und siegreichen Kampfes gegen die amerikanische Aggression stützten sich die Völker Indochinas auf die brüderliche moralische und materielle Hilfe der UdSSR.

Im Ergebnis des ruhmreichen Sieges über die Aggressoren im Jahre 1975 entstand die einheitliche Sozialistische Republik Vietnam. In demselben Zeitraum, nach der Erkämpfung der Unabhängigkeit, schloß sich die Laotische Volksdemokratische Republik der Familie sozialistischer Staaten an. Seine Freiheit erhielt auch das Volk Kampucheas, das durch die schweren Prüfungen des Krieges und der blutigen Tyrannei des Pol-Pot-Regimes gegangen war. Der Sieg dieser Völker versetzte der imperialistischen Aggressionspolitik in der Indochina-Region einen vernichtenden Schlag.

Die sowjetische Unterstützung spielte und spielt eine bedeutende Rolle im Kampf der Länder Indochinas gegen expansionistische Pläne, von wo aus sie auch ausgehen mögen.

Auf solche Weise trug die Sowjetunion aktiv zur Beseitigung dieses Konfliktherdes bei, der ein ernsthaftes Hindernis auf dem Wege zur Entspannung in der Welt darstellte. Die UdSSR ist völlig mit den Vorschlägen der Länder Indochinas solidarisch, die auf die Normalisierung der Lage in Südostasien, auf die Umwandlung dieser Region in eine Zone des Friedens, der guten Nachbarschaft und der Zusammenarbeit gerichtet sind.

Zu einem der Glieder in der Kette der imperialistischen Politik wurde auch die im Oktober 1956 entfesselte Aggression Englands, Frankreichs und Israels gegen Ägypten. Diese Aktion erhielt eine gebührende Abfuhr unter tatkräftiger Teilnahme der Sowjetunion.

Aber auch in den nachfolgenden Jahren betrieb Israel, gestützt auf äußere Hilfe, seine aggressive Politik, was mehrmals zu Nahostkonflikten führte. Die Lage in dieser Region ist auch heute noch explosiv. Die USA erklärten diese Region zur Zone ihrer »Lebensinteressen« und versuchen hier, neue antiarabische Abmachungen und Pläne durchzuboxen, die die unveräußerlichen Rechte des palästinensischen Volkes verletzen. Schritt für Schritt zwingen sie dem Nahen Osten ihre Präsenz auf, auch die militärische. Jetzt sind praktisch alle Hüllen gefallen, die bisher die, den arabischen Völkern fremde, Nahostpolitik Washingtons tarnten.

Aus Übersee wird die abenteuerliche Politik Israels, dessen Opfer 1982 Libanon wurde, unverhohlen animiert. Die USA schrecken auch nicht vor militärischer Gewalt zurück, führen sich als Eroberer auf, deren Grausamkeit sich kaum von der früherer Kolonisatoren unterscheidet, die mit Feuer und Schwert Völker unterdrückten. Dem aufs Korn genommenen Libanon ist eine Kapitulation aufgezwungen worden, die den libanesischen Staat in ein amerikanisch-israelisches Protektorat verwandeln und dieses Land faktisch spalten soll.

Dauerhafter Frieden im Libanon kann nur bei einem vollständigen und sofortigen Abzug der israelischen Truppen gewährleistet werden. Ebenso müssen die Interventionstruppen der USA und die mit ihnen gemeinsam handelnden Truppen anderer NATO-Staaten abgezogen werden.

Die Politik Washingtons und Tel Avivs ist der Hauptgrund dafür, daß eine friedliche Regelung der Nahostfrage nicht abzusehen ist. Darunter leiden sowohl die Lebensinteressen der Völker dieser Region als auch die internationale Sicherheit.

Die Rolle der Sowjetunion im Nahostkonflikt ist nicht einfach die Rolle eines unbeteiligten Beobachters. Diese Region grenzt an uns. Unser Land vertritt gerechte Prinzipien einer politischen Regelung, wie sie u.a. im Vorschlag zur Einberufung einer internationalen Nahostkonferenz ausgedrückt wurden. Sie sind allgemein bekannt. Gleichzeitig haben wir immer darauf hingewiesen, daß vieles von den arabischen Staaten selbst abhängt, von ihrer Einigkeit im Kampf gegen die Kräfte der Aggression.

Die USA und die im Fahrwasser ihrer Politik segelnden westlichen Länder verbinden ihre Hoffnungen mit der »Position der Stärke«, bauen unablässig ihr Militärpotential, vor allem im Rahmen des Nordatlantischen Blocks, aus. In diesen Block wurde die BRD aufgenommen, was im Widerspruch zu den Vereinbarungen zwischen den Mächten der Antihitlerkoalition stand und unter Verletzung des Potsdamer Abkommens zur beschleunigten Remilitarisierung Westdeutschlands führte. Die Spitze dieses militärischen Kurses war in erster Linie gegen die sozialistischen Länder gerichtet.

Ende 1956 wurde von außen mit Hilfe der inneren Konterrevolution eine Meuterei in Ungarn provoziert, um die Vorkriegsordnung im Lande wiederherzustellen und es aus der sozialistischen Gemeinschaft herauszubrechen. Diese Provokation endete mit einem völligen Fiasko, wie auch spätere Provokationen dieser Art.

Die Sowjetunion und andere sozialistische Staaten haben diejenigen, die versucht sind, die sozialistische Gemeinschaft zurückzudrängen, immer wieder gewarnt, daß sie dies nicht zulassen werden, sondern mit aller Entschlossenheit die Unantastbarkeit ihrer Grenzen verteidigen und die Stärke aller zur Gemeinschaft gehörenden Länder gewährleisten werden.

Die Länder des Sozialismus werden auch in Zukunft ihre Einigkeit wie ihren Augapfel hüten. Es existiert keine Kraft in der Welt, die diese Einheit zerrütten kann. Das können nur diejenigen nicht verstehen, die ihre Feindseligkeit gegenüber dem Sozialismus in den Sumpf geführt hat, diejenigen, denen sie den Blick trübt und die reale Sachlage verdunkelt.

Angesichts des aggressiven Kurses der Politik der USA und der NATO schlossen sozialistische Staaten Europas im Mai 1955 in Warschau einen Vertrag über Freundschaft, Zusammenarbeit und gegenseitigen Beistand ab, der heute als Warschauer Vertrag bekannt ist. Die auf seiner Grundlage geschaffene Organisation des Warschauer Vertrages war und bleibt ein zuverlässiger Verteidigungsschild der Länder des Sozialismus. Mit ihren kollektiven Handlungen, mit der Summe aller Faktoren, die ihr zur Verfügung standen und stehen, strebt diese Organisation konsequent nach der Erhaltung des Friedens, nach der Verhinderung eines neuen Krieges.

Der XX. Parteitag der KPdSU (14. bis 25. Februar 1956) kam nach objektiver Analyse der internationalen Beziehungen und der Situation in der Welt zu der Schlußfolgerung, daß der Sozialismus den Gang der Entwicklung in der Welt in vielem entscheidend beeinflußt, daß ein neuer Weltkrieg nicht schicksalhaft unvermeidlich ist, sondern daß die friedliebenden Kräfte seinen Ausbruch verhindern können.

Auf diesem Parteitag wurde ich zum Mitglied des Zentralkomitees der Partei gewählt. Auf dem vorangegangenen Parteitag der KPdSU (1952) war ich zum Kandidaten des ZK gewählt worden.

Im Februar 1957 wurde ich zum Minister für Auswärtige Angelegenheiten der UdSSR ernannt. Seit jener Zeit bekleide ich diesen Posten, nehme an der Ausarbeitung und an der Verwirklichung außenpolitischer Beschlüsse der Partei und des Staates teil, leite die tagtägliche Arbeit des Ministeriums für Auswärtige Angelegenheiten.

Im Jahre 1973 wurde meine Tätigkeit hoch gewürdigt. Das Aprilplenum wählte mich zum Mitglied des Politbüros des ZK der KPdSU.

Im März 1983 wurde ich zum Ersten Stellvertreter des Vorsitzenden des Ministerrates der UdSSR ernannt. Der Aufgabenbereich des Ministeriums für Auswärtige Angelegenheiten wurde um die Koordination der außenpolitischen Tätigkeit in anderen Bereichen erweitert.

Bereits 45 Jahre arbeite ich im außenpolitischen Wirkungsfeld.

Ich möchte betonen, daß ich bei dieser nicht leichten Arbeit nur einer von vielen sowjetischen Staatsmännern bin, die unter den Bedingungen der Sowjetmacht, der Verwirklichung des Willens der Partei Lenins, des Willens des Volkes erzogen und geprägt worden sind. Darin widerspiegelt sich unter anderem die offensichtliche Tatsache, daß die Außenpolitik der Sowjetunion nicht so stark für subjektive Momente anfällig ist, wie das häufig in der Politik großer Staaten des anderen Gesellschaftssystem der Fall ist. Tatsächlich, unserer Außenpolitik sind solche Erscheinungen wie Zickzackkurs und Konjunkturreiterei fremd. Sie ist konsequent, friedliebend, sie verteidigt die Interessen des Volkes. Es ist die Leninsche Außenpolitik, die den tiefsten Hoffnungen der Volksmassen entspricht. Darin liegt auch ihre achtunggebietende Kraft. Und darin liegen die Ursachen der Machtlosigkeit derer, die gegen diese Politik kämpfen.

Die Anhänger des kalten Krieges erlitten mehrere Niederlagen in ihrer Konfrontationspolitik gegen die Kräfte des Sozialismus. Ihre Taten sind ständig von demagogischem Rummel, einem Strom von Verleumdungen und unverschämten Lügen begleitet. Das kann aber nicht die Alternative einer Außenpolitik sein, die den friedliebenden Menschen tief ins Herz dringt.

Vielen antisowjetischen Propagandaaktionen der Vergangenheit war nur eine äußerst kurze Lebensdauer beschieden. Es kann keinen Zweifel daran geben, daß solch ein Schicksal auch diejenigen erwartet, die diesen Weg heute beschreiten. Es ist doch eine Sisyphusarbeit, gegen die friedliche Koexistenz und die Entspannung zu kämpfen, indem man »Kreuzzüge« gegen den Sozialismus ausruft, die eigenen Ansichten und manchmal auch die eigene Gesellschaftsordnung anderen Völkern aufzuzwingen versucht und sie nach links und rechts belehrt, wie die Wirtschaft im eigenen Haus zu führen ist. Die Geschichte lehrt, daß diese Verhaltensweise in internationalen Fragen keine Perspektive hat.

Die Feindseligkeit einiger ausländischer Politiker Ende der 70er und Anfang der 80er Jahre dem Sozialismus gegenüber weist bei tieferer Betrachtung gewisse Parallelen mit dem Propagandarummel der 30er und der 40er Jahre im »Dritten Reich« auf. Darum muß auch der jetzige Antikommunismus dasselbe Los teilen – er wird in der Müllgrube landen, wo die Geschichte immer einen freien Platz für solche Ware ausfindig macht. Vielleicht werden einigen Lesern meine Worte zu scharf erscheinen, aber, offen gesagt, nachsichtigere Worte über diejenigen, die das Bauwerk des Friedens zu zerstören und die Völker in den Abgrund eines Atomkrieges zu stürzen versuchen, kann ich nicht finden und will ich auch nicht finden.

Das sowjetische Volk unter Führung der KPdSU erkennt diese Gefahr. Wir wissen unsere Möglichkeiten und die Kraft unseres Einflusses auf die Ereignisse genau einzuschätzen. Ebendarum handelt die sowjetische Führung in den internationalen Angelegenheiten überlegt und sicher, stellt sie politischer Kurzsichtigkeit ihre

Erfahrung, Ausgeglichenheit und Zielstrebigkeit gegenüber. An den Frieden kann man sich nicht wie an sein Lieblingsgericht, wie an etwas Selbstverständliches gewöhnen. Dafür muß man kämpfen. Diese Tatsache wird auch durch meine bescheidene Erfahrung bestätigt.

Eben so handelte und handelt die Sowjetunion. In ihrer Politik verbindet sich organisch stets die feste Abfuhr aggressiver Umtriebe jener Kräfte, die unaufhörlich den allgemeinen Frieden zu erschüttern versuchen, mit der Flexibilität bei der Regelung akuter Situationen und Konflikte, die in der Welt durch diese Kräfte ausgelöst werden.

Ich möchte kurz auf die sogenannte Kuba-Krise eingehen, wie die Verschärfung in den Beziehungen zwischen der UdSSR und den USA 1962 von vielen Politikern bezeichnet wurde. Kuba stellte nie eine Gefahr für die Vereinigten Staaten von Amerika dar, was auch heute gilt. Zu jener Zeit nahmen die provokatorischen Handlungen der USA gegen Kuba einen gefährlichen Charakter an.

Die energischen Schritte der Sowjetunion, die wirksamen Aktionen aller friedliebenden Kräfte, wendeten mögliche schwerwiegende Folgen für den Frieden ab, sicherten die unabhängige Existenz und Entwicklung Kubas. Dieses Kapitel der Geschichte ist gut bekannt, obwohl man in Washington auch heute versucht, diesbezüglich nicht wenig Märchen zu erfinden.

Die Spannungen nahmen ab, nachdem die beiden Mächte zu einer gegenseitigen Vereinbarung gekommen waren. Der Weg zu dieser Vereinbarung wurde in dem Moment frei, als die USA die Verpflichtung übernommen hatten, keinen Angriff auf Kuba zu verüben. Der gesunde Menschenverstand und das Verantwortungsbewußtsein hatten also die Oberhand gewonnen.

Die Beilegung der Kuba-Krise festigte die internationale Position der Republik Kuba. Aber die USA setzten ihre Umtriebe um Kuba auch weiterhin fort. Bis jetzt sind unverhohlene Drohungen gegen Kuba zu hören, es werden immer noch Wühlaktionen gegen Kuba geführt. Washington gefällt nicht, das das kubanische Volk den von ihm gewählten sozialistischen Weg beschreitet. Der unabhängige außenpolitische Kurs Kubas und seine Rolle in der Bewegung der nichtpaktgebundenen Staaten geht Washington wider den Strich.

Wenn wir auf die gegenwärtige Politik der USA in Mittelamerika und in der Karibik, in Lateinamerika überhaupt und auch in einigen anderen Weltregionen eingehen, so muß hervorgehoben werden, daß sie dem alleinigen Ziel untergeordnet ist, die nationale Befreiungsbewegung der Völker einzudämmen, den Prozeß der demokratischen Umwälzungen zu stoppen und die Festigung der nationalen Souveränität der Staaten zu verhindern.

Man müht sich, die Militärjunta in Salvador vor dem Zorn des Volkes zu retten. Brutalem Druck ist Nikaragua ausgesetzt, dessen Volk sich entschieden für die fortschrittliche Entwicklung seines Landes ausgesprochen hat. Es wird Washington nicht gelingen, seine von ihm organisierte subversive Tätigkeit, Terror und Aggression gegen dieses Land zu tarnen, die den Frieden in

Mittelamerika bedrohen und die allgemeine internationale Lage verschärfen.

Eine direkte bewaffnete Aggression haben die Vereinigten Staaten gegen das grenadische Volk verübt. Sie hat zum Ziel, diesem Volk gewaltsam Washington genehme Zustände aufzuzwingen und die freiheitsliebenden Völker Lateinamerikas und anderer Erdteile einzuschüchtern. Diese Aggression zeigte der ganzen Welt ein weiteres Mal, daß die US-Administration das Recht der Völker auf selbstständige Entwicklung sowie die allgemein anerkannten Normen des Völkerrechts und Grundsätze der UNO-Charta völlig mißachtet.

Zur Rechtfertigung seiner Handlungen greift man zum schamlosen Betrug. Wieder wird eine stereotype Erfindung über die »Umtriebe« Moskaus und Havannas in Umlauf gesetzt. Aber keine einzige derartige Auslassung vermag die wahren Ursprünge der mächtigen Befreiungsbewegung in den Ländern dieser Region zu verschleiern, die imperialistische Unterdrückung und die Not der Volksmassen. In Lateinamerika wie überall in der Welt ist die tatsächliche Lage gut bekannt.

Die Sowjetunion trat und tritt dafür ein, daß die Länder Mittelamerikas und der Karibik in Ruhe gelassen werden und die Einmischung in ihre inneren Angelegenheiten eingestellt wird.

In diesem Zusammenhang muß man auf Afghanistan zu sprechen kommen. Man schreckt vor keinerlei Verdrehungen zurück, um die Sache so darzustellen, als ob die Verschlechterung der internationalen Lage in den letzten Jahren seit den dortigen Ereignissen datiert. Man sollte glauben, daß auch diejenigen, die diese These anzunehmen bereit waren, ihre Absurdität immer klarer erkennen. Die Feinde des afghanischen Volkes wollen sich damit nicht abfinden, daß es entschlossen ist, die Finsternis des Mittelalters abzuschütteln, eine demokratische Gesellschaft aufzubauen.

Die Situation, die um Afghanistan entstanden ist, – ich unterstreiche den äußeren Aspekt dieses Problems – kann auf der Basis der Vorschläge der Regierung der Demokratischen Republik Afghanistan geregelt werden, die die UdSSR voll unterstützt. Man muß den bewaffneten Einfällen wie auch jeglicher Einmischung von außen her in die Angelegenheiten der DRA ein Ende setzen. Unser Land ist und bleibt ein guter Freund Afghanistans, eines unabhängigen, nichtpaktgebundenen Staates.

Zieht man die Situation im Süden Afrikas in Betracht, so unternimmt hier das Rassistenregime Pretorias aggressive Aktionen gegen die Nachbarländer unter Vorschubleistung der westlichen Mächte, unter dem Schutz ihrer Politik. Vor allem ist der unerklärte Krieg, der gegen die Volksrepublik Angola geführt wird, zu nennen. Die Sowjetunion ist der Ansicht, daß verbrecherische Handlungen solcher Art geächtet und unterbunden werden müssen.

Es müssen die Bedingungen für die unverzügliche Dekolonisierung Namibias, die von Südafrika und seinen Gönnern weiter hintertrieben wird, geschaffen werden. Wir sind überzeugt, daß das Volk Namibias seine kolonialen Ketten abschüttelt und unter Führung seiner patriotischen Vorhut, der SWAPO, die Freiheit und Unabhängigkeit erkämpft.

Wahrhaft historische Bedeutung für die Beseitigung des Kolonialsystems hatte die von der 15. Uno-Vollversammlung 1960 angenommene Deklaration über die Gewährung der Unabhängigkeit an die kolonialen Länder und Völker. Diese Frage hatte die Sowjetunion in die UNO eingebracht, die wiederum den Resolutionsentwurf der genannten Deklaration vorgeschlagen hatte. Damit erkannte diese angesehene Weltorganisation die unbestreitbare Tatsache an, daß dem Kolonialismus die Stunde geschlagen hatte. Seitdem hat die überwiegende Mehrheit der Völker sein Joch abgeschüttelt.

Als Teilnehmer der erwähnten Vollversammlung war ich Zeuge jener historischen Entscheidung. Die überwältigende Mehrheit der Staaten fällte durch ihre Repräsentanten das Urteil über das verhaßte Phänomen der Geschichte – den Kolonialismus. Diese Vollversammlung blieb mir unvergeßlich. Es schien mir, als ob Dutzende von Staaten die Ketten brechen, mit denen sie jahrhundertelang gefesselt waren.

Die UdSSR war und bleibt ein konsequenter Vorkämpfer für die vollständige Verwirklichung dieser Deklaration, für jenen Tag, da der endgültige Sieg über den gnadenlosen Ausbeuter von Millionen und aber Millionen Menschen feierlich begangen wird.

Unser Land behandelt solche Staaten, die sich vom kolonialen Joch befreit haben immer mit aller Achtung. Mit Genugtuung nehmen wir die wachsende Aktivität der nichtpaktgebundenen Länder Asiens, Afrikas und Lateinamerikas in den internationalen Angelegenheiten, bei der Verteidigung des Friedens zur Kenntnis. Sie brauchen Frieden für die Bewältigung ihrer nationalen und sozialen Aufgaben. Die antimilitaristische und antiimperialistische Ausrichtung der nichtpaktgebundenen Länder wurde 1983 auf dem Forum der Regierungs- und Staatsoberhäupter dieser Länder in Delhi erneut demonstriert.

Im Westen gibt es nicht wenige Politiker, die aus der Tatsache kein Hehl machen, daß ihnen der aktive Kurs der sowjetischen Außenpolitik, die mit einer Friedensinitiative nach der anderen auftritt, nicht gefällt. Aber wieso eigentlich sollte die UdSSR nicht die Initiativen, die dem Sowjetvolk aus dem Herzen sprechen, Verständnis und Unterstützung anderer Völker der Welt finden.

Der Sowjetstaat ist immer davon ausgegangen, daß der einzig gangbare Weg zur Beseitigung der Kriege die Zügelung des Wettrüstens und die Abrüstung erfordert. Die Vielfalt der sowjetischen Initiativen auf diesem Gebiet, und in der Nachkriegszeit waren es mehr als 100, zeugt davon, daß es keine Waffenart und vor allem keine Massenvernichtungswaffen gibt, die die UdSSR nicht bereit wäre, zu begrenzen und auf Grundlage der Gegenseitigkeit durch Vereinbarungen mit anderen Staaten zu verbieten, um sie dann aus den Arsenalen zu entfernen.

In den Mittelpunkt ihrer Außenpolitik stellen die Sowjetunion und andere sozialistische Länder die Verhütung eines Atomkriegs. Welcher ernsthafte Staatsmann, ja denkende Mensch überhaupt wird sich damit nicht einverstanden erklären, daß dies die brennendste, lebenswichtigste Aufgabe unserer Zeit ist?

Die fatalen Folgen eines Atomkriegs gehören keineswegs in den Bereich irrealer Vermutungen. Von seinem Großbrand würde kein einziger Staat, kein einziges Volk verschont bleiben. Dies wird einstimmig von namhaften Wissenschaftlern und kompetenten Militärs bestätigt.

Ein Atomkrieg muß entschieden, vorbehaltlos und für immer als das ungeheuerlichste Verbrechen gegen die Völker verurteilt werden. Deshalb gibt es und kann es keine Rechtfertigung für jegliche Handlungen geben, die die Welt dem Abgrund eines Atomkriegs näher bringen, für alle Doktrinen und Kalküle, die von der Annahme und Gewinnbarkeit eines Atomkriegs ausgehen. Die UdSSR hat der 38. UNO-Vollversammlung (1983) vorgeschlagen, eine Deklaration über die Ächtung eines Atomkriegs anzunehmen. Die Verwirklichung dieses Vorschlages würde zu einem politischen Klima beitragen, das die Handlungen jener erschwert, die Pläne zur Erstanwendung von Atomwaffen schmieden.

Mit goldenen Lettern wird die 1982 von der UdSSR übernommene Verpflichtung, nicht als erste Kernwaffen einzusetzen, in das Buch der Geschichte eingetragen. Wenn auch andere Atommächte eine genauso eindeutige Verpflichtung übernähmen, würde dies praktisch einem generellen Verbot der Atomwaffen gleichkommen.

Eine dringend gebotene und wirksame Maßnahme wäre das Einfrieren dieser Waffen durch alle kernwaffenbesitzenden Staaten. Dieser Gedanke findet immer breitere Unterstützung in der Welt - in atomwaffenbesitzenden Staaten und nicht nur dort. Die UdSSR schlägt vor, und diese Initiative ist auch der 38. Uno-Vollversammlung unterbreitet worden, daß alle Kernmächte gleichzeitig ihre nuklearen Rüstungen in quantitativer und qualitativer Hinsicht einfrieren. Unser Land ist auch dazu bereit, daß dies in erster Linie von der UdSSR und den USA auf bilateraler Ebene getan wird, um den anderen Atommächten ein Beispiel zu geben. Die Verwirklichung dieser Initiative würde das Vertrauen zwischen den Ländern, die über Atomwaffen verfügen, spürbar erhöhen, sie würde den Teufelskreis des Wettrüstens zu durchbrechen erlauben.

Gefahr droht der Menschheit aus dem Kosmos, falls sich die Spirale des Wettrüstens ins Weltall hinaufdreht. Deshalb ist die Sorge um die Verhinderung der Militarisierung des Weltraums von außerordentlicher Wichtigkeit. Eben von dieser Sorge, vom Interesse daran, daß der Kosmos allein Schauplatz der friedlichen Zusammenarbeit der Staaten bleibt, ist der auf der 38. Tagung der UNO-Vollversammlung unterbreitete sowjetische Vorschlag erfüllt, einen Vertrag über das Verbot der Anwendung von Gewalt im Weltraum sowie vom Weltraum aus gegen die Erde abzuschließen. Die Sowjetunion hat sich auch verpflichtet, nicht als erste irgendwelche Arten von Satelliten-Abwehrsystemen im kosmischen Raum zu stationieren. Unser Land hat dieses einseitige Moratorium für die ganze Zeit erklärt, in der die anderen Staaten, darunter die USA, sich einer Stationierung von Satelliten-Abwehrwaffen jeglicher Art im Kosmos enthalten.

Nicht hoch genug kann eine Lösung des Problems der Begrenzung und Reduzierung strategischer Rüstungen bewertet werden. Auch in dieser Frage bezieht die Sowjetunion konstruktive Positionen. Ihre Vorschläge gehen von der Festigung der militärstrategischen Stabilität insgesamt bei strikter Einhaltung des Prinzips der gleichen Sicherheit aus.

Die Haltung der USA hingegen ist in dieser Frage einseitig. Die Linie der Washingtoner Administration ist nicht auf die Einstellung des Wettrüstens orientiert, sondern auf die faktische Fortsetzung in den Richtungen von denen sich die USA im strategischen Bereich für sich Vorteile versprechen. Solch eine Position bietet keine Aussichten für den Abschluß einer gegenseitig annehmbaren Vereinbarung.

Wir streben keine nukleare Überlegenheit an, aber wir werden nicht zulassen, daß die entstandene Parität der strategischen Kräfte zugunsten der USA gebrochen wird, wir werden nicht zulassen, daß die amerikanische Administration die nukleare Erpressung als Mittel der Politik der Stärke gegen uns anwendet. Zugleich sind wir nach wie vor prinzipielle Gegner des Wettlaufs bei der Anhäufung und Aufstellung nuklearer Rüstungen, wir treten für die Aufrechterhaltung der Parität, und zwar auf einem möglichst niedrigem Niveau ein.

Das gilt genauso für unsere Einstellung zu den Nuklearkräften mittlerer Reichweite in Europa, einer Frage, die im Zusammenhang mit der Stationierung neuer amerikanischer Atomraketen auf dem Boden weniger westeuropäischer Staaten besondere Schärfe gewonnen hat. Das führte zu einer ernsthaften Verschlechterung der politischen Atmosphäre in Europa und in der Welt.

Die Sowjetunion und die anderen Länder der sozialistischen Gemeinschaft werden nach wie vor die Vorhut des Kampfes um internationale Sicherheit bilden, indem sie als ein mächtiger Faktor auf den Verlauf der Weltereignisse positiv Einfluß nehmen. Es gibt heute keine mehr oder weniger bedeutende Frage, über die man ohne Beteiligung der UdSSR entscheiden könnte. Sollte jemand versuchen, daß Gegenteil zu beweisen, wäre das wohl ein Sonderling.

Ich möchte speziell auf die Aufrechterhaltung und Festigung der Sicherheit in Europa eingehen: Die Geschichte lehrt, daß davon, wie sich die Dinge auf diesem Kontinent gestalten, in vieler Hinsicht die Entwicklung in der Welt abhängt.

Der Sowjetstaat schenkte der europäischen Politik immer große Aufmerksamkeit. Mit ihr habe ich mich im Laufe von fast vier Jahrzehnten aufs engste beschäftigt.

In der Nachkriegsperiode, in den Jahren des kalten Krieges in Europa machte sich die sowjetische Führung Gedanken darüber, wie hier der Ausbruch eines neuen Krieges ausgeschlossen, Bedingungen für eine friedliche, gutnachbarliche Zusammenarbeit zwischen den Staaten des Kontinents geschaffen werden können. Was war erforderlich, damit das alte gute Europa mit seiner Kultur und seiner immensen politischen Erfahrung, das die Feuerprobe von zwei Weltkriegen bestanden hatte, endlich sichere Garantien erhielt, die es vor neuen Katastrophen bewahren und dauerhaften Frieden auf seinem Boden ermöglichen würden. Es lag auf der Hand, daß diese Frage nur durch gemeinsame Anstrengungen der sozialistischen und kapitalistischen Länder, ob sie zu Gruppierungen gehören oder nicht, zu lösen war.

Die Bedingungen dafür waren Ende der 60er, Anfang der 70er Jahre gegeben, als sich in den Beziehungen zwischen Staaten unterschiedlicher Gesellschaftsordnung eine Wende von Konfrontation und kaltem Krieg zur internationalen Entspannung vollzog. Diese Wende war durch die grundlegende Änderung des Kräfteverhältnisses in der Welt, die Stärkung der Positionen und Rolle der sozialistischen Gemeinschaft, durch die aktive Mitwirkung junger Staaten am internationalen Leben, die Erfolge der Befreiungsbewegungen, durch die gewachsene Einsicht vieler Staatsmänner im Westen, daß die historische Auseinandersetzung zwischen Kapitalismus und Sozialismus nicht durch Waffengewalt zu entscheiden sei, herbeigeführt worden.

Diese Idee, die Bemühungen der Staaten auf die Sicherheit und Zusammenarbeit in Europa zu richten, fand unter neuen internationalen Bedingungen ihren Ausdruck im Vorschlag der Sowjetunion und der anderen sozialistischen Länder, eine gesamteuropäische Konferenz durchzuführen. Viele Hindernisse gab es bis zu ihrer Einberufung. Und dennoch kam die gesamteuropäische Konferenz zustande, konnte sie erfolgreich mit der Unterzeichnung der Schlußakte von Helsinki – einer kollektiven Vereinbarung über Sicherheit und Zusammenarbeit in Europa – am 1. August 1975 abgeschlossen werden. Sie zog den Schlußstrich unter den zweiten Weltkrieg und eröffnete günstige Perspektiven für die Entwicklung der Beziehungen zwischen den Teilnehmerstaaten der Konferenz.

Die Schlußakte lebt und bleibt in Kraft, auch in der gegenwärtigen Periode, da das politische Klima in Europa, ja in der ganzen Welt, als direkte Folge der aggressiven Politik der USA und der NATO-Staaten deutlich kälter geworden ist. Die dem in Helsinki begonnenen Prozeß feindlich gesinnten Kräfte versuchen, die Verwirklichung der Prinzipien und der Bestimmungen der Schlußakte zu stören. Aber einflußreichere Kräfte treten dafür ein, daß diese Akte erfüllt wird, daß keinerlei Demagogie, auch nicht in Bezug auf die Menschenrechte, dies verhindert, weil ihr nichts ferner als die Sorge um die Menschenrechte liegt.

Die positiven Ergebnisse des im September 1983 abgeschlossenen Madrider Treffens der Teilnehmerstaaten der Konferenz über Sicherheit und Zusammenarbeit in Europa bedeuten einen wichtigen Schritt vorwärts für die auf Dialog und gegenseitiges Verständnis, auf die Lösung der Probleme am Verhandlungstisch gerichtete Linie in den internationalen Angelegenheiten. Madrid bestätigt, daß die Staaten mit unterschiedlicher Gesellschaftsordnung, wenn sie von Differenzen in ihrer Politik absehen, selbst bei den heutigen Spannungen in Europa in der Lage sind, allen nutzbringende Vereinbarungen zu treffen.

Wir waren und sind immer der Meinung, daß Fragen der Sicherheit auf dem europäischen Kontinent besondere Behutsamkeit erfordern. Hier stehen sich die beiden mächtigsten Militärblöcke der Welt direkt gegenüber – der des Warschauer Vertrages und der der NATO. Kein Schritt, der auf Spannungsabbau in Europa gerichtet ist, darf überflüssig oder überzählig erscheinen.

Die Friedenslinie der Außenpolitik der UdSSR sowie

anderer sozialistischer Staaten in europäischen Fragen wurde in vielen Vorschlägen zum Ausdruck gebracht. Zu erwähnen seien hier die Vorschläge über die Nichtausdehnung der Teilnehmerstaaten des Warschauer Vertrages und der NATO, über die gleichzeitige Auflösung dieser beiden Bündnisse, und als ersten Schritt: die Liquidierung ihrer militärischen Organisationen, der Vorschlag über die Durchführung der Konferenz über vertrauensbildende Maßnahmen, Sicherheit und Abrüstung in Europas, deren Einberufung auf dem Madrider Treffen beschlossen wurde.

Besonders will ich den gemeinsamen Vorschlag der sozialistischen Staaten zum Abschluß eines Vertrages über den gegenseitigen Verzicht auf Anwendung militärischer Gewalt und über die Aufrechterhaltung friedlicher Beziehungen zwischen den Staaten des Warschauer Vertrages und des Nordatlantikpaktes hervorheben. Die Verpflichtung, keine Waffen anzuwenden, weder atomare noch konventionelle, auf Gewaltanwendung generell zu verzichten, könnte gegenseitige Befürchtungen und Mißtrauen abbauen. Diese Initiative wird immer deutlicher in den Vordergrund der europäischen und der Weltpolitik gerückt.

Wenn wir die bilateralen Beziehungen zwischen den Staaten des Ostens und des Westens betrachten, stellen wir fest, daß die UdSSR und andere sozialistische Länder ihren Willen zu einer offenen und ehrlichen Zusammenarbeit auf der Grundlage der Gegenseitigkeit mit allen daran interessierten Staaten konsequent dokumentieren. Die Unterschiede in der gesellschaftlichen Ordnung sollten dieser Zusammenarbeit nicht im

Wege stehen und dort, wo der gute Wille auf beiden Seiten vorhanden ist, funktioniert sie auch. Überzeugender Beweis dafür sind eine Reihe gegenseitig vorteilhafter Verträge und Abkommen über die Zusammenarbeit auf den verschiedensten Gebieten zwischen sozialistischen und westeuropäischen Staaten sowie die gut entwickelten politischen Kontakte zwischen Ost und West.

Ein Hindernis zur Regelung der mit der Sicherung des Friedens und der Zusammenarbeit der europäischen Staaten zusammenhängenden Fragen waren lange Zeit die ungeregelten deutschen Angelegenheiten. Die Sowjetunion entlarvte die Absurdität der Ansprüche bestimmter Kreise der Bundesrepublik, die im Grunde auf eine Revision der Ergebnisse des zweiten Weltkrieges gerichtet sind, und erklärte entschieden, daß sie – ebenso wie viele andere europäische Länder – ihre Sicherheit nicht davon abhängig macht, ob der Bundesregierung diese Ergebnisse genehm sind oder nicht. Die verantwortlichen Staatsmänner der Bundesrepublik sollten nicht vergessen, daß die bestehende Lage in Europa aus dem Befreiungskampf gegen den deutschen Militarismus und Faschismus erwachsen ist, die den Krieg vom Zaune brachen, um sich fremde Gebiete einzuverleiben und andere Länder und Völker zu unterjochen.

Besonders aktiv meldeten die revanchistischen Kräfte in Westdeutschland ihre Ansprüche während des kalten Krieges an. Und dennoch war diese Periode nicht nur in schwarz zu sehen. Es gab darin auch Lichtschimmer, die, wenn sie auch zu keinem großen Streifen wurden, immerhin den Boden für den nachfolgenden Prozeß der internationalen Entspannung bereiteten. Solchen Ereignissen ist die Normalisierung der Beziehungen zwischen der UdSSR und der Bundesrepublik zuzurechnen.

Dabei verdient die Rolle von Konrad Adenauer hervorgehoben zu werden. Bekanntlich vertrat dieser Politiker ziemlich konservative politische Ansichten. Die Verständigung zwischen ihm und den Gründern des Nordatlantischen Blocks, insbesondere Truman und Dulles, war besonders gut.

Diejenigen, die Adenauers Überzeugungen, sein Bekenntnis zum Kapitalismus, zur bürgerlichen Ideologie, seine Feindseligkeit gegen den Sozialismus zu wandeln versuchten, erlitten wiederholt eine Niederlage. Dasselbe gilt auch für die Ansichten Adenauers über die Rolle des Nordatlantischen Blocks, wobei er zur Einbeziehung Westdeutschlands in diesen Block beitrug.

Und dennoch kam dieser Politiker, der in reaktionär-preußischem Geist erzogen worden war, zu dem Schluß, daß Westdeutschland die Nachkriegsrealitäten beachten muß. Und eine der härtesten Realitäten für Leute mit solcher Mentalität war die Existenz der Sowjetunion – einer bedeutenden Weltmacht – des Siegers im Krieg gegen den Faschismus, die Hitlers Kriegsmaschinerie zerschlagen hatte.

Folge dieses Realismus war der Entschluß Adenauers zur Herstellung diplomatischer Beziehungen zwischen der Bundesrepublik Deutschland und der UdSSR. Es war dies ein großes Ereignis in der europäischen Nachkriegsgeschichte, besonders wenn man berücksichtigt, daß neben der Bundesrepublik Deutschland ein anderer deutscher Staat – die Deutsche Demokratische Republik – entstanden war, der fest und unumkehrbar den Weg des Sozialismus eingeschlagen hatte. Die Normalisierung der Beziehungen zwischen der Sowjetunion und der Bundesrepublik war ein bedeutsamer Akt im Kaleidoskop der Nachkriegsereignisse auf dem politischen Schauplatz Europa, der zur Verankerung der Kriegsergebnisse beigetragen hat. Seine positiven Folgen wirkten sich sowohl auf die gesamte Situation in Europa als auch auf die Beziehungen der UdSSR mit einzelnen westeuropäischen Staaten aus.

Die Herstellung diplomatischer Beziehungen zwischen der UdSSR und der Bundesrepublik im Jahre 1955 während des Besuches einer bundesdeutschen Regierungsdelegation mit Adenauer an der Spitze in Moskau wurde zu einem wichtigen Schritt bei der Überwindung der abgrundtiefen Entfremdung, die als Folge des Krieges, in dem die UdSSR und Hitlerdeutschland sich im tödlichen Kampf gegenüberstanden, entstanden war. Adenauers Auftreten während des Aufenthalts in Moskau entsprach den Erfordernissen des politischen und diplomatischen Taktes sowie dem Bewußtwerden der Verantwortung für das in der sowjetischen Hauptstadt Zustandegekommene. Die Delegation der UdSSR wurde von N. A. Bulganin geleitet. Der Autor dieses Buches gehörte der Delegation als Erster Stellvertreter des Ministers für Auswärtige Angelegenheiten an.

Ich erinnere mich noch an eine Begebenheit, die mit dem Aufenthalt Adenauers in Moskau zu tun hatte. In dieser Zeit wurden vom Territorium Westdeutschlands aus Luftballons zu Spionage- und Propagandazwecken gestartet. Im Hofe des Gebäudes, in dem die sowjetisch-westdeutschen Verhandlungen stattfanden, war eine entsprechende Ausstellung eingerichtet worden. Sie wurde Adenauer gezeigt. Bei ihrer Besichtigung zuckte er mit den Schultern und wunderte sich darüber, daß die westlichen Mächte das Territorium der Bundesrepublik für solche Ziele benutzten und dabei nicht einmal ihn, den Bundeskanzler, konsultierten.

Zum letzten Mal traf ich mit Adenauer im Jahre 1959 unter etwas ungewöhnlichen Umständen zusammen. Er kam die Paradetreppe des Weißen Hauses herunter, während ich und meine Kollegen Außenminister von Großbritannien und Frankreich, die direkt von der Genfer Konferenz zum Staatsbegräbnis von J. Dulles gekommen waren, dieselbe Treppe hinaufstiegen, um dem Präsidenten der USA Eisenhower einen Besuch abzustatten. Adenauer erkannte mich, wir begrüßten einander und tauschten die bei solchen Treffen üblichen Worte aus.

Die feste Position der Sowjetunion und anderer sozialistischer Länder bei der Verteidigung der territorialen und politischen Realitäten auf dem europäischen Kontinent, ihre konstruktiven Bemühungen zur Gewährleistung der Sicherheit in Europa, das Aufkommen realistischer Tendenzen in der Politik der Bundesrepublik Deutschland im Zusammenhang mit dem Ende der 60er Jahre eingeleiteten Entspannungsprozeß schufen günstige Bedingungen für die Unterzeichnung des Moskauer Vertrages zwischen der UdSSR und der Bundesrepublik am 12. August 1970. Dieser Vertrag hat ein neues Kapitel in den Beziehungen zwischen der UdSSR und der Bundesrepublik eröffnet und ist zu einem wichtigen Meilenstein in der europäischen Politik geworden.

Auch eine bedeutende und starke Persönlichkeit in der westdeutschen und internationalen Sozialdemokratie, Willy Brandt, verdient es, besonders erwähnt zu werden. Er stand in direkter Beziehung zum Zustandekommen des Vertrages zwischen der UdSSR und der Bundesrepublik. Dieser Vertrag dürfte wohl die größte politische Leistung in seiner Amtszeit als Bundeskanzler der Bundesrepublik Deutschland gewesen sein.

Die Gegner des Vertrages türmten nicht wenige Hindernisse vor seiner Unterzeichnung auf. Diese Politiker waren wohl mehr der Vergangenheit als der Zukunft des deutschen Volkes verbunden. Dank seinem weiten Gesichtskreis und dem Willen, seinen politischen Kurs mit den Realitäten des Lebens in Einklang zu bringen, führte Brandt von bundesdeutscher Seite aus mit fester Hand und gekonnt den Vertragsabschluß zwischen der UdSSR und der Bundesrepublik herbei.

Es versteht sich von selbst, daß die sowjetische Seite konsequent für den Vertrag mit der Bundesrepublik eintrat. Von ihr hing in vielerlei Hinsicht ab, wie der Vertrag aussehen und welche Rolle er im europäischen und internationalen Leben spielen sollte. Dieser Vertrag besitzt auch heute eine starke Ausstrahlungskraft und erfüllt seine wichtige Bestimmung.

Zu Bestandteilen des europäischen Friedenssystems wurden die danach unterzeichneten Verträge der VR Polen, der DDR und der ČSSR mit der Bundesrepublik. Sie, wie auch das Vierseitige Abkommen über

Westberlin vom 3. September 1971, gaben starke Impulse für das Voranschreiten von Sicherheit und Zusammenarbeit in Europa.

Das Jahrzehnt nach der Unterzeichnung des Moskauer Vertrages zeigte, daß die UdSSR und die Bundesrepublik auf verschiedensten Gebieten und dabei nicht schlecht zusammenarbeiten können.

Die Sowjetunion will mit allen Ländern in Frieden leben. Sie hegt keinerlei aggressive Pläne gegen irgend jemand. Unsere Vorhaben und Bestrebungen finden in konkreten Vorschlägen ihren Ausdruck und sind darauf gerichtet, in den internationalen Angelegenheiten eine tiefgreifende Wende zum Besseren herbeizuführen. Die UdSSR wird auch künftig alles nur Mögliche tun, um den Frieden auf der Erde zu erhalten.

Der Sozialismus, diese schöpferische Gesellschaftsordnung, braucht kein Wettrüsten, keinen Krieg. Unter den Bedingungen eines friedlichen Wettbewerbs mit dem anderen Gesellschaftssystem beweist er seine Vorzüge und wird sie auch künftig beweisen.

Wir zwingen niemandem unsere Weltanschauung auf und sind dafür, daß der ideologische Kampf nicht auf die zwischenstaatlichen Beziehungen übertragen wird. Dies ist ein Vermächtnis Lenins, und unser Land wird sich auch weiter davon konsequent leiten lassen.

Die am Steuer der Außenpolitik der USA und einer Reihe anderer NATO-Länder befindlichen Kräfte scheuen keine Mittel und Mühe, um die internationale Lage entstellt wiederzugeben und die Verantwortung für ihre Verschärfung auf die Sowjetunion abzuwälzen. Dazu werden alle Propagandakanäle eingeschaltet. Von kleineren und größeren Rednerpulten ergießen sich Ströme unwürdiger Schimpfworte und Beleidigungen über uns. Solches Vorgehen wird angewandt, um die eigene Politik zu tarnen, die den Interessen der Völker zuwiderläuft.

Nein, denjenigen, die einen Schatten auf unsere Gesellschaftsordnung, auf unsere menschlichen, sozialen und moralischen Werte werfen wollen, wird das nicht gelingen. Die ehrliche, friedliebende Politik der UdSSR, der gesamten sozialistischen Staatengemeinschaft wird durch keinerlei Verleumdungen von ihrer Anziehungskraft verlieren.

»Für die sowjetische Führung«, betonte der Generalsekretär des ZK der KPdSU und Vorsitzende des Präsidiums des Obersten Sowjets der UdSSR, J. W. Andropow, »ist es keine Frage, welcher Linie sie in den internationalen Angelegenheiten und in der gegenwärtigen gespannten Situation folgen soll. Unser Kurs zielt wie bisher auf die Erhaltung und Festigung des Friedens, auf Entspannung und Eindämmung des Wettrüstens, auf die Erweiterung und Vertiefung der Zusammenarbeit zwischen den Staaten. Das ist der feste Wille der kommunistischen Partei der Sowjetunion, des gesamten sowjetischen Volkes. Darauf ist unserer Überzeugung nach auch das Sinnen und Trachten aller Völker gerichtet.«

In meiner diplomatischen Tätigkeit kam ich mit vielen führenden Politikern des Westens zusammen. Ihrem Format, Charakter und der Gesinnung nach waren sie unterschiedlich. Gemeinsam war wohl allen die allmählich wachsende Erkenntnis, daß »Feldzüge« gegen die Sowjetunion scheitern und kalte Kriege letzten Endes ihren eigenen Interessen schaden werden. Zu dieser vernünftigen Schlußfolgerung kamen in den 60er und 70er Jahren viele verantwortliche Politiker im Westen. Aber auch heute gibt es nicht wenige Leute mit beschränktem Weltverständnis, die sich eher von Gefühlen und nicht von der Vernunft leiten lassen, oder die wegen ihrer Sozialismus-Feindseligkeit nicht imstande sind, die Welt mit nüchternen Augen zu betrachten. Sie langweilen sich ohne Spannungen in der Welt. Die Zukunft aber wird nicht Leuten diesen Schlags gehören. Die Völker brauchen weder einen »kalten« noch »kühlen« Krieg. Das ist ein politisches Axiom, und es wird Verfechtern einer Blut- und Eisen-Politik, einer Politik der Feindschaft zwischen den Völkern nicht gelingen, es zu widerlegen. Das ist die feste Überzeugung der Sowjetmenschen, der sowjetischen Führung.

Durch das vorliegende Buch ziehen sich wie ein roter Faden die Grundsätze der friedliebenden Außenpolitik des Sowjetstaates, die in den ersten Tagen seiner Existenz formuliert wurden, als W. I. Lenin den Sieg der Großen Sozialistischen Oktoberrevolution verkündete.

In allen hier veröffentlichten Dokumenten, Reden, Erklärungen, die sowohl in der UdSSR als auch im Ausland – auf den internationalen Konferenzen und Zusammentreffen – verbreitet wurden, steht der Gedanke im Vordergrund, daß die Staaten und Völker in Frieden leben wollen und Meinungsverschiedenheiten zwischen ihnen nicht durch Waffengewalt geregelt werden dürfen. Sie widerspiegeln die unwiderlegbare Wahrheit, daß das von W. I. Lenin verfaßte und bei der Gründung der Sowjetmacht verkündete Friedensdekret fest in der außenpolitischen Praxis des Sowjetstaates wurzelt.

In dem vorliegenden Buch werden viele Probleme, angefangen bei der Frage von Krieg und Frieden, der Notwendigkeit, einen neuen Weltbrand zu verhüten, bis zu praktischen Fragen der zwischenstaatlichen Beziehungen auf wirtschaftlichem, politischem und kulturellem Gebiet, angeschnitten. Auf welchem Podium auch der Vertreter des Sowjetstaates – in diesem Falle der Außenminister – auftreten mag –, immer wird dort ein leidenschaftlicher Appell für Frieden, Entspannung und gutnachbarliche Beziehungen ertönen. Andererseits wird er die Politik und die Taten jener Staatsmänner verurteilen, die absichtlich oder unabsichtlich die Eckpfeiler des Friedens untergraben, im Gegensatz zu den Prinzipien und Abmachungen handeln, die in den Jahren des zweiten Weltkrieges und unmittelbar danach gemeinsam mit uns ausgearbeitet und verkündet wurden, um den Frieden zu verteidigen und eine neue Aggression nicht zuzulassen.

Unter den im Buch analysierten Problemen nehmen das Abrüstungsproblem, die Einstellung des Wettrüstens, die Suche nach Wegen zur Befreiung der Staaten von der Rüstungslast großen Raum ein. Gibt es in der Welt einen vernünftigen Menschen, der nicht anerkennen würde, daß dies eines der Hauptprobleme ist, das gelöst werden muß? Die Sowjetunion kämpft unermüdlich dafür, und dieser Kampf wird fortgesetzt.

Der Wille und die Vorhaben der sowjetischen Menschen, ihre aufopfernde Arbeit zur Lösung unserer inneren Aufgaben sind stets darauf gerichtet, einen dauerhaften Frieden zu sichern. Die Sowjetunion tut alles von ihr Abhängige, um ihn zu verwirklichen. Sie reichte und reicht immer jedem Staat die Hand, der bereit ist, gemeinsam mit uns zu gehen. Die Kommunistische Partei der Sowjetunion, ihr Zentralkomitee und das Politbüro mit K. U. Tschernenko an der Spitze sind fest entschlossen, diesen Weg zu beschreiten.

Ich möchte noch einmal darauf zurückkommen, womit ich begonnen habe. Ich bin stolz darauf, daß ich im Grunde genommen mein ganzes bewußtes Leben der Verwirklichung der Leninschen Außenpolitik des ersten sozialistischen Staates der Welt widmen konnte.

Da ist die Frage berechtigt, und ich stelle sie mir manchmal selbst, ob ich mit dem Erreichten zufrieden bin.

Diese Frage könnte ich nur dann uneingeschränkt mit »Ja« beantworten, wenn über unserem Planeten eine durch nichts betrübte Friedenssonne schiene und die Erinnerung an Krieg, an Waffen, an die Ausbeutung des Menschen durch den Menschen schon »zur Legende der alten Zeiten« gehörte, wie das der große russische Dichter Puschkin einmal ausdrückte.

Bedauerlicherweise sieht die Welt noch nicht so aus. Die Herstellung eines dauerhaften Friedens kann nicht durch die Anstrengungen allein einer Seite herbeigeführt werden, wieviel gigantische Anstrengungen sie dazu auch unternimmt.

Und trotzdem antworte ich auf die obengestellte Frage grundsätzlich mit »Ja«. Ich empfinde Befriedigung darüber, daß es auch meinen bescheidenen Beitrag zum Kampf für einen friedlichen Himmel über der Erde, für die Gerechtigkeit gibt.

Man sagt, daß es einfacher und sicherer ist, ein Pessimist zu sein. Ich war und bleibe ein Optimist. Und dieser Optimismus beruht auf dem Glauben an die Vernunft der Menschen, die über Jahrhunderte den Weg zur Schaffung eines gerechten, frohen, erfüllten und vor allem friedlichen Lebens für alle auf der Erde weist.

Im Jahre 1978 traf ich in Washington während der Sondertagung der UNO-Vollversammlung über Abrüstung den damaligen US-Präsidenten Carter sowie andere Prominente der amerikanischen Außenpolitik. Nach dem Treffen wurde ich auf einer kleinen Wiese vor dem Weißen Haus von Journalisten umringt. Die Fragen bezogen sich hauptsächlich auf den Verlauf der SALT-II-Verhandlungen. Ich habe ihnen damals geantwortet, daß die absolute Mehrheit der Fragen, besonders grundsätzlicher, geklärt sei. Der Kreis noch nicht abgestimmter Fragen werde langsam enger. Ich fügte hinzu, daß es selbstverständlich noch offene Fragen gebe, für deren Lösung weitere Treffen anberaumt werden müßten. Aber was vor allem benötigt werde, sei auch der Wunsch der amerikanischen Seite, nicht nur unser Wunsch, zu einer Vereinbarung in den Verhandlungen zu gelangen. Und die amerikanische Seite unterstütze unserer Meinung nach diesen Vertrag in ungenügender Weise.

Als ich die durchaus verständliche Verlegenheit auf den Gesichtern einiger Journalisten bemerkte, fügte ich hinzu: Dieser Vertrag soll wie ein Haus gebaut werden, Stein um Stein.

Auf diesen Gedanken, den ich damals ausdrückte, komme ich heute wieder zurück, wenn ich an die Geschichte des Friedens als Ganzes denke. Stein um Stein – auf diese Weise soll das Gebäude dauerhaften Friedens für das eigene Volk, für alle Menschen auf der Erde gebaut werden, weil nur der allgemeine Frieden ein wirklich fester Frieden sein kann. Das macht das Leben des Autors dieses Buches aus. Diesem Ziel beabsichtigt er auch die vor ihm liegenden Lebensjahre zu widmen.

## Die Sicherung des Friedens für die Völker ist Aufgabe aller Staaten

### Rede auf der 35. Tagung der UNO-Vollversammlung am 23. September 1980

Herr Vorsitzender!

Sehr geehrte Delegierte!

In meiner heutigen Rede möchte ich von Anfang an auf jene wichtige Bedeutung hinweisen, die eine erfolgreiche Durchführung dieser Tagung der Vollversammlung haben könnte.

Unter Berücksichtigung der gegenwärtigen Situation in der Weltarena ist es besonders erforderlich, daß die Arbeit dieser Tagung in einer konstruktiven Atmosphäre verläuft. In einem noch größeren Maße als früher müssen ihre Teilnehmer Realismus an den Tag legen wie auch ein ausgewogenes Herangehen an die internationalen Schlüsselprobleme und eine wahre Interessiertheit bei der Suche nach deren Lösungen.

Damit würden die Mitgliedstaaten der UNO demonstrieren, daß sie den Prinzipien und Zielen dieser Weltorganisation treu und sich ihrer Verantwortung für das Schicksal der Welt bewußt sind. Denn das ist jetzt für sie – sowohl für alle zusammen als auch für jeden einzelnen – die vordringlichste Aufgabe.

Wir lenken die Aufmerksamkeit darauf, weil sich die

internationale Lage in letzter Zeit zugespitzt hat, was auf die scharfe Wende in der Politik der USA und einer Reihe anderer NATO-Staaten zurückzuführen ist.

Wollen wir uns den Tatsachen zuwenden, denn sie sprechen eine beredte Sprache.

Die NATO-Staaten hatten bereits im Mai 1978 beschlossen, jährlich ihre Militärausgaben automatisch fast bis zum Ende dieses Jahrhunderts zu erhöhen. Im Dezember 1979 nahmen sie den Beschluß an, neue amerikanische Raketenkernwaffen mittlerer Reichweite zu produzieren und in Westeuropa zu stationieren, was auf eine Veränderung der militärisch-strategischen Lage zum einseitigen Vorteil des NATO-Blocks gerichtet ist. Gleichzeitig verkündete Washington sein eigenes Milliardenprogramm der Rüstungseskalation.

Der von den USA eingeschlagene Kurs, der nicht anders als militaristisch bezeichnet werden kann, findet seinen Ausdruck in der sogenannten »neuen Nuklearstrategie«. Die Schöpfer dieser Strategie, die sich hinter der unrealistischen Überlegung von der Möglichkeit eines begrenzten und selektiven Einsatzes der Kernwaffen zu verstecken suchen, sind bestrebt, den Menschen den Gedanken zu suggerieren, daß ein Kernwaffenkonflikt zulässig und akzeptabel ist. Diese unbesonnene Konzeption führt zur Erhöhung des Risikos einer nuklearen Katastrophe, was überall in der Welt Besorgnis auslösen muß und auch auslöst.

Läuft es denn nicht den Erwartungen der Völker zuwider, daß Washington die Ratifizierung des sowjetisch-amerikanischen Vertrages über die Begrenzung der strategischen Offensivwaffen (SALT II) auf unbestimmte Zeit verschoben hat? Washington hat demonstriert, wie wenig seine früheren Versicherungen und Versprechen wert sind.

In der letzten Zeit wurden in das Arsenal der amerikanischen Außenpolitik einige Thesen aufgenommen, die nach allem zu urteilen als ihr Kredo angesehen werden können.

Hier ist eine dieser Thesen.

Man nimmt willkürlich diese oder jene Region der Welt – insbesondere, wenn diese an Energieressourcen reich, verkehrsmäßig bedeutungsvoll ist oder weil sie es dem Pentagon aus anderen Gründen angetan hat – und erklärt diese Region geradewegs zum »Bereich der Lebensinteressen« der USA.

Sobald aber diese Region der Bereich nicht bloß irgendwelcher, sondern amerikanischer Interessen und zudem noch – Gott weiß warum – »Lebens«interessen ist, versucht man den dort lebenden Völkern das Recht zu nehmen, über ihr eigenes Zuhause und ihre eigenen Reichtümer zu verfügen. Man kann sich nur schwer vorstellen, daß Ende des 20. Jahrhunderts die jahrhundertealten allgemein anerkannten Normen des Völkerrechts so offen und auf eine solche räuberische Weise verletzt werden.

Eine weitere These: Jegliche innere Umgestaltungen in jedem Staat, sobald sie Washington nicht zusagen, halten die USA für ausreichend, um sich in die Angelegenheiten dieses Staates einzumischen, wobei man vor der Entsendung von Truppen und Diversionsgruppen dorthin nicht zurückschreckt. Gerade diese Funktion wird der »schnellen Eingreiftruppe« auferlegt. Natürlich fallen vor allem die Länder dieser Politik zum Opfer, die sich nicht verteidigen können.

Oder wie verhält man sich zu Kuba? Das ist ein prägnantes Beispiel. Trotz der legitimen Forderungen seiner Regierung und seines Volkes, wird ein Teil des kubanischen Territoriums, und zwar Guantanamo mit dem dort befindlichen Militärstützpunkt der USA, immer noch mit Gewalt besetzt. In Washington denkt man aber so: Wir wollen diesen Stützpunkt haben – und Schluß! Unwichtig, daß damit die souveränen Rechte Kubas und seines Volkes auf gröbste ignoriert werden, Hauptsache, das nützt den amerikanischen Interessen.

Wieviele Erklärungen werden abgegeben, um eine solche Politik zu rechtfertigen! Darin geht es wiederholt um die Menschenrechte und um die Rechte der Staaten. Man kann sich wirklich nur wundern, wie man eine solche Politik mit der wirklichen Achtung der Rechte der Staaten, der Rechte der Völker und der Menschenrechte in Verbindung bringen kann. Wollte man diesen Erklärungen glauben, die übrigens mit der Aufdringlichkeit einer kommerziellen Werbung wiederholt werden, müßte man alle Lehrbücher, alle Bücher über das Völkerrecht, aber auch die UNO-Charta selbst, die die Souveränität der Völker streng legitimieren, wegschmeißen. Doch keine Rhetorik und keine diplomatischen Tricks können das reale Wesen dieser Politik verdecken.

In verschiedenen Regionen der Welt werden Methoden des Drucks und der Erpressung in der Außenpolitik sichtbar. Unverhohlene Gewalt wird gegenüber Iran angewendet. Das ist doch jedermann bekannt. Das

Vorgehen der USA im Raum des Persischen Golfs bedroht die Souveränität nicht nur dieses, sondern auch anderer Länder der Region.

Es verstärkt sich die militärische Präsenz der USA in Ostafrika, wo seit kurzem neue amerikanische Militärstützpunkte geschaffen werden. Das gilt insbesondere für Somalia – ein Land, dessen Führung nach wie vor unbegründete Gebietsansprüche gegenüber seinen Nachbarn erhebt. Die Sowjetunion unterstützt voll und ganz jene Staaten, die gegen die Schaffung dieser Stützpunkte öffentlich protestieren. Diejenigen, die ihr Land zum Bau der amerikanischen Militärstützpunkte zur Verfügung stellen, tragen natürlich zur Anhäufung des »Zündstoffs« in dieser Region mit allen sich daraus ergebenden Gefahren bei.

Eine direkte Folge der antiarabischen Abmachung von Camp David ist die weitere Anheizung der Spannung im Nahen Osten. Die dortige Lage birgt gefährliche Überraschungen in sich. Davor darf man nicht die Augen verschließen. Diese Abmachung, die die gerechten Forderungen der arabischen Staaten und die unabdingbaren nationalen Rechte des arabischen Volkes von Palästina, dessen einziger legitimer Vertreter die Palästinensische Befreiungsorganisation ist, ignoriert, zielt darauf ab, die annexionistischen Ansprüche Israels zu erfüllen und die amerikanische militärische Präsenz im Nahen Osten zu untermauern.

Kurzum, seit dem Abschluß der separaten Abmachung zwischen den USA, Israel und Ägypten ist die Situation in dieser Region vom wahren Frieden weiter entfernt als je zuvor. Eben deshalb wird Camp David von den arabischen Staaten abgelehnt und von all denen verurteilt, die an einer gerechten und allumfassenden, nicht aber von den imperialistischen Interessen diktierten Regelung im Nahen Osten interessiert sind. Dies haben überzeugend die jüngsten Beschlüsse der Sondertagung der UNO-Vollversammlung und des UNO-Sicherheitsrates zur palästinensischen Frage gezeigt.

In einer anderen Region – im Fernen Osten – sucht Washington, seine politischen und militärischen Positionen zu festigen, es heizt die militaristischen Tendenzen an, die in bestimmten Kreisen Japans bei weitem nicht nachlassen. Man möchte jedoch hoffen, daß sich die japanische Führung als fähig erweisen wird, die Sachen so zu sehen, wie sie wirklich sind, und daß sie sich dem Druck von außen widersetzen wird, der dieses Land auf den Weg der Feindschaft mit der Sowjetunion treibt, auf den Weg also, der Japan schon einmal zur Katastrophe geführt hat.

Die Vereinigten Staaten, deren Truppen sich trotz des Beschlusses der 30. Tagung der UNO-Vollversammlung immer noch auf dem südkoreanischen Territorium befinden, tragen gemeinsam mit dem Marionettenregime von Söul die Verantwortung dafür, daß das koreanische Problem ungelöst bleibt. Sie verhindern die Normalisierung der Lage auf der Halbinsel Korea und die Wiedervereinigung Koreas auf friedlicher und demokratischer Grundlage, ohne jegliche Einmischung von außen, wie es die Regierung der KVDR vorschlägt.

Die USA tragen zur Destabilisierung der Lage in Indochina und in ganz Südostasien bei.

Die bereits angeführten Tatsachen reichen völlig aus,

um zu dem Schluß zu kommen, daß die einflußreichen Kreise einiger Staaten jenes solide Kapital der Entspannungspolitik verpulvern wollen, das durch langwierige und komplizierte Anstrengungen vieler Staaten, insbesondere in den 70er Jahren, gesammelt wurde.

Vor nicht allzulanger Zeit fand in Wien, als der SALT-II-Vertrag unterzeichnet wurde, ein offenes Gespräch zwischen L. I. Breshnew und US-Präsident J. Carter statt, der ebenfalls anerkannt hat, daß die entstandene annähernde Parität der militärischen Stärke des Ostens und des Westens, der Sowjetunion und der USA, beibehalten werden muß. Dies haben auch die führenden Repräsentanten der anderen NATO-Staaten anerkannt. Jetzt sind die Führer des NATO-Blocks entgegen ihren früheren Äußerungen bestrebt, das strategische Kräftegleichgewicht in der Welt zugunsten dieses Blocks zu verändern.

Ebendarin ist die Wurzel für die Komplizierung der gegenwärtigen internationalen Lage zu suchen.

Die Versuche, den Verlauf der Ereignisse in der Weltarena anders zu interpretieren, auf die Außenpolitik der UdSSR einen Schatten zu werfen und erneut zum Hirngespinst von der »sowjetischen militärischen Bedrohung« zu greifen, sind eine grobe Irreführung.

Nur leichtgläubige Menschen können den auf Sand gebauten Behauptungen Gehör schenken, die zeitweilige Entsendung eines begrenzten sowjetischen Truppenkontingents nach Afghanistan sei die Ursache für die Verschärfung der Lage in der Welt. Wie bereits mehrfach erklärt wurde, ist unser Schritt deshalb unternommen worden, um das afghanische Volk bei der Verteidigung der Souveränität des Landes sowie bei der Abwehr bewaffneter Invasionen von außen auf sein Territorium zu unterstützen und um das Entstehen einer unmittelbaren Gefahr für die Sicherheit der UdSSR an ihrer südlichen Grenze zu verhüten. Diese Hilfe ist als Antwort auf wiederholtes Ersuchen der Regierung Afghanistans gewährt worden und befindet sich in voller Übereinstimmung mit dem sowjetisch-afghanischen Vertrag von 1978 sowie der UNO-Charta.

Jetzt, da sich die Lage in Afghanistan allmählich normalisiert, sind einige unserer Truppenteile nach Abstimmung mit der afghanischen Regierung in die Heimat zurückgeführt worden.

Manchmal kann man auch innerhalb der UNO hören, daß sich gewisse Leute für einen vollständigen Abzug des sowjetischen Truppenkontingents aussprechen. Darauf antworten wir: Die Sowjetunion wird es in Abstimmung mit der Regierung Afghanistans abziehen, sobald die Gründe beseitigt werden, aus denen die Entsendung dieses Kontingents notwendig geworden war, und nicht früher.

Die afghanische Regierung verkündete bekanntlich ein Programm zur politischen Regelung der Lage um Afghanistan. Auf dieser Grundlage kann ohne weiteres eine Regelung herbeigeführt werden, und die Sowjetunion setzt sich dafür entschlossen ein. Fruchtlos hingegen sind alle Versuche, die den souveränen Rechten Afghanistans widersprechen. Die Wahrheit über den Charakter und das Wesen der Ereignisse in Afghanistan und um dieses nichtpaktgebundene Land bahnt sich unablässig den Weg.

Völlig falsch ist auch die These, die in einigen westlichen Ländern ausgeschlachtet wird, wonach die Sowjetunion angeblich ihr militärisches Potential in einem Umfang vergrößert, der ihre Verteidigungsbedürfnisse übertrifft.

Unser Land geht davon aus, daß für seine eigene Sicherheit sowie für die Sicherheit seiner Verbündeten und Freunde das bestehende strategische Gleichgewicht der Kräfte in der Welt völlig ausreicht. Mehr beansprucht es nicht.

Nehmen wir Mitteleuropa, die Region mit der größten Dichte der militärischen Konfrontation. Hier hat die Sowjetunion im Unterschied zu den NATO-Ländern ihre Streitkräfte schon lange um keinen einzigen Soldaten, um keinen einzigen Panzer und kein einziges Flugzeug vergrößert. Umgekehrt, sie reduziert sie.

Was die Kernwaffen mittlerer Reichweite im europäischen Teil der UdSSR betrifft, die wir übrigens auf dem Territorium anderer Länder überhaupt nicht stationieren, so wurden sie sowohl hinsichtlich der Zahl der Startanlagen als auch der Detonationsstärke der Kernsprengsätze in der letzten Zeit sogar reduziert. Denjenigen, die die Menschen absichtlich irreführen wollen, ist das ebenfalls bekannt. Da sie aber mit der Wahrheit auf Kriegsfuß stehen, tischen sie der öffentlichen Meinung propagandistische Machwerke auf, wenn sie über die Außenpolitik der Sowjetunion und ihre Streitkräfte sprechen.

Vor diesem Hintergrund wird es klar, daß jene, die wiederholt von einer »beispiellosen Verstärkung« des Verteidigungspotentials durch unser Land sprechen, offensichtlich versuchen, die Aufmerksamkeit von den eigenen Plänen der Stationierung hunderter neuer amerikanischer Kernwaffenmittel auf dem Territorium mehrerer westeuropäischer Länder abzulenken.

Im Interesse der Verhinderung einer neuen Runde des Wettrüstens trat die Sowjetunion für Verhandlungen auf gleichberechtigter Basis und unter Einhaltung des Prinzips der gleichen Sicherheit ein. Um die Hindernisse für Verhandlungen zu beseitigen, die durch den NATO-Beschluß errichtet wurden, schlagen wir vor, unverzüglich an die Erörterung der Frage der Kernwaffen mittlerer Reichweite in Europa sowie der Frage der vorgeschobenen amerikanischen Kernwaffen heranzugehen. Damit ist gemeint, daß die eventuellen Vereinbarungen nach dem Inkrafttreten des SALT-II-Vertrages verwirklicht werden.

Die UdSSR erhielt bis jetzt keine Antwort zum Wesen ihrer Initiative. Man spricht und schreibt über den sowjetischen Vorschlag, er wird verschiedenartig bewertet, manchmal erklärt man, er sei unklar und sogar rätselhaft. Eine klare Antwort von denen, die sich zu dem Vorschlag äußern sollen, bleibt jedoch aus.

Die Ursache dafür liegt darin, daß der Vorschlag der Sowjetunion darauf gerichtet ist, eine wirkliche Lösung des Problems der europäischen Sicherheit zu finden, um die Verwandlung Europas in einen noch gefährlicheren Schauplatz der militärischen Konfrontation zu verhindern, wo riesige Mengen an Atomwaffen Tag und Nacht einsatzbereit wären.

Es hat den Anschein, als wollte man in Wirklichkeit mit der Verzögerung einer konstruktiven Antwort auf unseren Vorschlag die dadurch ausgelöste positive internationale Resonanz dämpfen. Wir verleihen unserer Hoffnung Ausdruck, daß der gesunde Menschenverstand und das verantwortungsbewußte Herangehen an die Verbesserung der Lage in Europa letzten Endes die Oberhand gewinnen. Wir möchten daran glauben. Die Sowjetunion ist bereit, auf der genannten gerechten Grundlage mit unseren Partnern zu jeder Zeit Verhandlungen aufzunehmen.

Sollte es jedoch irgendwelche Unklarheiten bezüglich unseres Vorschlags geben, haben wir selbstredend nichts dagegen, diese durch Konsultation oder Meinungsaustausch zu beseitigen. Es ist jedoch erforderlich, daß die Teilnehmer eines solchen Meinungsaustausches sich an den Verhandlungstisch mit guten Absichten setzen, nicht aber, um die Zeit totzuschlagen.

Zugleich sollte jedoch klar sein, daß die Sowjetunion, die Staaten des Warschauer Vertrages nicht zulassen werden, daß das von ihnen herbeigeführte militärisch-strategische Gleichgewicht mit den NATO-Staaten gestört wird. Alle Kalkulationen, ein solches Gleichgewicht zu zerstören, sollten aufgegeben werden.

Die UdSSR und die anderen Staaten der sozialistischen Gemeinschaft strebten und streben keine militärische Überlegenheit an. Sie hatten keine andere strategische Doktrin als die der Verteidigung und werden auch keine andere haben.

»Die Außenpolitik unseres Landes ist«, wie dies Leonid Breshnew in seiner jüngsten Rede in Alma-Ata ein weiteres Mal mit aller Bestimmtheit erklärte, »eine klare und ehrliche Politik des Friedens, die gegen keinen dritten gerichtet ist. Wir erheben keinerlei Anspruch auf fremden Boden und mischen uns nicht in die inneren Angelegenheiten anderer ein. Wir wissen aber, für unsere Rechte und legitimen Interessen stets einzutreten.«

Die Friedensliebe ist ein integrierender Wesenszug der Außenpolitik des Sozialismus als gesellschaftliche Formation, in der es keine am Krieg interessierten Klassen gibt. Eine Welt ohne Kriege, darauf wies Lenin hin, ist das Ideal des Sozialismus.

Die Quelle, aus der die Politik der sozialistischen Länder den Glauben an ihre Kräfte schöpft, ist die Einheit der Ziele beim Aufbau der neuen Gesellschaft und beim Schutz des Friedens. Die diesen Zielen dienende Vervollkommnung der Beziehungen der vollen Gleichberechtigung, der brüderlichen Einheit, der kameradschaftlichen gegenseitigen Hilfe und der fruchtbringenden Zusammenarbeit in allen Lebensbereichen steht stets im Mittelpunkt ihrer Aufmerksamkeit, was die Ergebnisse der in diesem Sommer auf der Krim abgehaltenen Treffen L.I. Breshnews mit den Leitern der Bruderparteien und -staaten noch einmal bestätigt haben.

Die Sowjetunion, die sozialistische Gemeinschaft gehörten stets zur Avantgarde des Kampfes für internationale Sicherheit und werden auch in Zukunft dazu gehören. Wir beanspruchen aber keine Monopolstellung auf diesem Gebiet. Wir wollen in einer Reihe mit allen Staaten sein, die konsequent eine Politik des Friedens und der Abwendung der Gefahr eines neuen Weltkrieges, eine Entspannungspolitik betreiben. Die konkreten Taten der sozialistischen Länder werden aus einer ganzen Reihe von Initiativen ersichtlich, mit denen sie unter anderem seit der vorangegangenen Tagung der UNO-Vollversammlung aufgetreten sind.

Es ist dies der von der Tagung des Politischen Beratenden Ausschusses der Teilnehmerstaaten des Warschauer Vertrages unterbreitete Vorschlag, auf höchster Ebene ein Treffen der führenden Repräsentanten der Staaten aller Regionen der Welt durchzuführen, um die mit der Beseitigung der internationalen Spannungsherde und mit der Verhütung eines Krieges zusammenhängenden Probleme zu erörtern.

Es sind dies die Maßnahmen zur Eindämmung des Wettrüstens und zur Abrüstung, zur Festigung des Friedens in Europa und in der ganzen Welt, die in der auf derselben Tagung angenommenen Deklaration enthalten sind.

Es ist dies die Initiative der UdSSR zu Verhandlungen über Kernwaffen mittlerer Reichweite in Europa in enger Verbindung mit den vorgeschobenen amerikanischen Kernwaffen.

Es ist dies der kürzlich von der Sowjetunion abgeschlossene Abzug von 20000 Militärangehörigen, 1000 Panzern und anderer Militärtechnik aus der DDR.

Es ist dies der Vorschlag der sozialistischen Länder bei den Wiener Verhandlungen, der unter den zu empfehlenden Schritten die Reduzierung um 13000 Militärangehörige der USA und 20000 sowjetische Militärangehörige vorsieht, über das sowjetische Truppenkontingent hinaus, das einseitig vom Territorium der DDR abgezogen wurde.

Es ist dies der Abzug einiger sowjetischer Truppenteile aus Afghanistan.

Bei einem Vergleich unserer Initiativen allein während des zurückliegenden Jahres mit denen des NATO-Blocks tritt schon auf den ersten Blick der Kontrast zwischen den beiden Hauptlinien in der Weltpolitik deutlich hervor.

Die Tatsachen beweisen eindeutig, wessen Kurs den Interessen der Völker entspricht und wessen Kurs ihnen widerspricht.

Nach allem zu urteilen, ist es nicht leicht, den Völkern ein falsches Bild von unserer Außenpolitik zu vermitteln. Die Desinformation und die Verleumdungen darüber wenden sich gegen diejenigen, die sie benutzen.

Angesichts der gegenwärtigen internationalen Beziehungen, wo die Entspannungspolitik harte Bewährungsproben zu bestehen hat, wo die Kriegsgefahr wächst, muß man die Anstrengungen mehren, um sich einem solchen Verlauf der Ereignisse zu widersetzen. Es mögen dabei anfangs nicht die radikalsten von den möglichen Schritten sein, doch diese Schritte müßten das internationale politische Klima einigermaßen gesunden lassen.

Die Sowjetunion, die sich von solchen Erwägungen leiten läßt, schlägt vor, als wichtige und dringende Frage den Punkt »Über einige vordringliche Maßnahmen zur Verringerung der Kriegsgefahr« auf die Tagesordnung der gegenwärtigen Tagung der UNO-Vollversammlung zu setzen, und stellt den Entwurf einer entsprechenden Resolution zur Diskussion.

Es handelt sich um folgende in der nächsten Zeit zu treffende Maßnahmen:

*Erstens:* Ein wichtiger Schritt wäre der Verzicht der

Militärbündnissen angehörenden Staaten auf Erweiterung der bestehenden militärpolitischen Gruppierungen durch neue Mitglieder und der Länder, die nicht Mitglieder solcher Gruppierungen sind, auf Beitritt zu diesen. Ausnahmslos alle Staaten sollten sich jeglicher Handlungen enthalten, die zur Schaffung neuer Militärbündnisse oder dazu führen, daß regionale Organisationen, die bisher keine militärische Funktionen haben, solche erhalten.

Ihre volle Gültigkeit behalten dabei die wiederholt von der UdSSR und den anderen sozialistischen Ländern abgegebenen Erklärungen über die Bereitschaft zur Auflösung der Organisation des Warschauer Vertrages, wenn zur gleichen Zeit der NATO-Block liquidiert wird, und – als erster Schritt – über die Auflösung der militärischen Organisationen beider Gruppierungen, beginnend mit einer gegenseitigen Verringerung der militärischen Tätigkeit.

*Zweitens:* Es ist notwendig, daß alle Staaten, in erster Linie die Ständigen Mitglieder des Sicherheitsrates und die durch Militärabkommen mit ihnen verbundenen Länder, die Verpflichtung übernehmen, von einem bestimmten Tag an, sagen wir ab 1. Januar 1981 ihre Streitkräfte und konventionellen Rüstungen als ersten Schritt zu ihrer nachfolgenden Reduzierung nicht zu vergrößern.

*Drittens:* Davon ausgehend, daß die Festigung der Sicherheitsgarantien für Nichtkernwaffenstaaten am besten den schnellsten Abschluß der entsprechenden Konvention unter Beteiligung aller Kern- und Nichtkernwaffenländer fördern würde, ist die UdSSR bereit –

wenn sich die übrigen Kernwaffenmächte ebenso verhalten –, auch andere mögliche Varianten für die Lösung dieses Problems zu erörtern. Wir rufen alle Kernwaffenländer dazu auf, inhaltlich analoge feierliche Erklärungen über die Nichtanwendung von Kernwaffen gegen Nichtkernwaffenstaaten, auf deren Territorium sich keine derartigen Waffen befinden, abzugeben. Solche Erklärungen könnten, falls sie dem erwähnten Ziel entsprechen, durch autoritative Beschlüsse des Sicherheitsrates untermauert werden.

Dabei bestätigt die Sowjetunion erneut, daß sie niemals Kernwaffen gegen Länder einsetzen wird, die auf die Produktion und den Erwerb dieser Waffen verzichten und sie nicht auf ihrem Territorium haben.

*Viertens:* Wir sind davon überzeugt, daß es vollkommen real ist, die Ausarbeitung eines internationalen Vertrages über das vollständige und allgemeine Verbot der Erprobung von Kernwaffen innerhalb kürzester Frist erfolgreich abzuschließen, wenn unsere Verhandlungspartner – die USA und Großbritannien – eine entsprechende Bereitschaft zeigen.

Um dies zu erreichen, schlägt die UdSSR vor, daß alle Kernwaffenmächte erklären, von einem zwischen ihnen zu vereinbarenden Zeitpunkt an auf die Durchführung jeglicher Kernexplosionen innerhalb eines Jahres zu verzichten. Es geht um ein Jahresmoratorium, und in dieser Zeit sollen die Verhandlungen über eine radikalere Lösung fortgesetzt werden.

Die unverzügliche Verwirklichung aller dieser Maßnahmen würde einer Reihe von Zuspitzungen in den internationalen Beziehungen entschärfen. Dies könnte zu einer Verringerung der Bürde der Militärausgaben der Staaten, zur Festigung des Regimes der Nichtweiterverbreitung von Kernwaffen und zur Schaffung günstiger Voraussetzungen für ein Voranschreiten auf dem Gebiet der Begrenzung des Wettrüstens beitragen.

Wir hoffen, daß die UNO-Vollversammlung den unterbreiteten Vorschlägen größte Aufmerksamkeit schenken und sie unterstützen wird.

Unter den heutigen internationalen Bedingungen betrachtet es die Sowjetunion als unbedingte Pflicht der UNO-Mitgliedsstaaten, die Anstrengungen auf allen Hauptgebieten des Friedenskampfes zu erhöhen. Die Sowjetunion wird auch künftig den Dialog fortsetzen und vertiefen und mit allen Staaten zusammenarbeiten, die den politischen Willen dazu zeigen.

Apropos Dialog. Dieser Terminus wird jetzt oft gebraucht. Manche denken so: Gefällt mir etwas in der Politik dieses oder jenes Staates nicht, werde ich mit ihm nicht verhandeln. Doch wir glauben, solche Launen wurden von der Öffentlichkeit völlig zu Recht verurteilt.

Wir halten es für notwendig, auf dieser Tagung an die Beschlüsse der UNO zu erinnern, die noch nicht realisiert sind, und an die Vorschläge, die von der UdSSR und anderen Ländern eingebracht worden sind, sowie unsere Vorstellungen zur Erhöhung der Effektivität der Arbeit in konkreten Bereichen dieses historischen Kampfes darzulegen. Zu diesem Zweck unterbreitet die UdSSR der Tagung das Memorandum »Für Frieden und Abrüstung, für Garantien der internationalen Sicherheit«.

Man braucht wohl niemandem zu beweisen, daß die größte Gefahr für den Frieden auf unserem Planeten von dem zügellosen Kernwaffenwettrüsten ausgeht. Doch muß man immer wieder darüber reden und darf sich nicht damit abfinden, daß die Menschen in ständiger Furcht vor einer nuklearen Katastrophe leben.

Wie kompliziert das Problem der nuklearen Abrüstung auch sein mag, man darf denjenigen nicht nachgeben, die sich weigern, dieses Problem auch nur zu besprechen. Denn schließlich müssen Menschen dieses brennende Problem lösen. Sie haben die Kernwaffen geschaffen, und sie können und müssen diese für gesetzwidrig erklären und vernichten. Niemand wird bestreiten, daß die Vernunft des Menschen stärker als seine Fäuste ist.

Dessenungeachtet ist es eine Tatsache, daß die von der UdSSR vorgeschlagenen Verhandlungen über die Einstellung der Produktion aller Arten von Kernwaffen und über die allmähliche Reduzierung ihrer Vorräte bis hin zu deren völliger Vernichtung wegen der negativen Haltung einiger Regierungen immer noch nicht aufgenommen wurden. Wir sind dafür, daß diese Verhandlungen beginnen, daß sich die betreffenden Regierungen zu ihnen seriös verhalten und daß auf diese Weise der diesbezügliche Beschluß der Sondertagung der UNO-Vollversammlung erfüllt wird.

Von großer Bedeutung für den Frieden und die Entspannung wäre es, wenn die Staaten ein Abkommen über Gewaltverzicht in den internationalen Beziehungen abschlössen. Die Sowjetunion hat wiederholt von dieser Tribüne aus die Wichtigkeit eines solchen Abkommens und des 1972 angenommenen Beschlusses der UNO-Vollversammlung »Über die Nichtanwendung von Gewalt in den internationalen Beziehungen und das Verbot des Einsatzes von Kernwaffen für alle Zeiten« unterstrichen.

In der gegenwärtigen Lage ist die UNO um so dringlicher verpflichtet, sich zugunsten des schnellstmöglichen Abschlusses der Arbeit in dieser Richtung auszusprechen.

Von entscheidender Bedeutung für die Verminderung der Gefahr eines Kernwaffenkrieges sind die Einstellung des weiteren Wachstums der strategischen Potentiale der Staaten, die nachfolgende quantitative Reduzierung und die qualitative Begrenzung der strategischen Kernwaffensysteme.

Wer aber wird bestreiten, von welcher Bedeutung das Inkrafttreten des sowjetisch-amerikanischen Vertrages über die Begrenzung der strategischen Offensivwaffen (SALT II) wäre. Die UdSSR ist bereit, den SALT-II-Vertrag zu ratifizieren und danach alle seine Bestimmungen strikt zu erfüllen. Die Sowjetunion ist gewillt, an Verhandlungen auch zu einer weiteren Begrenzung und Verringerung der strategischen Rüstungen unter strenger Einhaltung des Prinzips der Gleichheit und der gleichen Sicherheit teilzunehmen.

Es ist jedoch angebracht, hier zu sagen, daß die amerikanische Seite bereits jetzt den Vertrag – obgleich er noch nicht in Kraft getreten ist – durch einen Plan unterminiert, dessen Verwirklichung die Ausklammerung einer großen Anzahl strategischer Raketen-Kernwaffen aus der entsprechenden Kontrolle ermöglichen würde.

Angesichts des unablässigen Wachstums der Kernwaffenarsenale der Staaten wird es immer aktueller, zuverlässigere Maßnahmen auszuarbeiten und anzunehmen, um die Möglichkeit eines zufälligen und nichtsanktionierten Kernwaffeneinsatzes auszuschließen. Viel Stoff zu ernsthaften Überlegungen liefern in diesem Zusammenhang die mehrmaligen falschen Atom-Alarme in den Streitkräften der USA.

Denn daß der Alarm falsch war, erfährt man erst später. Ergeben sich etwa daraus keine bestimmten Schlußfolgerungen?

So etwas wird nicht vorkommen, wenn die Staatsleitung mit der Kernwaffe verantwortungsvoll umgeht.

Die Sowjetunion setzt sich nach wie vor dafür ein, daß dem Problem der Nichtweiterverbreitung von Kernwaffen ständige Aufmerksamkeit geschenkt wird. Überaus negative Folgen birgt eine Unterbewertung der Übergabe nuklearer Ausrüstungen, Materialien und Technologien zu friedlichen Zwecken als eines potentiellen Kanals der Weiterverbreitung von Kernwaffen.

Ein wichtiger Schritt wäre eine internationale Vereinbarung über die Nichtstationierung von Kernwaffen auf den Territorien jener Länder, wo es diese zur Zeit nicht gibt, unabhängig davon, ob diese Länder in Bündnisbeziehungen zu diesem oder jenem Kernwaffenstaat stehen oder nicht. Dessen ungeachtet gehen die Verhandlungen zu dieser Frage wegen der ablehnenden Haltung einiger Staaten zumindest sehr langsam vorwärts.

Der gewaltigen Zerstörungskraft der Kernwaffen steht die Vernichtungskraft eines solchen Massenvernichtungsmittels wie der chemischen Waffen kaum nach. Jahrelang ziehen sich die Verhandlungen über deren Verbot hin, doch die Entfernung bis zum Finish – dem Abschluß der entsprechenden internationalen Konvention – verringert sich so gut wie überhaupt nicht. Den verbliebenen Abschnitt kann man ohne energische Anstrengungen aller Verhandlungsteilnehmer nicht zurücklegen. Wir unsererseits arbeiten beharrlich in dieser Richtung.

Die Sowjetunion setzt sich nach wie vor für die Einhaltung der Konvention über das Verbot der bakteriologischen Waffen voll und ganz ein. Sie war und bleibt dem Geist und Buchstaben dieser Konvention treu, die das Maß der realen Abrüstung verkörpert.

Manchmal lassen Vertreter militaristischer Kreise Behauptungen umlaufen, wonach die Sowjetunion die sich für sie aus den internationalen Abkommen ergebende Verpflichtungen nicht immer erfülle. Solche Erklärungen aber stellen einen Trick dar, der so alt wie die Welt selbst ist. Ihre Autoren denken wahrscheinlich so: Wenn schon die Völker belügen, so muß die Lüge groß sein, denn dann wird sie beeindrucken. Doch im Kampf zwischen Wahrheit und Lüge siegt immer die Wahrheit. Die Sowjetunion hat kein einziges internationales Abkommen verletzt und hat das auch in Zukunft nicht vor.

Diejenigen, die sich solcher Behauptungen bedienen, versuchen daraus einen dichten Nebelvorhang zu machen, der ihre eigenen unansehnlichen Machenschaften verdecken soll. Sehen Sie sich mal an, was in dem Land vorgeht, dessen Vertreter sich in solchen Behauptungen üben. Dort werden Pläne zum Bau neuer Betriebe für die Produktion chemischer Waffen offen besprochen. In der gleiche Zeit aber sitzen die Vertreter desselben Landes am Verhandlungstisch, wo sie über das Verbot chemischer Waffen sprechen.

Wieviele Male hat die Sowjetunion Beweise für die Nichteinhaltung von Abkommen durch diejenigen erbracht, die die oben erwähnten Erklärungen im Hinblick auf die UdSSR abgeben. Denjenigen, an die wir diese Worte richten, ist das gut bekannt. So sieht es mit den Versuchen aus, auf das Verhältnis der Sowjetunion zu ihren Verpflichtungen aus den internationalen Abkommen Schatten zu werfen.

Die Welt ist nicht sicher davor, daß in naher Zukunft neue Arten und Systeme von Massenvernichtungswaffen auftauchen. Das ist besonders jetzt gefährlich, da Kräfte aufleben, die mit dem Erreichen einer militärischen Überlegenheit rechnen. Die UdSSR tritt ein für die Annahme zusätzlicher Maßnahmen, um den Abschluß jener internationalen Vereinbarung zu gewährleisten, die die Entwicklung neuer Arten und Systeme von Massenvernichtungswaffen verbietet. Sie ist außerdem erforderlichenfalls für spezielle Verträge über einzelne Arten dieser Waffen.

Man muß auf der Hut sein und den Kampf gegen die Neutronenwaffen – dieses barbarische Mittel zur Vernichtung der Menschen – nicht abschwächen. Unser Land hat seinerzeit erklärt, daß es die Produktion der Neutronenwaffe nicht aufnehmen wird, wenn die USA dies nicht tun. Diese Position bleibt auch heute in Kraft und gilt ebenso für den Fall, daß diese Waffe in einem beliebigen anderen Staat auftauchen sollte.

Es gibt objektive Bedingungen für den alsbaldigen Abschluß der Arbeit am Vertrag über das Verbot einer weiteren Art der Massenvernichtungswaffen – der radiologischen.

Wegen der ablehnenden Haltung einiger Staaten bleibt die Frage nach den sogenannten konventionellen Rüstungen praktisch außerhalb der konkreten Verhandlungen. Ihrer Lösung muß man so schnell wie möglich praktischen Charakter verleihen. Die Vertreter einiger Länder sind bereit, unendlich viel und gern zu diesem Thema zu sprechen, nicht aber etwas zu machen, um das Zustandekommen einer Vereinbarung zu ermöglichen.

Die Kriegsgefahr kann von der Einschränkung und Einstellung des Wettrüstens auch in einzelnen geographischen Regionen weitgehend geschwächt werden. Das gilt in erster Linie für Europa. Die Ereignisse hier übten schon immer einen großen Einfluß auf die Situation in der Welt aus.

Die Sowjetunion wie auch die anderen Länder der sozialistischen Staatengemeinschaft setzen sich für eine kontinuierliche Fortsetzung des von der gesamteuropäischen Konferenz eingeleiteten Prozesses, für die Einhaltung aller Bestimmungen und Prinzipien der Schlußakte dieses Forums ein.

Als überzeugte Verfechter des Leninschen Prinzips der friedlichen Koexistenz strebten und streben wir an, daß die Pfade unserer Beziehungen zu den Staaten des anderen Gesellschaftssystems einschließlich der Vereinigten Staaten von Amerika nicht zuwachsen. Wir erwarten, daß auch diese Staaten ebenso handeln werden.

Ihre überwältigende Mehrheit gestaltet ihre Beziehungen zu uns auch in dieser Weise.

Der Kurs auf Aufrechterhaltung und Festigung der Sicherheit in Europa, auf Verminderung des Niveaus der militärischen Konfrontation auf dem Kontinent wurde auf der Mai-Tagung des Politischen Beratenden Ausschusses der Teilnehmerstaaten des Warschauer Vertrages überzeugend demonstriert. Das kam auch bei den jüngsten Verhandlungen Leonid Breshnews mit dem Präsidenten Frankreichs, Valéry Giscard d'Estaing, und dem Kanzler der BRD, Helmut Schmidt, zum Ausdruck.

Ein beachtlicher Platz im Komplex der Europa betreffenden Vorschläge der Länder der sozialistischen Staatengemeinschaft gebührt der Initiative, innerhalb welcher alle Teilnehmerstaaten der gesamteuropäischen Konferenz aufgefordert werden, einen Vertrag über den Verzicht auf den Ersteinsatz sowohl nuklearer als auch konventioneller Waffen gegeneinander abzuschließen.

Die sozialistischen Länder unternahmen auch in der allerjüngsten Zeit Schritte, die eine solide Grundlage für das Erreichen von Vereinbarungen auf den Wiener Verhandlungen über die gegenseitige Reduzierung der Streitkräfte und Rüstungen in Mitteleuropa schaffen. Dem Erfolg der Arbeit widersetzen sich jene, die die Versuche nicht aufgeben wollen, einseitige Vorteile zum Nachteil der Sicherheit der Teilnehmerstaaten des Warschauer Vertrages zu erlangen.

Von erstrangiger Bedeutung ist eine Konferenz über militärische Entspannung und Abrüstung in Europa.

Wir verleihen unserer Hoffnung Ausdruck, daß alle interessierten Staaten zur Verwirklichung dieser Idee beitragen werden.

Eine beachtenswerte Rolle bei der Herstellung des Einvernehmens über die Einberufung und den Inhalt der Konferenz soll das Madrider Treffen der Vertreter der KSZE-Teilnehmerstaaten spielen. Wir sind dafür, daß dieses Treffen in sachlicher Atmosphäre verläuft und positive Ergebnisse zu allen Bereichen der Schlußakte von Helsinki zeitigt. Wir rufen andere Länder auf, die gleiche konstruktive Haltung gegenüber dem Treffen in Madrid einzunehmen.

Von wachsender Bedeutung ist die Minderung der Spannung im Gebiet des Indischen Ozeans. Die Sowjetunion unterstützt unverändert die Initiative der Anrainerstaaten über die Verwandlung des Indik in eine Zone des Friedens. Wir werden auch weiterhin an deren Realisierung mit allen interessierten Staaten zusammenarbeiten, darunter auch auf der für 1981 geplanten internationalen Konferenz über den Indischen Ozean. Den gleichen Zielen würde die Wiederaufnahme der von den Vereinigten Staaten abgebrochenen sowjetisch-amerikanischen Verhandlungen über die Begrenzung und die darauffolgende Reduzierung der militärischen Aktivitäten in diesem Ozean dienen.

Die Staaten des Warschauer Vertrages treten dafür ein, daß im Rahmen der UNO die Frage der Begrenzung und Verminderung der militärischen Präsenz und der militärischen Aktivitäten, sei es im Atlantik, Indik oder Pazifik, im Mittelmeer oder im Persischen Golf, erörtert wird. Entsprechende Vereinbarungen würden

den Interessen des Friedens und der Stabilisierung der internationalen Lage dienen. Die Sowjetunion ist jederzeit bereit, mit den betreffenden Ländern Verhandlungen aufzunehmen.

Wieviele Kraftproben mußte die UNO bei ihren Versuchen bestehen, vereinbarte Beschlüsse über die Reduzierung der Militärhaushalte der Staaten zu erzwingen, doch jedesmal stieß sie auf einen entschlossenen Widerstand. Eingesetzt werden alle Desinformationsmittel, um jeden Fortschritt zu einer Vereinbarung in diesem außerordentlich wichtigen Bereich zu vereiteln. Im Ergebnis dieser Entwicklung wachsen die Militärausgaben der Staaten von Jahr zu Jahr. Was alles lassen sich manche Regierungen einfallen, um den Steuerzahlern mehr und mehr Mittel abzunehmen und diese in die Mühle der Rüstungsproduktion zu werfen! Und das geschieht in einer Zeit, wo hunderte Millionen Menschen an Hunger leiden, keine gebührende medizinische Versorgung, keinen Zugang zur Bildung und oft auch kein Dach überm Kopf haben. Ressourcen, die dem Wohl der Menschen dienen könnten, werden vom Wettrüsten verschlungen. Leider hat sich die UNO zu diesem Problem noch nicht entschlossen geäußert.

Nach wie vor ist die UdSSR bereit, Verhandlungen über die konkreten Ausmaße der absoluten oder prozentualen Reduzierung der Militärbudgets der ständigen Mitgliedstaaten des Sicherheitsrates sowie anderer über große wirtschaftliche und militärische Potentiale verfügender Staaten aufzunehmen. Wir sind auch bereit, über die Größe der Summen zu verhandeln, die jeder sein Militärbudget reduzierende Staat zur Vergrößerung der Wirtschaftshilfe für die Entwicklungsländer abführen würde.

Die Sowjetunion geht davon aus, daß eine sorgfältige Vorbereitung der Sondertagung der UNO-Vollversammlung über Abrüstung im Jahre 1982 geleistet werden muß. Anschließend sollte eine Weltabrüstungskonferenz einberufen werden, damit auf der Grundlage einer gründlichen Erörterung von Abrüstungsproblemen nicht Empfehlungen schlechthin, sondern Beschlüsse angenommen werden, die von den Staaten erfüllt werden müssen.

Vollständig und ohne Abstriche muß die auf Initiative der UdSSR vor 20 Jahren angenommene UNO-Deklaration über die Gewährung der Unabhängigkeit für die kolonialen Länder und Völker erfüllt werden.

Wir begrüßen die Entstehung neuer unabhängiger Staaten in diesem Jahr. Im Süden Afrikas ist es die Republik Simbabwe, die im Ergebnis eines langwierigen Kampfes ihres mutigen Volkes entstanden ist. Wir sind sicher, daß der Tag kommen wird, an dem auch das Volk Namibias seine Freiheit und Unabhängigkeit erkämpft.

Man muß alles daransetzen, um den Augenblick näherzubringen, in dem im Sitzungsraum der UNO-Vollversammlung der endgültige Sieg über das Ungeheuer feierlich verkündet wird, das viele Millionen Menschenleben verschlungen und verunstaltet, viele Völker jahrhundertelang erbarmungslos ausgebeutet hat und dessen Name Kolonialismus ist.

Die Sowjetunion achtet und achtete schon immer die gerechten Bestrebungen der Staaten, die sich vom Kolonialjoch befreit haben. Mit den meisten von ihnen unterhalten wir gute Beziehungen. Mit Genugtuung stellen wir die wachsende Rolle dieser Staaten in der internationalen Politik fest, wir schätzen die friedliebende und antiimperialistische Ausrichtung der Bewegung der Nichtpaktgebundenheit hoch ein.

Konsequent unterstützt unser Land das Streben der Entwicklungsländer zur Festigung ihrer wirtschaftlichen Unabhängigkeit, ihr unveräußerliches Recht, über die nationalen Naturreichtümer zu verfügen, die legitimen Forderungen dieser Länder nach der Umgestaltung der internationalen Wirtschaftsbeziehungen auf der Grundlage der Gleichheit, die jegliche Diskriminierung ausschließt.

Unter den vielfältigen Problemen unserer Zeit rücken Probleme der allgemeinmenschlichen Bedeutung immer mehr in den Vordergrund. Ich möchte auf eins davon besonders hinweisen – die Erhaltung der Natur der Erde.

Die Sowjetunion setzt sich dafür ein, daß sich der Mensch zur Natur vorsorglicher und behutsamer verhält und daß die natürlichen Ressourcen im Interesse aller Völker auf wissenschaftlicher Grundlage genutzt werden. Nichtsdestoweniger ist es allgemein bekannt, welch gewaltigen materiellen und intellektuellen Ressourcen das Wettrüsten von der Lösung dieser Aufgabe ablenkt, welchen verheerenden und wahrscheinlich nichtwiedergutzumachenden Schaden die militärische Tätigkeit der Staaten – Erprobung verschiedener Waffenarten, vor allem der nuklearen, die Anhäufung der chemischen Giftstoffe und andere – der natürlichen

Umwelt zufügt. Ganz zu schweigen von den katastrophalen Folgen, die ein Atomkrieg nicht nur für die Menschen, sondern auch für die ganze Natur haben würde.

Die direkte Pflicht der UNO ist es, die Aufmerksamkeit der Staaten der Welt auf ihre historische Verantwortung für die Erhaltung der Natur auf der Erde als einer unentbehrlichen Bedingung für das Leben der heutigen und kommenden Generationen zu lenken und ihren Beitrag zur Entwicklung der internationalen Zusammenarbeit in diesem Bereich zu leisten. Das Projekt der entsprechenden Resolution ist der laufenden Tagung der UNO-Vollversammlung vorgelegt worden.

Sehr geehrte Delegierte!

Unsere Überlegungen und konkreten Vorschläge hinsichtlich der wichtigen Maßnahmen, die angesichts der entstandenen Situation zu unternehmen sind, entspringen der friedliebenden Natur der sowjetischen Außenpolitik. Wir sind überzeugt, daß notwendige Bedingungen vorhanden sind, um die Kriegsgefahr abzuwenden und den Weltfrieden auf ein festeres Fundament zu stellen. Es gibt Kräfte, die das sichern können. Denn schließlich wird die internationale Entwicklung nicht von einem Fatum, sondern vom Willen der Völker und der Politik der Staaten bestimmt.

Kein einziger Politiker in der Welt darf sich gegenüber dem Kurs der Regierungen gleichgültig verhalten, in deren Politik der Kriegskult dominiert. Denn selbst hier, in dem Land, wo sich der Sitz der UNO befindet, wird sozusagen vor den Augen aller eine massierte Propaganda des Kernwaffenkrieges betrieben. Doch nicht nur auf die Propaganda kommt es an. Es werden auch Pläne eines solchen Krieges entwickelt und besprochen, und das auf der Staatsebene.

Unter den Bedingungen der militaristischen Psychose, die in den USA in der letzten Zeit weite Verbreitung erfahren hat, bleibt immer weniger Raum für realistische, vernünftige Einschätzungen der Lage in der Welt und für ausgewogene politische Schlußfolgerungen.

Die UNO würde richtig handeln, sollte sie all diejenigen warnen, die den Kurs auf eine gefährliche Eskalation der Spannungen und der Kriegshysterie betreiben. Es wäre nicht schlecht, denjenigen, die dafür Verantwortung tragen, zu sagen: Herrschaften, stoßen Sie nicht den Batzen den Berg hinunter, denn es besteht die Gefahr, daß er dann nicht mehr aufgehalten werden kann.

Nicht auf die Kriegsvorbereitung, sondern auf die Erlösung der Menschheit von Kriegen und ihren Leiden – darauf sollten die Anstrengungen der Staaten gerichtet sein. Wenn die Vollversammlung dafür einträte, würde sie eine markante Seite in die Geschichte der Neuzeit einschreiben.

Wie unterschiedlich die Gesellschaftsordnung, das Niveau der wirtschaftlichen Entwicklung, die nationalen Besonderheiten und die Geschichten der Staaten auch sein mögen, alle ihre Völker wollen mit Zuversicht in die Zukunft leben. Kein Land, keine Regierung kann, wenn sie den Erwartungen und dem Willen ihrer Völker Ausdruck verleihen, abseits des Kampfes für Abrüstung, Entspannung und Frieden stehen. So handelt die Sowjetunion.

»Wir werden auch künftig alles daransetzen«, so hat Leonid Breshnew betont, »um die Entspannung und all das Gute, was uns die siebziger Jahre brachten, zu erhalten, eine Wende zur Entspannung zu erreichen, das Recht der Völker auf freie und unabhängige Entwicklung zu unterstützen sowie den Frieden zu erhalten und zu festigen.«

Unser Land, seine Vertreter sind bereit, auf eine möglichst konstruktive Weise an der Arbeit der Tagung teilzunehmen und zu ihrem Erfolg aktiv beizutragen.

*Gespräch mit Indira Gandhi in New-Delhi, 12. Februar 1980.
Offizieller Freundschaftsbesuch des Außenministers der UdSSR
Andrej Gromyko in Indien, 12.–14. Februar 1980*

## Für die Sicherung des Friedens als Gemeingut der Menschen

Rede auf der 36. Tagung der UNO-Vollversammlung, 22. September 1981

Herr Präsident!

Sehr geehrte Delegierte!

Wenn ich heute von dieser Tribüne spreche, möchte ich vor allem daran erinnern, daß die Organisation der Vereinten Nationen als eine Institution, deren wichtigste Aufgabe es ist, als wirksames Instrument der Erhaltung des Friedens zu dienen, bei den Völkern einen soliden moralischen Kredit genießt.

Es ist allgemein bekannt, daß die Entstehung der UNO das Ergebnis der Entschlossenheit der Völker war, eine neue Welttragödie zu verhindern. Ihre Gründung widerspiegelt die nach der Erringung des großen Sieges über den Faschismus von den Menschen gewonnene Erkenntnis, daß man sich im Namen des Friedens eng zusammenschließen und die Kräfte des Militarismus und der Aggression niederringen muß.

Und so wurde bereits in den ersten Zeilen des Statuts dieser Organisation die Aufgabe gestellt, »die künftigen Generationen vor der Geißel des Krieges zu bewahren. . . .« Das waren klare und starke Worte.

Ich möchte die Gewißheit zum Ausdruck bringen, daß der Glanz dieser Worte niemals erlöschen und ihr tiefer Sinn nie verlorengehen wird. Sie sind ein feierliches Gelöbnis, das die Gründerstaaten der UNO bei deren Konstituierung abgelegt haben. Heute ist es die Pflicht aller 155 in der UNO vertretenen Staaten.

Allerdings versuchen manche nun glauben zu machen, daß es außer dem Frieden noch Wichtigeres gibt. Doch es ist klar, daß die Völker solche Politiker nicht ermächtigt haben, das in ihrem Namen zu sagen.

Der Frieden ist ein unschätzbares Gut aller Menschen auf der Erde, ist die entscheidende Voraussetzung für den Fortschritt in jedem Bereich menschlicher Tätigkeit. Das galt schon immer und gilt heute um so mehr.

»Den Frieden zu schützen – das ist gegenwärtig die wichtigste internationale Aufgabe für unsere Partei, für unser Volk, ja für alle Völker unseres Planeten«, betont L.I. Breshnew. »Indem wir den Frieden schützen, arbeiten wir nicht nur für die heute lebenden Menschen, nicht nur für unsere Kinder und Kindeskinder; wir arbeiten für das Glück Dutzender von kommenden Generationen«.

Ausgehend von dieser grundlegenden These hat das höchste Forum der Kommunisten der UdSSR – der XXVI. Parteitag der KPdSU – unlängst einen ganzen Komplex von Vorschlägen zu den Schlüsselproblemen des internationalen Lebens unterbreitet, die in der Welt ein lebhaftes Echo gefunden haben.

Sie sehen weitreichende Schritte zur Begrenzung der Rüstungen, zur Beseitigung der Spannungsherde und zur Stärkung des Vertrauens zwischen den Staaten vor.

Sie umfassen sowohl den politischen als auch den militärischen Bereich, betreffen die Raketenkernwaffen und die konventionellen Rüstungen und beziehen sich auf die Lage in Europa, im Nahen, Mittleren und Fernen Osten sowie in anderen Regionen der Welt.

Diese Vorschläge sind beseelt von dem Bestreben, das internationale Klima zu verbessern und die Kriegsgefahr zu bannen.

Die Sowjetunion wirkt auf dem internationalen Schauplatz Schulter an Schulter mit den anderen sozialistischen Staaten. Vor kurzem hatten die führenden Repräsentanten der Parteien und Länder der sozialistischen Gemeinschaft während der Treffen auf der Krim Gelegenheit, erneut die Einschätzungen und das Vorgehen dieser Länder angesichts der sich in der Welt entwickelnden Situation abzustimmen.

Dem gleichen Ziel dienen die regelmäßigen Tagungen des Politischen Beratenden Ausschusses der Teilnehmerstaaten des Warschauer Vertrages und die Tätigkeit des Rates für Gegenseitige Wirtschaftshilfe.

Die Außenpolitik der sozialistischen Staaten war und ist eine Politik des Friedens. Sie liegt in der Natur unserer gesellschaftlichen Ordnung, von deren Vorzügen wir fest überzeugt sind. Sie wird dadurch bestimmt, daß es in dieser Ordnung in der Gesellschaft keine Schichten gibt, die von einem Krieg und den Kriegsvorbereitungen profitieren würden und denen eine militaristische Politik Vorteile brächte.

Dabei zwingen wir unser soziales System niemandem auf. Die Völker müssen über ihr Schicksal selbst bestimmen. Das war und ist der Eckpfeiler der wissenschaftlichen Weltanschauung, von der wir uns sowohl in unserer Innen- als auch in unserer Außenpolitik leiten lassen.

Die sozialistischen Länder, die eine von sozialer und nationaler Ausbeutung und Unterdrückung freie Gesellschaft errichten, gehen neue Wege. Das ist nicht immer leicht. Aber die Gesetzmäßigkeiten unserer gesellschaftlichen Entwicklung und die Kraft unserer Ideen sichern den sozialistischen Ländern ein kontinuierliches Voranschreiten in allen Bereichen des Lebens.

Vergeblich sind die Versuche bestimmter Kreise in den Ländern des Westens, sich in die inneren Angelegenheiten der sozialistischen Staaten einzumischen.

Solche Versuche werden insbesondere in bezug auf die Volksrepublik Polen unternommen. Es wird nicht wenig getan, um die sozialistischen Grundpfeiler des polnischen Staates ins Wanken zu bringen.

In diesem Zusammenhang sei an die Erklärung der führenden Repräsentanten der Teilnehmerstaaten des Warschauer Vertrages erinnert, in der es heißt: »Es wurde bekräftigt, daß das sozialistische Polen, die Polnische Vereinigte Arbeiterpartei und das polnische Volk fest mit der brüderlichen Solidarität und Unterstützung der Teilnehmerstaaten des Warschauer Vertrages rechnen können. Die Vertreter der PVAP betonten, daß Polen ein sozialistischer Staat, ein festes Glied der Familie der Länder des Sozialismus war, ist und bleibt.«

Unter komplizierten äußeren Bedingungen löst die Republik Kuba die Aufgaben der sozialistischen Entwicklung und verfolgt eine Politik des Friedens. Die Sowjetunion hat das kubanische Volk in seinem Kampf um den Schutz seiner Souveränität stets unterstützt und wird es auch weiterhin unterstützen.

Die feindseligen und verbrecherischen Umtriebe der USA gegenüber Kuba, die in der letzten Zeit zunehmen, müssen eingestellt werden. Das sozialistische Kuba gefällt Washington nicht. Es sei aber die Frage gestattet: Gefällt denn etwa die Gesellschaftsordnung der USA jedem? Keiner ist berechtigt, dem kubanischen Volk vorzuschreiben, wie es seine inneren Angelegenheiten gestalten soll.

Bei dem Versuch, die sozialistischen Länder, ihre soziale Ordnung und ihre friedliebende Politik anzuschwärzen, werden allerlei Erfindungen verbreitet. Und diejenigen, die sich dazu hergeben, stehen gleichsam in einem Wettbewerb um das haarsträubendste Lügenmärchen.

Man geht sogar so weit, daß man dem Sozialismus einen »baldigen Untergang« prophezeit. Nach allem zu urteilen, haben diese Personen eine beneidenswerte Phantasie, aber eine recht vage Vorstellung von den objektiven Prozessen der historischen Entwicklung. Suchen sie den Untergang auf der Seite, wo er wirklich zu suchen ist? Haben sie sich nicht in der Richtung geirrt?

Wie viele »Propheten« haben schon den Untergang des Sozialismus verkündet! Und was ist dabei herausgekommen: Ihre Weissagungen haben sich stets als falsch erwiesen. Die Geschichte geht unaufhaltsam weiter.

Die Sowjetunion bedrohte und bedroht niemanden. Seit den Tagen Lenins sind der Frieden und die Freundschaft zwischen den Völkern das Banner des Sowjetstaates. Diesem Banner halten wir stets die Treue. Es ist dem Volk unseres Landes heute ebenso teuer wie zu Lenins Lebzeiten.

Bei der Erörterung und Lösung internationaler Fragen stützen wir uns auf die Ideale der Freiheit und des Fortschritts der Völker, auf die Grundsätze der Achtung der Unabhängigkeit aller Staaten und aller Völker, orientieren wir uns auf die Festigung der Grundlagen des Lebens, nicht aber auf die Vorbereitung für das Begräbnis der Menschheit.

In der internationalen Politik existiert aber auch eine andere Richtung, die andere Ziele verfolgt. Dies ist der Kurs der militaristischen Kreise der imperialistischen Staaten.

Das Wesen dieses Kurses besteht im Streben nach Herrschaft über andere Länder und Völker, nach einer Herrschaft, die bedeutet, daß man diesen Ländern und Völkern seinen Willen aufzwingt, sie ökonomisch ausbeutet und ihr Territorium militärstrategisch ausnutzt. Aus Washington sind immer öfter Äußerungen über eine amerikanische Führung der Welt zu vernehmen, obwohl niemand den USA die Vollmacht für eine solche Führung erteilt hat. Als wichtigstes Mittel zur Erreichung ihrer Ziele sehen die Einpeitscher dieses Kurses die Anheizung der internationalen Spannungen und, wie sie selbst zugeben, politische Kraftakte an. Selbst dann, wenn sie in Worten die Möglichkeit einer »diplomatischen Alternative« anerkennen, beeilen sie sich zu erklären, daß eine Diplomatie, die nicht auf einer Politik der Stärke basiere, für sie unannehmbar sei.

Typische Merkmale dieses Kurses in der Politik sind:

das weitere Anheizen des Wettrüstens;

das offene Streben nach einer militärischen Überlegenheit über die Sowjetunion;

die Schaffung eines weitverzweigten Netzes militärischer Stützpunkte und die Stationierung amerikanischer Truppen auf fremden Territorien;

die Aushöhlung der Grundlagen der unter enormen Anstrengungen hergestellten sowjetisch-amerikanischen Beziehungen;

der Druck auf andere Staaten, vor allem in Europa, um sie zum Abbau der politischen, Handels- und Wirtschaftsbeziehungen zu den sozialistischen Ländern zu zwingen;

die verleumderische Propagandahetze gegen die sozialistischen Länder, die eine friedliebende Haltung einnehmen und jedwede Ansprüche auf die Führungsrolle in der Welt ablehnen.

Wieviel Mühe gibt man sich, um die NATO-Verbündeten vor den Karren der eigenen Politik zu spannen! Wenn es an Argumenten mangelt – und es mangelt stets daran, will man einen solchen aussichtslosen und gefährlichen Kurs begründen –, übt man einen so starken Druck aus, daß denjenigen, die den ihren Interessen zuwiderlaufenden militaristischen Plänen nicht immer Respekt entgegenbringen, der Atem stockt.

Man kann zuweilen hören, daß die gegenwärtige Politik Washingtons die Perspektive für die Entwicklung der Beziehungen zwischen der UdSSR und den USA nicht versperrt. Im gleichen Atemzug wird von unserem Land jedoch nicht mehr und nicht weniger verlangt, als »sein Verhalten« in den internationalen Angelegenheiten zugunsten der amerikanischen Interessen zu ändern. Mit anderen Worten, die Sowjetunion muß auf den Schutz ihrer legitimen Interessen verzichten und von ihrer Außenpolitik abgehen.

Solche Forderungen zu stellen ist aber ein unseriöses Unterfangen. Die Sowjetunion wird auch künftig ihren Kurs der Leninschen Friedenspolitik beibehalten. Unser Land ist nicht gewillt, von diesem Kurs abzugehen. Wir werden die legitimen Interessen der anderen nicht verletzen, aber wir werden auch die eigenen legitimen Interessen, darunter unsere Bündnispflichten, nicht preisgeben.

Ich möchte die Hoffnung zum Ausdruck bringen, daß man in Washington die bestehende Sachlage doch etwas nüchterner einschätzen und eine realistischere Haltung in den internationalen Angelegenheiten einnehmen, daß man die eigenen Möglichkeiten nicht überbewerten und die Möglichkeiten anderer nicht unterschätzen wird.

Wer seine Politik auf einer realistischen Grundlage aufbaut, darf nicht nach Auseinandersetzungen und Konflikten mit anderen Ländern trachten, wenn diese auch einem anderen sozialen System angehören, sondern muß die Lösung der Streitfragen am Verhandlungstisch suchen.

Unsererseits bekräftigten wir erneut – und die Delegation der UdSSR ist ermächtigt, das von dieser Tribüne zu erklären –, daß die Sowjetunion keine Konfrontation mit den Vereinigten Staaten von Amerika gesucht hat und nicht sucht. Sie wünscht normale, sachliche Beziehungen zu den USA.

Wie bekannt, sind wir für einen Dialog, um gegenseitig annehmbare Lösungen für die strittigen Fragen zu suchen. Wir bitten nicht um einen solchen Dialog, aber wir bieten ihn an.

Auf jeder Tagung der UNO-Vollversammlung betonen viele Staaten völlig zu Recht, daß die Politik der groben Einmischung in die inneren Angelegenheiten anderer Staaten, der Unterstützung von blutbefleckten, von den eigenen Völkern gehaßten diktatorischen Regimes sowie der allseitigen Ermunterung von Unterdrückern und Henkern aller Couleur bis hin zu den Völkermordexperten eines Pol Pot eine große Gefahr für die Völker darstellt.

Die Methoden und Formen der Durchführung solch einer Politik werden unterschiedlich gehandhabt. Erst vor kurzem hatte man in den USA beinahe einen Kreuzzug gegen den »internationalen Terrorismus« erklärt und mal das eine, mal das andere Land dieses Deliktes beschuldigt. Aber diese Beschuldigungen sind an die falsche Adresse gerichtet. Sie sind durch und durch falsch. Man sucht den Terrorismus nicht dort, wo man ihn suchen müßte und wo er tatsächlich existiert.

Die Absicht liegt auf der Hand – den Kampf der Völker gegen den Kolonialismus und seine Relikte als Terrorismus zu etikettieren. Anders gesagt, die von den Völkern verdammte Unterjochungspolitik wird als Kampf gegen den Terrorismus ausgelegt, dessen Grundlage die Weigerung bildet, die Rechte der Völker zu akzeptieren, ihre inneren Angelegenheiten nach eigenem Ermessen zu gestalten, und die sozialen Veränderungen in der Welt anzuerkennen.

Sind die Ereignisse in El Salvador nicht ein anschauliches Beispiel für die Politik der imperialistischen Einmischung in die Angelegenheiten anderer Völker? Vor den Augen der ganzen Welt wurde in El Salvador ein Blutbad angerichtet. Dabei kommen für die Unabhängigkeit ihres Landes kämpfende Patrioten ums Leben, werden Tausende Zivilisten getötet. Es ist allgemein bekannt, wer das Ganze leitet. Das geht auch jetzt weiter, während wir hier im UNO-Saal tagen.

Was in El Salvador vor sich geht, ruft zu Recht die Empörung aller ehrlichen Menschen in der Welt hervor. Leider hat die UNO bislang keinen Finger gerührt, um diesem Verbrechen gegen das ganze Volk ein Ende setzen zu helfen.

Und wie ist die Politik des unverfrorenen Drucks auf Lybien und besonders die jüngste militärische Provokation gegen dieses Land zu werten?

Oder nehmen wir die sogenannten schnellen Eingreiftruppen. Offensichtlich betrachtet man in Washington deren Bildung als eine großartige Erfindung. Doch daran ist überhaupt nichts Großartiges. Das ist nichts anderes als ein Polizeiknüppel, mit dem die grobe Einmischung der USA in die Angelegenheiten unabhängiger Staaten gesichert und die Freiheit der Völker unterdrückt werden soll.

Auf diesem Weltforum sollte auch die These von den »amerikanischen Lebensinteressen« nicht ausgeklammert werden, die zur Rechtfertigung dieser Politik herangezogen wird. Diese These wird fast in jeder offiziellen Erklärung Washingtons zur internationalen Lage penetrant wiederholt. Sie wird so ausgelegt, daß die USA jedes beliebige Gebiet der Welt zu ihrer Interessensphäre erklären und dort beliebige Schritte unternehmen können, die bis zur Gewaltanwendung reichen.

Da sind Europa, Asien, der Nahe Osten und auch Lateinamerika. Nur der Südpol scheint zu fehlen, doch möglicherweise kommt der auch bald hinzu. . . . Alles ist da, bloß die USA haben kein Recht auf all das, ein Recht, über den ganzen Planeten zu verfügen, steht weder ihnen noch irgendeinem anderen Land zu. Das ist reinste Willkür.

Es ist bekannt, daß im Raum des Persischen Golfs eine ganze Seekriegsarmada der USA konzentriert ist. Dies ist eine Aktion, die gegen Iran, gegen die Sowjetunion, gegen eine Reihe unabhängiger Staaten Asiens und Afrikas gerichtet ist. Die Seekriegsflotte der USA muß diese Region verlassen. Sie hat dort nichts zu suchen und nichts zu verteidigen. Eine solche Entscheidung wäre ein Akt der Vernunft.

Weder die Größe noch die Stärke oder die Ressourcen dieses oder jenes Staates geben ihm das Recht, durch Gewaltanwendung oder Gewaltandrohung seinen Willen anderen Staaten aufzuzwingen und einen beliebigen Teil der Welt nach eigenem Ermessen zu seinem lebenswichtigen Interessengebiet zu erklären.

Würde man einem Staat bzw. einer Gruppe von Staaten dieses Recht zugestehen, dann könnte man wahrscheinlich alle Völkerrechtsdokumente vernichten. Auch vom UNO-Statut würde da nicht viel übrig bleiben.

In den herrschenden Kreisen einer Reihe von NATO-Staaten betet man jetzt einen Götzen an – das zügellose Wettrüsten. Für sie ist alles akzeptabel, was diesem Ziel dient.

Dieses Wettrüsten wird stets von einer Flut von Reden begleitet, die vom militaristischen Taumel geprägt sind und die unter anderem auch von Politikern höchsten Ranges gehalten werden. Zu welchen Mitteln nicht alles greifen jene, die die aufgeblähten Rüstungsprogramme verteidigen.

Das Lügen steht bei ihnen hoch in Ehren. Sie betrügen sich untereinander, betrügen das Volk, betrügen die eigenen Leute und auch die Fremden. Sie bringen eine Lüge in Umlauf, und am nächsten Tag berufen sie sich selbst darauf.

Den größten Platz in ihren Lügen nimmt der Mythos von der »sowjetischen Bedrohung« ein. Er wird unendlich, bis zum Geht-nicht-mehr Tag und Nacht strapaziert. So ist es leichter, die Menschen irrezuführen und die Mittel für die Rüstung herauszuschlagen.

Unter diesen Bedingungen werden Entscheidungen über eine kolossale Aufstockung der Rüstungsausgaben getroffen, wie sie die Geschichte noch nicht kannte.

Das Bestreben, seine militärische Präsenz überall wo nur möglich auszubauen – das eine halbe Million zählende Kontingent amerikanischer Truppen ist in mehr als einem Dutzend Länder stationiert – ist gegenwärtig in ein richtiges Bacchanal ausgeartet.

Von einer solchen Besessenheit, die sich vor allem in der Schaffung militärischer Stützpunkte an der Grenze zur Sowjetunion und in den an die Sowjetunion angrenzenden Gebieten zeigt, ist heute die amerikanische Politik durchdrungen. Selbstverständlich müssen sich die

Staaten, gegen die diese Stützpunkte gerichtet sind, vorsehen, um ihre Sicherheit zuverlässig zu schützen.

Wer glaubt schon daran, daß die beschleunigte Entwicklung immer neuer Waffensysteme der Sorge um den Frieden entspringt. Da sind die interkontinentalen ballistischen MX-Raketen, die U-Boot-gestützten »Trident«-Raketen, die neuen strategischen Bomber, die Flügelraketen verschiedener Typen und viele andere.

Weshalb geschieht das? Das Ziel ist, das entstandene strategische Gleichgewicht zu zerstören, sich die militärische Überlegenheit zu sichern, um – darauf gestützt – den anderen seinen Willen aufzuzwingen.

Die Sowjetunion verurteilt eine solche Politik als abenteuerlich. Das Ankurbeln des Wettrüstens ist Wahnsinn. Viele Politiker, Persönlichkeiten des öffentlichen Lebens und Kulturschaffende haben das mehrmals festgestellt. Die Menschheit muß davor bewahrt werden. Das gegenwärtig bestehende militärische Gleichgewicht entspricht voll und ganz den Interessen des Friedens und der internationalen Stabilität.

Unser Land strebte und strebt keine militärische Überlegenheit an. L.I. Breshnew hat das vor der ganzen Welt erklärt, hat das nicht nur einmal und zu verschiedenen Zeiten auch direkt gegenüber amerikanischen Präsidenten gesagt. Wir werden aber auch nicht zulassen, daß andere Überlegenheit über uns erlangen. Auf jede Herausforderung werden wir selbstverständlich die gebührende Antwort geben, damit das Kräftegleichgewicht aufrechterhalten bleibt.

Allerdings hat die Sowjetunion noch niemals etwas

über das hinaus getan, was für die Gewährleistung eines friedlichen Lebens ihres Volkes, für die Sicherheit ihrer Verbündeten und Freunde absolut notwendig ist, und sie wird das auch künftig nicht tun.

Wir glauben, daß der NATO-Führung das alles bekannt ist. Aber man will nicht zugeben, daß die sowjetische Bedrohung gar nicht existiert, man will auf diesen Betrug nicht verzichten.

Was würde dann aus den Aufrufen hinsichtlich der Notwendigkeit der berüchtigten Nachrüstung des Westens werden? Davon würde nichts übrigbleiben. Also operiert man mit unvergleichbaren Kennziffern und führt gefälschte Angaben über die strategischen Waffen, über die Kernwaffenträger mittlerer Reichweite in Europa, über die zahlenmäßige Stärke der Truppen beider Seiten in Mitteleuropa sowie über jeden anderen Aspekt des Kräfteverhältnisses an.

Wenn dieser oder jener NATO-Militär manchmal zugibt, daß die Sowjetunion die USA gar nicht überrundet hat, daß die Parität erhalten geblieben ist, kommt gleich ein Anschnauzer von oben. Und dann legt man erneut die Platte über die »militärische Überlegenheit der Sowjetunion« auf, um die fällige Erhöhung der Militärausgaben zu begründen und eine neukonzipierte militaristische Doktrin zu untermauern.

Solche Doktrinen werden in manchen Hauptstädten am laufenden Band produziert. Bald wird es wohl so weit kommen, daß jeder Bürokrat – besonders wenn er einen wichtigen Posten bekleidet – kaum in seinen Diensträumen angelangt, eine strategische Doktrin eigener Provenienz verkünden wird.

So hat man die Welt erst unlängst um die »Offenbarung« reicher gemacht, man brauche keine besondere Furcht vor einem Kernwaffenkrieg zu haben, daß dieser »zulässig« und »annehmbar« sei. Das ist ein gewissenloser Betrug, der darauf abzielt, die Völker irrezuführen und ihren Willen im Kampf gegen die nukleare Gefahr zu lähmen.

Abgesehen von der gewollten Verschwommenheit, Schwülstigkeit und Effekthascherei ist den Äußerungen der Anhänger des militaristischen Kurses in der Politik eines eigen: das Streben nach einem in die Tiefe und in die Breite gehenden Wettrüsten ohne jegliche Beschränkungen.

Aber haben die Verfasser dieser militaristischen Doktrinen die 500 Millionen Europäer, 470 Millionen Afrikaner, 360 Millionen Lateinamerikaner, zweieinhalb Milliarden Asiaten und schließlich ihre eigenen Landsleute gefragt, ob sie im Feuer eines Krieges umkommen wollen? Ganz bestimmt nicht. Das ist ihnen einfach gleichgültig.

Die Inspiratoren des Wettrüstens möchten all das über Bord werfen, was ihren Plänen entgegensteht. Und wenn es sein muß, tritt man auch von übernommenen Verpflichtungen zurück. So weigern sich die USA, den SALT-II-Vertrag zu ratifizieren.

Viele Jahre lang wurden Verhandlungen geführt, bevor er endgültig vereinbart und unterzeichnet wurde. Jetzt sagt man, daß dieser Vertrag für die USA ungünstig und sogar nachteilig sei. Das stimmt natürlich nicht. Das Interessengleichgewicht der Seiten ist im Vertrag genau ausgewogen und wird strikt eingehalten. Das ist allen bekannt, die mit seinem Inhalt vertraut sind. Folglich geht es um etwas anderes, nämlich darum, daß gerade das sich im Vertrag widerspiegelnde Prinzip der Gleichheit und der gleichen Sicherheit jemandem nicht ins Konzept paßt.

Die Behauptung, der Vertrag würde keine Reduzierung der strategischen Rüstungen vorsehen, ist für uninformierte Leute gedacht und stimmt gar nicht. Der Vertrag sieht eindeutig eine solche Reduzierung vor, und zwar eine wesentliche.

Folgendes steht fest: Ist ein Abkommen über die Begrenzung der strategischen Rüstungen und eine erste Senkung ihres Niveaus erzielt worden, so wird es leichter sein, sie radikaler zu reduzieren, damit die Bilanz ein niedrigeres Niveau der Rüstungen zeigt.

All das bestätigt überzeugend, daß die Bedeutung des bereits vereinbarten und unterzeichneten Vertrages heute ebenso groß ist wie zur Zeit seiner Unterzeichnung.

Wie viele Verhandlungen über die Begrenzung der Rüstungen hat es zwischen den beiden Weltkriegen und nach dem zweiten Weltkrieg gegeben: Aber jeder objektiv denkende Mensch wird zweifellos sagen, daß keine dieser Verhandlungen Ergebnisse gezeitigt haben, die auch nur entfernt mit dem in Kraft befindlichen SALT-I-Vertrag und besonders mit dem noch nicht ratifizierten SALT-II-Vertrag verglichen werden können.

Man fragt sich, wozu wird der Vertrag und sogar der ganze SALT-Prozeß verunglimpft? Besonders übelgesinnte Politiker sprechen jetzt davon, daß dieses ganze Problem überhaupt nicht aktuell ist, zumindest so lange nicht, bis die USA ihre bislang umfangreichsten Rüstungspläne verwirklicht haben.

Denken Sie sich nur, verehrte Delegierte, in die Absurdität einer solchen Haltung hinein. Die Macht, die Anspruch darauf erhebt, in militärischer Hinsicht die größte zu sein, erklärt: Zuerst werde ich so und so viele Male die eigene Rüstung erhöhen, und dann werde ich vielleicht von ihrer Begrenzung sprechen.

Was überwiegt in dieser Haltung? Aggressive politische Absichten, expansionistische Großmachtambitionen, das Bestreben, der Welt ungeheuerliche Pläne einer immer größeren Anhäufung von Massenvernichtungswaffen statt der Produktion von materiellen Gütern aufzuzwingen, oder der Wunsch, eine nicht versiegende Quelle von Superprofiten für jene zu haben, die Rüstungen produzieren? Schwer zu sagen. Am ehesten handelt es sich hier um ein starkes Gemisch von allem.

Große Empörung hat in der Welt der Beschluß der USA ausgelöst, die Produktion der Neutronenwaffe aufzunehmen. Dieser Beschluß ist ein neuer Schritt zur Verstärkung des Wettrüstens und zur Verschärfung der Lage in der Welt.

Die Völker erklären klar und deutlich, daß sie kategorisch gegen die barbarische Neutronenwaffe sind und diese zu Recht als eine besonders unmenschliche Art der Massenvernichtungswaffen ansehen. Die Neutronenwaffe muß vollständig verboten werden.

Verboten werden muß sowohl deren Produktion als auch deren Einsatz.

Washington unternimmt schon seit langem Versuche, die früher über eine Reihe wichtiger Fragen begonnenen Verhandlungen zu bremsen oder sogar zu torpedieren. Leider hat es in dieser Richtung schon Erhebliches geleistet. So war es beispielsweise mit den Verhandlungen über den Indischen Ozean, über die Reduzierung von Verkäufen und Lieferungen herkömmlicher Waffen, über ein vollständiges und allgemeines Verbot der Kernwaffenversuche sowie über ein Verbot der Produktion und die Vernichtung der Vorräte chemischer Waffen.

Es sei hier angebracht, auch die Anstrengungen zu erwähnen, die unternommen werden, um die Ergebnisse der langjährigen Arbeit zunichte zu machen, die die Staaten im Rahmen der UNO-Seerechtskonferenz geleistet haben.

Auch andere Ereignisse auf dem Schauplatz des internationalen Geschehens beeinflussen die Weltlage. Aufmerksamkeit erregt das immer stärkere Zusammenrücken Washingtons und Pekings.

Wer kann etwas dagegen haben, wenn zwei Länder normale Beziehungen unterhalten wollen? Natürlich niemand. Alles hängt davon ab, auf welcher Grundlage das geschieht. In diesem Fall ist die Grundlage offene Feindschaft gegenüber vielen Staaten, in erster Linie gegenüber der Sowjetunion, die Feindschaft gegenüber der Entspannung.

Vor der ganzen Welt wurde verkündet, daß die USA China Waffen verkaufen und zur Stärkung seines militärischen Potentials beitragen wollen. Und das geschieht zu einer Zeit, da Peking eine den Interessen des Friedens zuwiderlaufende Politik, eine Politik des Hegemonismus und der Aggression betreibt.

Die Anbahnung der militärischen Zusammenarbeit zwischen den USA und China, an der – niemand weiß warum – auch Japan teilhaben möchte, wird von der Sowjetunion und wohl auch von anderen Staaten gebührend berücksichtigt werden.

Die Sowjetunion hat mehrmals ihre Überzeugung zum Ausdruck gebracht – vor kurzem tat das Leonid Iljitsch Breshnew erneut von der Tribüne des Parteitages der KPdSU aus –, daß nur eine Friedenspolitik den Interessen des chinesischen Volkes entsprechen würde. Die Sowjetunion wünscht, ihre Beziehungen zur VR China auf gutnachbarlicher Grundlage zu gestalten. Sie hat wiederholt bekräftigt, daß unsere Vorschläge zur Normalisierung dieser Beziehungen nach wie vor gültig sind.

Das sind, sehr geehrte Delegierte, unseres Erachtens die Hauptursachen der Zuspitzung der internationalen Lage in letzter Zeit.

Welche Schlußfolgerung ist daraus zu ziehen? Wenn es nach den Ideologen des Militarismus geht, so sind es eine stockfinstere Nacht und ein endloses Wettrüsten nach dem Gesetz der Spirale sowie immer neue Konflikte und Zusammenstöße, die die Menschheit erwarten.

Die UdSSR und – wir sind dessen sicher – viele andere Länder schätzen die Aussichten der weltweiten Entwicklung anders ein. Pessimismus und das Gefühl einer völligen Hoffnungslosigkeit sind uns wesensfremd. Wir sind überzeugt, daß es nicht nur notwendig, sondern auch möglich ist, den Krieg zu verhindern, wenn dafür aktiv gekämpft wird.

Im Kampf um die Zügelung des Wettrüstens, um die Bannung der Kriegsgefahr und die Regelung der ungelösten Probleme ist unser Land bereit, mit allen Staaten Hand in Hand zu gehen. Dabei empfinden wir keine politische Allergie gegenüber irgendeinem Partner, ungeachtet der Unterschiede in der Gesellschaftsordnung oder der Ideologie.

Die vordringlichste und akuteste Aufgabe besteht heute darin, für die Minderung der Spannungen in der Welt, für die Eindämmung des Wettrüstens und die Beseitigung der Kriegsgefahr zu kämpfen.

Die Sowjetunion schlägt vor, daß die Vollversammlung im Namen aller Mitgliedsländer der UNO eine Deklaration verabschiedet, in der feierlich verkündet wird, daß Staaten und Staatsmänner, die als erste von Kernwaffen Gebrauch machen, damit das schwerste Verbrechen gegen die Menschheit begehen.

Es gibt keine, und es kann auch keine Gründe oder Motive geben, es gibt keine, und es kann auch keine Umstände, Situationen und Lagen geben, die den Staaten ein Recht auf den Ersteinsatz von Kernwaffen einräumen würden. Das wäre ein Verbrechen gegen alle Völker und gegen das Leben auf Erden.

Ebenso muß entschieden gewarnt werden, daß es für diejenigen, die sich als erste zu einem Kernwaffeneinsatz entschließen sollten, niemals Rechtfertigung oder Verzeihung geben wird.

Das in einer Deklaration zu verkünden, es so zu sagen, daß diese Worte in allen Hauptstädten und allen Teilen der Welt gehört werden, bedeutet, die Staatsmänner, die kraft ihrer Position über einen Kernwaffeneinsatz zu entscheiden haben, daran zu erinnern, daß jeder von ihnen für das Schicksal der Menschheit persönlich verantwortlich ist.

Wir schlagen ferner vor, in der Deklaration ausdrücklich zu erklären, daß jegliche Doktrinen, die den Ersteinsatz von Kernwaffen zulassen, mit den Gesetzen der menschlichen Moral und den hohen Idealen der UNO unvereinbar sind.

Außerdem müssen vor allem die führenden Persönlichkeiten der kernwaffenbesitzenden Staaten darauf aufmerksam gemacht werden, daß es ihre höchste Pflicht ist, so zu handeln, daß die Gefahr des Ausbruchs eines nuklearen Konfliktes restlos beseitigt wird.

In der Deklaration ist zu betonen, daß das nukleare Wettrüsten durch gemeinsame Anstrengungen und durch ehrliche und gleichberechtigte Verhandlungen gestoppt und rückgängig gemacht werden muß.

Es geht darum, die Atomenergie nicht gegen, sondern für das Leben, nicht für die Waffenproduktion, sondern für den Fortschritt der Wissenschaft und die Erhöhung des Lebensniveaus, also ausschließlich zu Friedenszwecken einzusetzen.

Darin besteht das Wesen des politischen Dokuments, das wir zur Annahme vorschlagen. Wir hoffen, daß dieser Vorschlag breite Unterstützung finden wird.

Die Annahme eines solchen Dokumentes kann einen bedeutenden Schritt zur vollständigen Beseitigung der Gefahr eines Kernwaffenkonfliktes darstellen. Kein Land darf sich der Lösung dieser Aufgabe entziehen.

Die Sowjetunion tritt für einen Dialog zu allen Aspekten des Problems der Einstellung des Wettrüstens, zu allen strittigen internationalen Fragen, für einen bilateralen wie einen multilateralen Dialog ein.

Ab und zu werden Erklärungen abgegeben, in denen scheinbar Bereitschaft zu Verhandlungen bekundet wird. Doch diese Bereitschaft wird durch eine Vielzahl von Bedingungen, Junktims und diskriminierenden Verfahrensweisen eingeschränkt.

Wenn jemand wirklich in dieser Art und Weise verhandeln will, dann müssen wir unumwunden sagen: Daraus wird nichts. Verhandlungen können nur dann erfolgreich sein, wenn sie unter Einhaltung des Prinzips der Gleichheit und gleichen Sicherheit geführt werden.

Die Sowjetunion ist bereit – und zwar schon seit langem –, die Verhandlungen mit den USA über die Begrenzung der strategischen Rüstungen wiederaufzunehmen. Man kann bei der Lösung dieses Problems vorankommen, wenn man sich bei beiderseitigem Wunsch auf das bereits Erreichte stützt und es bewahrt.

Offensichtlich werden die sowjetisch-amerikanischen Verhandlungen über die Begrenzung der Kernwaffen in Europa wiederaufgenommen werden, wenn es in Washington nicht wieder zu einem Wetterumschwung kommt. Natürlich müssen dabei die Fragen der Begrenzung der Kernwaffen mittlerer Reichweite gleichzeitig und in organischem Zusammenhang mit den Fragen der entsprechenden vorgeschobenen USA-Kernwaffen und unter Berücksichtigung aller Faktoren, die die strategische Situation auf dem Kontinent bestimmen, erörtert und entschieden werden.

Unser Land hat vorgeschlagen, daß mit Beginn der Verhandlungen ein Moratorium über die Stationierung von neuen Raketenkernwaffen mittlerer Reichweite durch die NATO und die UdSSR in Europa in Kraft tritt. Dieser Vorschlag basiert auf dem bestehenden ungefähren Gleichgewicht bei den betreffenden Rüstungen zwischen der NATO und der UdSSR. Ein Moratorium würde die Atmosphäre für Verhandlungen günstiger gestalten.

Die Sowjetunion ist zu einer Einigung hinsichtlich der Begrenzung und sogar der Reduzierung der Kernwaffen mittlerer Reichweite in Europa bereit. L.I. Breshnew hat bereits am 6. Oktober 1979 in Berlin erklärt: »Wir sind bereit, die Anzahl von Kernwaffenträgern mittlerer Reichweite, die in den westlichen Gebieten der Sowjetunion stationiert sind, im Vergleich zum heutigen Stand zu reduzieren – selbstverständlich nur unter der Voraussetzung, daß in Westeuropa keine zusätzlichen Kernwaffenträger mittlerer Reichweite stationiert werden.«

In diesem Zusammenhang muß mit aller Bestimmtheit erklärt werden, daß, wenn die andere Seite die Verhandlungen künstlich hinauszögern und in Westeuropa neue Raketenkernwaffen mittlerer Reichweite stationieren wird, die Sowjetunion Maßnahmen zur Wiederherstellung des Gleichgewichts treffen muß.

Im Interesse der Festigung des europäischen Friedens ist es wichtig, auch die Wiener Verhandlungen über eine gegenseitige Reduzierung von Streitkräften und Rüstungen in Mitteleuropa aus der Sackgasse herauszuführen. Die sozialistischen Länder haben nicht wenig getan, um die Verhandlungen in Wien voranzubringen. Und wenn die westlichen Partner nur etwas guten Willen zeigen würden, könnte eine Lösung gefunden werden.

Von großer Bedeutung ist die Frage der Einberufung einer Konferenz über militärische Entspannung und Abrüstung in Europa. Sie wird bekanntlich in Madrid auf dem Treffen der Vertreter der Teilnehmerstaaten der gesamteuropäischen Konferenz erörtert.

In dem Wunsch, zum Erfolg beizutragen, ist die Sowjetunion dem Westen weit entgegengekommen. Sie erklärte ihre Bereitschaft, den gesamten europäischen Teil ihres Territoriums in die Zone der vertrauensbildenden Maßnahmen einzubeziehen und das selbstverständlich in dem Sinne, daß die westliche Seite mit einem entsprechenden Schritt antwortet. Und gerade um diesen Schritt geht es jetzt.

Die militärische Entspannung auf dem europäischen Kontinent soll die politische Entspannung untermauern und ergänzen. Jedoch hängt das nicht nur von uns ab.

Die Sowjetunion ist bereit, Verhandlungen auf allen Gebieten der Begrenzung des Wettrüstens und zur Abrüstung zu führen.

Unter den heutigen Bedingungen wird es immer wichtiger, die Ausbreitung der militärischen Rivalität auf den kosmischen Raum zu verhindern. Von Tag zu Tag mehren sich die Anzeichen, daß derKosmos in eine Arena des Wettrüstens verwandelt werden kann.

Die Sowjetunion hat auf der gegenwärtigen Tagung der Vollversammlung die Frage »über den Abschluß eines Vertrages zum Verbot der Stationierung jeglicher Waffen im kosmischen Raum« zur Erörterung eingebracht.

Die Regierungen aller hier vertretenen Staaten hatten die Möglichkeit, in den sowjetischen Entwurf dieses Vertrages Einsicht zu nehmen. Der Entwurf berücksichtigt alle wichtigen Aspekte dieses Problems. Wir möchten, daß der Meinungsaustausch auf der Grundlage des Vorschlages der UdSSR und sein Ergebnis konstruktiv sind.

Wenn man von der Notwendigkeit spricht, Maßnahmen zur Eindämmung des Wettrüstens und zur Abrüstung zu treffen, so muß man auch betonen, wie wichtig es ist, alle Anstrengungen zu unternehmen, um die Konfliktsituationen in verschiedenen Weltregionen zu beseitigen und die Entstehung neuer Spannungsherde zu verhindern. Die Staaten sind der Lösung dieser Aufgabe gewachsen, wenn sie die Welt wirklich sicherer machen wollen.

Verständnis und Unterstützung findet bei den meisten Ländern der Kampf der arabischen Völker für die Verteidigung ihrer legitimen Rechte, die als Folge der israelischen Aggression mit Füßen getreten werden.

Und wenn die Gerechtigkeit bis jetzt nicht wiederhergestellt wurde und die Lage im Nahen Osten weiterhin gefährlich bleibt, so deshalb, weil die herrschenden Kreise Israels auf ihrer expansionistischen Politik beharren und den grausamen Terror gegen das Volk Libanons fortsetzen, während einflußreiche Kräfte außerhalb dieser Region eine solche Politik praktisch unterstützen und nach dem Muster der antiarabischen Abmachung von Camp David zu handeln bestrebt sind.

Frieden und Stabilität im Nahen Osten können nur auf dem Wege einer umfassenden politischen Regelung gesichert werden, die die Rechte keines einzigen Landes und keines einzigen Volkes dieser Region beeinträchtigt.

Eine solche Regelung muß den Abzug der israelischen Truppen von allen 1967 okkupierten arabischen Territorien und die Verwirklichung der nationalen Rechte des arabischen Volkes von Palästina, einschließlich seines Rechts auf die Bildung eines eigenen Staates, umfassen.

Die Sowjetunion tritt konsequent für die Unterstützung der Rechte der Araber und für die Beseitigung der Folgen der israelischen Aggression ein. Es wird immer klarer, daß der Weg zu einer Nahostregelung über die Einberufung einer internationalen Konferenz mit Beteiligung aller interessierten Seiten einschließlich der Palästinensischen Befreiungsorganisation führt.

Eine politische Regelung erfordert auch die Lage um die Demokratische Republik Afghanistan, gegen die bis jetzt der nicht erklärte Krieg andauert. Die Hauptrolle spielen dabei die Vereinigten Staaten.

Leider weicht Pakistan, dessen Territorium als Hauptaufmarschgebiet für militärische Operationen dient, faktisch Verhandlungen mit der DRA aus. Dabei sollte gerade Islamabad in erster Linie an der Herstellung eines sicheren Friedens in dieser Region interessiert sein.

In der letzten Zeit wird viel über den Vorschlag einiger westlicher Länder zur Einberufung einer internationalen Konferenz über Afghanistan geredet. Dabei fällt aber folgendes auf: Es soll eine Afghanistan-Konferenz sein, aber die wichtigste interessierte Seite – die

Demokratische Republik Afghanistan – hat man »vergessen«.

Hinter dieser Vergeßlichkeit verbirgt sich der Versuch, durchzusetzen, daß über innere Fragen Afghanistans – eines souveränen nichtpaktgebundenen Staates – auf einem Forum anderer Länder und sogar ohne Beteiligung der afghanischen Regierung diskutiert wird. Das ist natürlich unannehmbar.

Es gibt eine Grundlage für eine politische Regelung. Sie ist einfach und kann bei vorhandenem guten Willen realisiert werden. Ein konstruktives Programm in dieser Hinsicht wurde in der Regierungserklärung der DRA vom 24. August dieses Jahres unterbreitet.

Eine politische Regelung müßte gewährleisten, daß die bewaffnete und jede andere Einmischung in die Angelegenheiten Afghanistans eingestellt und nicht wieder aufgenommen werden. Eine solche Regelung, einschließlich zuverlässiger internationaler Garantien, würde es gestatten, im gegenseitigen Einvernehmen zwischen der afghanischen und der sowjetischen Seite Modalitäten und Termine für den Abzug des begrenzten sowjetischen Truppenkontingents aus Afghanistan festzulegen.

Auch für die Minderung der Spannungen in Südostasien gibt es keinen anderen Weg außer Verhandlungen. Wir unterstützen die bekannten Vorschläge von Vietnam, Laos und Kampuchea, darunter die Vorschläge über die Durchführung einer regionalen Konferenz unter Beteiligung der Länder Indochinas und der ASEAN-Staaten.

Niemand jedoch soll glauben, daß die im Zusammenhang um die nicht existierende »Kampucheafrage« unternommenen Manöver irgendein Ergebnis haben können, sie verursachen nur Schaden. Es darf nicht zugelassen werden, daß unter dem Deckmantel irgendwelcher Pseudokonferenzen dem Volk Kampucheas wieder die von ihm gestürzten Henker oder ehemalige kleine Herrscher aufgezwungen werden. Dieses Volk hat seine Wahl bereits getroffen.

Auch die Versuche, auf die Sozialistische Republik Vietnam, die dem kampucheanischen Volk in seinem Kampf um Freiheit und Unabhängigkeit hilfreich die Hand geboten hat, einen Schatten zu werfen, werden scheitern.

Aufmerken läßt auch die in typisch Washingtoner Verpackung verbreitete Fälschung, daß irgendwer irgendwo in Südostasien chemische Giftstoffe angeblich sowjetischer Herkunft eingesetzt hätte.

Alles deutet darauf hin, daß hier jene am Werke sind, die selbst solcher Verbrechen schuldig sind und nun Spuren zu verwischen suchen.

Wendet man sich der Lage im Fernen Osten zu, so gibt es auch hier Reserven für positive politische Aktionen. Eine von ihnen könnte eine Übereinkunft über die Verwirklichung vertrauensbildender Maßnahmen in diesem Raum sein. Solche Maßnahmen auf kollektiver oder zweiseitiger Grundlage würden der Entspannung in diesem Raum einen nützlichen Dienst erweisen.

Der sowjetische Vorschlag zu dieser Frage ist allen Staaten, die er betrifft, zugeleitet worden. Wir erwarten, daß sie in dieser Frage das notwendige Verantwortungsgefühl an den Tag legen werden.

Die Korea-Frage kann und muß mit friedlichen Mitteln beigelegt werden. Diese ungelöste Frage ist schon lange Quelle von Spannungen im Fernen Osten. Die von der Koreanischen Demokratischen Volksrepublik eingebrachten Vorschläge halten wir für eine geeignete Grundlage zur Regelung des Problems.

Unlängst unternahm die Mongolische Volksrepublik mit dem Vorschlag über den Abschluß einer Konvention über gegenseitigen Nichtangriff und Verzicht auf die Anwendung von Gewalt in den Beziehungen zwischen den Staaten Asiens und des Pazifikraumes eine zeitgemäße Initiative. Unser Land unterstützt diesen Gedanken.

Die Republik Indien leistet einen gewichtigen Beitrag zur Aufrechterhaltung der Stabilität in der Welt und in Asien sowie zur Gewährleistung der internationalen Sicherheit. Wir schätzen ihre konstruktive Friedenspolitik sehr hoch. Die sowjetisch-indischen Beziehungen, die in dem Vertrag über Frieden, Freundschaft und Zusammenarbeit eine stabile Basis besitzen, entsprechen den Interessen unserer Völker und dienen den Interessen des Friedens.

Politische Mittel können auch bei der Regelung anderer gefährlicher Situationen und Streitfragen Wirkung haben, darunter beim Konflikt zwischen Iran und Irak, beim Zypern-Problem, bei der Situation in der Westsahara und am Horn von Afrika. Unabdingbare Voraussetzung dabei ist es, niemandem zu erlauben, Staaten gegeneinander zu hetzen und sich an deren Konflikten die Hände zu wärmen. Es darf in diesen Regionen kein Platz sein für imperialistische Intrigen.

Bekanntlich werden vom rassistischen Regime der Republik Südafrika und seinen Helfershelfern Ränke geschmiedet, um die Entkolonialisierung Namibias zu verhindern. Es ist eine Sache der Ehre und unmittelbare Pflicht der UNO, dem Volk Namibias zu helfen, die Freiheit zu erlangen. Die Rassisten und all jene, auf die sie sich stützen, müssen begreifen, daß dem Kolonialismus die Stunde geschlagen hat.

Aggressive Banditenaktionen Südafrikas gegen die Volksrepublik Angola und eine Reihe anderer afrikanischer Staaten müssen unterbunden werden. Man muß diese Handlungen verurteilen, die Einstellung bewaffneter Invasionen von Südafrika fordern und internationale Sanktionen verhängen.

Diese Position bezog vor kurzem die überwiegende Mehrheit der Mitglieder des Sicherheitsrates. Jedoch wurde die Annahme eines entsprechenden Beschlusses durch dieses UNO-Organ von den Vereinigten Staaten vereitelt, die damit die afrikanischen Völker und die Weltöffentlichkeit herausforderten.

Die Unterstützung der USA für die RSA stellt eine direkte Vorschubleistung für einen Aggressor dar. Diese Linie muß entschieden verurteilt werden. Die UNO muß alles unternehmen, um der Aggression ein Ende zu setzen und den Aggressor zur Ordnung zu rufen. Der jüngste Beschluß der Sondertagung der Vollversammlung über Namibia ist ein Schritt in die richtige Richtung.

Zu einem wichtigen Faktor der Weltpolitik wurde die Bewegung der Nichtpaktgebundenheit, die vor kurzem ihr 20jähriges Jubiläum beging. Die Sowjetunion ist mit der antiimperialistischen Ausrichtung der Bewegung der nichtpaktgebundenen Länder solidarisch und unterstützt deren Tätigkeit im Interesse der Festigung des Friedens.

Heute wird viel über das Problem der Beziehungen zwischen industriell entwickelten Staaten und Entwicklungsländern gesprochen. Es werden verschiedene Foren – in engerem und weiterem Rahmen – nach dem »Nord-Süd«-Prinzip vorgeschlagen.

Es liegt jedoch klar auf der Hand, daß kein Forum positive Ergebnisse zeitigen wird, solange die entwikkelten kapitalistischen Staaten ihre Haltung gegenüber den Entwicklungsländern nicht grundlegend ändern, die Diskriminierung in den Wirtschaftsbeziehungen zu ihnen nicht einstellen und die wirtschaftliche Ausplünderung dieser Länder nicht aufgeben.

Unser Land wird den Entwicklungsländern auch weiterhin die notwendige Unterstützung im Kampf um ihre wirtschaftliche Selbständigkeit und für eine Umgestaltung der internationalen Wirtschaftsbeziehungen auf wirklich gerechter und demokratischer Grundlage erweisen.

Die Tätigkeit der UNO läßt sich nicht nach üblichen Maßstäben messen. Man kann sie nicht formal eindeutig beurteilen. Trotzdem kann man zu Recht sagen: Die UNO hat nicht wenig dafür getan, daß die Völker mit größerer Zuversicht in die Zukunft blicken können.

Die UdSSR, die gemeinsam mit anderen sozialistischen Ländern in allen Bereichen der Weltpolitik aktiv tätig ist, unterbreitet nach wie vor Vorschläge zur Festigung des Friedens.

Sehr geehrte Delegierte!

Keine Frage, von welcher Bedeutung sie auch sein mag, kann und darf das Wichtigste, wofür die UNO geschaffen wurde, in den Hintergrund drängen, nämlich die Frage, wie der Frieden erhalten werden kann. Es ist die Pflicht eines jeden Staates und aller Staaten zusammen, die Pflicht eines jeden Politikers, in dieser Richtung alles zu unternehmen, wozu die Menschen, ihr Geist, ihre Energie und ihre Treue zum Leben und zu seinen lichtesten Idealen fähig sind.

Heute ist klarer denn je, vor welch riesigen Problemen die Völker stehen. Dazu gehören die Deckung des rasch wachsenden Bedarfs an Energie und Lebensmitteln, im Bildungs- und Gesundheitswesen, die Erschließung der Weltmeere und des Kosmos und die Erhaltung der Natur. Diese Probleme können gelöst werden, wenn sich die Menschheit vor einem Krieg bewahrt.

Es muß alles getan werden, damit die Menschen in den verbleibenden zwei Jahrzehnten des 20. Jahrhunderts in Frieden leben und die Schwelle ins dritte Jahrtausend unserer Zeitrechnung nicht mit Sorge um die Zukunft der Zivilisation, sondern mit der Überzeugung von den unbegrenzten Perspektiven ihrer Entwicklung überschreiten können. Alle Staaten – die großen wie die kleinen –, die dafür kämpfen, werden die Sowjetunion stets an ihrer Seite finden.

## Den Frieden erhalten, einen Kernwaffenkrieg verhüten

Rede auf der 2. Abrüstungssondertagung der UNO-Vollversammlung, 15. Juni 1982

Herr Vorsitzender!

Verehrte Delegierte!

In der soeben überbrachten Botschaft des Generalsekretärs des ZK der KPdSU und Vorsitzenden des Präsidiums des Obersten Sowjets der UdSSR, Leonid Iljitsch Breshnew, kommt in konzentrierter Form das Herangehen der Sowjetunion an das dringendste Problem zum Ausdruck, das vor der Menschheit steht – wie der Frieden zu bewahren ist.

Die wichtigste Grundlage des außenpolitischen Kurses der UdSSR ist die friedliche Koexistenz von Staaten mit unterschiedlicher Gesellschaftsordnung und die Lösung aller zwischen ihnen bestehenden strittigen Fragen mit friedlichen Mitteln. Darin besteht der Sinn des Friedensprogramms für die 80er Jahre, das auf dem XXVI. Parteitag der KPdSU angenommen worden ist.

Davon zeugen deutlich alle von der Sowjetunion und ihren Verbündeten – den sozialistischen Ländern des Warschauer Vertrages – unternommenen Friedensinitiativen. Das beweisen eindrucksvoll die Ansprachen von Leonid Iljitsch Breshnew, die von tiefer Sorge um die Beseitigung der Gefahr eines Kernwaffenkrieges durchdrungen sind.

Unser Land unternimmt erneut einen Schritt von außerordentlicher Wichtigkeit: Die Sowjetunion verpflichtet sich, Kernwaffen nicht als erste anzuwenden. Sie unternimmt diesen Schritt einseitig. Wenn die anderen kernwaffenbesitzenden Mächte unserem Beispiel folgten, würde dies faktisch den Ausbruch eines Kernwaffenkrieges unwahrscheinlich machen.

Als die Organisation der Vereinten Nationen ins Leben gerufen wurde, war noch der Nachhall des Weltkrieges zu spüren. In ihrer Charta brachten die Gründerstaaten die Hoffnungen der Völker dadurch zum Ausdruck, daß sie die wie ein Schwur lautende internationale Verpflichtung erarbeitet hatten, einen Kernwaffenkrieg nicht zuzulassen.

Die Idee, die Anstrengungen der Völker zur Festigung der internationalen Sicherheit zu vereinen, bildet einen Eckpfeiler im Fundament dieser Weltorganisation. Im großen Ringen gegen den Faschismus, der der Welt eine barbarische und mörderische Ordnung aufzwingen wollte, kämpften Staaten mit unterschiedlicher Gesellschaftsordnung und verschiedenen Ideologien Schulter an Schulter.

Auch heute müssen die exakten Bestimmungen der Charta, die die Notwendigkeit unterstreichen, die kommenden Generationen vor den Schrecken eines Krieges zu bewahren, jeden Menschen und um so mehr jeden Politiker bewegen, der die Geschicke seines Staates lenkt.

Deshalb ist es nicht verwunderlich, daß die meisten Staaten in der UNO jedes Jahr Sorge bekunden, damit die Menschheit nicht stolpert und in den Abgrund stürzt, damit das Wertvollste, was es auf Erden gibt – der Frieden, oder anders ausgedrückt, das Leben –, erhalten wird.

Auf dieser Tagung, die speziell den Fragen der Abrüstung gewidmet ist, muß eindeutiger als auf jeder vorangegangenen der Wille bekundet werden, den Dämon des Krieges zu bändigen.

Fragen Sie jeden beliebigen verantwortungsbewußten Politiker, Wissenschaftler, jeden denkenden Menschen, wohin ein nuklearer Konflikt führen würde. Es wird nur eine Antwort geben: Die Folgen wären für alle Völker katastrophal.

Ist das vielleicht eine Übertreibung? Nein, es finden sich heute nur wenige realistisch denkende Menschen, die dies zu bestreiten wagen.

Will denn jemand im Feuer eines Kernwaffenkrieges verbrennen? Klopfen Sie aufs Geratewohl an die Tür irgendeiner Familie in der Stadt oder auf dem Dorf und stellen Sie einmal diese Frage. Man kann wohl sagen, daß es kein Volk gibt – ob groß oder klein –, das sich nicht nach dauerhaftem Frieden sehnte.

Wenn all das zutrifft, dann muß man fragen, wie ein solcher Frieden zu erreichen ist. Auf ein Wunder kann man nicht hoffen. Für den Frieden muß man kämpfen.

Nicht nur Gewehre und Granaten, sondern auch die präzisesten Raketen, die verheerendsten Kernladungen wurden von Menschen geschaffen. Und das bedeutet, daß die Menschen selbst die Instrumente des Krieges vernichten müssen und können, wenn sie dies wollen. Wir sind überzeugt, daß die Staaten einer solchen Aufgabe gewachsen sind – unter der Bedingung, daß sie eine Politik des Friedens betreiben.

Man sagt, daß das Abrüstungsproblem nicht mit einem Schlag gelöst werden kann. Dem ist wohl kaum zu widersprechen. Doch auch wenn es schrittweise gelöst werden soll, so muß es eben gelöst und nicht durch Schönrednerei verschleiert werden, hinter der man oft alles mögliche finden kann, nur nicht den echten Wunsch, dieses Problem zu lösen.

Die Sowjetunion trat schon immer und tritt weiterhin dafür ein, daß die Aufgabe der Zügelung des Wettrüstens, die Aufgabe der Abrüstung, der Bannung der Gefahr eines neuen Krieges auf praktischem Wege, durch Abkommen zwischen den Staaten gelöst wird. Darin liegt auch das Wesen der Botschaft von Leonid Iljitsch Breshnew an die UNO. Und auch zu dieser Tagung ist die sowjetische Delegation gekommen, um aktiv dazu beizutragen.

Es besteht jedoch bekanntlich in der Weltpolitik noch eine andere Richtung. Sie basiert auf der Fortsetzung des Wettrüstens, darauf, ihm noch größere Dimensionen zu verleihen. Was für Erfindungen werden nicht alles ins Feld geführt, um diesen Kurs propagandistisch zu tarnen. Auch diese Erfindungen haben entsprechende Dimensionen.

Es wird zum Beispiel erklärt, es genüge nicht, die Rüstungen zu begrenzen, es seien tiefgreifende und wirkungsvolle Reduzierungen erforderlich. Das läßt sich hören. In der Praxis stellt sich jedoch heraus, daß die

Sowjetunion, und nur sie allein, tiefgreifende und wirkungsvolle Reduzierungen vornehmen soll.

Es wird ferner behauptet, daß, um künftig in irgendeiner Etappe mit der Reduzierung und Begrenzung von Rüstungen zu beginnen, möglichst viel davon in den NATO-Arsenalen angehäuft werden müsse – Berge über Berge von Waffen, und in erster Linie von Massenvernichtungswaffen. Und sie werden auch angehäuft, und das mit einer wahren Besessenheit. Derartige militaristische Programme hat Washington – aber auch der NATO-Block insgesamt – verkündet.

Hinter all diesem ist die Zielsetzung erkennbar, das bestehende militärische Gleichgewicht zwischen der UdSSR und den USA, zwischen dem Warschauer Vertrag und der NATO zu zerstören, eine Position der Stärke einzunehmen und von dieser Position aus aufzutreten, anderen seinen Willen zu diktieren, darunter auch am Verhandlungstisch.

Einige NATO-Politiker reden heute wohl häufiger als zu den Zeiten des kalten Krieges von der Position der Stärke. Auf höchster politischer Ebene dieses Blocks wird die Forderung erhoben, die USA müßten in militärischer Hinsicht alle überholen, und kein Aber! All diese Erklärungen, Interviews, Resolutionen und Kommuniqués, mit denen man die Leute überraschen will, zeugen von unmäßigen Ambitionen. Überhaupt ist eine richtige Inflation auf diesem Gebiet zu beobachten.

Manchmal spricht man von diesen Plänen ohne sonderliche Nuancen, ohne Umschweife. Doch häufiger greift man zur Tarnung. Da wird zum Beispiel erklärt, die Sowjetunion habe in den Rüstungen einen Vorsprung gewonnen, obwohl das Lüge ist, denn Fakten und Zahlen werfen dieses Argument völlig über den Haufen. Man ist offensichtlich darauf aus, die Menschen zu verwirren.

In jüngster Zeit sind umfassende Erwägungen über einen »höchst destabilisierenden Faktor« in Umlauf gesetzt worden, über den die Sowjetunion verfügt. Ihr Kern besteht darin, daß man aus dem Gesamtspektrum der strategischen Kernwaffen nur eine ihrer Arten – die landgestützten interkontinentalen ballistischen Raketen – herausgreift. Diese – so sagt man – müssen auch in erster Linie auf sowjetischer Seite reduziert werden.

Woran liegt es? Der Trick ist nicht besonders neu. Man schlägt nichts anderes vor als gerade die Art von strategischen Waffen zu verringern, bei der das zahlenmäßige Übergewicht – wenn dieser Faktor isoliert und ausschließlich isoliert betrachtet wird – auf Seiten der UdSSR liegt. Zugleich vertuscht man vorsätzlich die Frage nach den anderen strategischen Rüstungen, bei denen das Übergewicht – und zwar ein großes – auf Seiten der USA liegt, wie bei Flügelraketen großer Reichweite, auf die man bekanntlich in Washington gegenwärtig besonders setzt, sowie bei strategischen Fliegerkräften, wo die USA ebenfalls stark im Vorteil sind. Man schweigt auch darüber, daß die Anzahl der Sprengkörper auf U-Boot-gestützten ballistischen Raketen bei den USA um ein Mehrfaches höher ist als bei der UdSSR.

Und schon ganz und gar vergißt man die vorgeschobenen amerikanischen Systeme (FBS) wie auch die

Kernwaffenpotentiale der Bündnispartner der USA im Nordatlantikpakt.

So verfährt man auch im Zusammenhang mit den Kernwaffen mittlerer Reichweite in Europa. Man verfolgt die gleichen Ziele – das nukleare Kräfteverhältnis der Seiten auch hier in verzerrtem Licht darzustellen. Die Wahrheit wird durch Erfindungen ersetzt, denen man den Anschein von Glaubwürdigkeit zu verleihen trachtet.

Und so kommt es, daß man einfach die bestehende Parität auf dem Gebiet der Kernwaffen beseitigen will, die nicht durch irgendwelche einzelnen Waffenarten, sondern durch die Gesamtheit der Waffen bestimmt wird, die die Seiten besitzen. Warum sagt man dem Volk nicht diese Wahrheit? Warum hält man sie zurück? Man will nicht, daß die Menschen sie erfahren. So lassen sich die Entscheidungen zugunsten des Wettrüstens leichter treffen und die aufgeblähten Militärbudgets besser verteidigen.

Wenn beispielsweise das Gewicht gewisser sowjetischer Raketen Washington mißfällt, wird erklärt, daß sie die strategische Situation destabilisieren würden. In Wahrheit aber sind diese Raketen ein Bestandteil des allgemeinen Gleichgewichts, das in langjährigen Verhandlungen zwischen der Sowjetunion und den USA sorgfältig überprüft und abgestimmt worden ist. Dieses Gleichgewicht soll jetzt zerstört werden.

Man braucht nur die äußere Hülle von dem in Washington in bezug auf die strategischen Rüstungen proklamierten Plan zu entfernen, um festzustellen: Er zielt darauf ab, die Sicherheit der anderen Seite zu untergraben und sich für die Verwirklichung der eigenen Militärprogramme völlige Handlungsfreiheit zu sichern. Diese einseitige und deformierte Einstellung ist unrealistisch und unannehmbar.

Der wirklich destabilisierende Faktor ist das in den USA entfesselte beispiellose Wettrüsten. Sehen Sie nur an, wie rasch sich die Räder der amerikanischen Militär-Industrie-Maschinerie drehen. Es gibt praktisch keine Waffenart, einschließlich der barbarischen chemischen und Neutronenwaffen, mit denen nicht die Arsenale dieses Landes gefüllt würden. Man zwingt den wissenschaftlich-technischen Fortschritt, mit der Politik des Wettrüstens Schritt zu halten. Man hat ihm eine Militäruniform angezogen.

Jeder Tag bringt neue Beweise dafür, daß die Außenpolitik der USA immer mehr vom Geist des Militarismus durchdrungen wird. Im militaristischen Rausch entstehen auch alle möglichen gefährlichen Militärdoktrinen. Wie über eine Routine-, eine Alltagsangelegenheit spricht man von dem nuklearen Erstschlag, und dabei geht es doch um die verbrecherische Konzeption der Entfesselung eines Nuklearkrieges. Beinahe als ein Meisterwerk der Militärstrategie wird der Gedanke präsentiert, man könne in einem Nuklearkrieg siegen, wenn nur der Schauplatz eines solchen Krieges irgendwohin verlegt würde, weit entfernt vom eigenen Haus, zum Beispiel nach Europa.

Kommt man in das Land, wo sich das Hauptquartier der UNO befindet, so glaubt man, in eine andere Welt geraten zu sein. In den Zeitungen und via Bildschirm hämmern Offizielle verschiedener Rangordnung den

Menschen ununterbrochen ein und dasselbe ein: rüsten, rüsten und noch einmal rüsten, damit die USA zur stärksten Militärmacht der Welt avancieren. Mit anderen Worten, den Menschen wird weisgemacht, daß man sich mit Volldampf auf den Krieg vorbereiten muß. Vergrabt euch, versteckt euch, wo ihr wollt, aber bereitet euch vor!

Die Sowjetunion lehnt den Kurs auf militärische Überlegenheit prinzipiell ab. Sie selbst strebt nicht nach militärischer Überlegenheit, gesteht aber auch niemand anderem ein solches Recht zu. Selbstverständlich wird unser Land unter allen Umständen für seine Sicherheit sowie für die Sicherheit seiner Verbündeten und Freunde sorgen.

Wenn man sich wirklich um den Frieden sorgt, so muß man das militärstrategische Gleichgewicht wahren. Die Geschichte hat es so gewollt, daß ein solches Gleichgewicht zwischen beiden Ländern entstanden ist. Es fand seinen Niederschlag in entsprechenden Abkommen zwischen der UdSSR und den USA. Wäre es da nicht besser, davon ausgehend eine Verringerung seines Niveaus zu vereinbaren und sich an das Prinzip der Gleichheit und der gleichen Sicherheit zu halten?

Warum will man das nicht? Weil hier nach einem simplen Schema gedacht wird: Man muß eine Überlegenheit über die Sowjetunion besitzen, um sie das Fürchten zu lehren, ja so sagen sie: das Fürchten zu lehren.

Doch in diesem Falle wäre die Sowjetunion berechtigt, mit der anderen Seite dasselbe zu tun. Wenn man schon mit solchen Kategorien operiert, dann sollte man

Stärke und Angst zwischen den beiden Seiten gleichmäßig verteilen und nicht von folgendem ausgehen: Für uns, die USA, die Stärke und für euch, die Sowjetunion, die Angst.

Wir sind aber überzeugt, daß diese ganze Logik der Angst und der Stärke verderblich ist. Nicht auf Angst, nicht auf dem Streben nach militärischer Überlegenheit darf die Sicherheit jeder Seite und der Welt insgesamt aufgebaut werden. Zum bewegenden und bestimmenden Motiv in den Beziehungen zwischen den Staaten muß das Streben nach Vereinbarungen, nach einem Dialog und gegenseitigem Vertrauen werden. Das kann aber nur auf der Grundlage geschehen, daß die entstandene Parität anerkannt und eingehalten wird, daß versucht wird, sie bei den Rüstungen so niedrig wie möglich zu halten.

Wie ist Washingtons Kurs auf militärische Überlegenheit zu erklären? Nur schwer kann man sich des Eindrucks erwehren, daß der Großmachttraum von der Weltherrschaft gar manchem gründlich den Kopf verdreht hat. Wie soll man es anders werten, wenn in dem einen oder anderen Teil der Welt überdies ohne jede Grundlage weite Gebiete zur Zone der »Lebensinteressen« der USA erklärt werden? Und das soll genug sein, um eine Kriegsflotte oder ein Expeditionskorps in die Ferne an fremde Ufer und Grenzen und näher zu fremden Reichtümern zu entsenden?

Unter lautstarken Erklärungen über Verteidigung der »Lebensinteressen« der USA wurde eine Armada von Kriegsschiffen in den Persischen Golf entsandt. Die Absicht, Iran mit Drohung und Gewalt wieder zum Vasallen zu machen, mißlang, doch die Armada befindet sich noch heute in diesem Gebiet.

Und von dort ist die Sowjetunion greifbar nahe. Schauen Sie auf die Landkarte. Welchen Schluß müssen wir daraus ziehen?

Was haben die USA im Indischen Ozean zu suchen und wozu brauchen sie einen strategischen Militärstützpunkt auf der Insel Diego Garcia? Sie erschließen ein weiteres Aufmarschgebiet, um auch von hier aus die Sowjetunion sowie viele andere Länder zu bedrohen.

Wohl nicht von ungefähr widersetzen sich die USA hartnäckig den Forderungen der Küstenstaaten, den Indischen Ozean in eine Friedenszone zu verwandeln, und ignorieren sie die Interessen dieser Staaten.

Die Einmischung in Afghanistan von außen – bis hin zur Einschleusung von bewaffneten Interventenbanden – dauert an. Diejenigen, die das tun, sind sich selbst offenbar nicht darüber im klaren, daß es das frühere Afghanistan nicht mehr gibt und nie wieder geben wird. Es besteht ein neues Afghanistan mit einer neuen demokratischen Ordnung anstelle des früheren reaktionären Regimes. Es besteht der unabhängige, nichtpaktgebundene afghanische Staat. Die von der Regierung der DRA unterbreiteten Vorschläge bilden eine gute Grundlage für eine politische Regelung der Lage um Afghanistan. Die Sowjetunion unterstützt diese Vorschläge.

Anläßlich des Abzuges der israelischen Okkupanten von der Sinai-Halbinsel lädt man beinahe zu einem Weltfest ein. Was ist hier aber in Wirklichkeit vor sich gegangen? An ihre Stelle traten sofort amerikanische Soldaten und Soldaten einiger anderer Staaten, darunter solcher, die es sich noch nicht ganz abgewöhnt haben, die kolonialistische Peitsche zu schwingen.

Trägt die verstärkte militärische Präsenz der USA zu einer gerechten Regelung im Nahen Osten bei? Nein, überhaupt nicht. Sie spornt Israel lediglich dazu an, die legitimen Interessen der arabischen Staaten und die nationalen Rechte des palästinensischen Volkes mit Füßen zu treten.

Vor den Augen der ganzen Welt hat Israel in diesen Tagen, da wir hier versammelt sind, eine neue Aggression gegen einen souveränen Staat, gegen Libanon, verübt. Die israelischen Truppen durchbrachen den Kordon der UNO-Truppen im Süden Libanons, stießen weiter vor, säten Tod unter den Libanesen und besonders den Palästinensern, die in diesem Lande Zuflucht gefunden haben. Tel Aviv macht kein Geheimnis daraus, daß es sich die Vernichtung des palästinensischen Volkes zum Ziel gesetzt hat.

Kann denn die UNO ruhig zusehen, wie dieses Verbrechen verübt, wie ihre Beschlüsse in den Schmutz getreten werden? Nein, die UNO und ihr Sicherheitsrat müssen ihr gewichtiges Wort sprechen, müssen die von der UN-Charta vorgesehenen Maßnahmen zur Einstellung der israelischen Aggression ergreifen.

Die israelischen Truppen müssen unverzüglich aus Libanon abgezogen werden, und den Arabern muß ihr ureigenes Land, das von Israel früher besetzt worden ist, zurückgegeben werden. Dem palästinensischen Volk muß die Möglichkeit gewährt werden, sein unveräußerliches Recht auf Gründung eines eigenen Staates zu verwirklichen.

Es muß besonders jene Verantwortung hervorgehoben werden, die die Vereinigten Staaten für die Aktionen des Aggressors tragen. Eine Bestätigung dafür ist auch ihre Haltung im Sicherheitsrat, die den Rat der Möglichkeit beraubte, einen Beschluß über die Einstellung der Aggression durch Israel in Libanon zu fassen. Allen ist klar, daß Tel Aviv es nicht gewagt hätte, die Organisation der Vereinten Nationen herauszufordern, wenn Washington zur Unterbindung dieser Aktionen auch nur einen Finger gerührt hätte.

Nach wie vor kann die Situation in Südostasien nicht gerade als ruhig bezeichnet werden. Die Atmosphäre wird durch die feindselige Einmischungspolitik in die Angelegenheiten der Staaten Indochinas vergiftet. Man will verhindern, daß die Völker von Vietnam, Laos und Kampuchea ein neues Leben in Freiheit und Unabhängigkeit aufbauen. Aber sie schreiten unbeirrt den von ihnen gewählten Weg voran. Was die Volksrepublik Kampuchea betrifft, so soll niemand daran zweifeln, daß sie ihren legitimen Platz in der UNO einnehmen wird.

Seit Jahren ist das sozialistische Kuba gezwungen, Blockade und Druck standzuhalten. Vor seiner Küste werden Seemanöver durchgeführt. Auf dem Militärstützpunkt Guantánamo, einem von den USA widerrechtlich besetzten Territorium, landen Marineinfanteristen.

Jetzt droht man auch dem Volk Nikaraguas. Das ist ein kleines Land. Aber hat sein Volk ebenso wie andere Völker nicht das Recht, sein Schicksal selbst zu entscheiden? Ohne Zweifel ist es dazu berechtigt.

In der ganzen Welt rufen die blutigen Strafexpeditionen in El Salvador Empörung hervor. Die Strafkommandos werden von denjenigen bewaffnet und beraten, die offiziell mit dem volksfeindlichen diktatorischen Regime paktieren.

Ein Echo dieser Politik, bei der nackte Gewalt angewendet wird, sind die Ereignisse im Südatlantik. Die UNO würde recht daran tun, wenn sie sich entschieden für die Einstellung aller Kampfhandlungen in diesem Raum und für eine gerechte antikoloniale politische Lösung dieses brennenden Problems einsetzen würde.

In Lateinamerika, in Asien oder im Süden Afrikas protestieren die Völker zu Recht gegen die imperialistische Willkür. Sie führen einen gerechten Kampf für Freiheit und Unabhängigkeit, gegen die Reste des verhaßten Kolonialismus. Diesen Völkern gehört die Sympathie der sowjetischen Menschen.

Aber sehen Sie nur, wie man sich anstrengt, um jene Verbündeten der USA kleinzukriegen, die die Notwendigkeit der Suche nach Lösungen begreifen, deren Ziel der Abbau der Spannungen in der Welt und die Anbahnung einer internationalen Kooperation ist.

Die Ereignisse der vergangenen Tage bestätigen erneut, daß sich irgendwer eindeutig das Ziel gesetzt hat, die Atmosphäre noch mehr zu vergiften, die Konfrontation noch mehr zu verstärken, weitere Anreize zur Forcierung des Wettrüstens auszutüfteln und noch mehr Staaten gegeneinander aufzubringen.

Das alles wird jetzt getan, wo wir uns hier unter einem Dach eingefunden haben, um eine gemeinsame Sprache bei der Lösung jener Fragen zu finden, die die

Verhütung eines Krieges, die Einstellung des Wettrüstens und die Festigung des Friedens betreffen.

Niemand darf die Lösung der Probleme von Krieg und Frieden auf die leichte Schulter nehmen. Aber allem Anschein nach denken einige Politiker nach wie vor so: Da die Sowjetunion und andere sozialistische Länder Partner der USA und der NATO bei diesen Verhandlungen sind, muß man sich genau überlegen, ob man mit ihnen überhaupt etwas vereinbaren soll, weil sie einem anderen sozialen System angehören und eine andere Ideologie vertreten.

Nicht zufällig zucken realistisch denkende Menschen in der ganzen Welt mit den Schultern, wenn man fragt, wie Staatsmänner, die für die Politik ihrer Länder verantwortlich sind, sich solche Äußerungen überhaupt leisten können.

Übrigens könnten manche Politiker in den westlichen Hauptstädten in ihre Äußerungen zu den Problemen von Krieg und Frieden, wenn man so sagen darf, mehr Ernst hineinbringen.

Dasselbe gilt auch für die Weissagungen, die manchmal zu hysterischem politischem Gezeter betreffend den Sozialismus und seine Zukunft ausarten.

Verehrte Delegierte! Die Lage in der Welt löst berechtigte Besorgnis bei den Völkern aus. Diese Sorge kommt in Parlamentsdebatten, in Diskussionen auf internationalen Foren, im Aufschwung der Friedensbewegung der Massen zum Ausdruck, vor der die sowjetischen Menschen größte Achtung haben. Und die Hauptfrage lautet: Was ist der Politik der Kriegsvorbereitung entgegenzustellen?

Es gibt eine Antwort auf diese Frage, und diese Antwort ist überzeugend: Dem Kurs auf Kriegsvorbereitung muß der Kurs des Friedens, der friedlichen Zusammenarbeit entgegengestellt werden.

Die Initiatoren des Wettrüstens wollen den Willen der Menschen im Kampf für den Frieden lähmen und Unglauben an den Erfolg eines solchen Kampfes säen. Wir lehnen das ab. Der Glaube an die Kräfte und Möglichkeiten der Völker der Welt, den Frieden zu verteidigen, ist ein organischer Bestandteil der Außenpolitik der Sowjetunion. Der Wille der sowjetischen Menschen im Kampf für den Frieden ist nicht zu brechen.

Seit seiner Gründung läßt sich der Sowjetstaat vom Vermächtnis Wladimir Iljitsch Lenins leiten: »Die Erhaltung des Friedens ist für uns das Wichtigste.« Die Worte »ist für uns das Wichtigste« haben nichts von ihrer Aussagekraft eingebüßt.

Auch heute drücken sie die Gedanken und Gefühle der sowjetischen Menschen aus, die die Aufbauarbeit fortsetzen, prägen sie die Politik, darunter auch die Außenpolitik der Sowjetunion, unsere sittlichen Werte und das geistige Schaffen in seiner ganzen Vielfalt.

Es gilt seit langem als eine anerkannte Tatsache, daß die Zeit das objektivste Urteil über die Politik eines Staates in den Fragen von Krieg und Frieden fällt. Das sowjetische Volk erhob das Schwert nur gegen den Aggressor, als es galt, die Freiheit und Unabhängigkeit seiner Heimat zu verteidigen. Die Heldentat unseres Volkes, das zum großen Sieg über die faschistischen Aggressoren entscheidend beigetragen hat, wird noch in Jahrhunderten fortleben.

Die Initiatoren des Wettrüstens mußten lange suchen, ehe sie einen Vorwand für diesen Wettlauf und ein Argument zur Rechtfertigung der astronomischen Summen der Militärbudgets fanden. Sie dachten wohl, daß es besser sei, die Menschen mit der Gefahr zu ängstigen, die angeblich von der Sowjetunion ausgeht.

Aber der Betrug, den Washington in den internationalen Angelegenheiten so oft verübt, ist keine gute Grundlage für eine langfristig orientierte Politik. Ungeachtet der Propaganda, die laufend Lügen über die Aufrüstung und die Streitkräfte der Sowjetunion sowie über ihre Außenpolitik produziert, fallen immer weniger Menschen auf diesen Betrug herein. Diese Lügen halten der Wirklichkeit nicht stand. Die Sowjetunion bedroht keinen einzigen Staat der Welt. Unser jetziger Schritt, den L.I. Breshnew in seiner Botschaft angekündigt hat, ist ein überzeugender Beweis dafür.

Die UdSSR erhebt keinen Anspruch auf eine Monopolstellung in bezug auf Vorschläge, die eine Verminderung der Kriegsgefahr bedeuten würden. Wir sind für solche Vorschläge auch dann, wenn sie von prominenten Persönlichkeiten ausgehen, die ihren politischen Ansichten und ihrer Weltanschauung nach weit von uns entfernt sind.

Wie in der Botschaft betont wird, kommt die Idee vom gegenseitigen Einfrieren der Kernwaffenarsenale – als dem ersten Schritt auf dem Wege zu ihrer Reduzierung und letztendlich zu ihrer vollständigen Beseitigung – dem sowjetischen Standpunkt nahe.

Aus den harten Realitäten des heutigen Tages ergibt sich auch der Appell der Sowjetunion, ohne Verzug ein vollständiges Verbot chemischer Waffen zu vereinbaren.

Wir weisen das absurde Gerede, daß die Sowjetunion beim Einsatz dieser Waffen ihre Hand im Spiel habe, entschieden zurück. Diese Lüge ist so durchsichtig, daß diejenigen, die sie in Umlauf gesetzt haben, daraus kein Kapital schlagen werden. Offensichtlich wollen sie damit ihre eigenen bekannt gewordenen Sünden in dieser Sache vertuschen.

Die Sowjetunion unterbreitet der Sondertagung den Entwurf der »Grundsätze der Konvention über das Verbot der Entwicklung, der Produktion und der Anhäufung von chemischen Waffen und über deren Vernichtung«.

Dieser Entwurf berücksichtigt die Wünsche anderer Staaten, darunter auch in der Kontrollfrage. Unserer Meinung nach bietet der sowjetische Entwurf die Möglichkeit zu einem Durchbruch auf dem Weg zu einer internationalen Vereinbarung.

Die Sowjetunion tritt dafür ein, auf breiter Front zur Lösung der Abrüstungsprobleme vorzurücken – auf dem Weg über Verhandlungen. Man muß sie dort beleben, wo sie jetzt geführt werden; man muß jene Verhandlungen wiederaufnehmen, die abgebrochen wurden; man muß Verhandlungen in jenen neuen Bereichen beginnen, wo die Lage es erfordert.

Unverminderte Aufmerksamkeit finden überall die sowjetisch-amerikanischen Verhandlungen in Genf über die Begrenzung der nuklearen Rüstungen in Europa. Es handelt sich um eine Schlüsselfrage der europäischen, ja der internationalen Sicherheit insgesamt.

Was strebt die Sowjetunion an? Die vollständige Befreiung Europas sowohl von Kernwaffen mittlerer Reichweite als auch von taktischen Kernwaffen. Sollten unsere westlichen Partner etwas gegen eine solche Lösung einzuwenden haben, sind wir bereit, den vollständigen Verzicht auf alle Arten von Kernwaffen mittlerer Reichweite zu vereinbaren, die auf Objekte in Europa gerichtet sind. Wir sind auch bereit, die Kernwaffen mittlerer Reichweite beider Seiten, der UdSSR und der NATO, schrittweise, aber wesentlich – und zwar um Hunderte von Einheiten – zu reduzieren.

Ihr Bemühen um einen Erfolg der Genfer Verhandlungen bekräftigt die Sowjetunion durch praktische Taten. Unser Land hat einseitig die weitere Stationierung von Raketen mittlerer Reichweite im europäischen Teil der UdSSR eingestellt. Mehr noch, die Sowjetunion ist bereits dabei, die Anzahl solcher Raketen beträchtlich zu reduzieren. Unsererseits wurde mit aller Bestimmtheit erklärt: Es werden keinerlei Raketen mittlerer Reichweite zusätzlich dort stationiert werden, von wo aus die Länder Westeuropas mit ihnen erreicht werden können.

Und wie verfährt die andere Seite? Wie wir schon gesagt haben, besteht ihr Kurs darin, daß nur die Sowjetunion die Kernwaffen mittlerer Reichweite reduzieren soll.

Die Konfrontation und die Untergrabung der Entspannung liegen nicht im Interesse der europäischen Völker. Den richtigen Weg zur Festigung der Sicherheit und zur Entwicklung der Zusammenarbeit in Europa hat die Schlußakte von Helsinki gewiesen.

Dem Geist von Helsinki folgen heißt die Prinzipien und Vereinbarungen der Schlußakte genau erfüllen und sich in die inneren Angelegenheiten anderer nicht einmischen.

Dem Geist von Helsinki folgen heißt erfolgreich das Madrider Treffen beenden und mit einem Beschluß über die Einberufung einer Konferenz über vertrauensbildende Maßnahmen und die Abrüstung in Europa krönen. Die Sowjetunion wird nach wie vor alles von ihr Abhängige tun, um zum Gelingen des Madrider Treffens beizutragen.

Es gibt keinen einzigen Staat, der sich nicht darüber im klaren wäre, wie wichtig die Verhandlungen zwischen der Sowjetunion und den USA über die Begrenzung und Reduzierung der strategischen Rüstungen sind.

Die Sowjetunion war stets und ständig für die Wiederaufnahme dieser Verhandlungen. Jetzt, da die USA ihr Einverständnis zu Verhandlungen erklärt haben, ist der Termin für ihren Beginn vereinbart worden. Diese Tatsache ist zweifellos positiv zu werten.

Bekanntlich hat die amerikanische Seite den fertigen und unterzeichneten SALT-II-Vertrag auf die lange Bank geschoben. Man braucht wohl nicht zu betonen, welcher Schlag das für das internationale Vertrauen und die internationale Sicherheit war.

Zwei weitere wichtige Abkommen zwischen der UdSSR und den USA im Bereich der nuklearen Aktivitäten – der 1974 unterzeichnete Vertrag über die Begrenzung der unterirdischen Kernwaffenversuche und der 1976 abgeschlossene Vertrag über die unterirdischen Kernexplosionen zu friedlichen Zwecken – sind bis heute nicht ratifiziert worden.

Daran soll in jenem Moment gedacht werden, wo die amerikanische Delegation die Verhandlungen über die strategischen Rüstungen wiederaufnimmt.

Die Hauptsache ist, daß die Verhandlungen gleich im richtigen Ton beginnen. Unter diesem Gesichtspunkt läßt die Haltung aufmerken, mit der die amerikanische Seite in die Verhandlungen geht und wie sie in offiziellen Erklärungen Washingtons dargelegt wurde.

Zu diesen Erklärungen wäre zu sagen, daß unsere Partner bei den Verhandlungen über die strategischen Rüstungen und über das Problem der Kernwaffen mittlerer Reichweite in Europa nicht begreifen wollen, daß an der Lösung dieser Probleme und an den Verhandlungen die Sowjetunion und die USA in gleicher Weise interessiert sind. Es wäre ein grober Fehler, die Sache so hinzustellen, als ob die Sowjetunion mit ausgestreckter Hand herumgehe und um Verhandlungen bitte. Ganz und gar nicht. Beide Seiten müssen sich die Hände reichen, wenn sie die zwischen ihnen bestehenden Meinungsverschiedenheiten erörtern und eine gegenseitig akzeptable Lösung der Probleme finden wollen.

In seiner jüngsten Rede hat Leonid Iljitsch Breshnew klar gesagt, was erforderlich ist, damit die sowjetisch-amerikanischen Verhandlungen zu einer Vereinbarung führen.

Erstens müssen die Verhandlungen wirklich auf die Begrenzung und Reduzierung der strategischen Rüstungen abzielen und nicht als Deckmantel für die Fortsetzung des Wettrüstens und die Zerstörung der bestehenden Parität dienen.

Zweitens ist es notwendig, daß die Seiten sie unter Berücksichtigung ihrer legitimen Sicherheitsinteressen und unter strikter Einhaltung des Prinzips der Gleichheit und der gleichen Sicherheit führen.

Schließlich muß all das Positive, das früher erreicht wurde, erhalten werden. Das betrifft auch den SALT-II-Vertrag.

Es wäre auch außerordentlich wichtig, sämtliche Möglichkeiten für die Fortsetzung des strategischen Wettrüstens in jeder beliebigen Form zu unterbinden. Das bedeutet, daß der Bau neuer Typen von strategischen Waffen entweder verboten oder durch abgestimmte Parameter weitestgehend begrenzt werden muß.

Wir sind bereit, eine Vereinbarung zu treffen, daß die Zahl der strategischen Waffen der UdSSR und der USA bereits jetzt zu Beginn der Verhandlungen eingefroren wird und daß ihrer Modernisierung Grenzen gesetzt werden.

Es ist auch notwendig, daß die USA und die UdSSR keine Aktionen unternehmen, die die strategische Situation destabilisieren könnten. Ein solches Einfrieren, das an und für sich wichtig wäre, würde auch zur radikalen Begrenzung und Reduzierung der strategischen Rüstungen beitragen. Die UdSSR setzt sich nach wie vor für einen weitgehenden Abbau dieser Rüstungen ein.

Wir möchten die Hoffnung zum Ausdruck bringen, daß die andere Seite diese unsere Vorschläge ernsthaft abwägt. Es gibt indes alarmierende Signale. Im gleichen

Augenblick, da die Sowjetunion das Einfrieren strategischer Rüstungen vorschlägt, verkündet man in Washington demonstrativ die beschleunigte Verwirklichung des Programms über die Herstellung und Stationierung der neuen strategischen MX-Raketen.

Unbestritten ist, daß Washington es heute meisterhaft versteht, die Brücken der Verständigung abzubrechen. Viel schwieriger und wichtiger ist es aber, solche Brücken zu bauen.

Bekanntlich hat Leonid Iljitsch Breshnew konkrete Vorschläge über ein Treffen mit USA-Präsident Ronald Reagan unterbreitet. Die Sowjetunion geht davon aus, daß ein Treffen auf höchster Ebene stattfinden und natürlich gut vorbereitet werden muß.

Es ist offensichtlich, daß im Verlauf eines solchen Treffens Probleme der Reduzierung der Rüstungen, Probleme der Abrüstung, Fragen also, die auch im Brennpunkt der gegenwärtigen Sondertagung der Vollversammlung stehen, zwangsläufig der Hauptgegenstand wären.

Die Sowjetunion ist der Meinung, daß es nützlich wäre, ein Programm für die nukleare Abrüstung auszuarbeiten und zu beschließen, das dann etappenweise verwirklicht würde. Einer seiner ersten Schritte könnte die Einstellung der Produktion von spaltbarem Material für die verschiedenen Kernwaffenarten sein. In diesem Sinne äußern sich auch zahlreiche andere Staaten. Die Sowjetunion ist bereit, dieses Problem in Gesamtzusammenhang der Begrenzung und der Einstellung des nuklearen Wettrüstens zu erörtern.

Eine erstrangige Aufgabe in bezug auf die Zügelung

des nuklearen Wettrüstens war und bleibt die allseitige Festigung des Regimes der Nichtweiterverbreitung von Kernwaffen. Man darf nicht zulassen, daß eine Situation entsteht, in der einerseits Maßnahmen zur Verringerung der Gefahr eines Kernwaffenkrieges ergriffen würden und es andererseits zur Verbreitung der Kernwaffen in der Welt käme.

Unser Standpunkt zu diesem Problem berücksichtigt die Meinung vieler anderer, vor allem der nichtkernwaffenbesitzenden Staaten. Die Sowjetunion ist damit einverstanden, daß ein Teil ihrer Kernanlagen für friedliche Zwecke – Kernkraftwerke und Forschungsreaktoren – der Kontrolle der Internationalen Atomenergie-Agentur unterstellt wird.

Die nichtkernwaffenbesitzenden Staaten, die dem Vertrag über die Nichtweiterverbreitung beigetreten sind, fragen nach den Garantien für ihre Sicherheit seitens der Kernmächte. Das ist ein natürliches Interesse. Man könnte diese Frage durch den Abschluß einer internationalen Konvention lösen. Die Sowjetunion ist auch bereit, bilaterale Garantieverträge mit solchen Staaten abzuschließen, die keine Kernwaffen besitzen bzw. ihre Stationierung auf ihren Territorien ablehnen.

Auch das Problem des allgemeinen und vollständigen Verbots der Kernwaffenversuche harrt seiner Lösung. Man kann es sowohl radikal als auch schrittweise lösen. Die Sowjetunion vertritt den Standpunkt, daß die Dreierverhandlungen mit den USA und Großbritannien, die von diesen Staaten in der Schlußphase abgebrochen wurden, unverzüglich wiederaufgenommen werden sollen.

Immer mehr Staaten erklären, daß sie keine Kernwaffen auf ihrem Territorium haben wollen. Es wird für die Schaffung der kernwaffenfreien Zonen plädiert. Was uns betrifft, so werden wir die Suche nach allgemein annehmbaren Lösungen zur Schaffung kernwaffenfreier Zonen in verschiedenen Weltgebieten unterstützen.

Es wäre sinnvoll, ein Verbot der Stationierung aller Waffen im Weltraum durchzusetzen. Der von der Sowjetunion vorgelegte Entwurf eines entsprechenden internationalen Vertrages wurde von zahlreichen UNO-Mitgliedern unterstützt. Warum nicht gleich zur konkreten Erörterung dieses Entwurfs im Genfer Ausschuß übergehen und die Sache nicht hinausschieben?

Es ist dringend notwendig, eine Vereinbarung über die Begrenzung der Aktivitäten der Seestreitkräfte vor allem der Staaten zu treffen, die über starke Kriegsflotten verfügen. Hier könnte man einen ganzen Komplex wichtiger Fragen erörtern.

Die Organisation der Vereinten Nationen muß sich dafür aussprechen, daß das Wettrüsten weder auf den Weltraum noch auf die Weltmeere ausgedehnt wird. Die Bedeutung dieser Sphären für die friedliche Zukunft der ganzen Menschheit wächst ständig.

Die modernen Armeen verfügen über riesige Mengen von Waffen, die gewöhnlich konventionelle Waffen genannt werden. Doch in ihrer Zweckbestimmung und ihren technischen Daten unterscheiden sie sich nicht wesentlich von den Massenvernichtungswaffen. Also verdient auch dieser Bereich des Wettrüstens und somit auch der Politik der Staaten die allergrößte Beachtung.

Die Sowjetunion ist dafür, daß das gegenwärtige Niveau der Streitkräfte und der konventionellen Rüstungen spürbar gesenkt wird. Es ist nicht normal, daß viele Millionen Menschen, die von produktiver Arbeit ferngehalten werden, unter Waffen stehen. Fürs erste könnte man z. B. vereinbaren, die Streitkräfte und die Zahl der konventionellen Waffen nicht zu erhöhen. Dann sollte man Verhandlungen über ihren Abbau im Weltmaßstab und in einzelnen Regionen aufnehmen.

In bezug auf Mitteleuropa werden solche Verhandlungen in Wien geführt. Die Sowjetunion fordert gemeinsam mit den anderen sozialistischen Ländern erneut unsere westlichen Partner auf, endlich an der Arbeit zur Vorbereitung eines Abkommens über die Reduzierung von Streitkräften und Rüstungen in Mitteleuropa mitzuwirken. Es wäre an der Zeit, auf die Politik, die die Zerstörung des Gleichgewichts zwischen den Seiten verfolgt, auch in diesem Raum zu verzichten.

Der Verkauf und die Lieferung konventioneller Waffen ins Ausland belaufen sich heute auf Dutzende Milliarden Dollar. Auch diesen Kanal der Anheizung des Wettrüstens könnte man bei einer vernünftigen Haltung zumindest einengen.

Vor relativ kurzer Zeit fanden sowjetisch-amerikanische Verhandlungen über dieses Thema statt. Aber sie wurden von der amerikanischen Seite abgebrochen, bei der sich in bezug auf die Verhandlungen über eine Reihe wichtiger brennender Probleme gewissermaßen bedingte Reflexe herausgebildet haben, nämlich zwei bis drei Jahre lang Verhandlungen zu führen und sie dann abzubrechen. Die Sowjetunion ist bereit, die Verhandlungen auch über diese Fragen wiederaufzunehmen.

Keine Wirtschaftsexperten können den Beweis erbringen, daß die Militarisierung brennende soziale Probleme der Staaten wie Arbeitslosigkeit, Inflation und wachsende Steuern lösen kann.

Die Last der Militärausgaben verspüren in immer stärkerem Maß auch die Entwicklungsländer. In einigen von ihnen sind bekanntlich Elend und Hunger noch häufig zu Gast.

Die Abrüstung ist der sichere Weg, nicht nur zu einem gefahrlosen, sondern auch zu einem besseren Leben der Völker.

Fortschritte bei der Abrüstung würden durch die Einfrierung und vor allem durch die Reduzierung der Rüstungsetats riesige Mittel freisetzen. Ein Teil der einzusparenden Mittel, die heute die Waffenproduktion verschlingt, würde den Entwicklungsländern zugute kommen.

Die Sowjetunion legt dieser Tagung das Memorandum »Die wachsende nukleare Gefahr abwenden, das Wettrüsten bannen« zur Erörterung vor. In ihm sind sowohl die prinzipiellen Positionen als auch die wichtigsten konkreten Vorschläge unseres Landes zusammengefaßt. Wir bringen die Hoffnung zum Ausdruck, daß sie von den Mitgliedsstaaten der UNO mit aller Aufmerksamkeit studiert und auch unterstützt werden.

Die Sondertagung der UNO-Vollversammlung über Abrüstung sollte ein herausragendes Ereignis in den internationalen Beziehungen sein. So wird es auch sein, wenn die in diesem Saal vertretenen Staaten ihren Willen dazu zeigen. Die Tagung wird eine sichtbare Spur in der Weltpolitik hinterlassen, wenn sie der Lösung der aktuellsten Probleme der Zügelung des Wettrüstens und der Abrüstung einen grundlegenden Impuls verleiht.

In der UNO sind viele Resolutionen beschlossen worden, die von guten Absichten getragen waren. Doch so gut eine Resolution auch sein mag, sie bleibt Papier, wenn ihr nicht Taten folgen. Und dies hängt voll und ganz von den Staaten ab, davon, daß sie erkennen, daß jede von der Geschichte gebotene Chance im Namen des Lebens genutzt werden muß. Eben dazu ruft die Sowjetunion auf.

*oben:* Andrej Gromyko mit dem Außenminister der DDR Otto Fischer, New York, September 1982

*unten:* Auf der Jagd

Rede auf der 37. Tagung der UNO-Vollversammlung, New York

## Den Frieden auf der Erde verfechten

### Rede auf der 37. Tagung der UNO-Vollversammlung, 1. Oktober 1982

Herr Vorsitzender!

Verehrte Delegierte!

Eine Tagung der UNO-Vollversammlung bietet die einzigartige Möglichkeit, die internationale Wirklichkeit in ihrer ganzen Vielfalt ins Blickfeld zu rücken und tiefgründiger dem nachzuspüren, was die Menschen auf den verschiedenen Kontinenten am meisten bewegt. Dabei gelangt man erneut zu der Überzeugung, daß bei der Vielzahl der Probleme in der heutigen Welt als wichtigstes in den Vordergrund rückt, wie die Gefahr eines Kernwaffenkrieges abgewendet werden kann.

Praktisch läuft alles darauf hinaus, daß die Entwicklung der Ereignisse in der Welt einen alarmierenden Charakter annimmt. Die Menschen stellen sich die Frage, ob man das wahnwitzige Wettrüsten stoppen und das Gleiten in den Abgrund verhindern kann. Was kann man der Politik derjenigen entgegenstellen, die verschiedene Drehbücher eines Kernwaffenkrieges verfassen, als ginge es nicht um die Geschicke der Menschheit, sondern um irgendein Glücksspiel?

Die Fragen sind berechtigt. Die Sowjetunion ist der festen Überzeugung, daß der Frieden – der größte Schatz der Menschheit überhaupt – verteidigt werden muß und kann, ein gerechter Frieden und jener Höhen würdig, die die Zivilisation erklommen hat. Diese Gewißheit schöpfen wir aus der Geschichte. Sie kennt viele tragische Seiten, aber auch Beispiele glänzender Lösungen für zugespitzte internationale Probleme.

Erinnern wir uns, wie die Charta der UNO entstand, diese allgemein anerkannte Charta von Normen, die die zwischenstaatlichen Beziehungen regeln sollen. In die Gründung dieser Organisation und ihrer Charta gingen die Erfahrungen des Kampfes und des großen Sieges über den Faschismus ein. Die Welt wurde seinerzeit von der Hoffnung beseelt, daß es gelingen wird, eine neue Tragödie zu verhindern. Diese Hoffnung ist fast 40 Jahre Realität.

Oder nehmen Sie jene Veränderungen in den internationalen Beziehungen, die die 70er Jahre brachten, als die Völker die Luft der Entspannung atmeten. Waren die Unterschiede in Gesellschaftsordnung, Ideologie und Weltanschauung damals geringer als heute? Die Staaten und diejenigen, die das Ruder ihrer Politik in der Hand hielten, fanden bei voller Berücksichtigung dieser Unterschiede Wege zu konstruktiven Beziehungen zwischen den Ländern.

Diese Erfahrung der friedlichen Koexistenz ist im Bewußtsein der Menschen und in der Praxis der zwischenstaatlichen Beziehungen verankert. Und sie auszustreichen ist nicht leicht. Es darf nicht zugelassen werden, daß die Erfahrungen der Vergangenheit, die Stimme der Vernunft von der Gier erstickt werden, andere Länder zu kommandieren und in der Welt zu dominieren.

Die sowjetischen Menschen lehnen die finstere Vision ab, daß die Menschheit keinen anderen Weg habe als die Anhäufung von Waffenbergen und die Vorbereitung auf einen Krieg. Es wäre ein Fehler, das Anwachsen der Kriegsgefahr zu unterschätzen. Aber noch falscher ist es, nicht zu sehen, daß es Möglichkeiten gibt, dem Krieg eine unüberwindbare Barriere in den Weg zu stellen.

Die Sowjetunion, das sowjetische Volk legen ihr gesamtes politisches und moralisches Potential, die ganze Autorität ihrer Politik auf die Waagschale des Friedens.

Zeugt davon nicht die Tatsache, daß die Sowjetunion einseitig die Verpflichtung übernommen hat, nicht als erste Kernwaffen einzusetzen, was feierlich in der Botschaft von Leonid Breshnew an die 2. UNO-Sondertagung für Abrüstung verkündet wurde.

Das ist ein Akt von historischer Bedeutung. Ist es denn nicht an der Zeit, daß unsere westlichen Partner, die NATO-Länder, die Möglichkeiten ernsthaft einschätzen, daß sie diese Initiative noch einmal sorgfältig abwägen?

In ihrem Streben, die Bedeutung der Friedensinitiativen der Sowjetunion zu vermindern, sprechen viele Politiker im Westen von der Notwendigkeit des Vertrauens in den Beziehungen zwischen den Staaten.

Was würde aber diesem Ziel am besten dienen? Der Verzicht auf die Kriegsvorbereitungen, auf die Politik des Wettrüstens und auf die Schürung der internationalen Spannungen. Warum übernimmt man nicht die Verpflichtung, nicht als erste Kernwaffen einzusetzen, wie dies die Sowjetunion getan hat?

Manchmal hört man: Man darf nicht alles nur auf die Kernwaffen hinauslaufen lassen, es gibt ja auch die konventionellen Rüstungen. Ja es gibt diese Rüstungen! Aber darauf kann man auch eine überzeugende Antwort geben.

Wir bestehen auf der Notwendigkeit, daß alle Staaten die Verpflichtung übernehmen, in ihren Beziehungen auf Gewalt oder Gewaltandrohung überhaupt zu verzichten.

Die Sowjetunion hatte schon 1976 vorgeschlagen, einen Weltvertrag über Gewaltverzicht in den internationalen Beziehungen abzuschließen, und den Entwurf eines solchen Vertrages der UNO vorgelegt. Er sieht direkt vor, daß sich die Staaten der Gewaltanwendung mit dem Einsatz beliebiger, ich betone, beliebiger Waffenarten enthalten. Diese Worte sollte man an den Türen aller Einrichtungen in Washington anbringen, die eine Beziehung zur Außenpolitik der USA haben.

Wir stellen mit Genugtuung fest, daß diese Initiative über die Nichtanwendung von Gewalt bei der überwiegenden Mehrheit der UNO-Mitgliedstaaten Zustimmung fand. Es wurde sogar ein Sonderausschuß zur Vorbereitung eines diesbezüglichen Vertrags gebildet.

Weshalb ist nun ein Vertrag trotzdem nicht ausgearbeitet worden? Weil die Mitgliedstaaten der NATO das hintertreiben. Kann die Situation gegenwärtig verbessert werden? Ja sie kann es. Die Sowjetunion ist bereit, sich noch heute an den Verhandlungstisch zu setzen, um strikte Verpflichtungen über Gewaltverzicht bei der Beilegung von Streitigkeiten und Meinungsverschiedenheiten zwischen Staaten zu formulieren.

Niemand wird ableugnen, daß es viele solche Streitigkeiten und Meinungsverschiedenheiten gibt. Es gibt unter ihnen aber keine Probleme, die nicht auf friedlichem Wege gelöst werden könnten. Sie gibt es in keiner Region des Erdballs, auf keiner Richtung der Weltpolitik, wenn man sich, selbstverständlich, von den Zielen des Friedens leiten läßt.

Es muß jedoch festgestellt werden, daß die Vereinigten Staaten von Amerika eine andere Politik gewählt haben. Ihr Kern ist das Bestreben, anderen Staaten und Völkern ihren Willen aufzuzwingen. Dieses Bestreben liegt allen Plänen der Rüstungsproduktion und der Außenpolitik zugrunde. Die Sowjetunion machte mehrmals darauf aufmerksam, daß eine solche Politik eine ernste Gefahr für den Frieden darstellt.

In den Vereinigten Staaten stellt man sich offen die Aufgabe, einen Rüstungsvorsprung zu gewinnen. Wie besessen beharrt man auf der Notwendigkeit, in militärischer Hinsicht den ersten Platz einzunehmen. Für die Verstärkung der Kriegsmaschine der USA werden kolossale Mittel bereitgestellt, die Pyramide der Rüstungen wird immer höher.

Gleichzeitig werden am laufenden Band allerlei Fälschungen über die Streitkräfte und die Außenpolitik der Sowjetunion fabriziert. Die Menschen werden bewußt irregeführt.

Wozu all dies? Um in einer Atmosphäre des Betrugs, der Hysterie und des chauvinistischen Taumels leichter die Bestätigung der astronomischen Militärbudgets durchzusetzen, leichter die Ressourcen des Landes auf die Vorbereitung eines Krieges umschalten zu können, statt sie für friedliche Zwecke – für die Beseitigung der Arbeitslosigkeit, für die Bekämpfung der Inflation, für das Wohl der Menschen – zu nutzen, wozu die Sowjetunion aufruft.

Welch einen Kernwaffenkrieg planen eigentlich die Verfechter des Wettrüstens nicht: einen blitzartigen und einen langwierigen, einen begrenzten und einen allgemeinen. Dabei werden alle denkbaren und undenkbaren Definitionen in Umlauf gesetzt. Mit kaltblütiger Berechnung der Totengräber schätzt man die Verluste der Seiten bei einer Kernkatastrophe ein. Absichtlich vertuscht man aber dabei, daß es unter den gegenwärtigen Bedingungen eines Kernwaffenkrieges, falls dieser ausbrechen wird, keine Sieger geben wird. Kaum jemand wird diesem heute nicht zustimmen.

Die Sowjetunion hat wiederholt auf die Gefahr der in Washington verfolgten Linie verwiesen, das militärische Gleichgewicht zwischen der UdSSR und den USA und insgesamt zwischen dem Warschauer Vertrag und der NATO zu zerstören. Die USA brennen überall, auf dem Lande und auf See, darauf, ihre militärische Präsenz zu festigen oder zu verstärken und neue Stützpunkte zu errichten. Sehen Sie, welches Bacchanal im Nahen Osten vor sich geht, wo man fieberhaft nach neuen Klienten sucht, um sie an die militaristische Strategie des Pentagon zu binden.

Natürlich muß klar sein, daß die Sowjetunion niemandem das Recht auf militärische Überlegenheit zugesteht, und sie wird dafür Sorge tragen, daß dies nicht geschieht.

Eines der von der UNO anerkannten Prinzipien ist

die Nichteinmischung eines Staates in die inneren Angelegenheiten eines anderen. Es wurde mehrmals in den UNO-Beschlüssen bekräftigt.

Indessen ist die Welt heute Zeuge, wie dieses Prinzip gröblichst mit Füßen getreten wird.

Wer, fragt man sich, gab Washington das Recht, souveränen Staaten vorzuschreiben, was sie bei sich zu Hause zu tun und zu lassen haben? Wer hat ihm das Recht gegeben, diejenigen bestrafen zu wollen, die Wert auf ihre Souveränität legen und die dem Druck nicht nachgeben, und wer gab ihm das Recht, Sanktionen zu verhängen, wirtschaftliche Blockaden zu errichten und auch mit dem Säbel zu rasseln?

Hört man auf manche, so kommt heraus, die Interessen der USA seien fast überall in der Welt einer Gefahr ausgesetzt. Das ist eine absurde These. Damit versucht man jedoch, die grobe Einmischung in fremde Angelegenheiten zu rechtfertigen. Diese Einmischung erfolgt jedoch mit einer breiten geographischen Amplitude – sowohl gegenüber den naheliegenden Ländern als auch gegenüber den Staaten, die viele tausende Kilometer entfernt von den USA liegen.

Die Sowjetunion hat es niemals gestattet und wird es auch künftig nicht gestatten, daß sich jemand in ihre inneren Angelegenheiten einmischt. Diesen Standpunkt vertreten die Staaten der sozialistischen Gemeinschaft wie auch andere Länder, die Wert auf ihre Unabhängigkeit und ihre legitimen Rechte legen.

Man möchte hoffen, daß auch von dieser Tribüne aus keine Aufrufe zur auswärtigen Einmischung in die Angelegenheiten anderer souveränen Staaten ertönen werden. Sonst wird diese hohe Tribüne nicht mehr so sein, wie sie sein soll. Möge das UNO-Emblem, das alle in diesem Saal vor ihren Augen haben, eine Warnung für diejenigen sein, die schlecht zwischen dem Eigenen und dem Fremden unterscheiden.

Bei der Einschätzung der internationalen Situation muß man die in vielen Regionen der Welt entstehende Lage erwähnen. Vor allem fällt der Nahe Osten auf. Diese Tagung der Vollversammlung findet zu einem Zeitpunkt statt, da sich der Brand in den Straßen der erbarmungslos zerstörten altehrwürdigen Stadt Beirut noch nicht gelegt hat, da noch nicht alles Blut der Zehntausende von Menschen in der Erde versickert ist, die der Aggression zum Opfer fielen.

Das Blutbad, das die Aggressoren in den palästinensischen Lagern in Westbeirut angerichtet haben und das den Massenuntergang schutzloser Palästinenser, meistens Frauen, Kinder und Greise zur Folge hatte, ruft bei allen ehrlichen Menschen in der Welt Zorn und Empörung hervor.

Hätte Israel die Aggression und den Völkermord an den Palästinensern begehen können, wenn es nicht einen sogenannten »strategischen Konsens« mit den USA gegeben hätte?

In Israel reibt man sich jetzt wohl vergnügt die Hände. Aber das ist ein Pyrrhussieg. Die Aggression mußte sich für Israel in eine ernste politische und moralische Niederlage verwandeln, und sie tat es auch. Die Kluft zwischen Israel und seinen Nachbarländern ist tiefer geworden. Neue Samen von Haß und Feindschaft wurden gesät, und sie können als Zorn aufgehen.

Die Menschen, die die Politik Israels lenken, denken wohl wenig an die Zukunft ihres Landes. Sie tun es wenig und schlecht. Das wird offensichtlich durch den chauvinistischen Rausch verhindert.

Die Wurzeln der Libanon-Tragödie gehen auf Camp David zurück. Heute muß jedem unvoreingenommenen Menschen klar sein, daß antiarabische Separatabmachungen einen gerechten Frieden im Nahen Osten nur in weite Ferne rücken.

Der Aggressor und seine Komplizen sagen, Camp David bedeute Frieden. Eine solche Behauptung spricht dem bedeutungsvollen, humanen und edlen Begriff Frieden Hohn. Was das für ein Frieden ist, wird besonders daraus ersichtlich, daß nach Camp David mehr Blut vergossen wurde als während der Aggression Israels im Jahre 1967.

Die unlängst in Washington abgegebenen Erklärungen, die man als Plan für eine Nahost-Regelung offeriert, bestätigen, daß man dort nach wie vor nicht in den Kategorien des Friedens, sondern in denen des Diktats und der Feindschaft gegenüber den Arabern denkt.

Für die überwiegende Mehrheit der Staaten ist es ein politisches Axiom, daß es ohne die Lösung der Frage eines unabhängigen palästinensischen Staates keinen dauerhaften Frieden im Nahen Osten geben kann. Im Washingtoner Plan indes wird direkt gesagt, daß die USA gegen die Bildung eines solchen Staates sind.

In den UNO-Beschlüssen ist weitgehend anerkannt und verankert, daß das Problem der Gewährung der nationalen Interessen der Palästinenser ohne Teilnahme der Palästinensischen Befreiungsorganisation nicht geregelt werden kann. Im amerikanischen Plan wird die Palästinensische Befreiungsorganisation als Teilnehmer der Regelung überhaupt nicht erwähnt.

Washington umgeht auch eine solch prinzipielle Frage faktisch mit Schweigen, daß Israel alle von ihm besetzten arabischen Territorien zurückgeben muß.

Alle UNO-Beschlüsse gehen davon aus, daß eine wahre Sicherheit im Nahen Osten nur eine für alle Staaten und Völker dieser Region gemeinsame Sicherheit sein kann. In der sogenannten Initiative Washingtons läuft alles nur auf die Sicherheit Israels allein hinaus, seine Interessen werden in den Vordergrund gestellt, wobei natürlich die hochmütigen und unbegründeten Ansprüche der USA auf die führende Rolle in den nahöstlichen Angelegenheiten beibehalten werden.

Wir stehen den Vorstellungen über eine Regelung im Nahen Osten, wie sie auf der jüngsten Gipfelkonferenz arabischer Staaten geäußert wurden, positiv gegenüber. Diese Vorstellungen stimmen im allgemeinen mit den Auffassungen der Sowjetunion über eine Nahostregelung überein.

Leonid Breshnew hat vor kurzem erneut betont, daß ein gerechter und dauerhafter Frieden im Nahen Osten auf folgenden Prinzipien beruhen kann und muß:

Erstens muß man das Prinzip der Unzulässigkeit der Eroberung fremder Territorien durch Aggression streng einhalten. Das bedeutet, daß alle von Israel seit 1967 besetzten Territorien – die Golan-Höhen, das Westufer des Jordan und der Ghasa-Streifen sowie die libanesischen Territorien an die Araber zurückgegeben werden müssen. Die Grenzen zwischen Israel und seinen arabischen Nachbarn muß man als unverletzlich erklären.

Zweitens muß das unveräußerliche Recht des arabischen Volkes Palästinas darauf, einen eigenen unabhängigen Staat auf den palästinensischen Territorien zu gründen, die von der israelischen Besatzung befreit werden, – am Westufer des Jordan und im Ghasa-Streifen, praktisch gewährleistet werden. Den palästinensischen Flüchtlingen muß die durch die UNO-Beschlüsse vorgesehene Möglichkeit gewährt werden, zu ihren Heimen zurückzukehren oder die entsprechende Kompensation für ihr zurückgelassenes Hab und Gut zu erhalten.

Ich möchte in diesem Zusammenhang sagen: Hat denn jemand den UNO-Beschluß von 1947 abgeschafft, der die Bildung von zwei souveränen Staaten auf dem ehemaligen Mandatterritorium Palästinas – eines arabischen und eines jüdischen – vorsieht? Niemand hat ihn abgeschafft. Aus welchem Grund spricht man dann von der Gesetzlichkeit des Bestehens nur des jüdischen Staates und verhindert man auf jede Weise die Bildung des anderen, des arabischen Staates? Es gab und es gibt keine solchen Gründe.

Drittens muß der östliche Teil Jerusalems, der von Israel 1967 besetzt wurde und wo eines der wichtigsten mohammedanischen Heiligtümer liegt, an die Araber zurückgegeben und zum unveräußerlichen Teil des palästinensischen Staates werden. In ganz Jerusalem muß der freie Zugang der Gläubigen zu den heiligen Stätten der drei Religionen gesichert werden.

Viertens muß das Recht aller Staaten der Region auf

gesichertes und unabhängiges Bestehen und Entwicklung gewährleistet werden, selbstverständlich unter Einhaltung der völligen Gegenseitigkeit, weil man die Sicherheit der einen nicht sichern kann, indem man die Sicherheit der anderen mit Füßen tritt.

Fünftens muß der Kriegszustand eingestellt und der Friede zwischen den arabischen Staaten und Israel errichtet werden. Das bedeutet, daß alle Seiten im Konflikt, darunter auch Israel und der palästinensische Staat, die Verpflichtung übernehmen müssen, gegenseitig die Souveränität, die Unabhängigkeit und die territoriale Integrität des Anderen zu achten und die entstehenden Streitigkeiten auf friedlichem Wege, durch Verhandlungen zu lösen.

Sechstens müssen internationale Garantien der Regelung ausgearbeitet und angenommen werden. Die Rolle der Garanten könnten, sagen wir, die ständigen Mitglieder des UNO-Sicherheitsrates oder der Sicherheitsrat im Ganzen übernehmen.

Der Weg zu einem dauerhaften Frieden im Nahen Osten führt über kollektive Anstrengungen aller interessierten Seiten einschließlich der Palästinensischen Befreiungsorganisation. Die beste Methode dazu wäre die Einberufung einer entsprechenden internationalen Konferenz.

Fast zwei Jahre dauern die blutigen Kampfhandlungen zwischen Iran und Irak an. Vom Standpunkt der ureigensten Interessen der Völker beider Länder ist das ein sinnloser Krieg. Dieser Konflikt kann ernste Konsequenzen haben. Solange der Brand noch nicht weiter um sich gegriffen hat, sollte man ihn löschen.

Es wäre sicher das Vernünftigste, würden Iran und Irak die Waffen beiseite legen, die Kanonen zum Schweigen bringen und ihre gegensätzlichen Ansichten am Verhandlungstisch regeln.

Die Sowjetunion setzt sich stetig für die Beendigung des Krieges zwischen beiden Staaten ein, mit denen unser Land traditionelle Beziehungen unterhält, und tut dazu alles von ihr Abhängende. Wir erwarten, daß andere Großmächte die Versuche aufgeben, den Konflikt für ihre Interessen auszunutzen.

Die gefährlichen Umtriebe um die Demokratische Republik Afghanistan wollen kein Ende nehmen. Die Feinde des afghanischen Volkes, darunter auch jene, die sich mit ihrer Treue zur Demokratie brüsten, suchen den Aufbau eines neuen, wirklich demokratischen Lebens in diesem Lande zu verhindern. Sie reden zwar von einer politischen Lösung der um Afghanistan entstandenen Probleme, tatsächlich aber stellen sie sich einer solchen Lösung mit allen Mitteln entgegen.

Möglichkeiten für eine solche Lösung gibt es. Sie liegen in den konstruktiven Vorschlägen der Regierung der DRA, die die Sowjetunion voll und ganz unterstützt. Erforderlich ist nur eins: Die bewaffnete Intervention von außen gegen Afghanistan muß aufhören, es darf keine Einmischung in die inneren Angelegenheiten dieses souveränen nichtpaktgebundenen Staates geben.

Der Beginn der Verhandlungen in Genf zwischen den Vertretern der DRA und Pakistans mit Unterstützung des persönlichen Vertreters des UNO-Generalsekretärs wird in der Sowjetunion als ein Schritt in die richtige Richtung bewertet.

Die berechtigte Sorge der Anliegerstaaten des Indischen Ozeans in Zusammenhang mit dem Ausbau der amerikanischen Militärpräsenz in diesem Raum verstehen wir gut. Sie wächst buchstäblich vor unseren Augen und bedroht auch die Sicherheit der UdSSR aus südlicher Richtung. Wir müssen unsere Schlußfolgerungen daraus ziehen.

Die Sowjetunion unterstützt den Gedanken der nichtpaktgebundenen Länder, den Indischen Ozean in eine Zone des Friedens umzuwandeln. Gäbe es nicht die Versuche einiger Mächte, in erster Linie der USA, die Verwirklichung der UNO-Resolution zu dieser Frage zu vereiteln, so wäre längst eine internationale Konferenz einberufen worden, die dieser ganzen großen Region einen spürbaren Nutzen bringen könnte.

Ohne die Einberufung dieser Konferenz abzuwarten, appellieren wir schon jetzt an alle Staaten, deren Schiffe die Gewässer des Indischen Ozeans befahren, sich aller Schritte zu enthalten, die die Lage in diesem Raum komplizieren könnten. Das bedeutet, daß man keine großen Flottenverbände dorthin entsendet, keine Militärübungen durchführt und die Militärbasen jener Nichtanliegerstaaten, die solche Stützpunkte im Raum des Indischen Ozeans besitzen, nicht erweitert und auch nicht modernisiert.

Ein Beispiel für die fruchtbare, gegenseitig vorteilhafte und dem Weltfrieden nützende Zusammenarbeit zwischen Staaten mit unterschiedlicher Gesellschaftsordnung sind die sowjetisch-indischen Beziehungen. Diese Zusammenarbeit ist ein konkreter und bedeutender Beitrag zur Sicherheit auf dem südasiatischen Subkontinent und in der internationalen Arena im Ganzen. Einen neuen starken Antrieb wird dieser Zusammenarbeit durch die Ergebnisse der jüngsten Verhandlungen zwischen Leonid Breshnew und der Ministerpräsidentin Indiens Indira Gandhi gegeben.

Auch in einem anderen Teil des asiatischen Kontinents – in Südostasien – unterstützt die Sowjetunion diejenigen Bemühungen, die auf eine Umwandlung dieser Region in eine Friedenszone gerichtet sind. Der gemeinsam von Vietnam, Laos und Kampuchea unterbreitete Komplex von Initiativen eröffnet Perspektiven sowohl für die Vertiefung des Dialogs zwischen ihnen und den ASEAN-Ländern als auch für die Normalisierung der Situation in diesem Raum. Diese Initiativen wurden bekräftigt durch solche Zeichen guten Willens wie den teilweisen Abzug vietnamesischer Truppen aus Kampuchea.

Die Völker von Vietnam, Laos und Kampuchea haben ihren Weg der gesellschaftlichen Entwicklung gewählt. Sie gehen ihn und erteilen allen Kräften eine Abfuhr, die danach streben, sie beim Bau eines neuen Lebens zu stören. Die UdSSR steht entschlossen auf der Seite dieser Staaten. Sie gewährt ihnen die notwendige Hilfe und Unterstützung und wird das auch weiterhin tun.

Die Sowjetunion ist bereit, mit allen Staaten des Fernen Ostens nach Wegen zu suchen, die zur Festigung der Sicherheit in diesen Raum führen. Vor nicht allzu langer Zeit haben wir vorgeschlagen, die Erfahrungen bei der Verwirklichung einiger Maßnahmen zur Festigung des gegenseitigen Vertrauens, die sich in Europa als richtig erwiesen haben, in bezug auf den Fernen Osten zu prüfen. Die Sowjetunion ist bereit, diese Frage unter Beteiligung der Volksrepublik China und Japans auf praktischer Ebene zu beraten.

Bis heute, und das dauert bereits seit Jahrzehnten, ist die Situation auf der Koreanischen Halbinsel nicht normalisiert, was die Spannungen im Fernen Osten zuspitzt. Das Korea-Problem kann und muß mit friedlichen Mitteln, ohne jegliche Einmischung von außen, geregelt werden, wie es auch von der Regierung der KDVR vorgeschlagen wird.

Die sozialistischen Länder treten als Initiatoren der Festigung der Sicherheit auf dem gesamten asiatischen Kontinent auf. Darauf zielt auch der Vorschlag der Mongolischen Volksrepublik zum Abschluß einer Konvention über den gegenseitigen Nichtangriff und die Nichtanwendung von Gewalt in den Beziehungen zwischen den Staaten Asiens und der Region des Stillen Ozeans ab. Die Sowjetunion unterstützt diese nützliche Initiative.

Wenn in dieser oder jener Region der Erde ein Spannungsherd entsteht, kann man zweifellos feststellen: Die Ursachen liegen in den Handlungen derjenigen, die nicht die legitimen Interessen anderer berücksichtigen. Bekanntlich steht dahinter nicht selten der Versuch, mit Gewalt die Positionen zu erhalten, die aus der kolonialen Vergangenheit als Erbe übernommen wurden.

So sieht die Situation in Südatlantik aus. Hoffentlich haben die Völker aus den jüngsten Ereignissen in dieser Region die notwendigen Schlußfolgerungen gezogen. Die Haltung der Sowjetunion in Bezug auf eine gerechte

Regelung des hier entstandenen Problems durch Verhandlungen im Rahmen der UNO und aufgrund der UNO-Beschlüsse wurde mehrmals öffentlich dargelegt. Wir vertreten auch heute diese Position.

So sieht die Situation im Süden Afrikas aus, wo das Rassistenregime der RSA mit Vorschubleistung der Westmächte faktisch einen unerklärten Krieg gegen Angola und einige anderen Staaten dieser Region führt. Prätoria ignoriert grob die UNO-Beschlüsse über die Gewährung der Unabhängigkeit an Namibia. Es unterliegt jedoch keinem Zweifel, daß das Volk von Namibia die Freiheit und Unabhängigkeit erkämpfen wird.

So sieht die Situation in Mittelamerika und der Karibik aus, wo die Kampagne des Drucks und der Drohungen gegen Kuba und Nikaragua nicht aufhört. Deren einzige Schuld besteht darin, ihr Leben nach eigenem Ermessen gestalten zu wollen. Man versucht, sie als Unruhestifter in dieser Region hinzustellen. Das sind gewissenlose Versuche. Gemeinsam mit anderen Völkern und Staaten des karibischen Raums treten Kuba und Nikaragua für dessen Umwandlung in eine Friedenszone, für Unabhängigkeit und Entwicklung ein. Die Sowjetunion hegt dafür Sympathien.

Wer weiß aber nicht, wessen Berater und Instrukteure mit Schulterstücken und ohne diese sich in El Salvador befinden, wer dort das große Wort führt, um das verfaulte volksfeindliche Regime zu unterstützen? Die UdSSR war und ist gegen eine solche Handlungsweise.

Die Sympathien und die Unterstützung der sowjetischen Menschen sind restlos an der Seite aller Völker, die für ihre Freiheit, für den nationalen und sozialen Fortschritt kämpfen.

Verehrte Delegierte!

Sollten Bestätigungen dafür gebraucht werden, daß die Völker und Staaten das anhaltende Wettrüsten für eines der akutesten Probleme der Gegenwart, halten, so gab es davon auf der 2. Sondertagung der UNO-Vollversammlung über Abrüstung mehr als genug.

Von ihrer Tribüne aus ertönten die leidenschaftlichen Aufrufe zur Abwendung des Kernwaffenkrieges, zur Einstellung des Wettrüstens. Auf der Tagung ist es nicht gelungen, konkrete Schritte auf diesem Gebiet zu vereinbaren – und man weiß nur zu gut, wer die Verantwortung dafür trägt. Der Wille der überwiegenden Mehrheit der Staaten nach Frieden und Abrüstung wurde deutlich zum Ausdruck gebracht.

Die Sowjetunion unterbreitete auf der Tagung ein umfassendes Programm von Maßnahmen zur Zügelung des Wettrüstens, angefangen von den Kern- und den chemischen Waffen bis hin zur Begrenzung der konventionellen Rüstungen und der Aktivitäten der Seestreitkräfte der Staaten.

Wie Leonid Breshnew mehrfach unterstrich, gibt es keine Art von Rüstungen, die unser Land nicht bereit wäre, auf gegenseitiger Grundlage zu begrenzen oder zu verbieten. Und wenn die Anhäufung von Waffen nicht nur fortgesetzt, sondern verstärkt wird, wenn das Wettrüsten in einem tragischen Wettbewerb die Vereinbarungen über die Begrenzung der Rüstungen überflügelt, wenn die bereits abgeschlossenen Abkommen auf diesem Gebiet in Frage gestellt werden, dann resultiert dies direkt aus dem Kurs der USA, der auf die Stärkung der militärischen Macht gerichtet ist. Dieser Kurs wird auch nicht verheimlicht, man trumpft sogar damit auf.

Nehmen Sie eine unter den gegenwärtigen Bedingungen so überaus ernste Frage wie die Begrenzung und Reduzierung der strategischen, das heißt der verheerendsten Rüstungen. Wie viele Verschleppungsversuche hat es bei unseren Partnern gegeben, bevor die sowjetisch-amerikanischen Verhandlungen begannen. Die Tatsache, daß sie geführt werden, hat zweifellos positive Bedeutung, doch das allein reicht nicht aus. Es bedarf des beiderseitigen Wunsches, eine Übereinkunft zu suchen.

Ohne näher auf Einzelheiten der Verhandlungen einzugehen, muß jedoch betont werden, daß bisher bei der anderen Seite nicht das Bemühen um eine Einigung zu erkennen ist. Als ein solches kann man doch wohl nicht den Versuch werten, aus der Gesamtheit der der UdSSR und den USA zur Verfügung stehenden Mittel nur die Arten von Waffen, in diesem Falle die bodengestützten Raketen, herauszugreifen, die die Grundlage des strategischen Potentials der Sowjetunion bilden, und gerade sie zum Gegenstand einer Reduzierung zu machen. Alles übrige aber – die U-Boot-gestützten Raketen, die strategischen Bomber, die Flügelraketen, bei denen ein Übergewicht der USA offenkundig ist – soll ausgeklammert werden.

Es versteht sich, daß bei einem so einseitigen Herangehen nicht mit einem Erfolg der Verhandlungen zu rechnen ist. Ihre unveränderliche Grundlage muß das Prinzip der Gleichheit und der gleichen Sicherheit der Seiten bleiben. Genauigkeit, Wissenschaft, Bilanzen von Parametern mit einer sorgfältigen Ausgewogenheit aller Elemente des Problems müssen in Betracht gezogen werden. Weder in großen noch in kleinen Ausmaßen dürfen Betrug, List oder Tatsachenfälschung zugelassen werden.

Ich möchte daran erinnern, daß die Sowjetunion einen wichtigen Vorschlag gemacht hat: mit Beginn der Verhandlungen zu vereinbaren, die strategischen Waffen der UdSSR und der USA in quantitativer Hinsicht einzufrieren und gleichzeitig ihre Modernisierung maximal zu beschränken. Wir haben vorgeschlagen, daß die Seiten, solange die Verhandlungen andauern, keine Aktionen unternehmen sollten, die zu einer Verletzung der Stabilität der strategischen Situation führen könnten.

Das ist unsere konkrete Antwort auf das in vielen Ländern der Welt wachsende Verlangen, die nuklearen Rüstungen auf dem gegenwärtigen Niveau einzufrieren, um danach zu ihrer radikalen Reduzierung überzugehen, wofür sich die Sowjetunion einsetzt.

Leider überläuft diejenigen, die mit uns über dieses Problem verhandeln, schon allein bei den Worten »Einfrieren der Rüstungen« ein Schauer. Wenn bei ihnen auch etwas eingefroren ist, und dabei stark eingefroren, dann ist es das Verständnis dafür, daß die Verhandlungen aufrichtig und ehrlich sein und jede Einseitigkeit ausschließen müssen.

Wie steht es um die sowjetisch-amerikanischen Verhandlungen über die Reduzierung der nuklearen Rüstungen in Europa?

Bisweilen ertönen von amerikanischer Seite vielversprechende Erklärungen dazu. Aber das ist ein gespielter Optimismus. Die von den USA vorgeschlagene sogenannte Null-Lösung oder genauer gesagt Pseudo-Null-Lösung bietet keine Lösung des Problems. Sie sieht nur die Beseitigung der sowjetischen bodengestützten Raketen vor, darunter derjenigen, über die die Sowjetunion schon über 20 Jahre verfügt. Dagegen wird das nukleare Potential mittlerer Reichweite auf seiten der NATO nicht nur um keine einzige Einheit verringert, sondern kann sogar verstärkt werden.

Wir haben keinen Zweifel, daß Washington sich darüber im klaren ist, daß die sowjetische Seite nicht auf eine einseitige Lösung eingehen kann, die den Sicherheitsinteressen der UdSSR und ihrer Verbündeten widerspricht. Es ist deshalb zweifelhaft, ob man in Washington tatsächlich das Zustandekommen eines Abkommens anstrebt.

Ihren Wunsch, eine Vereinbarung mit den USA zu erzielen, untermauert die Sowjetunion durch praktische Schritte. Wie bekannt, hat sie einseitig aufgehört, weitere Raketen mittlerer Reichweite im europäischen Teil der UdSSR zu stationieren. Mehr noch, sie reduziert einen Teil dieser Waffen. Schließlich stationieren wir auch keine zusätzlichen Raketen mittlerer Reichweite mehr hinter dem Ural in Gebieten, von wo aus sie Westeuropa erreichen könnten. Die Sowjetunion ist auch in dieser Frage ihrem Wort treu.

Während der gesamten Nachkriegszeit, seit es Atombomben gibt, sucht die Sowjetunion beharrlich nach Wegen, das nukleare Wettrüsten einzustellen. Damals wäre es unvergleichlich leichter gewesen, die

Atomwaffen zu verbieten, als jetzt, da die Kernrüstungen ein riesengroßes Arsenal darstellen.

Aber auch jetzt ist das Problem lösbar. Die Menschheit hat keinen anderen vernünftigen Ausweg, als schrittweise, aber konsequent die nukleare Gefahr zu vermindern und schließlich zu beseitigen.

Unter diesem Gesichtswinkel ist es außerordentlich wichtig, der Entwicklung immer neuer Typen und Systeme von Kernwaffen einen Riegel vorzuschieben. Dieser Prozeß führt zur Destabilisierung der strategischen Situation, weil eine solche Waffe entwickelt wird, die schon kraft ihrer Charakteristiken schwer zu kontrollieren sein würde. Wenn dem so ist, wird es auch schwieriger werden, die entsprechenden internationalen Abkommen zu ihrer Begrenzung und Reduzierung auszuarbeiten.

Aus diesem Grunde wird die Notwendigkeit immer aktueller, die Kernwaffenversuche einzustellen und eine materielle, physische Barriere für die Entwicklung immer neuer Varianten von Kernwaffen zu errichten, das heißt, das Wettrüsten zu stoppen.

Die Staaten der Welt verlangen mit sehr wenigen Ausnahmen, daß sämtliche Versuchsexplosionen von Kernwaffen in allen Medien und für alle Zeiten verboten werden. Ihr Wille fand in einer ganzen Reihe von UNO-Beschlüssen seinen Niederschlag. Darüber hinaus haben alle Teilnehmer des Vertrags über die Nichtweiterverbreitung der Kernwaffen, darunter auch die USA, bei seiner Unterzeichnung die Verpflichtung übernommen, mit den Kernwaffenversuchen für immer Schluß zu machen.

Unserer Ansicht nach ist es die direkte Pflicht der UNO, alle Länder, in erster Linie die Kernwaffen besitzenden Mächte, aufzufordern, ein Höchstmaß an Bemühungen zur Erreichung dieses Ziels zu unternehmen.

Die Sowjetunion erklärt als Kernwaffenmacht, daß sie ihrerseits dazu bereit ist. Wir schlagen vor, in die Tagesordnung dieser Vollversammlung »die unverzügliche Einstellung und das Verbot der Erprobung von Kernwaffen« als wichtig und vordringlich aufzunehmen.

Was wird konkret vorgeschlagen? Die beschleunigte Ausarbeitung und Unterzeichnung eines Vertrages über das vollständige und allgemeine Verbot von Kernwaffenversuchen und die praktische Einleitung der Verhandlungen dazu im Abrüstungsausschuß.

Die Sowjetunion unterbreitet der Vollversammlung »grundlegende Bestimmungen eines Vertrages über das vollständige und allgemeine Verbot von Kernwaffenversuchen«. Das Dokument berücksichtigt den Grad der Übereinstimmung, die bei der Erörterung dieses Problems in den letzten Jahren erzielt wurde. Darin wird auch den Vorstellungen und Wünschen, die von vielen Staaten geäußert wurden, unter anderem zu den Fragen der Kontrolle, Rechnung getragen.

Um günstigere Voraussetzungen für die Ausarbeitung des Vertrages zu schaffen, schlagen wir vor, daß alle Kernwaffen besitzenden Staaten ein Moratorium für jegliche Kernexplosionen, auch der zu friedlichen Zwecken, von einem zu vereinbarenden Zeitpunkt an verkünden. Ein solches Moratorium würde gültig sein bis zum Abschluß des Vertrages.

Im Zusammenhang mit dem vollständigen und allgemeinen Verbot der Kernwaffenversuche möchte ich weitere zwei wichtige Aspekte nennen.

Erstens, die Sowjetunion ist bereit, an jedem beliebigen Tag die mit den USA abgeschlossenen Verträge über die Begrenzung der unterirdischen Kernwaffenversuche und über die nuklearen Explosionen für friedliche Zwecke – auf beiderseitiger Grundlage – zu ratifizieren.

Zweitens, wir treten für die Wiederaufnahme der dreiseitigen Verhandlungen zwischen der UdSSR, den USA und Großbritannien ein. Solche Verhandlungen fanden statt. Dann wurden sie unterbrochen, und alle wissen, wer dafür verantwortlich ist.

Im Kampf für die Verminderung der Atomgefahr gibt es noch ein wichtiges Problem, auf das die Sowjetunion aufmerksam machen möchte.

In verschiedenen Ländern wächst die Anzahl nichtmilitärischer nuklearer Einrichtungen, vor allem energetischer. Dieser Prozeß ist unvermeidlich, und er wird noch größere Dimensionen annehmen.

Indessen kann eine vorsätzliche Zerstörung von Kernkraftwerken, Forschungsreaktoren und anderen Anlagen dieser Art selbst mit konventionellen Waffen zum Austritt und zur Streuung einer riesigen Menge radioaktiver Stoffe mit verhängnisvollen Folgen für die Bevölkerung führen. Mit anderen Worten, sie hat die Wirkung einer nuklearen Explosion.

Die Folgen der Zerstörung eines großen Kernkraftwerkes sind nach Berechnungen von Fachleuten mit einer radioaktiven Verseuchung vergleichbar, die bei der Explosion einer Atombombe mit der Sprengkraft von einer Megatonne entsteht. Somit hängt die Notwendigkeit, eine gefahrlose Entwicklung der Kernenergetik zu gewährleisten, eng mit der Aufgabe zusammen, die Entfesselung eines Kernwaffenkrieges nicht zuzulassen.

In dem Bestreben, auch in dieser Richtung die nukleare Gefahr zu vermindern, schlägt die Sowjetunion vor, in die Tagesordnung dieser Tagung als dringliche Frage aufzunehmen: »Die Bemühungen um die Beseitigung der Gefahr eines Kernwaffenkrieges und um die Gewährleistung einer gefahrlosen Entwicklung der Kernenergetik sind zu verstärken.«

Die Sowjetunion schlägt vor, daß die Vollversammlung die Zerstörung friedlicher nuklearer Einrichtungen unter Anwendung auch von konventionellen Waffen als gleichbedeutend mit einem Angriff unter Einsatz von Kernwaffen erklärt. Sie soll damit den Handlungen gleichgesetzt, die von der UNO bereits als das schwerste Verbrechen gegen die Menschheit qualifiziert wurden.

Sehr aktuell ist die Frage der baldigsten Liquidierung der chemischen Waffen, die eine Massenvernichtungswaffe sind. Die zügellose Anhäufung chemischer Waffen im Westen erhöht niemandes Sicherheit, sondern verstärkt lediglich die Gefahr militärischer Konflikte, bei denen diese todbringenden Waffen eingesetzt werden.

Die Sowjetunion tritt konsequent dafür ein, die chemischen Waffen aus den Arsenalen der Staaten zu verbannen. Ihre diesbezüglichen Vorschläge wurden dem Abrüstungsausschuß vorgelegt. Wir hoffen, daß seine Teilnehmerstaaten verantwortungsvoll an die Ausarbeitung einer Konvention über das Verbot und die Liquidierung dieser barbarischen Waffen herangehen werden.

Die Gefahr nimmt zu, daß das Wettrüsten, wenn keine notwendigen Maßnahmen dringend eingeleitet werden, qualitativ neue Dimensionen annehmen wird. In Washington wird nun ein militärischer Vorstoß in den Weltraum geplant.

Unserer Ansicht nach darf man nicht zulassen, daß das Wettrüsten auf den unendlichen kosmischen Raum ausgedehnt wird. Die UNO kann und muß hierbei ihre Verantwortung wahrnehmen.

Die Sowjetunion strebt bereits seit mehreren Jahren den Abschluß eines internationalen Vertrages über das Verbot der Stationierung von Waffen jeder Art im Kosmos an. Die Weiten des Kosmos müssen allein friedlicher Zusammenarbeit der Staaten dienen.

Eine gesonderte und bedeutende Frage ist die Reduzierung der konventionellen Rüstungen und der Stärke der Streitkräfte. Die Sowjetunion tritt dafür ein, daß auch dieses Problem in die internationalen Verhandlungen und Abkommen fest einbezogen wird.

Was Mitteleuropa betrifft, so wird diese Problematik in den Wiener Verhandlungen behandelt. Diese Verhandlungen kommen bereits seit neun Jahren nicht vom Fleck. Es ist hohe Zeit, zu Vereinbarungen zu gelangen, die die Situation in dem Raum entspannen würden, wo die Konzentration der einander gegenüberstehenden Armeen am größten ist. Die Sowjetunion und unsere Verbündeten im Warschauer Vertrag tun hierfür alles nur mögliche.

Im Westen behauptet man gerne, die Länder des Warschauer Vertrages seien in Europa bei den herkömmlichen Rüstungen der NATO überlegen. Aber die sozialistischen Länder schlagen bei den Wiener Verhandlungen vor, für beide Seiten gleiche Höchstwerte der Streitkräfte in Mitteleuropa zu verankern.

Leider ist das Verhalten unserer westlichen Verhandlungspartner dem Abschluß eines solchen Abkommens nicht förderlich. Vor kurzem wurde ihre Position etwas geschminkt, ihr Wesen hat sich dabei nicht verändert.

Was bleibt dann von der gekünstelten Sorge der westlichen Länder in Bezug auf die angebliche Überlegenheit des Warschauer Vertrags über die NATO übrig?

Mehr noch, außerhalb des Verhandlungsrahmens werden Handlungen unternommen, die nur als provokatorisch bezeichnet werden können. Was soll man zum Beispiel von den unlängst zwischen der BRD und den USA getroffenen Vereinbarungen über die mit fadenscheinigen Vorwänden begründete Verlegung zusätzlicher USA-Truppenkontigente von jenseits des Ozeans halten? Mit anderen Worten, werden in dieser Region statt der Reduzierung der Truppen die Bedingungen für ihre Verstärkung vorbereitet. Das ist eine Verhöhnung des gesunden Menschenverstandes. Dasselbe kann man auch über die geplante Umdislozierung von Truppeneinheiten der USA dicht an die Grenze der Deutschen Demokratischen Republik sagen.

In Europa wie auch in anderen Erdteilen stellt die Sowjetunion dem Konfrontationskurs eine Politik der guten Nachbarschaft und Zusammenarbeit entgegen. Uns ist das Streben der Europäer durchaus verständlich, den von der Konferenz über Sicherheit und Zusammenarbeit in Europa gebahnten Weg zu gehen.

Es besteht die Möglichkeit, auch weiter auf dem Wege voranzukommen, Europa zu einem Kontinent des Friedens und der Stabilität zu machen. Die Verwirklichung der Idee der Einberufung einer Konferenz über Maßnahmen des Vertrauens und der Abrüstung in Europa würde dazu einen großen Beitrag leisten.

Diese Frage ist eine der wichtigsten auf dem Madrider Treffen der Teilnehmerstaaten der gesamteuropäischen Konferenz. Wenn alle Teilnehmer bei der Wiederaufnahme ihrer Sitzungen im November ein konstruktives Herangehen an den Tag legen werden, so wird man auch über die Einberufung der Konferenz übereinkommen und dem Madrider Treffen Erfolg sichern können.

Bei unserem Streben nach Entspannung überall in der Welt haben wir kürzlich vorgeschlagen, daß die Führungsorgane der NATO und des Warschauer Vertrages Erklärungen über die Nichtausdehnung des Aktionsbereiches der beiden militärpolitischen Gruppierungen auf Asien, Afrika und Lateinamerika abgeben. Das wäre ein großer Schritt in Richtung Entspannung. Alle Mitglieder des Warschauer Vertrages unterstützen diesen Vorschlag. Wir hoffen, daß die NATO-Länder diesen Vorschlag prüfen und darauf positiv reagieren.

Ernste Hindernisse sind in den letzten Jahren auch

bei der Umgestaltung der Weltwirtschaftsbeziehungen auf einer demokratischen und gleichberechtigten Grundlage aufgetaucht. Ihre Hauptursache liegt in dem Kurs einiger Westmächte, der darauf gerichtet ist, die ungleichberechtigte Lage der Entwicklungsländer bestehen zu lassen und die Versuche des Monopolkapitals, dort zu schalten und zu walten, zu erleichtern.

Ein jüngstes krasses Beispiel dafür liefert die Einstellung einiger Westmächte zu der großen Arbeit, die die Staaten zur Vorbereitung der internationalen Seerechtskonvention geleistet haben. Durch langjährige Bemühungen ist es gelungen, ein Dokument auszuarbeiten, dessen Bestimmungen keinerlei Interessen schmälern. Und was nun? Die USA verhindern die Annahme dieser Konvention. Man möchte hoffen, daß sie sich der riesigen Mehrheit von Staaten nicht mehr gegenüberstellen und sich der Konvention anschließen werden.

Die UdSSR ist für eine Demokratisierung sowohl der politischen als auch der ökonomischen Beziehungen zwischen den Staaten. Was die Hilfeleistung für die befreiten Staaten bei der Überwindung ihrer wirtschaftlichen Rückständigkeit anbelangt, so tut die Sowjetunion in dieser Hinsicht nicht weniger, sondern mehr als irgendeines der entwickelten kapitalistischen Länder.

Es ist allgemein bekannt, daß der außenpolitische Kurs eines beliebigen Staates die Fortsetzung seiner Innenpolitik darstellt. Unser Land stellt sich ökonomische und soziale Aufgaben von grandiosem Umfang. Für ihre Verwirklichung brauchen wir Frieden.

Die Sowjetunion reicht ihre Hand allen Staaten, die

gute Beziehungen mit uns unterhalten und entwickeln möchten.

Das gilt für Europa. Wir sind zur weiteren Ausdehnung der Zusammenarbeit mit den westeuropäischen Ländern auf friedlicher, gegenseitig vorteilhafter Grundlage bereit.

Das gilt für Asien, wo die Sowjetunion weit zurückreichende und beständige Beziehungen zu vielen Staaten unterhält.

Das gilt für Lateinamerika, wo wir normale Geschäftsbeziehungen zu einer ganzen Reihe von Ländern, darunter Mexiko, Brasilien und Argentinien, unterhalten.

Das gilt auch für die Vereinigten Staaten von Amerika. Wir sind davon überzeugt, daß die Verschlechterung der Beziehungen zwischen der UdSSR und den USA vom Standpunkt der prinzipiellen Politik auf lange Sicht auch nicht im Interesse der Vereinigten Staaten selbst liegt. Das amerikanische Volk unterscheidet sich kaum von den anderen Völkern in dem Wunsch, in Frieden zu leben. Unser Land hat sich unter anderem auf den Parteitagen der KPdSU und den Sitzungen des Obersten Sowjets der UdSSR mehrmals für die Entwicklung normaler Beziehungen zu den Vereinigten Staaten ausgesprochen.

Der Kurs der Sowjetregierung auf die Erhaltung und Festigung des Friedens, auf die Nichtzulassung eines neuen Krieges wird von allen Sowjetmenschen gebilligt, weil ihr Sinnen und Trachten auf eine friedliche, und nur auf eine friedliche Zukunft gerichtet ist.

Am Ende dieses Jahres wird das Sowjetvolk ein wichtiges Jubiläum feiern – den 60. Gründungstag der Union der Sozialistischen Sowjetrepubliken. Das Land der Sowjets hält dem Friedensvermächtnis des Begründers unseres Staates, Lenin, unerschütterlich die Treue.

In der Politik der Sowjetunion hat die Sorge um den Frieden Vorrang, wie Leonid Breshnew unlängst erneut betonte. Sie bestimmt den Kurs der gesamten außenpolitischen Tätigkeit des Sowjetstaates auf der Grundlage des vom XXVI. Parteitag der KPdSU beschlossenen Friedensprogramms für die 80er Jahre.

Dieses Programm verwirklicht die Sowjetunion gemeinsam mit den anderen Staaten der sozialistischen Gemeinschaft, die durch ihre politische Ordnung und Weltanschauung und die Einheit ihrer Ziele und Ideale fest verbunden sind.

Mit ihrer gesamten Tätigkeit beweisen die Länder des Sozialismus überzeugend, daß das Ziel ihrer Politik der Frieden ist. Jeder ihrer Schritte und jede ihrer außenpolitischen Aktionen dient dazu, dieses edle Ziel zu erreichen.

Die Sowjetunion erteilte und wird auch künftig der auf dem Gewaltkult beruhenden Politik Abfuhr erteilen. Diejenigen aber, die für die Abwendung einer Kernkatastrophe, für die Festigung des Friedens eintreten, können immer mit ihrer Unterstützung und Zusammenarbeit rechnen.

All unser Handeln auf dem internationalen Schauplatz wird auch künftig von dem festen Glauben getragen sein, daß unsere und kommende Generationen vor den Schrecken eines Krieges bewahrt werden müssen.

Andrej Gromyko mit dem US-Staatssekretär George Schultz, New York, September 1982

## Die Kapitalexpansion und die gegenwärtige Etappe der allgemeinen Krise des Kapitalismus

»Weltwirtschaft und internationale Beziehungen«, Nr. 12 (Dezember 1982)

Die marxistisch-leninistische Wissenschaft bildet die Grundlage für die Analyse der fundamentalen Tendenzen der Entwicklung in der Welt sowie der konkreten Formen der internationalen Beziehungen in der gegenwärtigen Epoche.

Die Rolle des Kapitalexports als ein Hauptmerkmal des Imperialismus bewies W.I. Lenin, der den Kapitalismus in seinem höchsten, dem imperialistischen Entwicklungsstadium tiefgehend analysierte. W.I. Lenin unterstrich, daß mit dem Hinüberwachsen des Kapitalismus in den Imperialismus die Kapitalausfuhr eine »hervorragende Bedeutung gewann«.[1]

Diese Einschätzung Lenins trifft auch in vollem Maße auf den Export des amerikanischen Kapitals nach dem 2. Weltkrieg zu, als dieser bis dahin ungekannte Ausmaße erreichte und die Ansprüche des Monopolkapitals der USA auf die führende Rolle in der Welt besonders deutlich in Erscheinung traten.

Stärker als je zuvor werden die zahlreichen amerikanischen Anleihen, Kredite sowie die verschiedenen Arten der sogenannten wirtschaftlichen und militärischen »Hilfe« im Interesse der ökonomischen und politischen Unterjochung anderer Länder und Völker genutzt. Beispiellos ist das Ausmaß der Expansion der transnationalen Gesellschaften. Auch die Rolle des Militär-Industrie-Komplexes hat zugenommen. Bedeutend verstärkt hat sich die Aggressivität des amerikanischen Monopolkapitals, das zur Hauptquelle des Militarismus und der Kriegsgefahr in der Welt wurde.

Die Regierungen im Weißen Haus lösten einander ab. Es veränderten sich die politischen Losungen der führenden bürgerlichen Parteien. Neue Prioritäten in der Politik erlangten die Oberhand. Der Kapitalexport nahm jedoch stets einen führenden Platz in der Tätigkeit des amerikanischen Business und der amerikanischen Regierungen ein. Zu dessen Stimulierung greift man, um die Stellung der faktischen Herren Amerikas – der Monopole – zu festigen und deren globale Interessen zu gewährleisten.

Gleichzeitig versucht die US-Regierung immer die Auslandsinvestitionen als eine Art Hebel zu nutzen, mit dem sie hofft, die Entwicklung der internationalen Ereignisse in eine für ihre Politik günstige Richtung umzukehren. Das ist auch natürlich. Die Regierung der Monopole handelt nach der Logik, die von den Monopolen diktiert sowie von deren Kriterien und Begriffen bestimmt wird. Hierüber schrieb der Verfasser bereits in den Arbeiten »Der Export des amerikanischen Kapitals« und »Die Expansion des Dollars«.[2]

Man muß hervorheben, daß die expansionistischen

Kräfte des Monopolkapitals früher die Staatsmacht niemals derart offen und direkt für den Schutz ihrer Interessen nutzten. Ihre politische Philosophie wurde niemals so unmittelbar und unverfroren in die programmatischen Deklarationen und praktischen Handlungen der Staatsmänner der führenden westlichen Länder, vor allem der USA, übernommen, wie das gegenwärtig geschieht.

»Das Abenteurertum, die Brutalität und der unverdeckte Egoismus«, wie L.I. Breshnew dieses Merkmal der amerikanischen Politik charakterisierte,[3] rufen wachsende Empörung in vielen Ländern, darunter auch unter den Verbündeten, hervor,

Die Versuche, die Besonderheiten der gegenwärtigen Etappe der Internationalisierung der kapitalistischen Produktion und des Kapitals sowie die Spezifik der Formen und Methoden des jetzigen Stadiums der staatsmonopolistischen Regulierung für die Rechtfertigung der auf schonungsloser Ausbeutung beruhenden Art »Renaissance« der Kolonialisierung des »Wilden Westens« auf dem amerikanischen Kontinent zu nutzen, verfolgen das Ziel, der gesamten Welt die Philosophie des »Pax Americana« aufzuzwingen und dabei den Willen der Völker sowie jene revolutionären Veränderungen zu mißachten, die in der Welt vor sich gehen.

## I.

In unserer Zeit, in der sich der Sozialismus in einem bedeutenden Teil des Erdballs unerschütterlich konsolidiert hat und sich unablässig entwickelt, in der in den kapitalistischen Staaten die Kräfte wachsen, die für die progressive Umgestaltung der Gesellschaft eintreten, in der der Kampf für die nationale Befreiung in einen Kampf gegen die gesamte Ordnung der Ausbeutung und Unterdrückung hinüberwächst, wird die historische Ausweglosigkeit des Imperialismus noch offensichtlicher. Mit gutem Grund zog die Partei Lenins die wichtige theoretische Schlußfolgerung, daß der Imperialismus unabänderlich seine Macht über die Mehrheit der Menschheit verloren hat.

Der unabwendbare, objektiv bedingte Zersetzungsprozeß erfaßte den Kapitalismus von seiner Basis bis zur Spitze, d.h. seine wirtschaftliche und staatliche Ordnung, Politik und Ideologie. In einem Krisenzustand befindet sich die Grundlage dieser letzten Ausbeuterordnung – das Kapital als System der gesellschaftlichen Produktionsverhältnisse – seien es primäre, im Produktionsprozeß existierende, oder »Sekundäres und Tertiäres, überhaupt abgeleitete, übertragene, nicht ursprüngliche Produktionsverhältnisse«, die in der internationalen Sphäre in Erscheinung treten.

Die allseitige wissenschaftliche Analyse des Imperialismus, die W.I. Lenin vorgenommen hat, dient als Schlüssel für das Verständnis der Krise und jener Widersprüche, die in der gegenwärtigen Entwicklungsetappe des Kapitalismus in Erscheinung treten sowie das System der kapitalistischen Produktionsverhältnisse selbst, einzelne nationale Wirtschaften und den Komplex der internationalen, darunter der Außenwirtschaftsbeziehungen, betreffen.

Bekannt ist die marxistisch-leninistische Schlußfolgerung über den historischen Untergang der bürgerlichen Gesellschaft und die Unvermeidlichkeit des Zusammenbruchs der Herrschaft der kapitalistischen Klasse. »Der Herrschaft des Kapitalismus ein Ende zu machen wäre unmöglich, wenn nicht die ganze ökonomische Entwicklung der kapitalistischen Länder dazu führte«, betonte W.I. Lenin.[4] Die gesellschaftlichen Produktivkräfte, die innerhalb der auf Privateigentum beruhenden Formen der bürgerlichen Produktionsverhältnisse entstanden, wachsen unweigerlich aus dieser Hülle heraus und treten mit ihr in Widerspruch, der unter den Bedingungen der bürgerlichen Gesellschaft unmöglich zu überwinden ist.

Der XXVI. Parteitag der KPdSU verwies *auf die weitere Verschärfung der allgemeinen Krise des Kapitalismus* und betonte in diesem Zusammenhang die historische Aussichtslosigkeit der verschiedenen bürgerlichen Reformen, die für die Rettung des Kapitalismus und entsprechend des von ihm geschaffenen Systems der internationalen Beziehungen gedacht sind.

Der Kapitalismus ist ganz offensichtlich nicht in der Lage, mit jenen tiefgehenden Widersprüchen fertig zu werden, die er selbst hervorbrachte. Nach wie vor werden jedoch große Anstrengungen unternommen, um immer neue »wundertätige Rezepte« zu finden, selbst wenn sie auch nicht eine kurzfristige Heilung des Kapitalismus von seinen Gebrechen geben, so versprechen sie zumindest eine vage Hoffnung für die Zukunft. Von dieser Sorte »Rezepte« gab es in den letzten Jahrzehnten nicht wenige. Ein jedes von ihnen versprach Schluß zu machen mit den Mißständen und Lastern. Früher oder später bewies jedoch das Leben deren Haltlosigkeit sowohl für die Binnenwirtschaft als auch für das System der internationalen Beziehungen.

In der letzten Zeit reklamierten beispielsweise in breitem Maße die Anhänger der sogenannten »Wirtschaft der erhöhten Produktivität« A. Laffer, R. Mundell und N. Ture, die mit »Rezepten« der Gesundung der kranken Wirtschaft der USA auftreten, ihre Ansichten. Am umfassendsten legte G. Gilder in seinem Buch »Reichtum und Armut«[5] die Ansichten der Vertreter dieser Richtung dar. Diese Arbeit von G. Gilder erklärte man sofort zum »Handbuch« der Ökonomen Reaganscher Richtung und des US-Präsidenten selbst.

Das theoretische Gepäck der erwähnten Expertengruppe ist dürftig, ihr »Rezept« aber für die Überwindung der Schwierigkeiten zeichnet sich durch primitive Geradlinigkeit aus. Die Anhänger der erwähnten Konzeption bezeichnen sie als Grundriß der früher geäußerten Ideen und der in der Vergangenheit gebilligten Maßnahmen der Staatspolitik. Diesen Kodex der politökonomischen Ansichten und politischen Empfehlungen kann man weder als Theorie noch als Lehrbuch, sondern am ehesten noch als eine Art Lehrmittel für Apologeten der sogenannten »Wirtschaft der erhöhten Produktivität« bezeichnen.

Es wird sowohl theoretisch als auch praktisch bestätigt, wie illusorisch die Hoffnungen sind, die mit dieser Konzeption verbunden werden. Auf deren Haltlosigkeit wiesen bereits lange vor der offiziellen Verkündung die bürgerlichen Ökonomen selbst hin, die unter den bisherigen Administrationen tätig waren. Jetzt wird sie immer häufiger auch von jenen Experten angezweifelt, die im Dienst der jetzigen Regierung stehen.

Es muß unterstrichen werden, daß es selbst die Zeitschrift »Amerika« vom November 1981, die aufgrund ihrer dienstlichen Pflichten operativ mit einem Material über die wirtschaftlichen Ansichten der neuen USA-Administration reagierte und Auszüge aus dem Buch von G. Gilder veröffentlichte, nicht für möglich hielt, die ernsten Bedenken zu verheimlichen, die viele Ökonomen und Vertreter des amerikanischen Business bezüglich dieser Art von Ansichten äußerten, deren Prosperität dazu berufen ist, den ökonomischen Konzeptionen der Reagan-Administration zu dienen.

Illusorisch wären übrigens auch solche Überlegungen, daß der Verzicht auf das »ökonomische Experimentieren« und die Rückkehr zu den früheren Methoden von Keynes die Lage zum Besseren ändern könnten. In noch größerem Maße bestätigen die praktischen Ergebnisse des Wirtschaftens des Business die Haltlosigkeit der theoretischen Konzeptionen von G. Gilder und anderen. Dazu gehören unter anderem das in den USA fortdauernde Wachstum der wirtschaftlichen Schwierigkeiten und die in ihrem Ausmaß gewaltige Arbeitslosigkeit.

In diesem Zusammenhang unterstrich der Generalsekretär der Kommunistischen Partei der Vereinigten Staaten von Amerika, Gus Hall, daß die Reagan-Administration allen Zugeständnissen, die der Keynesschen Wirtschaftsführung eigen waren, ein Ende bereitete und sie dadurch ersetzt, was man als »Wirtschaft des monopolistischen Raubs auf der Landstraße« bezeichnen kann.

Die Besonderheiten der gegenwärtigen Lage des Kapitalismus, die auf dem XXIV., XXV. und XXVI. Parteitag der KPdSU hervorgehoben wurden, sind durch die charakteristischen Merkmale der jetzigen Etappe des Kampfes der zwei Systeme – des sozialistischen und des kapitalistischen – und das bisher ungekannte Wachstum der antiimperialistischen Kräfte in der ganzen Welt bedingt.

Das Kapital kann infolge jener grundlegenden Veränderungen, die die Große Sozialistische Oktoberrevolution der Welt brachte, Ende des 20. Jahrhunderts seine Rolle in der Politik und in den internationalen Beziehungen des kapitalistischen Weltsystems nur auf wesentlich schmalerer Grundlage erfüllen. Der Einfluß dieser Veränderungen jedoch ist um so größer, je mehr Zeit vergeht. »Wir können mit Recht stolz darauf sein«, schrieb W.I. Lenin, »und sind stolz darauf, daß uns das Glück zuteil geworden ist, den Aufbau des Sowjetstaates *zu beginnen* und damit eine neue Epoche der Weltgeschichte *einzuleiten,* die Epoche der Herrschaft der *neuen* Klasse, die in allen kapitalistischen Ländern unterdrückt ist und die überall zu neuem Leben, zum Sieg über die Bourgeoisie, zur Diktatur des Proletariats, zur Erlösung der Menschheit vom Joch des Kapitals, von den imperialistischen Kriegen vorwärtsschreitet.«[6]

Die Versuche, die Beseitigung der kapitalistischen Produktionsverhältnisse durch staatsmonopolistische Regulierungsmaßnahmen der Wirtschaft, die Unterstützung der Entwicklung der transnationalen Gesellschaften und die Einführung der neuesten wissenschaftlich-technischen Errungenschaften zu verhindern, führen nur zur Entstehung neuer Widersprüche sowie zur Verschärfung der alten. Historisch gesehen können diese Versuche den Kapitalismus als gesellschaftspolitische Ordnung nicht retten. Die Bildung und das Wachstum des sozialistischen Weltsystems, der Aufschwung der nationalen Befreiungsbewegung der Völker und der Kampf der Werktätigen der kapitalistischen Länder für ihre Rechte bestätigen ständig die Richtigkeit dieser marxistisch-leninistischen Schlußfolgerung.

Die Bedeutung dieser Schlußfolgerung für die Theorie und Praxis steht außer Zweifel. Aber nicht weniger wichtig für die Wissenschaft und Praxis (besonders die internationale) ist auch, daß der Kapitalismus, wie das der XXV. und XXVI. Parteitag der KPdSU unterstrich, in seiner Entwicklung nicht verharrt: Er verfügt über beträchtliche Reserven. Ihre Nutzung trägt jedoch zutiefst volksfeindlichen Charakter und widerspiegelt in vollem Maße das ausbeuterische Wesen des Kapitalismus. Auf diese Besonderheit der gegenwärtigen Entwicklung des Kapitalismus wurde die Aufmerksamkeit im Rechenschaftsbericht des ZK der KPdSU an den XXVI. Parteitag gelenkt. Es wurde die Notwendigkeit unterstrichen, »sich Klarheit über einige neue Erscheinungen in der Welt des Kapitalismus zu verschaffen. Das gilt insbesondere für die Besonderheiten der gegenwärtigen Etappe der allgemeinen Krise des Kapitalismus und für das drastische Anwachsen der Rolle des Militär-Industrie-Komplexes und der transnationalen Monopole«.

Natürlich ist keine der Reserven, über die der Kapitalismus verfügt, in der Lage, den Untergang des Kapitalismus als Gesellschaftsordnung aufzuhalten und erst recht nicht, die Vorwärtsentwicklung der menschlichen Gesellschaft zu verhindern. Diese Reserven können jedoch den endgültigen Sturz des Kapitalismus in dieser oder jener Region der kapitalistischen Welt verzögern, den gesellschaftlichen Fortschritt in diesem oder jenem Land deformieren und dessen Entwicklungsweg vom Gesichtspunkt der historischen Perspektive entstellen, und zwar möglicherweise für einen teuren Preis auf Kosten der gesamten Menschheit.

Das Ausmaß dieses Preises wird nicht nur durch jene Verluste bestimmt, die die Völker, in erster Linie die werktätigen Massen, infolge ihrer Ausbeutung durch das Kapital ständig zu tragen haben. Dabei ist das im Prinzip durchaus nicht so wichtig, durch welches Kapital – supermonopolisiertes oder nichtmonopolisiertes, örtliches oder ausländisches – das erfolgt. Eine besondere Gefahr für die Menschheit stellt die Tatsache dar, daß das Kapital in seinem Streben, in der Entwicklung nicht haltzumachen, zu wachsen und Profit zu erzielen, zu Mitteln greift, unter denen an erster Stelle der Militarismus, das Wettrüsten und die Gefahr der Anwendung militärischer Gewalt für die Verteidigung ihrer ausgesprochen klassenbedingten Ziele stehen, zumal man sie in den Rang sogenannter »Lebensinteressen« erhebt. Das vom Monopolkapital entfachte Wettrüsten hat die Menschheit bereits kolossale Mittel gekostet. Diese Ausgaben können auf das Vielfache anwachsen, die Kriegsgefahr aber kann sich noch mehr erhöhen, wenn auf dem Wege der Bestrebungen des Militär-Industrie-Business keine unüberwindlichen Hindernisse errichtet werden.

Somit widerspricht die Konzeption der Weltentwicklung und der internationalen Beziehungen, die die Interessen des Kapitals widerspiegelt, im Prinzip den natürlichen Bestrebungen der Völker. »Das Abenteurertum und die Bereitschaft, die Lebensinteressen der Menschheit um der engstirnigen, eigennützigen Ziele willen aufs Spiel zu setzen, offenbart sich besonders kraß in der Politik der aggressivsten imperialistischen Kreise«, wurde auf dem XXVI. Parteitag der KPdSU festgestellt.

Um so größer ist die Bedeutung des auf dem XXIV. Parteitag der KPdSU beschlossenen und auf dem XXV. Parteitag weiterentwickelten friedliebenden außenpolitischen Programms sowie des Komplexes der auf dem XXVI. Parteitag der KPdSU unterbreiteten Vorschläge, die von den Völkern als Friedensprogramm der 80er Jahre bezeichnet wurden. Das aber ist ein unwiderlegbarer Beweis dafür, daß der Sozialismus und der Frieden nicht voneinander zu trennen sind.

Ein Mittel zur Entwicklung des Kapitalismus und folglich eine Reserve seines Wachstums ist auch die umfassendere und intensivere Nutzung der äußeren Märkte durch den Kapitalexport. Die Lösung der eigenen Probleme durch die äußere Expansion, durch die äußeren, besonders durch die noch nicht genutzten Märkte, war stets ein verlockendes Motiv für die Tätigkeit der Monopole.

Durch die Kapitalausfuhr festigen die Monopole ihre

Macht und sichern sich erhöhte Profite, worin die kosmopolitischen Bestrebungen des Kapitals eindeutig zum Ausdruck kommen. Die Tatsache, daß der Kapitalismus einen Teil »seiner« Arbeiter, vor allem der Metropolen, durch die überseeischen Profite »anfütterte«, änderte das Wesen der Sache nicht, da der Kapitalexport ihm unveränderlich hilft, die Ausbeutung der »bevorzugten« Proletarier seines Landes zu verstärken. Die Begründer des Marxismus-Leninismus unterstrichen die Existenz einer unüberbrückbaren Kluft zwischen der Bourgeoisie und den Werktätigen unabhängig davon, welche Lage diese oder jene Nation in der Welt einnimmt.

So bedeutet beispielsweise der Kapitalexport durch die amerikanischen Monopolherren, darunter in Form von Darlehen und Krediten, nicht nur die Ausplünderung jener Länder, die das Objekt des Kapitalexports sind, sondern auch des Volkes der USA. Der Export von Kapitalbeteiligung und Portefeuilleinvestitionen erleichtert den Monopolen den Angriff auf die Rechte der Werktätigen. Zu den gleichen Ergebnissen führt auch der Export des Leihkapitals. Es verschlechtern sich die Bedingungen des Verkaufs der Arbeitskräfte, und es wächst die Arbeitslosigkeit. Der Kapitalexport über die staatlichen Kanäle ist direkt oder indirekt mit der Verstärkung der Steuerlasten verbunden. Um diesem oder jenem Staat finanzielle »Hilfe« zu gewähren, sind bestimmte Mittel erforderlich. Die Kapitalisten erreichen das entweder durch die wachsende Ausbeutung der Werktätigen in »ihren« nationalen Betrieben oder entziehen einen Teil der Einkommen vor allem auch der arbeitsfähigen Bevölkerung ihres Landes – durch Steuern und verschiedene Arten von Abgaben.

Im Prozeß der Unterstützung der äußeren Expansion der Monopole liegt eine bestimmte Last auch auf den anderen Bevölkerungsschichten, darunter auf dem Teil des Business, der gezwungen ist, die internationalen Aktionen der monopolisierteren und internationalisierteren Gesellschaften zu bezahlen. Das ruft selbstverständlich Auseinandersetzungen und Widersprüche innerhalb der Bourgeoisie hervor. So war es auch früher, aber im Rahmen der sogenannten »Reaganomic« haben sich diese Auseinandersetzungen und Widersprüche verschärft, da die reichsten Monopole, die große internationale Geschäfte realisieren, besonders hohe Profite erzielen.

Auch das Aufzwingen ungleichberechtigter Beziehungen gegenüber den Partnern aus den anderen kapitalistischen Ländern durch die US-Monopole ist keine neue Erscheinung. Sie wurde auch bisher schon praktiziert, darunter in den Wirtschaftsbeziehungen der USA mit den lateinamerikanischen Ländern. Heutzutage aber wurde das zur Regel. Das jedoch zeugt von der gewachsenen Aggressivität des Monopolkapitals der USA und seinem Streben, die Außenwirtschaftsbeziehungen generell und insbesondere den Kapitalexport für die Festigung seiner untergrabenen Stellung zu nutzen. Neu ist auch, daß die US-Administration, die die »Wirtschaft der erhöhten Produktivität« als ihr Ziel verkündete, jetzt von den anderen Ländern die Annahme der amerikanischen »Rezepte«, vor allem die Anerkennung des Antikommunismus und Antisowjetismus in der Politik, als Bedingung für den Erhalt amerikanischer Kapitalien und Technologien fordert.[7]

Alle Versuche, den Kapitalexport für die Festigung der internationalen Stellung des Imperialismus und besonders der wichtigsten Kapitalexporteure zu nutzen, können die Lage nicht verändern. Das System der internationalen Beziehungen des Kapitalismus befindet sich im Zustand einer sich vertiefenden Krise, die die organische Unfähigkeit der letzten Ausbeuterordnung widerspiegelt, jene Schwierigkeiten zu überwinden und jene Widersprüche zu lösen, die sie selbst hervorbrachte. Die Ursache hierfür aber liegt in der ihr immanenten Entwicklungsgesetzen.

## II.

Im modernen Kapitalexport kommen neue Wesenszüge zum Ausdruck. Einige von ihnen entwickelten sich aus den typischen Besonderheiten, die dieser Form der imperialistischen Expansion überhaupt eigen sind, andere spiegeln die gegenwärtigen Merkmale der Weltentwicklung wider.

*Erstens* ist ein wesentliches Wachstum der Bedeutung des Kapitalexports für den hochentwickelten staatsmonopolistischen Kapitalismus festzustellen. Das erfolgt durch die beschleunigte Internationalisierung seiner Stellung und die Verstärkung der Weltherrschaftsansprüche der größten Monopole.

Bis zum 1. Weltkrieg wurde praktisch der gesamte Kapitalexport durch Mittel verwirklicht, die auf dem inneren Geldmarkt mobilisiert wurden. In der Folgezeit verringerte sich die Rolle der kleinen und mittleren Kapitalien am Export der Ressourcen. Zum unmittelbaren Exporteur werden die großen Monopolverbände. Die Auslandsinvestitionen konzentrieren sich immer mehr in den Händen eines engen Kreises der größten Monopole. In den 70er Jahren beispielsweise verfügten weniger als 200 amerikanische Monopole über zwei Drittel der Auslandsinvestitionen des Landes. Selbstverständlich ist das nicht nur für die USA charakteristisch, sondern auch für die anderen großen imperialistischen Staaten, in denen die Konzentration des Kapitalexports in den Händen der führenden Monopole ebenfalls schnell zunimmt.

Dementsprechend bedeutend erhöhte sich das Ausmaß des Kapitalexports und die Höhe der Auslandsinvestitionen, die den größten, in erster Linie den transnationalen Monopolen und Banken, gehören. Von 1914 bis zum Ende des 2. Weltkrieges stiegen die Auslandsinvestitionen der kapitalistischen Hauptländer ungefähr um ein Drittel. In der Nachkriegsperiode verdoppelt sich praktisch der Umfang der Auslandsinvestitionen jedes Jahrzehnt.[8] Bezüglich der verschiedenen Formen des Kapitalexports war das Wachstum unterschiedlich. Was beispielsweise die Kapitalbeteiligung betrifft, so war bei ihr in den letzten fünfzehn Jahren sogar ein noch schnelleres Wachstum zu beobachten. Sie verdoppelte sich alle 6—7 Jahre.

Der Hauptanteil der Auslandsinvestitionen konzentriert sich auf den industriell entwickelten Teil der kapitalistischen Welt, die meisten Entwicklungsstaaten aber bleiben Stiefkinder des wissenschaftlich-technischen Fortschritts. Bemerkenswert ist, daß über die Hälfte der neuen Kapitalbeteiligungen auf die industriell entwickelten Länder entfallen. Das bedeutet also, daß man diese Ressourcen und Technologien innerhalb der kapitalistischen Industrieländer beläßt.

So betrug beispielsweise 1978 die Netto-Ausfuhr an neuen Kapitalbeteiligungen aus dieser Ländergruppe über 30,9 Mrd. Dollar, die Nettoeinfuhr machte über 20 Mrd. Dollar aus. In den Jahren 1978—1980 wuchsen derartige Investitionen der USA im Ausland jährlich durchschnittlich um 19,5 Mrd. Dollar, gleichzeitig erhöhten sich die ausländischen Kapitalbeteiligungen in den USA um jährlich 10,2 Mrd. Dollar.[9] Wie die führenden Ökonomen des Westens schreiben, ist das Wachstum der »gegenseitigen Abhängigkeit« zwischen einer relativ engen Gruppe von kapitalistischen Industrieländern zu beobachten (siehe Tabelle 1). Gleichzei-

*Tabelle 1*

Die Verteilung der Kapitalbeteiligung der USA

| | Summe (Mio. Dollar) | | | Anteil (Prozent) | | |
|---|---|---|---|---|---|---|
| | 1950 | 1980 | 1981 | 1950 | 1980 | 1981 |
| Insgesamt | 11788 | 213469 | 227343 | 100,0 | 100,0 | 100,0 |
| darunter in die kapitalistischen Industrieländer | 5696 | 157084 | 167112 | 48,3 | 73,6 | 73,5 |
| in die Entwicklungsländer | 5736 | 52684 | 56109 | 48,7 | 24,7 | 24,7 |

Berechnet nach: »Survey of Current Business«, February 1981, S. 41, August 1981, S. 32, August 1982, S. 22.

tig werden wiederholte Versuche unternommen, mit Hilfe des Kapitalexports die Interessen und die Politik der Monopole der verschiedenen Länder, einschließlich des entstehenden (darunter monopolisierten) Business der Entwicklungsländer, zu vereinigen. Es gelang jedoch nicht, diese Pläne zu verwirklichen. Das bewies die Unfähigkeit des Kapitalismus sowie die Begrenztheit seiner Möglichkeiten und Ressourcen, ihm günstige strategische Lösungen zu gewährleisten.

Da die gewünschte Klasseneinheit unter der Schirmherrschaft der Monopole des Westens fehlt, ist der Imperialismus gezwungen, zu den »traditionellen« Mitteln zu greifen. Neben dem Wachstum des Kapitalexports in die frei gewordenen Staaten, der die wirtschaftlichen politischen und sozialen Interessen der imperialistischen Monopole gewährleisten soll, greifen die westlichen Länder, in erster Linie die USA, immer stärker zur Anwendung grober Gewalt und aggressiver Methoden, um diese Ziele zu erreichen. Wie das Leben beweist, streben sie auch danach, diese Methoden gegenüber anderen Ländern anzuwenden. L.I. Breshnew betonte in diesem Zusammenhang auf dem XXVI. Parteitag der KPdSU: »Die imperialistischen Kreise denken in den Kategorien von Herrschaft und Zwang gegenüber den anderen Staaten und Völkern.«

Die genannten Umstände ändern nicht das bereits erwähnte Streben der Monopole, durch den Kapitalexport die Stellung des hochentwickelten staatsmonopolistischen Kapitalismus innerhalb der imperialistischen Mächte und im Rahmen der gesamten kapitalistischen Weltwirtschaft zu festigen.

*Zweitens* wächst der aggressive Charakter des Kapitalexports wesentlich. Diese Aggressivität drückt sich schon in den Methoden der Kapitalüberfremdung unter den gegenwärtigen Bedingungen aus: das Auslandskapital ist nicht in der Lage, sich eine profitable Anlage anders zu gewährleisten als durch die grobe Verletzung der grundlegenden Normen des internationalen Verkehrs, die Mißachtung der Prinzipien der Gleichberechtigung und des gegenseitigen Vorteils sowie die Untergrabung der Grundlagen der nationalen Souveränität, der Freiheit und der Unabhängigkeit der Völker.

Bekanntlich konkurrieren die japanischen und westeuropäischen Monopole immer erfolgreicher mit dem amerikanischen Kapital, darunter auch auf dem Binnenmarkt der USA. In den 70er Jahren verminderte sich der Anteil der USA am Weltexport um nahezu 20 %, wobei diese Verringerung in bedeutendem Maße durch die Verschlechterung der Stellung der amerikanischen Monopole in der Sphäre der internationalen Investitionen vorausbestimmt war. Die Aggressivität der Konkurrenten wächst und wird insbesondere dadurch unerbittlich, daß die führende Rolle in diesem Kampf den transnationalen Gesellschaften gehört, von denen die amerikanischen Monopole einen bedeutenden Teil bilden.

Neben den Gründen, die in den Zentren des hochentwickelten staatsmonopolistischen Kapitalismus konzentriert sind, kommen auch die Besonderheiten der Lage in den weniger entwickelten Ländern im Wachstum der Aggressivität der internationalen Investitionstätigkeit zum Ausdruck. Diese Reserve des Kapitalismus bleibt auch gegenwärtig erhalten. Der Kapitalexport hilft den Monopolen, sie für die Gewährleistung der Interessen des staatsmonopolistischen Kapitals zu nutzen. Die Mobilisierung dieser Reserve wird jedoch für den Kapitalismus immer schwieriger, da die Kräfte der nationalen Befreiung erstarken, immer mehr Länder den Weg der progressiven Entwicklung wählen (darunter der sozialistischen Orientierung) und sich die allseitigen Beziehungen der frei gewordenen Länder mit der Welt des Sozialismus festigen.

Die Aggressivität wird zum letzten Mittel, das die für die imperialistischen Kreise notwendige Kapitalanlage im Ausland gewährleistet. Der XXVI. Parteitag der KPdSU unterstrich: »In absoluter Mißachtung der Rechte und Hoffnungen der Völker stellen sie den Befreiungskampf der Volksmassen als Erscheinungsform des ›Terrorismus‹ hin. Sie haben sich doch tatsächlich das Ziel gesetzt, das Unerreichbare zu erreichen, nämlich den fortschrittlichen Veränderungen in der Welt einen Riegel vorzuschieben und sich erneut die Rolle von Herren über die Geschicke der Völker anzumaßen.«

Diese Aggressivität erlangt immer offensichtlichere Züge, was unmittelbar mit der Tätigkeit des Militär-Industrie-Komplexes und den globalen militaristischen Plänen der Monopole verbunden wird.

Die Politik der Sowjetunion und der sozialistischen Bruderländer gegenüber den kapitalistischen Staaten bestimmte und bestimmt der Kampf für einen dauerhaften Frieden, die Bestätigung der Prinzipien der friedlichen Koexistenz sowie die Minderung und in der Perspektive die Beseitigung der Gefahr der Entstehung eines neuen Weltkrieges. »*Den Frieden behaupten*«, unterstrich L.I. Breshnew auf dem XXVI. Parteitag der KPdSU, »*gegenwärtig gibt es für unsere Partei, für unser Volk, ja für alle Völker unseres Planeten keine wichtigere internationale Aufgabe.*«

Die Länder der sozialistischen Gemeinschaft erzielten gemeinsam mit den anderen friedliebenden Kräften bedeutende Erfolge in ihrem konsequenten Kampf für Frieden und Abrüstung. Der größte besteht darin, daß es gelang, den tragischen Zyklus: Weltkrieg – kurze Friedenszeit – erneut Weltkrieg, der dem Kapital die Neuaufteilung der Weltmärkte und der Einflußsphären entsprechend dem neuen Kräfteverhältnis gewährleistet, zu durchbrechen.

Die Bedeutung dieser Veränderung für das Schicksal des Friedens und die sich in diesem Zusammenhang eröffnenden Möglichkeiten veranschaulichen die folgenden Berechnungen, die vom Club of Rome auf der Grundlage von Angaben der Internationalen Arbeitsorganisation vorgenommen wurden. Bis zum Jahre 2000 muß bei dem gegenwärtigen Wachstumstempo der Bevölkerung über 1 Mrd. neuer Arbeitsplätze geschaffen werden. Das aber erfordert bei einem durchschnittlichen Aufwand pro Arbeitsplatz von 40000 Dollar Billionen Dollar.[10] Selbst wenn man beachtet, daß die Kosten eines Arbeitsplatzes in den Entwicklungsländern niedriger sind, werden die zusätzlichen Investitionen trotzdem Hunderte Milliarden Dollar betragen. Das aber ist eine geringere Summe, als jetzt für militärische Zwecke bereitgestellt wird!

Hieraus resultiert die besondere Bedeutung des von

der Sowjetunion unterbreiteten Programms der Gewährleistung des Friedens, der friedlichen Zusammenarbeit, der Begrenzung des Wettrüstens und der Abrüstung. Für die Arbeitslosen sowie die in Armut und an der Grenze des Hungertods lebenden Menschen, deren Anzahl aber beträgt in der heutigen Welt einige Hunderte Millionen, wäre die Verwirklichung der sowjetischen Initiativen der Weg zur Erhaltung des Lebens angesichts der Gefahr eines nuklearen Krieges und zum Überleben.

Das ausbeuterische Wesen des Kapitalexports und seine enge Verbindung zu den militärisch-aggressiven Bestrebungen der Monopole kommt hier ausreichend deutlich zum Ausdruck.

*Drittens* ist eine Verstärkung der gegenseitigen Beziehungen zwischen dem Kapitalexport und dem außenpolitischen Kurs der imperialistischen Mächte zu beobachten, wobei diese einen überaus widersprüchlichen Charakter tragen. Das resultiert daraus, daß sie die großen Veränderungen widerspiegeln, die sich nicht nur im Finanz- und Industriekapital selbst vollziehen, sondern auch im Kräfteverhältnis in der internationalen Arena, sowie die Festigung der Kräfte des Sozialismus und der nationalen Befreiung.

Das Leben bestätigte völlig die Richtigkeit des Leninschen Herangehens an die Analyse der Rolle des Kapitalexports in der imperialistischen Politik. Jetzt vom Kapitalexport sprechen, bedeutet die internationale Expansion einer eng begrenzten Gruppe von kapitalistischen Industrieländern zu betrachten. Von der gesamten privaten Kapitalbeteiligung von ungefähr 450—460

Mrd. Dollar entfallen über neun Zehntel auf die USA, Großbritannien, die BRD, die Schweiz, Japan, die Niederlande, Frankreich und Kanada. Hierzu gehören also die mächtigsten und einflußreichsten Länder der kapitalistischen Welt, die drei Zentren des Weltkapitalismus: die USA – Westeuropa – Japan.

Zu den genannten Ländern gehört der führende Kern der Gruppe der westlichen Länder in der UNO. Unter ihnen sind die drei ständigen Mitglieder des Sicherheitsrates von den Westmächten. Die Gruppe der wichtigsten Kapitalexporteure stimmt nahezu vollständig mit dem Teilnehmerkreis der jährlichen Treffen der Staats- und Regierungschefs der westlichen Länder überein, die auf diesen Konferenzen die Hauptrichtlinien ihrer Politik abstimmen. Hier sind die bedeutendsten Teilnehmer an allen führenden militärpolitischen und wirtschaftlichen Organisationen und internationalen Einrichtungen des Kapitalismus vertreten, d.h. also die Hauptkräfte, die die militär-politische Strategie und die Wirtschaftskonjunktur bestimmen, das Rückgrat des Militär-Industrie-Komplexes. Zur genannten Ländergruppe gehören alle führenden transnationalen Gesellschaften.

Gleichzeitig sind die wichtigsten Kapitalexportländer, die Anspruch auf die führende Rolle in der kapitalistischen Wirtschaft erheben, in Wirklichkeit die Quelle scharfer Erschütterungen. In ihnen sind die ungelösten Widersprüche der kapitalistischen Produktion am stärksten konzentriert. »Die Schwierigkeiten, mit denen der Kapitalismus konfrontiert ist«, hieß es auf dem XXVI. Parteitag der KPdSU, »wirken sich auch auf seine Politik, darunter auf die Außenpolitik, aus. Der Kampf um die wichtigsten Fragen des außenpolitischen Kurses der kapitalistischen Länder hat sich zugespitzt.«

Die Monopole orientieren zur systematischen Ausbeutung der Werktätigen in den verschiedensten Ländern über den außenpolitischen Apparat auf die aggressivsten und reaktionärsten Kräfte. Die Unterstützung des Kapitalexports geht einher mit der Hilfe für die Militärregimes, jegliche Art volksfeindlicher Gruppierungen sowie die Kräfte des Rassismus und der Apartheid.

Die Völker fordern immer entschlossener die Umgestaltung der internationalen Beziehungen auf gerechter und demokratischer Grundlage. Wie jedoch L. I. Breshnew betonte, ». . . wollen sich damit die Imperialisten, die direkten Nachfolger jener, die mit Eisen, Feuer und Blut die freien Völker in Sklaven verwandelten, die sie jahrzehntelang ausplünderten und unterdrückten, nicht abfinden. Sie versuchen, der internationalen Gemeinschaft ihren Begriff von der Ordnung in der Welt aufzuzwingen. Dabei geht es um einen solchen Begriff, der die neokolonialistische Räuberei sowie die Methoden des Diktats und der Gewalt rechtfertigt und der Unterdrückung der nationalen Befreiungsbewegung freie Hand läßt. Unsere Haltung ist in diesen Angelegenheiten diametral entgegengesetzt.«[11]

Der Betrug, zu dem die Diplomatie der bürgerlichen Staaten greift, spiegelt sich eindeutig in dem scharfen Widerspruch zwischen den offiziell verkündeten Prinzipien und Zielen ihrer Außenpolitik einerseits und jenen Maßnahmen, die real verwirklicht werden, andererseits wider. Die herrschenden Kreise dieser Länder verkünden nach außen edle Prinzipien und Ziele und versuchen häufig unter diesem Deckmantel ihre wahren Absichten und Handlungen in der internationalen Arena zu tarnen und damit das den Völkern fremde Wesen ihrer Diplomatie sowie deren Nutzung im Dienste der Eroberung, der internationalen Unterdrückung, der Verstärkung der Ausbeutung des eigenen Volkes sowie im Dienste des aggressiven und hegemonistischen außenpolitischen Kurses zu verheimlichen. Hinweise auf moralische Prinzipien für die Rechtfertigung des volksfeindlichen außenpolitischen Kurses wurden von der bürgerlichen Diplomatie auch früher in breitem Maße angewandt. Aber niemals wurden bisher die Interessen des Business derart geradlinig für gesamtstaatliche und gesamtnationale ausgegeben!

»Das Bedürfnis der amerikanischen Gesellschaften, ihre Investitionen zu erweitern und ihre Märkte zu verteidigen, führte zu solch verschiedenen Folgen wie die Einmischung der USA in Vietnam, den »Marshall-Plan« für Westeuropa und die amerikanische Intervention gegen die linksorientierte Regierung von Salvador Allende in Chile«. Diese Worte des amerikanischen Historikers W. Williams verweisen insgesamt gesehen richtig auf die enge und tiefgehende Verbindung zwischen den Interessen des Großkapitals und der Außenpolitik der USA.[12]

Gleichzeitig muß hervorgehoben werden, daß es den Monopolen immer schwerer fällt, die internationale Kapitalbewegung für die imperialistische Politik zu nutzen. Wie L.I. Breshnew unterstrich, »erweist die bereits von W.I. Lenin formulierte Politik der friedlichen Koexistenz einen immer bestimmteren Einfluß auf die gegenwärtigen internationalen Beziehungen«.

Ein Teil der einflußreichen Geschäftskreise des Westens orientiert sich auf die Entwicklung der Zusammenarbeit mit der UdSSR und den anderen Ländern der sozialistischen Gemeinschaft. Diese Art konstruktiver geschäftlicher Zusammenarbeit, die auf den Prinzipien der Nichteinmischung, der Achtung der Souveränität, der gerechten Berücksichtigung der Interessen der Partner und des gegenseitigen Vorteils beruht, wurde zu einem Faktor der gegenwärtigen internationalen Beziehungen, der die aggressiven Bestrebungen der Monopole und die hemmungslose Expansion des Kapitals bremst. Besondere Bedeutung hat diese Tatsache für die frei gewordenen Länder, die daran interessiert sind, aus dem Ausland Ressourcen und Technologien zu erhalten, um so ihren ökonomischen Fortschritt und die Festigung der politischen Unabhängigkeit zu gewährleisten.

*Viertens* ist die Verstärkung des ausbeuterischen Wesens ein charakteristisches Merkmal des modernen Kapitalexports. Gerade diesem Ziel dienen die bereits genannten Besonderheiten des Kapitalexports – sowohl die zunehmende Bedeutung für den staatsmonopolistischen Kapitalismus als auch die wachsende Aggressivität, einschließlich umfassende Nutzung des Militarismus, und die verstärkten gegenseitigen Beziehungen zur Außenpolitik und Diplomatie.

Die offensichtlichste Erscheinungsform der verstärkten Ausbeutung durch den Kapitalexport besteht in den gewaltigen Prozentsätzen, die die sogenannten Empfangsländer den Kapitalexporteuren zahlen. In den Entwicklungsländern beispielsweise erhalten die ausländischen Investoren jährlich einen Profit, der einem Viertel bis einem Fünftel der gesamten Kapitalbeteiligung entspricht. Die neue Investitionszufuhr ist bedeutend geringer als die Summe der ins Ausland überwiesenen Profite. Auch das zeugt von der systematischen Ausbeutung der entsprechenden Länder durch das Auslandskapital. Somit erhalten also die Entwicklungsländer letztlich keine Ressourcen, sondern sind Netto-Zahler zugunsten der kapitalistischen Industrieländer. Im Krisenjahr 1981 verringerten sich die Profite von den amerikanischen Investbeteiligungen in den kapitalistischen Industrieländern im Vergleich zu 1980 von 12,2 Mrd. auf 11,1 Mrd. Dollar. Aus den Entwicklungsländern dagegen erhöhten sie sich von 7,5 Mrd. auf 7,6 Mrd. Dollar.

Sowohl die Kapitalbeteiligungen als auch die geliehenen Mittel fließen in erster Linie in die Länder mit einem höheren Einkommensniveau, woraus die große Ertragskraft derartiger Investitionen resultiert. In den Jahren 1978—1980 beispielsweise waren 50 Prozent der Kapitalbeteiligungen in Entwicklungsländern konzentriert, in denen das Bruttosozialprodukt pro Kopf der Bevölkerung über 1 000 Dollar jährlich überstieg (auf die weniger entwickelten Länder mit einem Pro-Kopf-Einkommen von höchstens 400 Dollar kamen 5 Prozent dieser Investitionen).

Auf dem Gebiet des Leihkapitals ist das Bild noch ausdrucksvoller. Im Jahre 1978 erhielten die entwickeltsten Länder dieser Gruppe zwei Drittel aller

*Tabelle 2*
Neue Kapitalbeteiligungen und ins Ausland überwiesene Profite*

| Jahr | Neue Kapitalbeteiligungen | Profite |
|---|---|---|
| 1967 | 1141 | 4254 |
| 1971 | 2400 | 7192 |
| 1972 | 1776 | 6230 |
| 1973 | 4060 | 9374 |
| 1974 | –203 | 10776 |
| 1975 | 7683 | 9644 |
| 1976 | 4275 | 11448 |
| 1977 | 6875 | 14046 |
| 1978 | 6788 | 16691 |

* Angaben über 62 Entwicklungsländer (in Mio. Dollar)
Berechnet nach: »Balance of Payments Yearbook«. IMF: »Development Cooperation«, OECD für die entsprechenden Jahre.

Anleihen und die am wenigsten entwickelten – 1 Prozent (!). In den nachfolgenden Jahren änderte sich das Bild nicht.

Eine Kennziffer der verstärkten Ausbeutung ist auch die Veränderung in der Politik der transnationalen Gesellschaften, d.h. der wichtigsten privaten Investoren. Die ausländischen Kapitalbeteiligungen sind nach wie vor eine wichtige Quelle der Industriefinanzierung für viele Entwicklungsländer. Diese aber bleiben vorläufig der bedeutendste und traditionellste Kanal für das Eindringen der transnationalen Gesellschaften in diese Länder. Im Verlaufe der 70er Jahre erhöhte sich die Zufuhr von ausländischen Kapitalbeteiligungen aus den kapitalistischen Industrieländern in die Entwicklungsstaaten jährlich um durchschnittlich 15 Prozent im Nominalausdruck und um 4 Prozent real.

Das Kapital fließt im wesentlichen über die Kanäle der transnationalen Industriegesellschaften in die Entwicklungsländer: aus den USA und Kanada (50 Prozent aller privaten Fonds in den 70er Jahren), Westeuropa (38 Prozent) und Japan (10 Prozent). Der Anteil der westeuropäischen Länder ging dabei durch die energische Expansion vor allem der japanischen Gesellschaften, die immer häufiger im Bündnis mit den amerikanischen auftreten, von 50 Prozent in den 60er Jahren bis auf 38 Prozent in den 70er Jahren zurück. Die japanische Gruppe der transnationalen Gesellschaften ist gegenwärtig die dynamischste, die in die Entwicklungsländer eindringt (vorrangig in die asiatischen). Die japanische Expansion ist auf die Suche nach neuen Absatzmärkten und die Versorgung der nationalen Industrie mit Rohstoffen und Energie gerichtet. Die Oberhand gewinnen also somit die Monopole mit den expansionistischsten Merkmalen.

In den 70er Jahren erhöhte sich durch die wachsende Tätigkeit gerade der amerikanischen und japanischen Gruppen spürbar der Zustrom privaten Kapitals nach Mittelamerika und dem Karibischen Raum (Mexiko, Panama, Trinidad und Tobago, die Bermudainseln, die Bahamainseln und die Antillen) sowie in die asiatischen Länder (Indien, Indonesien, Malaysia und Singapur). Hinsichtlich des Umfangs der privaten Investitionen Ende der 70er Jahre gehörten sie zu den führenden geographischen Regionen in der Tätigkeit der transnationalen Gesellschaften (über 50 Prozent aller Investitionen in die Entwicklungsländer).

Eine wichtige Sphäre der Aktivität der transnationalen Gesellschaften ist auch Südamerika (bis zu 25 Prozent der Investitionen in die Entwicklungsländer), obwohl die Rolle dieser Region in den 70er Jahren deutlich zurückgegangen ist. Verringert hat sich im gleichen Zeitraum auch die Bedeutung Afrikas und des Nahen Ostens für die transnationalen Gesellschaften (entsprechend von 20 auf 15 Prozent sowie von 10 auf 4 Prozent). Somit erfolgte also in den 70er Jahren eine spürbare Umgruppierung innerhalb der transnationalen Gesellschaften selbst.

Mit dieser »Neuerung« im Charakter des wirtschaftlichen Eindringens der transnationalen Gesellschaften in die Entwicklungsländer ist eine wesentliche Veränderung in der Struktur der privaten Fonds verbunden. In den 70er Jahren erschien eine neue wichtige Quelle der privaten Finanzierung der Entwicklungsländer – die transnationalen Banken. Bis 1978 wuchs die Gesamtsumme der Darlehen, die von diesen Banken (besonders Eurokredite) gewährt wurden, bis auf nahezu 44 Mrd. Dollar.[13] Dadurch verringerte sich der Anteil der privaten Industrieinvestitionen am gesamten Zustrom der privaten Fonds von 50 Prozent in den 60er Jahren bis auf weniger als ein Drittel in den 70er Jahren. Im Jahre 1979 überstieg der Umfang der in den Entwicklungsländern gewährten Darlehen die Summe der Industrieinvestitionen. All diese Veränderungen führten zur weiteren Verstärkung des ausbeuterischen Charakters der Tätigkeit der transnationalen Gesellschaften in den Entwicklungsländern.

In der Gesamtzufuhr des privaten Kapitals verringerte sich der Anteil des Produktionskapitals, da die

Darlehen, die die transnationalen Banken gewähren, in beträchtlichem Maße für die Deckung des Defizits der Zahlungsbilanzen der Entwicklungsländer und die Bezahlung der früheren Schulden dienen. Bei den Ausgaben der Entwicklungsländer erlangt jetzt die Bezahlung der Schulden eine immer größere Bedeutung. In der Struktur des eingeführten Kapitals erfolgte eine bedeutende Veränderung in Richtung des unproduktiven Leihkapitals. Das aber bedeutet, daß sich für die Entwicklungsländer die Möglichkeiten verringern, nützliche wissenschaftlich-technische Informationen sowie Erfahrungen in der Leitung und Organisation zu erhalten, die gewöhnlich mit dem Export des Produktionskapitals einhergehen.

Der zunehmende Anteil des Leihkapitals führt nicht nur zur Verringerung des Tempos bei der Übergabe von Technologie, sondern auch zur Erhöhung des Umfanges der Mittel, die aus den Entwicklungsländern herausgepumpt werden. Das aber ist ein überaus wichtiges Moment. Im Jahre 1979 wurden rund 16 Mrd. Dollar in Form von Profiten aus den Produktionsinvestitionen aus diesen Ländern in die kapitalistischen Industriestaaten überführt.[14] Im gleichen Jahr war die Bezahlung der Schulden und der Prozente für die Bankkredite mehr als doppelt so hoch wie die genannte Summe der Profite. Letztlich führt das zum beschleunigten Herauspumpen der Kapitalressourcen aus den Entwicklungsländern. Die Entwicklungsländer bezahlten 1971 8 Mrd. und 1980 75 Mrd. Dollar als Prozentsätze für die Schulden.[15] Ist das vielleicht kein Ausdruck des knechtenden Charakters der Darlehen, Kredite und anderen indirekten Formen des Kapitalexports in die Entwicklungsländer? Das Herauspumpen der Fonds aus den Entwicklungsländern erfolgt auch über andere Kanäle.

Das Ausmaß der ausbeuterischen Tätigkeit wird jedoch nicht nur mit quantitativen Kennziffern gemessen. Es wurden bereits die Versuche des staatsmonopolistischen Kapitalismus erwähnt, den Kapitalexport dafür zu nutzen, jene Gruppen des Monopolkapitals, die sich nicht an der außenwirtschaftlichen Expansion beteiligen oder sie nur begrenzt verwirklichen, in dieser oder jener Form an die Politik der führenden Monopole heranzuziehen. Einbezogen in den Gesamtstrom der Expansion werden auch die Kapitalien der anderen Länder, darunter der Entwicklungsstaaten selbst.

Diese mißgestaltete und volksfeindliche »Partnerschaft« des Kapitals wird durch verschiedene Mittel der staatsmonopolistischen Unterstützung bekräftigt. Solche Faktoren wie die unentgeltliche »Hilfe«, die Einbeziehung von Elementen der Subventionen in die traditionellen Formen des Kapitalexports, verschiedene Methoden der Stimulierung des Kapitalexports in jenen Fällen, in denen die politischen, wirtschaftlichen und sozialen Bedingungen für sein »spontanes« und »selbständiges« Eindringen auf den jeweiligen Markt nicht ausreichen, verändert der staatsmonopolistische Kapitalismus so, daß die Kapitalexpansion möglich und effektiv wird, und zwar ungeachtet der sich vertiefenden allgemeinen Krise des Kapitalismus.

Somit erweist sich die »Wirtschaftshilfe« einfach als Mittel zur Erhaltung der eigenen Investitionen und zur Erringung neuer Positionen für die Monopole. Dabei ist der »Preis«, den die verschiedenen kapitalistischen Industrieländer hierfür zahlen, unterschiedlich. Selbstverständlich beschränkt er sich nicht auf die in der Tabelle angeführten Summen, weil neben der wirtschaftlichen auch noch die militärische »Hilfe« existiert. Darüber hinaus bestehen ferner noch andere Mittel, die die internationalen Interessen der Monopole gewährleisten.

*Tabelle 3*
Das Ausmaß der wirtschaftlichen »Hilfe« für die Entwicklungsländer (1980)

| Länder | Mio. Dollar | Prozent des Bruttosozialprodukts |
|---|---|---|
| USA | 7091 | 0,27 |
| Frankreich | 4041 | 0,62 |
| BRD | 3518 | 0,43 |
| Japan | 3304 | 0,32 |
| Großbritannien | 1785 | 0,34 |
| Niederlande | 1577 | 0,99 |
| Kanada | 1036 | 0,42 |
| Schweden | 923 | 0,76 |
| Italien | 678 | 0,17 |
| Australien | 657 | 0,48 |
| Belgien | 575 | 0,48 |
| Norwegen | 473 | 0,82 |
| Dänemark | 464 | 0,72 |
| Schweiz | 246 | 0,24 |
| Österreich | 174 | 0,23 |

*Quelle:* »U.S. News and World Report« vom 26. X. 1981, S. 23.

Die Monopole investieren ihr Kapital nicht nur im Ausland, um sich systematisch den Mehrwert anzueignen, der von den Werktätigen der anderen Länder produziert wird, sondern beuten gleichzeitig auch die

Werktätigen ihrer eigenen Länder sowie in bestimmtem Maße andere Bevölkerungsschichten bei sich und im Ausland aus. Auf dem Gebiet des Kapitalexports kommt jetzt stärker als anderswo der wachsende Widerspruch zwischen der Oberschicht des monopolistischen Business und dem übrigen Teil der kapitalistischen Gesellschaft insgesamt zum Ausdruck.

Die Erforschung der Entwicklungstendenzen des Kapitalexports erlangt eine immer größere Bedeutung, da sie einerseits das gesamte System des staatsmonopolistischen Kapitalismus berühren und andererseits einige neue Erscheinungen in der kapitalistischen Welt aufdecken.

## III.

Eine besondere Bedeutung gewinnt in diesem Sinne die Erforschung des Kapitalexports aus den USA – dem größten kapitalistischen Land. Hinsichtlich der Höhe des Kapitalexports nehmen die Vereinigten Staaten den ersten Platz ein. Gegenwärtig ist rund die Hälfte aller privaten Kapitalbeteiligungen der kapitalistischen Welt amerikanischer Herkunft.

Der Kapitalexport der USA ist in der internationalen Politik des modernen Imperialismus, vor allem bezüglich der Unterordnung unter die Interessen des Militär-Industrie-Komplexes, am reaktionärsten. Der amerikanische Imperialismus könnte für sich nicht die Rolle des »Weltgendarmen« in Anspruch nehmen, wenn er nicht über die vielen Milliarden Dollar verfügen würde, die er im Ausland investierte.

Diese Position errang das amerikanische Kapital

nicht sofort. Seine Expansion begann im letzten Drittel des 19. Jahrhunderts.

Das resultierte aus der stürmischen Entwicklung des Kapitalismus nicht nur in Großbritannien und Frankreich, sondern auch in den USA, Deutschland und Japan. Die Erschließung der inneren Territorien war in allen führenden kapitalistischen Ländern im wesentlichen abgeschlossen. Gleichzeitig führte der Prozeß der Kapitalkonzentration und -zentralisation zur Bildung von Monopolverbänden und zur Entstehung eines ungeheuren »Kapitalüberschusses« in diesen Staaten, der ins Ausland, und zwar in erster Linie in die ökonomisch rückständigen Länder, strebte.[16]

Wenn bis zum letzten Drittel des 19. Jahrhunderts der Kapitalexport eine vereinzelte Erscheinung war, Großbritannien und Frankreich aber faktisch die einzigen Kapitalexporteure bildeten, erfolgte Ende des 19. Jahrhunderts aufgrund der bereits genannten Besonderheiten in der Entwicklung des Kapitalismus eine »Wende«. Es begann ein schnelles Wachstum des Kapitalexports, wobei sich daran schon viele kapitalistische Industrieländer beteiligten.

Im ersten Jahrzehnt des 20. Jahrhunderts lag Großbritannien an der Spitze aller Kapitalexporteure. Ihm folgten Frankreich, die USA, Deutschland, Holland, Belgien, Italien und Japan. Ende der 20er Jahre verdrängten die USA Großbritannien vom ersten Rang (werden die Darlehen für militärische Zwecke jedoch ausgeschlossen, lag Großbritannien noch vorn). Die nächsten Plätze belegten Frankreich, Holland, die Schweiz und Deutschland.

In der zweiten Hälfte der 30er Jahre überholte Großbritannien erneut die USA. Auf dem dritten Platz lagen die Niederlande. Erst auf dem vierten Rang folgte Frankreich, danach kamen die Schweiz und Belgien. Ihre Auslandsinvestitionen verstärkten die Mächte der faschistischen »Achse« – Deutschland, Japan und Italien.

In der zweiten Hälfte der 40er Jahre ging eine erneute Veränderung in der Rangfolge der internationalen Investoren vor sich. Die USA überholten Großbritannien, dann folgten Kanada, Holland und Frankreich. Deutschland, Italien und Japan, die den Krieg verloren hatten, büßten einen großen Teil ihrer überseeischen Investitionen ein und wurden als Konkurrenten der anderen Kapitalexporteure für einige Jahre aus dem »Sattel geworfen«.

In der zweiten Hälfte der 50er Jahre sah die Plätzeverteilung folgendermaßen aus: USA, Großbritannien, Frankreich, Kanada, Schweiz, BRD, Belgien, Holland und Italien.

Auch ein Jahrzehnt später waren die USA die führende Macht im Kapitalexport. Auf den nächsten Plätzen folgten Großbritannien, Frankreich und die BRD.

In der zweiten Hälfte der 70er Jahre führten die USA nach wie vor die Liste der ausländischen Investoren an. Die folgenden Ränge belegten Großbritannien, die BRD, die Schweiz, Japan, Holland, Frankreich (7. Platz!), Kanada, Schweden usw. Gegenwärtig wird die Stellung des amerikanischen Kapitals durch die Konkurrenten bedrängt, obwohl die amerikanischen Kapitalien im Ausland absolut nach wie vor schnell wachsen.

So erhöhten sich beispielsweise die amerikanischen Kapitalbeteiligungen im Ausland im Zeitraum 1967—1981 von 50,4 Mrd. bis auf 227,3 Mrd. Dollar und stiegen damit auf das 4,5fache. Bezüglich der anderen Länder des Westens ist jedoch ihr Anteil etwas zurückgegangen und machte 1981 weniger als 50 Prozent aus.

Diese relative Verschlechterung der Stellung der US-Monopole versucht man durch eine aktivere Nutzung der Mittel des politischen Drucks, der militärischen Erpressung und durch die Unterordnung der Konkurrenten zu kompensieren.

Der Büchermarkt der USA wird jährlich von zahlreichen Veröffentlichungen zu Fragen der Wirtschaft, der Geschichte, Philosophie und Außenpolitik überschwemmt. Einen sichtbaren Platz nimmt in ihnen das Problem der Wirtschaftsbeziehungen der USA mit den anderen Ländern und die Geschichte dieser Beziehungen ein.

Bei den »Untersuchungen« zu diesem Problem werden die Tatsachen und Daten grob entstellt. Das betrifft beispielsweise die Beziehungen zwischen den USA und China im 19. Jahrhundert. Die expansionistische Politik des amerikanischen Kapitalismus gegenüber China wird als uneigennützig dargestellt, die angeblich den Interessen des chinesischen Volkes entsprach.

Das gilt auch in gleichem Maße für die Beleuchtung der Geschichte der Beziehungen zwischen den USA und den anderen Ländern Asiens sowie Lateinamerika und Afrika. Die Tatsachen der groben Expansion und der direkten Aggression seitens der USA gegen einige Länder und Territorien in der Vergangenheit (Philippinen, Kuba, Mexiko, Hawaii u.a.) werden als Maßnahmen dargestellt, die von der Sorge um die dort ansässige Bevölkerung diktiert waren.

Auf jegliche Art und Weise wird die »historische Mission« des amerikanischen Kapitalismus gelobt, werden seine wahren Bestrebungen hinsichtlich der anderen Völker sowie seine Methoden des Diktats und der Erpressung bemäntelt. Hierfür werden jetzt bekanntlich die verschiedenartigsten gefälschten Losungen aktiv genutzt, so beispielsweise die Versicherungen der Carter- und Reagan-Administrationen über ihre Treue hinsichtlich des »Schutzes der Menschenrechte« oder die Forderungen der Reagan-Administration nach der Gewährleistung des sogenannten »allgemeinen günstigen Investitionsklimas«.

Das alles geschieht, um die Verbindung zwischen der Praxis des Eindringens des amerikanischen Kapitals in die Wirtschaft der anderen Länder in der Vergangenheit und seiner umfassenden außenwirtschaftlichen Expansion in der Gegenwart »herzustellen« und sowohl das eine als auch das andere im falschen Lichte zu beleuchten.

Hervorgehoben werden muß auch folgendes: Je unmittelbarer die Richtungen der Expansion des amerikanischen Kapitals mit dem außenpolitischen Kurs der USA verbunden werden, um so sorgfältiger versucht man, diese Beziehung zu tarnen. Das ist auch durchaus verständlich, da ja das Ziel verfolgt wird, die Völker, darunter auch die Amerikaner, bezüglich des echten Wesens der Politik, die die jetzt herrschenden Kreise der USA verfolgen, zu täuschen.

Der Kapitalexport in Form von Darlehen, Krediten, »Geschenken«, Zuwendungen usw., die die Vereinigten Staaten den verschiedensten Ländern, vorrangig den frei gewordenen Staaten als wirtschaftliche, technische und militärische »Hilfe« gewähren – das aber geschieht in den letzten Jahren im wesentlichen über Regierungskanäle –, wird als »Hilfe« dargestellt, die das Ziel verfolgt, die »Verteidigungsfähigkeit« dieser Länder zu stärken, obwohl sie in Wirklichkeit von niemandem bedroht werden, wenn man von der Bedrohung absieht, vom amerikanischen Kapital versklavt zu werden.

Der Hauptteil der Mittel, die die USA in Form der wirtschaftlichen und militärischen »Hilfe« für das Ausland bereitstellen, wobei letztere die Tendenz zur wesentlichen Erweiterung aufweist, entfällt auf eine relativ kleine Zahl von Ländern. Sie wird eng mit den militärstrategischen Zielen Washingtons, darunter in solchen Regionen wie das Mittelmeer, der Nahe und Mittlere Osten, Süd- und Südostasien, verbunden (siehe Tabelle 4).

Charakteristisch ist auch, daß gleichzeitig mit der Wachstumstendenz der expansionistischen Bestrebungen des Monopolkapitals der USA und seine Herrschaftsansprüche über ganze Regionen immer häufiger das notgedrungene Eingeständnis zum Ausdruck kommt, daß die Möglichkeiten für die Verwirklichung dieser Politik begrenzt sind. In der kürzlichen Untersuchung amerikanischer Autoren zum Thema »Die Vereinigten Staaten in den 80er Jahren« wird zugegeben, daß die USA bei der Durchführung ihres expansionistischen Kurses, der im Buch als »Verwirklichung der ver-

*Tabelle 4*
Die größten Empfänger der amerikanischen wirtschaftlichen und militärischen »Hilfe« (1981, Mio. Dollar)

| Länder | Wirtschaftliche »Hilfe« | Länder | Militärische »Hilfe« |
|---|---|---|---|
| Ägypten | 1189 | Israel | 1400 |
| Israel | 785 | Ägypten | 551 |
| Indien | 244 | Türkei | 252 |
| Türkei | 200 | Griechenland | 177 |
| Bangladesh | 155 | Spanien | 126 |
| Indonesien | 128 | Philippinen | 76 |
| Sudan | 105 | Portugal | 53 |
| Philippinen | 92 | Thailand | 51 |

*Quelle:* »U.S. News and World Report« vom 26. X. 1981, S. 22.

antwortlichen Macht« (?! –A.G.) im Ausland bezeichnet wird, auf »bestimmte Begrenzungen« stießen. W. Campbell, der Direktor des Hoover-Instituts, betont, daß die »Auslandshilfe an und für sich zu keiner Ausrottung der Armut führt« (zumal sie eine solche Aufgabe auch gar nicht verfolgt! – A.G.) und die »Modernisierung nicht schnell erreicht werden kann«, und schreibt: »Es wird jetzt anerkannt, daß die Vereinigten Staaten die Demokratie nicht in die übrige Welt exportieren können« (?! – A.G.).[17]

Nach Vietnam, setzt er fort, haben sich die Grenzen der Fähigkeit der USA, die Ereignisse in der Welt in der für sie gewünschten Richtung zu beeinflussen, merklich eingeengt. Die Verfasser sehnen jene Zeiten zurück, als sich die USA das Recht anmaßten, von allen Ländern Gehorsam zu fordern, und bedauern ganz offensichtlich, daß selbst der direkte Einsatz von Waffen (wie das in Vietnam war) Washington nicht den gewünschten Nutzen bringt.

Die Analyse der Daten, die die außenwirtschaftliche Expansion der USA betreffen, beweist vor allem, daß das amerikanische Monopolkapital im Prinzip ein Feind der Unabhängigkeit und Souveränität der anderen Länder und Völker, die als ein Objekt der Ausbeutung und des Raubes betrachtet werden, war und bleibt.

Das reaktionäre Wesen des Kapitalexports kommt auch in der Politik des Monopolkapitals besonders deutlich zum Ausdruck, die auf die Untergrabung der Einheit der sozialistischen Weltgemeinschaft gerichtet ist. Ein anschauliches Beispiel hierfür ist der provokatorische Kurs gegenüber Polen, der Versuch, aus den in der Vergangenheit in diesem Lande zugelassenen Fehlern in der Wirtschafts- und Sozialpolitik Vorteile für sich zu ziehen. Damit wird bestätigt, daß der Kapitalismus eine beliebige Möglichkeit nutzt, um seine Klasseninteressen zu gewährleisten.

Die Vertiefung der allgemeinen Krise des Kapitalismus verschärft wie nie zuvor die Widersprüche der modernen kapitalistischen Produktion und des gesamten Systems der internationalen Beziehungen des Kapitalismus.

Besonderen Zorn der Apologeten des Imperialismus ruft der Umstand hervor, daß ein Teil des amerikanischen Business, darunter seine ausländischen Filialen, nach Wegen der Zusammenarbeit mit den sozialistischen Ländern sucht und bereit ist, mit ihnen vielseitige Formen der wirtschaftlichen und wissenschaftlich-technischen Beziehungen herzustellen und zu entwikkeln.

Die Tatsachen beweisen auch, daß die westeuropäischen Partner der USA in vieler Hinsicht nicht am Gängelband der Politik der wirtschaftlichen und anderen Sanktionen Washingtons gegen die Sowjetunion gegangen sind. Mehr noch. Die Geschäftskreise Westeuropas traten wiederholt mit eigenen Initiativen zur weiteren Vertiefung der ökonomischen Zusammenarbeit mit der UdSSR auf. Selbst jene, die an den amerikanischen »Köder« angebissen hatten, mußten später zugeben, daß die Sanktionen gegen die Sowjetunion unwirksam waren.

Der Diskriminierungskurs der jetzigen US-Administration, der auf die Untergrabung der wirtschaftlichen Zusammenarbeit zwischen den Ländern mit unterschiedlicher Gesellschaftsordnung abzielt, ist zum unvermeidlichen Fiasko verurteilt.[18]

In diesem Zusammenhang ist es zweckmäßig, die Worte W.I. Lenins bezüglich der Entwicklung der Zusammenarbeit zwischen Sowjetrußland und dem Westen in den ersten Jahren nach der Großen Sozialistischen Oktoberrevolution in Erinnerung zu rufen. W.I. Lenin stellte die Frage folgendermaßen: »Warum handeln sie gegen ihren Willen, gegen das, was die Presse ununterbrochen einhämmert. . . . Sie bezeichnen uns als Verbrecher, helfen uns aber trotzdem. Es zeigt sich, daß sie ökonomisch an uns gebunden sind.«[19]

Hieraus zieht dann W.I. Lenin die außerordentlich wichtige Schlußfolgerung: »Es zeigt sich. . . ., daß unsere Überlegung, in großem Maßstab genommen, richtiger ist als ihre Überlegung. . . . Wir sehen trotz allem, daß die ökonomische Entwicklung von den anderen falsch, von uns aber richtig vorausberechnet worden ist. Der Anfang ist gemacht. Die ganze Aufmerksamkeit, alle Anstrengungen, alle Sorgfalt müssen wir jetzt darauf richten, daß diese Entwicklung nicht ins Stocken gerät, daß sie weitergeht.«[20]

Natürlich unterscheiden sich die jetzigen Bedingungen von denen vor 60 Jahren, obwohl die Reaktion bekanntlich auch jetzt bereit ist, alle ihre Mißerfolge der Sowjetunion und ihrer Politik zuzuschreiben. Die breite Öffentlichkeit und die Geschäftskreise der kapitalistischen Industrieländer, vor allem Westeuropas haben jedoch jetzt eine bessere Vorstellung von der Möglichkeit und den Vorteilen der Entwicklung der Beziehungen zur UdSSR. Sie sehen mit eigenen Augen die bereits gesammelten soliden Erfahrungen.

* * *

»Von den ersten Tagen der Sowjetmacht an«, erklärte in seiner Rede auf dem November-Plenum (1982) des ZK der KPdSU der Generalsekretär des ZK der KPdSU, Juri Andropow, »bekundet unser Staat stets die Bereitschaft zu offener und ehrlicher Zusammenarbeit mit allen Ländern, die Gleiches wollen. Die Unterschiede in den Gesellschaftssystemen dürfen dort, wo guter Wille auf beiden Seiten vorhanden ist, kein Hindernis sein und sind es auch nicht.«

Die USA-Monopole konnten ihre expansionistischen

Bestrebungen in der Vergangenheit nicht verwirklichen. Ihnen wird es selbstverständlich auch in Zukunft nicht gelingen, sie zu realisieren. Die Welt bewegt sich nicht nach dem Willen der US-Monopole und des großen amerikanischen Business, nicht nach dem Willen jener Politiker in Washington, die verantwortlich sind für die Außenpolitik dieses Landes. Die Welt entwikkelt sich nach objektiven Gesetzen, die die marxistisch-leninistische Wissenschaft entdeckte. Die Zukunft gehört dem Sozialismus.

*Anmerkungen*

1 W.I. Lenin, Ausgewählte Werke, Bd. 22, S. 271.

2 Siehe G. Andrejew: »Der Export des amerikanischen Kapitals«. Aus der Geschichte des Kapitalexports der USA als Waffe der wirtschaftlichen und politischen Expansion, Moskau 1957, und G. Andrejew: »Die Expansion des Dollars«, Moskau 1961.

3 Siehe »Prawda« vom 28. Oktober 1982.

4 W.I. Lenin, Ausgewählte Werke, Bd. 24, S. 416.

5 Siehe G. Gilder: »Wealth and Poverty«, New York 1981.

6 W.I. Lenin: Ausgewählte Werke, Bd. 33, S. 35.

7 Siehe »U.S. News and World Report« vom 26. X. 1981, S. 20.

8 Siehe »Die Politische Ökonomie des modernen Monopolkapitalismus«. Bd. 2, Moskau 1975, S. 73.

9 Doc. U.N. E/C 10/1982/2, 16. VII. 1982, S. 5.

10 Siehe O. Giardini. Dialogue on Wealth and Welfare: An Alternative View of World Capital Formation. A Report to the Club of Rome. Oxford, 1980, S. 160—161.

11 »Prawda« vom 13. Mai 1981.

12 »U.S. News and World Report« vom 25. 1. 1982, S. 44.

13 Doc. U. N. E/C 10/74, 16. V. 1980, S. 13.

14 Siehe »Handbook of International Trade and Development Statistics. Supplement 1980/UNCTAD«, U.N., New York, 1980, S. 250.

15 »U.S. News and World Report« vom 26. 10. 1981, S. 23.

16 Siehe W.I. Lenin, Ausgewählte Werke, Bd. 22, S. 244—245.

17 »The United States in the 1980«. Ed. by P. Dulgnau, A. Rabuschko. Stanford (Calif.), 1980, S. VII.

18 Charakteristisch ist, daß beispielsweise M. Friedman, der als anerkannter »geistiger Vater« der ökonomischen Plattform der jetzigen US-Administration gilt, den unweigerlichen Untergang dieser Art von »Diplomatie« hervorhob. Die ökonomischen Sanktionen gegen die UdSSR nannte er die »Anerkennung der Schwäche« (siehe »Newsweek« vom 21. 1. 1980, S. 48).

19 W.I. Lenin. Ausgewählte Werke, Bd. 33, S. 136—137.

20 Ebenda, S. 137.

## Für den Frieden auf der Erde

»Kommunist«, Nr. 18 (Dezember 1982)

Der 60. Jahrestag der Gründung der Union der Sozialistischen Sowjetrepubliken wird von unserem Volk, von allen Kräften des Friedens und des Fortschritts feierlich begangen.

Die Bildung der UdSSR war ein historisches Ereignis im Leben des Sowjetvolkes. Sie hatte auch eine überaus große internationale Bedeutung und war ein wichtiger Markstein im Ringen der werktätigen Massen um die revolutionäre Erneuerung der Welt. Die gesamte Geschichte der UdSSR stellt überzeugend unter Beweis, welch ein hohes Maß an wirklicher Gleichberechtigung, unerschütterlichem Zusammenschluß und brüderlicher Freundschaft auf dem Prinzip des proletarischen, sozialistischen Internationalismus beruhende Beziehungen zwischen den Völkern erreichen können.

Der Bruderbund der gleichberechtigten sozialistischen Republiken, der vor nunmehr 60 Jahren, nämlich am 30. Dezember 1922 durch Willensäußerung der Völker unseres Landes entstanden war, hat die internationalen Positionen des Sowjetlandes, einer Schöpfung der Großen Oktoberrevolution, noch mehr gestärkt und seine Autorität in der Weltarena erhöht. Die Notwendigkeit dieses festen Staatsbündnisses ergab sich aus dem objektiven Verlauf der gesellschaftlichen Entwicklung, aus den Aufgaben zum Aufbau der neuen Gesellschaft.

Der vom Sowjetstaat zurückgelegte Weg ist durch hervorragende Taten in allen Richtungen der sozialistischen und kommunistischen Aufbauarbeit gezeichnet. Ein unvergängliches Verdienst darum gebührt auch der sowjetischen Außenpolitik, deren Hauptrichtungen und Grundsätze von dem Führer der proletarischen Revolution Wladimir Iljitsch Lenin ausgearbeitet und der internationalen Tätigkeit des Sowjetstaates zugrunde gelegt wurden.

Die sowjetische Außenpolitik hat die besten demokratischen Traditionen in sich aufgenommen, die sich in der langen Geschichte der Beziehungen zwischen Völkern und Staaten herausgebildet hatten. Der Charakter dieser Politik geht zugleich gesetzmäßig aus dem Wesen der sozialistischen Gesellschaftsordnung hervor, die, wie das Leben überzeugend bestätigt hat, ganz neuartige internationale Beziehungen entstehen läßt, die frei sind von Diskriminierung, Herrschaft und Unterwerfung, die für die vorausgegangenen sozial-ökonomischen Formationen charakteristisch waren.

Der von der Sowjetunion in den 60 Jahren zurückgelegte Weg war weder einfach noch glatt. Die KPdSU und der Sowjetstaat führen ihre politische Linie in einer komplizierten internationalen Situation durch. Die UdSSR hält aber konsequent an ihrem Kurs fest. Sie ist sich der Richtigkeit ihrer Kurswahl sicher.

# I

Der Prozeß der Herausbildung der sowjetischen Außenpolitik ist von den historischen Bedingungen ihres Entstehens an der Nahtstelle zwischen zwei Epochen geprägt, da die Menschheit vom Kapitalismus zum Sozialismus und zum Kommunismus übergeht. Mit dem Aufkommen der neuen sozialen Ordnung durch den Sieg der Großen Sozialistischen Oktoberrevolution konnten keine Tendenzen der Weltentwicklung von diesem mächtigen revolutionären Faktor unbeeinflußt bleiben. Es gibt kein Land, keine Gruppe von Ländern, keine politisch-ideologische Strömung, die in der Folgezeit nicht unter dem Einfluß der Ideen und der Praxis des Sozialismus gestanden hätte.

Lenin schrieb: »Seit den ersten Tagen der Oktoberrevolution sind die Außenpolitik und die internationalen Beziehungen für uns die wichtigste Frage geworden.« (Werke, Bd. 28, S. 145)

Die Aufgabe, erforderliche internationale Bedingungen zu gewährleisten für die Verankerung der revolutionären Errungenschaften und für die Herstellung normaler, freundschaftlicher Beziehungen mit anderen Ländern und Völkern, hat einen überaus großen Stellenwert erlangt.

Am 26. Oktober (8. November) 1917 wurde vom Zweiten Gesamtrussischen Sowjetkongreß das Dekret über den Frieden, die erste außenpolitische Akte des Sowjetstaates, verabschiedet. Die Sowjetregierung rief darin die Völker und Regierungen der kriegführenden Länder auf, dem Weltkrieg ein Ende zu setzen und einen gerechten und demokratischen Frieden zu schließen. Der proletarische Internationalismus gegenüber den gegen den Imperialismus und Kolonialismus kämpfenden Völkern sowie die friedliche Koexistenz mit den kapitalistischen Staaten wurden vom Sowjetland im Dekret über den Frieden als Grundsätze seiner Außenpolitik proklamiert. Diese gleichzeitig und in der Wechselbeziehung wirkenden Prinzipien prägen die internationale Linie der KPdSU und des Sowjetstaates. Die Große Sozialistische Oktoberrevolution, die Errichtung der Sowjetmacht, ihre ersten mächtigen Impulse zum Frieden fanden bei den werktätigen Massen vieler Länder weitgehende Unterstützung.

Anders war die Reaktion der imperialistischen Kreise. Hier traten der Klasseninstinkt, das Bestreben, den revolutionären Prozeß aufzuhalten, und das beschränkte Verständnis der objektiven Gesetzmäßigkeiten der historischen Entwicklung in Aktion. Trotz der erklärten Bereitschaft, mit kapitalistischen Staaten Verhandlungen einzugehen und gleichberechtigte Verträge abzuschließen, stieß das Sowjetland auf eine Mauer der Entfremdung, auf feindselige Verschwörungen. Gegen sie wurde eine bewaffnete Intervention imperialistischer Mächte eingeleitet. Die Geschichte hat gezeigt, daß ein solcher Kurs des Imperialismus seine erste große strategische Fehlkalkulation in den Beziehungen mit dem Sowjetstaat war.

Die Völker des Sowjetlandes haben diese ihnen von den Imperialisten aufgezwungene Prüfung mit Ehren bestanden: Der Ansturm der Interventen und der Kräfte der inneren Konterrevolution wurde abgewehrt.

In der Folgezeit baute unser Staat konsequent, Schritt für Schritt seine internationalen Positionen aus. Es gelang ihm, neuartige, in der Tat gleichberechtigte Beziehungen mit anderen Staaten herzustellen. Die Beziehungen Sowjetrußlands mit den Ländern des Ostens gestalteten sich positiv. 1921 wurden gleichberechtigte Verträge mit unseren südlichen Nachbarländern, Iran, Afghanistan und der Türkei, abgeschlossen. Im November 1921 wurde ein Abkommen mit der Mongolei unterzeichnet, das ein festes Fundament für die Freundschaft der Völker beider Länder legte. Friedensverträge wurden ferner mit Finnland (1920) und Polen (1921) abgeschlossen. Im April 1922 wurde in Rapallo (Italien) ein Vertrag mit Deutschland unterzeichnet, der einen ernsthaften Schlag gegen die imperialistische Isolationspolitik gegenüber Sowjetrußland darstellte.

Im Jahr 1922 beteiligte sich der Sowjetstaat an seiner ersten internationalen Konferenz in Genua. Unsere politische Plattform auf dieser Konferenz wurde von Lenin mit äußerster Klarheit formuliert: Gewährleistung eines dauerhaften Friedens und der ökonomischen Zusammenarbeit der Völker, Herstellung von Handelsbeziehungen zwischen dem Sowjetland und den kapitalistischen Ländern. Es ist ferner durchaus symbolisch, daß unser Land auf der Konferenz in Genua die Frage nach einer allgemeinen Reduzierung der Rüstungen erstmals praktisch stellte.

Mit der Gründung der UdSSR, des ersten einheitlichen, multinationalen Bündnisstaates der Arbeiter und Bauern auf der Welt wurde von Partei und Regierung eine aspektreiche Tätigkeit in der Weltarena entfaltet.

Die wachsende internationale Autorität unseres Landes hatte den Durchbruch der diplomatischen Blockade zur Folge, da die bürgerlichen Staaten gezwungen waren, die Sowjetunion offiziell anzuerkennen. In den Jahren 1924—1925 wurden von der UdSSR diplomatische Beziehungen mit 13 Staaten, darunter mit Großbritannien, Italien, Frankreich, Norwegen, Schweden, Österreich, China, Japan und Mexiko, aufgenommen. Die Sowjetunion schloß in dieser Zeit mehrere wichtige Handelsverträge mit kapitalistischen Ländern ab. Auf diese Weise begann sich ein weit verzweigtes Netz politischer und ökonomischer Verbindungen der UdSSR mit der Außenwelt herauszubilden.

Seit Ende der 20er Jahre erfolgte der Werdegang des Sowjetstaates und die Entwicklung seiner internationalen Beziehungen angesichts der sich vertiefenden allgemeinen Krise des Kapitalismus. Die drastische Zuspitzung imperialistischer Widersprüche führte Anfang der 30er Jahre zur Entstehung gefährlicher Kriegsherde anfangs in Asien, wo die japanischen Militaristen eine Aggression gegen China entfesselten, und in der Folgezeit mitten in Europa nach der Errichtung der faschistischen Diktatur in Deutschland.

Die Sowjetunion tat ihr Mögliches, um die Aggressoren zu zügeln. Unser Land leistete den Völkern Chinas, Spaniens und anderer Länder, die Opfer fremdländischer Intervention wurden, aktiven Beistand. Am Chassan-See und am Fluß Chalchin-Gol wurde den japanischen Militaristen eine gebührende Abfuhr erteilt.

Die in diesen Jahren unterbreiteten Vorschläge der UdSSR über die Schaffung eines wirksamen Systems der kollektiven Sicherheit in Europa und über den Abschluß eines Regionalpakts im Pazifikraum stellten ein umfassendes, auf der Konzeption von dem kollektiven Friedensschutz beruhendes Programm dar. Unser Land richtete seine Anstrengungen ferner auf den Abschluß einzelner Verträge über gegenseitigen Beistand mit kapitalistischen Staaten, um dem damals gefährlichsten Aggressor, Hitlerdeutschland, gemeinsam eine Abfuhr erteilen zu können.

Die Obstruktionspolitik dieser Staaten machte aber die Errichtung einer zuverlässigen Barriere gegen die herannahende faschistische Gefahr unmöglich. Die herrschenden Kreise westlicher Länder gingen in München ein Komplott mit Hitler ein, und zwar in der Hoffnung, die faschistische Aggression nach dem Osten, gegen die Sowjetunion »kanalisieren« zu können. Diese kurzsichtige Politik kam die Völker Großbritanniens, Frankreichs und anderer westeuropäischer Länder teuer zu stehen. Die Ereignisse nahmen die Wendung, daß jene, die die Wiederherstellung der Positionen des deutschen Monopolkapitals und die Wiedergeburt des Militarismus in Deutschland begünstigt sowie die Hitleraggressoren gegen die UdSSR gehetzt hatten, von ihnen als erste überfallen wurden.

Der allgemeine Plan, die Sowjetunion mit Hilfe der deutschen Faschisten zu zerschlagen, war ein zweiter großer strategischer Fehler der imperialistischen Kräfte bei der Einschätzung der Festigkeit und der Lebensfähigkeit der sozialistischen Gesellschaftsordnung und der Macht des Sowjetstaates.

Das Leben selbst ließ die herrschenden Kreise der

Westmächte eine Zusammenarbeit mit der UdSSR eingehen. Im Rahmen der antifaschistischen Koalition wirkte unser Land gemeinsam mit ihren anderen Teilnehmern auf dem politischen, militärischen und auf anderen Gebieten umfassend auf die Herbeiführung des Sieges über den gemeinsamen Feind sowie auf die Vorbereitung eines friedlichen Regelwerks für die Nachkriegszeit hin.

Die Koalition von Staaten und Völkern, die im zweiten Weltkrieg einen Sieg über den aggressiven Mächteblock – Deutschland, Japan und ihren Verbündeten – davontrug, war eine neuartige Erscheinung in den internationalen Beziehungen. In der großen Schlacht gegen den Faschismus, der der Welt eine Vandalen- und Henkerordnung aufzwingen wollte, kämpften die Völker von Ländern unterschiedlicher Gesellschaftsordnung Schulter an Schulter zusammen. Das Zusammenwirken der Teilnehmer dieses Bündnisses war durchaus gesetzmäßig und hatte eine überaus große fortschrittliche Bedeutung für die gesamte Menschheit.

Der Sieg über Hitlerdeutschland und über das militaristische Japan war nicht leicht gefallen. Das Sowjetvolk, dessen Beitrag zu diesem Sieg maßgeblich war, hat das sozialistische Vaterland erfolgreich verteidigt und seine internationale Pflicht erfüllt. Die Zerschlagung des faschistischen Deutschland und seiner Satelliten hatte eine überaus tiefgehende Auswirkung auf das weitere Weltgeschehen. Die Völker Polens, der Tschechoslowakei, Jugoslawiens, Bulgariens, Ungarns, Rumäniens, Albaniens, der Deutschen Demokratischen Republik, die Völker Chinas, Vietnams und Nord-Koreas bekamen eine Gelegenheit, sich für den sozialistischen Entwicklungsweg zu entscheiden. Von diesem Zeitpunkt an war die kapitalistische Umgebung ein für allemal durchbrochen. In der Weltarena erschien eine sozialistische Staatengemeinschaft. Es entstand das sozialistische Weltsystem.

Überall auf der Welt festigten sich die Positionen fortschrittlicher, demokratischer und friedliebender Kräfte. Das Ansehen und der politische Einfluß der kommunistischen Parteien wuchs allerorts an. Die Arbeiterbewegung in den Ländern des Kapitals konnte bedeutende Erfolge erzielen.

Die Völker der Kolonial- und abhängigen Länder nahmen einen aktiven Kampf um ihre Befreiung auf. Es trat eine Periode des Zerfalls von Kolonialreichen ein, auf dessen Ruinen neue souveräne Staaten Asiens, Afrikas und Lateinamerikas entstanden. Viele dieser Staaten wurden zu Bündnispartnern der sozialistischen Länder im Kampf für Frieden, Freiheit und Unabhängigkeit für die Völker.

Leonid Breshnew betonte: »Unser Land war im Laufe des 20. Jahrhunderts zweimal Ausgangspunkt sehr großer Veränderungen in der Welt.

So war es 1917, als der Oktobersieg den Eintritt der Menschheit in eine neue historische Epoche verkündete. So war es 1945, als die Zerschlagung des Faschismus, bei der die Sowjetunion die entscheidende Rolle spielte, eine mächtige Welle sozialer und politischer Veränderungen auslöste, die den gesamten Planeten erfaßte und zur Festigung der Friedenskräfte in der ganzen Welt führte.«

In den ersten Nachkriegsjahren sind objektive Voraussetzungen für eine umfassendere und stabilere Zusammenarbeit von Staaten, unabhängig von den jeweiligen Unterschieden in der Gesellschaftsordnung, und zur Gewährleistung eines dauerhaften Friedens aufgekommen. Sie reflektierten das machtvolle Bestreben der Völker, eine Wiederholung der Tragödie nicht zuzulassen, die die Menschheit infolge der vom deutschen Faschismus und vom militaristischen Japan entfesselten Aggression ertragen mußte. Diese Voraussetzungen wurden durch Verschulden des Imperialismus, und vor allem des US-amerikanischen, nicht genutzt. Mehr noch: Der von den imperialistischen Kreisen der USA entfesselte kalte Krieg, der vom Wettrüsten, darunter auch vom nuklearen, und von lokalen Konflikten in diesem oder jenem Gebiet der Erde begleitet wurde, hatte eine ernsthafte Komplizierung der internationalen Beziehungen zur Folge.

Alles sprach dafür, daß die imperialistischen Kreise keine gebührenden Schlußfolgerungen aus den Lehren der Geschichte gezogen hatten. Ihre Versuche, die Entwicklung und das Erstarken des sozialistischen Weltsystems, das Anwachsen der nationalen Befreiungs- und der revolutionären Bewegung zu verhindern, waren eine weitere strategische Fehlkalkulation bei der Einschätzung des in der Welt entstehenden Kräfteverhältnisses, bei der Gestaltung ihrer Beziehungen mit unserem Land, mit seinen Verbündeten und Freunden.

Angesichts der Schürung internationaler Spannungen, der Erhöhung des Tempos des Wettrüstens, der Gründung des aggressiven NATO-Blocks und anderer militärischer Bündnisse durch die imperialistischen Mächte und unter ihrer Schirmherrschaft sahen sich die Sowjetunion und andere sozialistische Staaten gezwungen, die erforderlichen Schritte zur Verstärkung ihrer Verteidigungskraft zu unternehmen. Gleichzeitig wirkte die UdSSR auch in der Zeit des kalten Krieges für die Gesundung der internationalen Lage, und insbesondere für die Beseitigung von militärischen Stützpunkten auf fremden Territorien, die, allen voran von den Vereinigten Staaten, in Dutzenden Ländern geschaffen wurden und die Sowjetunion zum Ziel hatten.

In den 50er und 60er Jahren kämpfte unser Land unermüdlich für Frieden und internationale Zusammenarbeit, gegen die imperialistische Politik der Unterdrückung souveräner Staaten, für die Eindämmung des Wettrüstens, für Abrüstung, in erster Linie aber für ein Kernwaffenverbot. Dieser Kampf zeitigte eine ganze Reihe gewichtiger Ergebnisse. Im Jahre 1963 wurde der Vertrag über das Verbot von Kernwaffenversuchen in der Atmosphäre, im kosmischen Raum und unter Wasser abgeschlossen. 1968 wurde ein weiteres auf Initiative der UdSSR entwickeltes Dokument, nämlich der Vertrag über die Nichtweiterverbreitung der Kernwaffen, unterzeichnet. Vertreter von über 100 Staaten haben ihre Unterschriften unter diese beiden Verträge gesetzt.

Der 1960 von der Sowjetunion in der UNO unterbreitete Vorschlag über die Gewährung der Unabhängigkeit an Kolonialländer und Völker, der einen wichtigen Beitrag zum Kampf um die nationale und soziale Befreiung darstellte, fand eine weltweite politische Resonanz. Die im Geiste entsprechender sowjetischer

Vorschläge verfaßte und von der UNO feierlich verabschiedete Deklaration zu dieser Frage gab dem Prozeß der Dekolonisierung einen mächtigen Impuls. Es entstand eine beträchtliche Anzahl neuer unabhängiger Staaten. Das war eine historische Errungenschaft im Ringen der Kolonial- und abhängigen Völker um Freiheit und nationale Souveränität. Daß unser sozialistischer Staat die Frage der Beseitigung des schandhaften Kolonialsystems in der UNO in scharfer Form gestellt hat, bleibt für immer sein historisches Verdienst.

Es war nicht wenig Zeit verstrichen, bevor die herrschenden Kreise westlicher Staaten einsahen, daß ihre Versuche, die fortschrittliche Entwicklung der UdSSR und der sozialistischen Welt überhaupt aufzuhalten, die erhofften Ergebnisse nicht bringen. Sie überzeugten sich immer mehr davon, daß die Sowjetunion und die anderen sozialistischen Länder alle Hindernisse und Schwierigkeiten auf ihrem Wege stets überwinden und unbeirrt voranschreiten. Dabei erhöhen sie ihr ökonomisches Potential, ihre Verteidigungskraft und vervollkommnen sie ihre internationalen Verbindungen in vielen Richtungen.

## II

Zu Beginn der 70er Jahre wurde die Veränderung der internationalen Lage zugunsten der Kräfte des Friedens, der Demokratie, des nationalen und sozialen Fortschritts augenscheinlich.

Die weitsichtigsten und realistisch denkenden

Staatsmänner und führende Politiker bürgerlicher Länder, die diesen Prozeß nicht ohne Beachtung lassen konnten, waren sich immer mehr darüber im klaren, daß es keine vernünftige Alternative zur friedlichen Koexistenz mit den sozialistischen Staaten gibt, ja daß es keine geben kann.

In solch einer Situation fand die von der Sowjetunion seit Lenins Zeit unbeirrt betriebene Politik der friedlichen Koexistenz und gegenseitig vorteilhaften Zusammenarbeit aktive Unterstützung der breiten Öffentlichkeit und zunehmendes Verständnis in den führenden Kreisen kapitalistischer Staaten.

Dies wiederum begünstigte in einem nicht geringen Maß die Normalisierung der Beziehungen der UdSSR und anderer sozialistischer Staaten mit mehreren kapitalistischen Ländern und im Endergebnis die Wende vom kalten Krieg zur Entwicklung des Entspannungsprozesses und die Stärkung der Grundlagen des Weltfriedens in den 70er Jahren. »Die internationale Entspannung«, stellte Leonid Breshnew fest, »wurde deshalb möglich, weil im Weltgeschehen ein neues Kräfteverhältnis entstanden ist. Jetzt können die Führer der bürgerlichen Welt nicht mehr ernsthaft hoffen, die historische Auseinandersetzung zwischen Kapitalismus und Sozialismus mit Waffengewalt zu entscheiden.«

Unter Berücksichtigung aller Faktoren bei der Entwicklung der internationalen Lage hat die KPdSU die Schlußfolgerung von dem Aufkommen objektiver Voraussetzungen zur radikalen Verbesserung des weltpolitischen Klimas, zur Umgestaltung des gesamten Systems der zwischenstaatlichen Beziehungen auf der

Grundlage der friedlichen Koexistenz wissenschaftlich begründet.

Geleitet von der Überzeugung, daß die Errichtung eines festen Friedensgebäudes möglich ist, und daran zutiefst interessiert, unterbreitete unser Land einen umfangreichen Komplex von Maßnahmen, die alle Bereiche des Kampfes für Frieden, Freiheit und Unabhängigkeit für die Völker umfaßten. Diese Maßnahmen wurden in ihrer Gesamtheit in dem vom XXIV. Parteitag der KPdSU (1971) beschlossenen Friedensprogramm dargelegt. Das Programm beinhaltete konkrete und realistische Vorschläge zur Lösung der damals spruchreifen Probleme, die der Festigung des Friedens und der Entwicklung der zwischenstaatlichen Zusammenarbeit im Wege standen.

Es kam zu einem ernsten positiven Durchbruch in den sowjetisch-amerikanischen Beziehungen, die sich mit konkretem Inhalt zu füllen begannen. Es fanden Gipfel- und andere Treffen und Gespräche statt, die vor allem Raketenkernwaffen und deren Begrenzung galten. Im Mai 1972 wurde ein Dokument über die Grundlagen der Beziehungen zwischen der UdSSR und den USA unterzeichnet. Darin wurde die Verpflichtung beider Seiten festgeschrieben, »von der allgemeinen Überzeugung auszugehen, daß es im Atomzeitalter keine andere Grundlage für die Aufrechterhaltung der Beziehungen zwischen ihnen außer der friedlichen Koexistenz gibt«. Es wurden ferner der Vertrag über eine Begrenzung der Raketenabwehrsysteme (1972) und ein zeitweiliges Abkommen über einige Maßnahmen auf dem Gebiet der Begrenzung der strategischen

Offensivwaffen SALT I (1972) abgeschlossen, auch das Abkommen über die Verhütung eines Nuklearkriegs (1973) und eine Reihe anderer Abkommen, die sich auf verschiedene Aspekte der bilateralen sowjetisch-amerikanischen Zusammenarbeit bezogen.

Unter Einwirkung der Außenpolitik der Sowjetunion und anderer sozialistischer Länder erfolgten positive Veränderungen auf dem europäischen Kontinent. Eine Reihe von Abkommen, die die internationalen Beziehungen in Europa in Übereinklang mit den Realitäten seiner Nachkriegsentwicklung brachten, kam zustande. Durch entsprechende Verträge wurden die Beziehungen der UdSSR, der CSSR, der VRP und der DDR mit der BRD normalisiert; das Vierseitige Abkommen über Westberlin wurde unterzeichnet. Die Deutsche Demokratische Republik erhielt eine weitgehende internationale Anerkennung. Die Wiener Verhandlungen über die gegenseitige Reduzierung der Streitkräfte und Rüstungen in Mitteleuropa wurden aufgenommen.

Die Konferenz über Sicherheit und Zusammenarbeit in Europa gestaltete sich zu einem überaus wichtigen Ereignis. Sie bestätigte die Unverletzlichkeit der Nachkriegsgrenzen zwischen den Staaten, arbeitete einen die Beziehungen zwischen den 35 Teilnehmerländern regelnden Prinzipienkodex aus und wies die Perspektiven einer langfristigen friedlichen Zusammenarbeit zwischen ihnen.

Etwa zur gleichen Zeit wurde der imperialistischen Aggression in Indochina ein Ende bereitet. Es gelang den Völkern Vietnams, Laos und Kampucheas, einen hervorragenden Erfolg in ihrem nationalen Befreiungskampf zu erzielen. In Äthiopien fand eine siegreiche Revolution statt. Durch den Zusammenbruch des letzten – portugiesischen – Kolonialreiches erlangten die Völker Angolas, Mocambiques' und einer Reihe anderer Länder die Unabhängigkeit.

Das Friedensprogramm wurde von dem auf dem XXV. Parteitag der KPdSU beschlossenen Programm des weiteren Kampfes für Frieden und internationale Zusammenarbeit, für die Freiheit und Unabhängigkeit der Völker (1976) organisch fortgesetzt. Als außenpolitische Hauptaufgabe betrachtete der Parteitag die Eindämmung des Wettrüstens und den Übergang zur realen Abrüstung, die Durchsetzung des Prinzips von der Nichtanwendung von Gewalt in der Praxis der internationalen Beziehungen sowie die Konzentration der Anstrengungen friedliebender Staaten zur Beseitigung verbliebener Kriegsherde in verschiedenen Teilen des Erdballs.

Die Lösung dieser Aufgaben stieß auf einen erbitterten Widerstand seitens aggressivster imperialistischer Kreise. In den ausgehenden 70er Jahren hat sich die Auseinandersetzung zweier entgegengesetzter politischer Kurse in der Weltpolitik merklich zugespitzt. Unter diesen Bedingungen legten die Sowjetunion und die Länder der sozialistischen Gemeinschaft die erforderliche Wachsamkeit an den Tag, erteilten den Umtrieben aggressiver Kräfte eine gebührende Abfuhr und brachten die Entspannung unablässig voran.

Die internationalen Beziehungen jener Zeit sind von mehreren Aktionen positiven Charakters gekennzeichnet. Zu den bedeutenden Ereignissen dieser Zeit zählen die sowjetisch-französische Vereinbarung über die Verhütung zufälliger oder nichtsanktionierter Anwendung von Kernwaffen (1976), die Unterzeichnung des Abkommens zwischen der UdSSR und Großbritannien über die Verhinderung des zufälligen Ausbruchs eines Kernwaffenkrieges (1977), das Inkrafttreten der Konvention über das Verbot und die Vernichtung der bakteriologischen Waffen (1975) und der Abschluß der internationalen Konvention über das Verbot militärischer und sonstiger feindseliger Anwendung von Mitteln zur Einwirkung auf die Umwelt (1977).

Es sei insbesondere auf den 1979 unterzeichneten sowjetisch-amerikanischen Vertrag über die Begrenzung strategischer Offensivwaffen (SALT II) hingewiesen, der zu einer der wirksamsten Barrieren für eine weitere Hortung der zerstörerischsten und kostspieligsten Waffenarten werden konnte. Ein Inkrafttreten des Vertrags wurde – man kann es wohl sagen – von der ganzen Welt erwartet. Washington aber entschied sich für einen anderen Weg, nämlich seine Ratifizierung zu torpedieren.

Die Veränderungen in der Weltarena in den 70er Jahren, und insbesondere in ihrer ersten Hälfte, bestätigten, daß Unterschiede in der Gesellschaftsordnung, Ideologie und Weltanschauung kein unüberwindliches Hindernis sind, wenn es um die Aufrechterhaltung normaler und konstruktiver zwischenstaatlicher Beziehungen geht, solcher, die eine positive Entwicklung in der Welt im Interesse aller begünstigen. Die Entspannung stellt in den internationalen Beziehungen eine einmalige Erscheinung dar. Sie bringt die ureigensten

Hoffnungen und den Friedenswillen der Völker der Sowjetunion und der Völker aller Staaten zum Ausdruck. Alle Länder müssen an sie behutsam und mit größter Verantwortung herangehen, auch mit dem Verständnis, daß der Entspannungsprozeß das erste Menschenrecht, nämlich das Recht auf Leben, gewährleistet.

Der Sowjetstaat handelt eben in diesem Sinne, indem er im Ringen um Entspannung und friedliche Koexistenz die von gewissen Kräften im Westen aufgetürmten Sperren von Vorurteilen, Mißtrauen und Feindseligkeit überwindet. Die UdSSR tut alles nur Mögliche, um mit praktischen Taten zur Eindämmung des Wettrüstens und zur Festigung der Sicherheit auf der Grundlage der sich vertiefenden gegenseitigen Verständigung und Entwicklung der friedlichen Zusammenarbeit zwischen den Staaten beizutragen.

## III

Die Verwirklichung der Leninschen Friedensstrategie, für die unsere Partei und unser Staat eintreten, erfolgt in den beginnenden 80er Jahren angesichts einer zugespitzten internationalen Lage. Ihre Komplizierung war vor allem auf die Aktivitäten der aggressivsten Kräfte des Imperialismus, allen voran der USA, zurückzuführen, die den Versuch unternahmen, ihren Kurs auf Forcierung der Kriegsvorbereitungen, auf Einmischung in die inneren Angelegenheiten anderer Völker und auf Anheizen internationaler Spannungen der Entspannungspolitik sowie den Erfolgen bei der Stärkung der Positionen des Sozialismus, bei der Entfaltung der nationalen Befreiungsbewegung und im Friedenskampf entgegenzustellen.

Die imperialistischen Kräfte, die erhoffen, das entstandene militärische Gleichgewicht zwischen NATO und Warschauer Vertrag, zwischen den USA und der UdSSR zu ihren Gunsten zu stören, haben mit einer in ihren Dimensionen noch nie dagewesenen Hochrüstung begonnen. Eine nach der anderen werden von ihnen Aggressionsdoktrinen zur Führung von Kernwaffenkriegen, eines schnell ablaufenden und eines langwährenden, eines begrenzten und eines totalen, herausgebracht. Ausgedehnte Regionen der Welt werden von ihnen eigenmächtig zur »Sphäre der Lebensinteressen« der USA erklärt.

Die Großmachtambitionen machen sich in einer immer gröberen Einmischung in die Angelegenheiten anderer Länder und Völker, in der Schürung von Spannungs- und Konfliktherden sowie in sich mehrenden Akten von Willkür in den internationalen Angelegenheiten bemerkbar. Mit besonderer Anschaulichkeit zeigte sich diese Politik im Nahen Osten, wo die israelische Aggression gegen arabische Länder und Völker gefördert und direkt unterstützt wird, wo die jüngste verbrecherische Aktion Tel Avivs in Libanon und der Völkermord an den Palästinensern möglich geworden sind.

Angesichts der entstehenden Situation setzt die Sowjetunion unermüdlich ihre Anstrengungen fort, und setzt ihr gesamtes politisches und moralisches Potential ein, um eine weitere Verschlechterung der internationalen Lage zu verhüten und den Frieden auf der Erde zu erhalten. Realistische Wege zur Minderung der Kriegsgefahr, Vertiefung der Entspannung und Entwicklung weitgehender Zusammenarbeit von Staaten unterschiedlicher Gesellschaftsordnung werden von dem vom XXVI. Parteitag der KPdSU beschlossenen Friedensprogramm der 80er Jahre gewiesen. Zum Wesen des Programms heißt es im Rechenschaftsbericht des ZK der KPdSU an den Parteitag wie folgt: »Den Frieden zu schützen – das ist gegenwärtig die wichtigste internationale Aufgabe für unsere Partei, für unser Volk, ja für alle Völker unseres Planeten.« Mit diesem Dokument wird das außenpolitische Programm des XXIV. und XXV. Parteitags der KPdSU in Anwendung auf die brennendsten und aktuellsten Probleme des internationalen Lebens unserer Tage direkt fortgesetzt und schöpferisch weiterentwickelt. Das in der Zeit nach dem Parteitag mit neuen Initiativen bereicherte Friedensprogramm der 80er Jahre umfaßt zahlreiche zusammenhängende konstruktive Maßnahmen, die sich auf Raketenkern- und konventionelle Waffenarten beziehen sowie die Lage in Europa wie auch im Nahen, Mittleren und Fernen Osten betreffen. Es handelt sich dabei um Maßnahmen sowohl politischen als auch militärischen Charakters. All diese Vorschläge sind von ein und demselben Ziel, von unserem gemeinsamen Bestreben vereint, alles nur Mögliche zu tun, um die Gefahr eines Kernwaffenkrieges von den Völkern abzuwenden.

Die KPdSU geht davon aus, daß es mächtige Kräfte gibt, die für den Frieden, dieses größte Gemeingut der

Menschheit eintreten. Im Ringen um die erhabenen Ideale des Friedens fließen heute die Anstrengungen der sozialistischen Staatengemeinschaft, der internationalen kommunistischen Arbeiter- und nationalen Befreiungsbewegung zusammen.

Gegenwärtig greift allerorts die Antikriegsbewegung mächtig um sich. Getragen von spontanen Aktionen der Volksmassen wie auch von gezielten Aktivitäten verschiedener politischen Parteien und Organisationen, hat sie sich zu einem gewichtigen Faktor entwickelt und so breite Dimensionen angenommen, daß sie einen ernsthaften Einfluß auf die internationale Lage ausübt. Dies kann selbst in den Metropolen nicht mehr ohne Beachtung gelassen werden, wo in den offiziellen Kreisen immer noch militaristische Stimmungen dominieren und wo auf die Politik der Stärke gesetzt wird.

Die Sowjetunion ist ferner der Meinung, daß das Entspannungspotential sich bei weitem noch nicht erschöpft hat. Die Entspannung hat ihre Anziehungskraft nicht eingebüßt, und sie muß weitergeführt werden. Die am weitesten blickenden Vertreter der politischen Kreise westlicher Länder setzen sich ebenfalls für die Weiterführung des Entspannungsprozesses ein.

Mit unerschütterlicher Überzeugtheit von der historischen Berechtigung der Friedenskräfte, mit dem Vertrauen in ihre selbstlose Bereitschaft, alles zu tun, um Kriegsabenteuern einen Riegel vorzuschieben, arbeitet die Sowjetunion auf die Verwirklichung des Friedensprogramms der 80er Jahre hin, das bei allen friedliebenden Staaten, bei allen Antikriegskräften Verständnis und Unterstützung findet.

Als führende Kraft im Kampf um die Erhaltung des Friedens tragen die Länder der sozialistischen Gemeinschaft zur Lösung einer Frage von fürwahr weltweiter Bedeutung bei. Gleichzeitig tun sie alles in ihrer Kraft stehende, um die für einen erfolgreichen Aufbau der neuen Gesellschaft erforderlichen Außenverhältnisse zu gewährleisten. Die Länder der sozialistischen Gemeinschaft verbinden ihre Gegenwart und Zukunft mit einer Entwicklung im Frieden. Das enge Zusammenwirken der Bruderländer im Interesse des Friedens und des Sozialismus ist eine anschauliche Erscheinungsform der lebensbejahenden Kraft des neuen Typs der Beziehungen zwischen den Staaten, die souverän und gleichberechtigt, durch gemeinsame Grundinteressen und -ziele, durch die marxistisch-leninistische Ideologie, durch Bande kameradschaftlicher Solidarität, gegenseitiger Hilfe und umfassender Zusammenarbeit vereint sind.

Der Annäherungsprozeß der Länder der sozialistischen Gemeinschaft geht weiter. Der XXVI. Parteitag der KPdSU hat eine weitere Vertiefung der sozialistischen Integration auf der Grundlage langfristiger Zielprogramme als erstrangige Aufgabe gestellt. Diese Programme sollen der Lösung akutester und lebenswichtiger volkswirtschaftlicher Fragen dienen. Sie werden gegenwärtig in konkrete Taten umgesetzt. Der eingeschlagene Kurs hat zum Ziel, die beiden bevorstehenden Planjahrfünfte zu einer Periode intensiver Produktions- und wissenschaftlich-technischer Kooperation der Länder des Sozialismus zu gestalten. Es wird die Aufgabe gestellt, die Koordinierung der Pläne durch eine abgestimmte Wirtschaftspolitik im ganzen zu ergänzen. Die bi- und multilaterale Zusammenarbeit auf dem Gebiet der Ideologie, Wissenschaft und Kultur wird vervollkommnet.

In dem Beschluß des ZK der KPdSU »Zum 60. Jahrestag der Gründung der Union der Sozialistischen Sowjetrepubliken« wird betont: »Die Erfahrungen zeigen, daß die Treue zu den Prinzipien des Marxismus-Leninismus und des sozialistischen Internationalismus, das enge Zusammenwirken der Bruderparteien in allen Bereichen es gestatten, gemeinsame und nationale Interessen der sozialistischen Staaten richtig miteinander zu verbinden, die im Verlauf der Entwicklung auftretenden Widersprüche und Schwierigkeiten erfolgreich zu lösen und daß jedes einzelne Land sowie die gesamte sozialistische Gemeinschaft erfolgreich voranschreiten. Diesen Zielen dienen zuverlässig der Rat für Gegenseitige Wirtschaftshilfe und die Organisation des Warschauer Vertrages«.

Die beginnenden 80er Jahre sind von einer bis dahin nicht gekannten feindseligen Kampagne gekennzeichnet, die von gewissen Kreisen im Westen gegen die Länder des Sozialismus veranstaltet wird. Es wird in provokatorischer Weise mit dem Säbel gerasselt und versucht, politischen Druck auszuüben, es werden subversive Aktionen und ideologische Diversionen unternommen. Washington gibt seine Pläne zur Entfesselung eines Wirtschafts- und Handelskrieges gegen die sozialistische Staatengemeinschaft nicht auf, obwohl es auf diesem Wege schon wiederholt Schiffbruch erlitten hat.

Die UdSSR und andere Länder des Sozialismus haben nicht vor, sich vor gegenseitig vorteilhaften Beziehungen, darunter auch ökonomischen, mit den kapitalistischen Staaten abzuschirmen. Sie können aber natürlich nicht umhin, angesichts verschiedenartiger Manöver derjenigen, die zur Politik der Sanktionen und des Boykotts greifen und Versuche einer Einmischung in die inneren Angelegenheiten anderer unternehmen.

Das Leben hat bereits mehr als einmal bewiesen, wie vergeblich die Hoffnungen sind, die sozialistischen Staaten zur Abkehr von den Prinzipien ihrer friedliebenden Außenpolitik zu zwingen, die Lösung der vor ihnen stehenden ökonomischen und sozialen Aufgaben zu erschweren und die Grundpfeiler ihrer Gesellschaftsordnung zum Wanken zu bringen. Beliebige Versuche, sich in die Angelegenheiten dieser Länder einzumischen, sie aufzuspalten und von ihrem Friedenskurs abzubringen, sind auch in der Zukunft zum Scheitern verurteilt. Alles spricht dafür, daß die imperialistischen Kräfte, die sich der erwähnten politischen Tricks bedienen, einen neuerlichen großen Fehlschlag in den Beziehungen mit den sozialistischen Staaten erleiden werden.

Ich möchte im besonderen ein paar Worte über unsere Beziehungen mit so einem sozialistischen Land wie die Volksrepublik China sagen. Ihre Verbesserung könnte zur Festigung des Friedens in Asien, ja in der ganzen Welt beitragen. Die Sowjetunion ist bereit, alles von ihr Abhängende zu tun, damit diese Beziehungen eine günstige Entwicklung nehmen und sich normalisieren, und sie tut es auch. Und wir müssen eine positive

Resonanz feststellen, die sich letzthin seitens der VRCh auf diese unsere Haltung abzeichnet.

Wie auch früher – und das ist die fundamentale Grundlage des Friedensprogramms der 80er Jahre – bleiben die Eindämmung des Wettrüstens und die Abrüstung sowie die Beseitigung der Gefahr eines neuen Krieges der Hauptweg der sowjetischen Außenpolitik.

Die Sowjetunion hat wiederholt erklärt, daß es keine Waffenart gibt, die unser Land nicht bereit wäre, zu begrenzen oder auf einer Basis der Gegenseitigkeit zu reduzieren. Und wenn die Hortung von Waffen weitergeht, ja noch mehr zunimmt, wenn das Tempo des Wettrüstens Vereinbarungen über Rüstungsbegrenzungen übertrifft, wenn einmal erzielte Vereinbarungen auf diesem Gebiet in Frage gestellt werden, so ist das ein direktes Ergebnis des militaristischen Kurses des NATO-Blocks.

Die UdSSR untermauert ihre prinzipienfeste und konsequente Politik in dieser Richtung mit praktischen Aktivitäten. Die von unserem Land einseitig übernommene Verpflichtung, Kernwaffen nicht als erste einzusetzen, ist eine historisch bedeutsame Aktion, geht es ja dabei darum, die Herbeiführung einer Wende von den Gefahren des Atomzeitalters zu einem zuverlässigeren und dauerhafteren Frieden zu begünstigen und die Umtriebe jener zu unterbinden, die der Menschheit den Gedanken von der Zulässigkeit, ja von der Vertretbarkeit eines nuklearen Konflikts anzugewöhnen versucht.

Wir rufen alle kernwaffenbesitzenden Staaten, die eine ähnliche Verpflichtung noch nicht übernommen haben, auf, dies zu tun. Das würde zur Minderung der Gefahr eines nuklearen Kriegsausbruchs wesentlich beitragen.

Die Sowjetunion setzt sich dafür ein, daß alle Staaten die Verpflichtung eingehen, von der Gewaltanwendung bzw. deren Androhung in ihren Beziehungen abzusehen. Um diese Frage in der Praxis zu lösen, schlug unser Land bereits 1976 vor, einen weltweiten Vertrag über die Nichtanwendung von Gewalt in den internationalen Beziehungen abzuschließen. Ein Entwurf dieses Vertrages wurde der UNO vorgelegt. Die Initiative fand bei den meisten UN-Mitgliedsstaaten Verständnis und Zustimmung. Wir wollen auch in der Zukunft auf die Verwirklichung dieser Initiative hinwirken.

Auf der 2. UNO-Abrüstungssondertagung wurde von der UdSSR ein umfassendes Programm zur Eindämmung des Wettrüstens unterbreitet. Darin wurden sowohl grundsätzliche Standpunkte als auch wichtigste konkrete Vorschläge unseres Landes verallgemeinert. Sie betreffen praktisch alle Hauptbereiche der Begrenzung des Wettrüstens und der Abrüstung, nämlich von den nuklearen und chemischen Waffen über die konventionellen Rüstungen bis zu den militärisch-maritimen Aktivitäten der Staaten. Dieses Programm erhielt eine positive Resonanz seitens der meisten UN-Mitgliedsstaaten.

Die Sowjetunion hat große Anstrengungen unternommen, um Verhandlungen über die Begrenzung und Reduzierung der strategischen Rüstungen mit den USA aufzunehmen. Gegenwärtig kommen sowjetische und amerikanische Vertreter am Verhandlungstisch in Genf zusammen. Das ist eine positive Tatsache. Nichtsdestoweniger können wir nicht umhin, zu sagen, daß unsere Gesprächspartner einstweilen keine Bereitschaft zeigen, ein Übereinkommen zu erzielen.

In der Haltung der USA ist der Wunsch nicht zu übersehen, von der Sowjetunion Zugeständnisse auf Kosten ihrer Sicherheitsinteressen zu erzwingen. Anders ist es nicht zu bewerten, daß Washington von allen im Besitz der UdSSR und der USA befindlichen strategischen Mitteln willkürlich nur die Bodenraketen, die die Grundlage des strategischen Potentials unseres Landes bilden, herausgegriffen hat und ihre Reduzierung vorschlägt. Jene Waffenarten hingegen, an denen die USA überlegen ist, so auf U-Booten installierte Raketen, strategische Bomber und Marschflugkörper, möchten sie aus den Gesprächen ausklammern. Bei einem solchen Stand der Dinge ist es selbstverständlich schwer, auf Fortschritte bei den Verhandlungen zu hoffen.

In Genf laufen des weiteren sowjetisch-amerikanische Gespräche über die Begrenzung nuklearer Rüstungen in Europa. Auch hier betreiben die USA eine »Einbahnpolitik«. Es wird der Sowjetunion vorgeschlagen, ihre bodengestützten Raketen zu beseitigen, darunter auch solche, die wir seit über 20 Jahren haben. Das nukleare Mittelstreckenpotential der NATO hingegen soll nach Vorstellung der amerikanischen Seite erhalten bleiben, ja sogar noch vergrößert werden. Die Voreingenommenheit und Unlogik dieser Haltung sind augenscheinlich. Natürlich kann die Sowjetunion ihr nicht zustimmen. Sie unterbreitet bei diesen Verhandlungen

Vorschläge, die der Herbeiführung gegenseitig annehmbarer Vereinbarungen dienen.

Die Sowjetunion manifestiert ihr inniges Bestreben nach Begrenzung der nuklearen Rüstungen in Europa und nach Weiterführung einschlägiger Verhandlungen durch entsprechende einseitige Maßnahmen. Unser Land hat die Stationierung von Mittelstreckenraketen im Europäischen Teil seines Territoriums eingestellt. Mehr noch: Die UdSSR unternimmt die Reduzierung einiger dieser Rüstungen und stationiert hinter dem Ural keine zusätzlichen Mittelstreckenraketen, die Westeuropa erreichen könnten.

Sowohl diese als auch jene sowjetisch-amerikanischen Gespräche in Genf haben im großen und ganzen einen schweren Ablauf infolge der Hindernisse, die von Washington systematisch durch seine Haltung aufgetürmt werden. Ausgesprochen gekünstelt erscheinen dabei die Versuche, die Lage bei den Verhandlungen in einem rosigen Licht zu schildern. Dieser »Optimismus« dient offenbar dazu, die Weltöffentlichkeit irrezuführen, die eigenen Bündnispartner, die ihre Besorgnis um die Perspektiven der erwähnten Verhandlungen äußern, zu beruhigen und Zeit zur Realisierung der eigenen militaristischen Pläne zu gewinnen.

Die Wiener Verhandlungen über die gegenseitige Reduzierung der Streitkräfte und Rüstungen in Mitteleuropa treten ebenfalls nach wie vor auf der Stelle. Bei diesen Verhandlungen wurzeln die Schwierigkeiten in der Unlust der westlichen Gesprächspartner, Vereinbarungen auf der Grundlage der Gerechtigkeit und Gleichberechtigung zu treffen.

Wir sind der festen Überzeugung, daß das Hauptprinzip bei den Verhandlungen über die Begrenzung des Wettrüstens und über die Abrüstung das Prinzip der Gleichheit und gleichen Sicherheit sein muß, von dem die Sowjetunion nicht abgehen kann.

Wird dieses Prinzip von unseren Gesprächspartnern akzeptiert, dann nehmen die Verhandlungen einen sicheren Verlauf. Wenn aber die Verhandlungen zur Tarnung einer weiteren Aufblähung der Kriegsmuskeln ausgenutzt werden, wird sich die Lage nur komplizieren. Unfaires Spiel darf dabei keinen Platz finden. Keine der Seiten darf auf Übervorteilung der anderen auf Kosten deren Sicherheit setzen. So muß die Logik der Verhandlungen zu so ernsten Fragen sein, die die Geschicke des Weltfriedens betreffen.

Klarheit muß es auch darüber geben, daß unser Land von den Gegebenheiten des entstandenen militärischen Gleichgewichts zwischen NATO und Warschauer Vertrag, zwischen den USA und der Sowjetunion ausgeht und keine militärische Überlegenheit anstrebt – weder in Europa noch im Weltmaßstab. Wir erkennen aber keinerlei Rechte anderer auf militärische Überlegenheit an. Es liegt zugleich auf der Hand, daß das hohe Niveau des derzeitigen Gleichgewichts gesenkt werden muß. Die Sowjetunion unternimmt dazu ihr Mögliches, obwohl hier verständlicherweise nicht alles von uns abhängt.

Es wäre von einer großen Bedeutung für die Festigung der europäischen Sicherheit, wenn die Vertreter der KSZE-Teilnehmerstaaten auf dem Madrider Treffen die Einberufung einer Konferenz zu den vertrauensbildenden Maßnahmen und zur Abrüstung in Europa beschließen würden. Ein solcher Beschluß würde dem von der Konferenz über Sicherheit und Zusammenarbeit in Europa eingeleiteten Entwicklungsprozeß einen neuen mächtigen Impuls geben. Die Sowjetunion tritt entschlossen dafür ein, daß dieser Prozeß an Kraft gewinnt. In diesem Interesse tut unser Land alles nur Mögliche zum erfolgreichen Abschluß des Madrider Treffens.

Aussichtsreich könnte die Verwirklichung einer neuen Initiative der sozialistischen Staatengemeinschaft sein, nämlich ihres gemeinsamen Vorschlags darüber, daß die Führungsorgane der NATO und des Warschauer Vertrags eine Erklärung über die Nichterweiterung der Wirkungssphäre dieser Bündnisse auf Asien, Afrika und Lateinamerika abgeben.

Eine bedeutende Initiative wurde von der Sowjetunion auf der 37. Tagung der UN-Vollversammlung unterbreitet: Sie schlug vor, die Frage der unverzüglichen Einstellung und des Verbots der Kernwaffenversuche in die Tagesordnung aufzunehmen. Der Vollversammlung wurden ferner grundlegende Bestimmungen eines Vertrags über das vollständige und allgemeine Verbot von Kernwaffenversuchen vorgelegt. In diesem Dokument war all das Positive berücksichtigt, was bei der langjährigen Diskussion über das einschlägige Problem erreicht worden war. Auch widerspiegelten sich in diesem Dokument zusätzliche Überlegungen mehrerer Staaten dazu, insbesondere zur Kontrolle der Einhaltung eines künftigen Vertrags. Ein vollständiger Kernwaffenteststopp wäre eine ernsthafte Barriere sowohl für die Entwicklung immer neuer Typen und Systeme von Kernwaffen, als auch für das Aufkommen neuer Kernwaffenstaaten.

Um einen weiteren Kanal der nuklearen Gefahr abzusperren, schlug die UdSSR vor, die Frage über die »Vervielfachung der Bemühungen um die Beseitigung der Gefahr eines Kernwaffenkrieges und um die Gewährleistung einer gefahrlosen Entwicklung der Kernenergetik« in die Tagesordnung der 37. Tagung der UN-Vollversammlung aufzunehmen. Wir schlugen vor, daß die Zerstörung friedlicher Kernkraftobjekte selbst durch konventionelle Waffen von der Vollversammlung als gleichbedeutend mit einem Kernwaffenüberfall erklärt wird. Das heißt, daß solch eine Zerstörung mit Aktionen gleichgesetzt wird, die von der UNO bereits als schwerstes Verbrechen gegen die Menschheit qualifiziert worden ist.

Im Rechenschaftsbericht des ZK der KPdSU an den XXVI. Parteitag wurde betont, daß in den letzten Jahren Kriegsherde bald in der einen, bald in der anderen Region der Welt entstanden. Und sie drohten nicht selten, sich zu einem so großen Brand auszuweiten, daß es nicht leicht ist, ihn zu löschen. Es ist notwendig, Vorsorge zu treffen, um die Entstehung solcher Herde zu verhindern. Zur Beseitigung von Konfliktsituationen beizutragen, ist eine der wichtigsten Richtungen unserer Politik. Bei der Lösung dieser Aufgabe wirkt die Sowjetunion in Übereinstimmung mit dem Friedensprogramm der 80er Jahre, das sie mit neuen Initiativen ergänzt.

Es liegt der Sowjetunion fern, Konfliktsituationen

simplifiziert und schematisch zu behandeln. Es ist aber bereits Axiom geworden, daß, wenn in dieser oder jener Region des Erdballs ein ernster Spannungsherd entsteht, seine Wurzeln auf die Großmachtambitionen jener zurückreichen, die die legitimen Interessen anderer Länder und Völker unberücksichtigt lassen und versuchen, sich in ihre Angelegenheiten einzumischen und ihnen den eigenen Willen aufzwingen. Eben diese Politik wird von den herrschenden Kreisen der USA betrieben, die den Kurs auf künstliche Verschärfung der Lage in mehreren Regionen der Welt eingeschlagen haben. Es wurde die »schnelle Eingreiftruppe« aufgestellt, der offensichtlich Funktionen eines Gendarmen zugedacht sind. Im Ergebnis aber entstehen gefährliche Konfliktsituationen und »heiße Stellen« in verschiedenen Regionen der Welt, so im Nahen Osten, im Südatlantik, in Zentralamerika und in der Karibik.

Ein Beispiel für die tragischen Folgen der Politik des Imperialismus, der, um seine Positionen beizubehalten, zu militärischer Gewalt greift, ist die israelische Intervention in Libanon. Niemand zweifelt daran, daß Israel die Aggression nur verwirklichen konnte, weil sein sogenannter »strategischer Konsens« mit den USA besteht.

Israel und seine Schutzherren haben in Libanon eine klare politische und moralische Niederlage erlitten. Die gefährliche Ausstrahlung aus diesem Spannungsherd aber hört nicht auf. Die Situation birgt in sich die Gefahr neuer Komplikationen.

Die Erklärungen der US-Administration zur Nahostregelung lassen keinen Zweifel daran, daß Washington nach wie vor gegen die Gründung eines unabhängigen palästinensischen Staates auftritt, daß es entgegen UN-Beschlüssen die Palästinensische Befreiungsorganisation als unerläßlichen Teilnehmer der Regelung ignoriert, daß es die Frage nach der Räumung aller von Israel besetzten arabischen Territorien umgeht und die Sicherheit nur eines Landes des Nahen Ostens, nämlich Israels, und nicht aller Staaten und Völker dieser Region in den Mittelpunkt der Aufmerksamkeit rückt. Mit äußerster Deutlichkeit ist auch der Anspruch der USA auf eine führende Rolle in den nahöstlichen Angelegenheiten zu sehen.

Die Erfahrungen der vergangenen Jahre zeigen, daß die Linie der USA mit ihrem Einsatz auf die Separatabmachung von Camp David zu keiner Nahostregelung geführt hat, was sie auch nicht tun konnte, sondern die Lage in dieser Region lediglich verschärft hat. Nun versucht Washington erneut, die Sache mit der tatsächlichen Lösung des Nahostproblems in die Irre zu führen.

Die Sowjetunion steht fest an der Seite der arabischen Völker. Israel muß sich aus Libanon zurückziehen und den Arabern alle ihre angestammten und von ihm besetzten Territorien zurückgeben. In der entstandenen Situation erlangen die von der Sowjetunion unterbreiteten Prinzipien einer Nahostregelung eine besondere Bedeutung. Sie bestehen in folgendem: strikte Einhaltung des Prinzips, wonach die Besetzung fremder Territorien durch Aggression unzulässig ist; Verwirklichung des Rechts des arabischen Volkes Palästinas auf die Gründung eines eigenen unabhängigen Staates am

Westufer des Jordan und im Ghaza-Streifen; Rückgabe Ostjerusalems an die Araber; Gewährleistung des Rechts auf sichere und unabhängige Existenz und Entwicklung aller Nahostländer, Einstellung des Kriegszustandes und Herstellung des Friedens zwischen den arabischen Staaten und Israel sowie Gewährleistung internationaler Garantien dieser Regelung. Dies könnte man durch gemeinsame Anstrengungen aller interessierten Länder, einschließlich der Palästinensischen Befreiungsorganisation, der einzigen legitimen Vertreterin des arabischen Volkes Palästinas, erreichen. Das beste Forum für die Ausarbeitung von Beschlüssen, die zu einem dauerhaften Frieden im Nahen Osten führen, könnte eine entsprechende internationale Konferenz sein. Die Haltung unseres Landes zur Nahostregelung differiert nicht von den Überlegungen, die vor kurzem auf der arabischen Gipfelkonferenz in Fes ausgesprochen wurden.

Folgenschwer ist auch der iranisch-irakische Konflikt. Die Sowjetunion ist der Überzeugung, daß der seit zwei Jahren andauernde blutige Krieg vom Standpunkt der Grundinteressen der Völker beider Länder sinnlos ist und nur imperialistischen Kräften nützt.

Ohne Regelung – es geht verständlicherweise um die äußeren Aspekte der Frage – bleibt die Situation um Afghanistan. Die Ursachen dafür sind klar: Sie liegen in den Versuchen der Feinde des afghanischen Volkes, den Aufbau eines neuen, wahrhaft demokratischen Lebens in diesem Lande zu verhindern, in der Einmischung in seine inneren Angelegenheiten und in der bewaffneten Intervention von außen gegen Afghanistan, einen blockfreien souveränen Staat. Ein gangbarer Weg zu einer politischen Regelung um Afghanistan wird durch bekannte Vorschläge der Regierung der DRA gewiesen. Die UdSSR stellt sich voll hinter diese Vorschläge. Das hauptsächlich Unentbehrliche für eine vollständige Regelung ist die Einstellung der bewaffneten Intervention von außen. Die in Genf zwischen Afghanistan und Pakistan aufgenommenen Kontakte, in deren Verlauf die Seiten einen entsprechenden Meinungsaustausch verwirklichen, wird von der Sowjetunion positiv bewertet.

Unser Land setzt sich für die Verwandlung Südostasiens in eine Zone des Friedens und der Stabilität ein. Die Völker von Vietnam, Laos und Kampuchea haben die Wahl ihres gesellschaftlichen Entwicklungsweges getroffen. Jene Kräfte, die sie dabei stören wollen, über das eigene Schicksal selbst zu verfügen, gehen gegen den Geist der Zeit und gegen die objektiven Gesetze der Geschichte vor. Die Initiativen der drei Länder Indochinas zur Entwicklung eines Dialogs, zur Verbesserung der Beziehungen zwischen ihnen und den Nachbarländern erschließen neue Möglichkeiten zu tiefgehenden positiven Veränderungen der Situation in Südostasien.

Die Festigung der internationalen Sicherheit in Asien wird von der friedliebenden Außenpolitik des großen asiatischen Landes Indien begünstigt, mit dem uns die Bande enger Freundschaft und fruchtbarer Zusammenarbeit sowie gemeinsame Interessen im Ringen um Frieden und Freiheit für die Völker verbinden.

Im Süden Afrikas führt das rassistische Regime der Republik Südafrika mit Zustimmung der USA und anderer Westmächte praktisch einen unerklärten Krieg gegen Angola und gegen einige andere Staaten. Dabei werden UN-Beschlüsse über die Gewährleistung der Unabhängigkeit an Namibia ignoriert. Im Ergebnis bleibt in dieser Region der Welt ein Spannungsherd erhalten. Die aggressiven Umtriebe gegen die freigewordenen Staaten im Süden Afrikas müssen eingestellt werden. Dem Volk Namibias muß das Recht gewährleistet werden, in Freiheit in seinem eigenen unabhängigen Staat zu leben.

Die Sowjetunion vertritt die Auffassung, daß man spruchreife internationale Fragen auf friedlichem Wege, am Verhandlungstisch lösen kann und muß. Die UdSSR ist bereit, im Ringen um Frieden, um die Gesundung der Weltlage und um die Entwicklung normaler gutnachbarlicher Beziehungen zwischen den Staaten mit allen Ländern Europas, Asiens und Lateinamerikas, die ihrerseits Gleiches anstreben, auf einer konstruktiven Grundlage zusammenzuarbeiten.

Dies bezieht sich auch auf die Vereinigten Staaten von Amerika. Die heutigen Spannungen in den Beziehungen mit den USA sind keinesfalls durch unser Verschulden entstanden. Die Sowjetunion geht nach wie vor davon aus, daß es möglich ist, diese Beziehungen auf der Grundlage der friedlichen Koexistenz zu normalisieren und zu verbessern, selbstverständlich nur, wenn Washington sich dazu bereit erklärt. Es bleibt zu hoffen, daß dort im Endergebnis Realismus und Vernunft die Oberhand gewinnen.

Fragen der internationalen Tätigkeit des Sowjetstaates standen ständig und stehen im Blickfeld der KPdSU, ihres Zentralkomitees und des Politbüros des ZK, die den außenpolitischen Kurs der UdSSR aufgrund einer tiefschürfenden marxistisch-leninistischen Analyse der Weltlage sowie einer richtigen Berücksichtigung des Kräfteverhältnisses in der Welt, der Gesetzmäßigkeiten und Faktoren, die die Haupttendenzen und -perspektiven der Weltentwicklung bestimmen, ausarbeiten und ausrichten. Auf diese Weise wird sowohl die Effektivität als auch die Kontinuität bei der Lösung internationaler Aufgaben gewährleistet, vor denen die Partei und das Land stehen.

Juri Andropow, Generalsekretär des ZK der KPdSU, erklärte auf dem Novemberplenum des ZK der KPdSU: »Die sowjetische Außenpolitik war und bleibt dieselbe, wie sie durch die Beschlüsse des XXIV., XXV. und XXVI. Parteitages unserer Partei bestimmt worden ist. Die Gewährleistung eines dauerhaften Friedens und der Schutz des Rechtes der Völker auf Unabhängigkeit und sozialen Fortschritt – das sind die unveränderlichen Ziele unserer Außenpolitik. Im Kampf für diese Ziele wird die Führung der Partei und des Staates prinzipienfest, konsequent und ausgewogen handeln«. Dies wurde mit allem Verantwortungsbewußtsein und größter Autorität gesagt.

Der Leninsche Kurs der sowjetischen Außenpolitik wird von allen sowjetischen Kommunisten, von unserem gesamten Volk einmütig gebilligt und unterstützt.

Der 60. Jahrestag der Gründung der UdSSR stellt die Geschlossenheit des Sowjetvolkes erneut unter Beweis und zeigt, wie nahe die Interessen des Vaterlandes und seine Geschicke unseren Landsleuten sind, wo sie auch arbeiten, welcher Nation oder Völkerschaft sie auch angehören.

Die Sowjetunion begeht ihren ruhmvollen Jahrestag mit neuen großen Taten in allen Bereichen des kommunistischen Aufbaus. Die Leninsche Nationalitätenpolitik der KPdSU, die Verwandlung früher rückständiger Randgebiete Rußlands binnen kurzer Zeit in florierende sozialistische Republiken sowie die Herstellung gleichberechtigter Beziehungen zwischen den Nationen und Völkerschaften des Sowjetlandes geben den Völkern ein inspirierendes Beispiel im Kampf um nationale Unabhängigkeit, um das souveräne Recht, selbst über die politische Gesellschaftsordnung zu entscheiden.

Die UdSSR begeht den 60. Jahrestag ihrer Gründung vor der ganzen Welt als friedliebender sozialistischer Staat, unabdingbarer Bestandteil der sozialistischen Staatengemeinschaft und als große Weltmacht, ohne deren Teilnahme keine bedeutende internationale Frage gelöst werden kann.

Das Sowjetvolk, dessen Friedenswille unveränderlich bleibt, begeht dieses Fest mit Stolz auf das hohe Ansehen seines Landes im Ringen um die Aufrechterhaltung und Festigung des Friedens unter den Völkern. Das Sowjetland wird auch weiterhin, gestützt auf seine ökonomische und Verteidigungsmacht alles dafür tun, die schöpferische Arbeit und das friedliche Leben der sowjetischen Menschen, der Werktätigen der sozialistischen Länder und all seiner Freunde zuverlässig zu schützen.

Juri Andropow betont: »In der komplizierten internationalen Lage, da die Kräfte des Imperialismus versuchen, die Völker auf einen Weg der Feindschaft und der militärischen Konfrontation zu stoßen, werden Partei und Staat unerschütterlich die Lebensinteressen unserer Heimat verteidigen, hohe Wachsamkeit üben und stets bereit sein, jeglichen Aggressionsversuchen eine vernichtende Abfuhr zu erteilen. Sie werden ihre Anstrengungen im Kampf für die Sicherheit der Völker vervielfachen und die Zusammenarbeit mit allen friedliebenden Kräften des Planeten festigen. Wir sind immer bereit zu ehrlicher, gleichberechtigter und gegenseitig vorteilhafter Zusammenarbeit mit jedem Staat, der dies wünscht«.

Die gegen die nukleare Kriegsgefahr kämpfenden Völker und alle Anhänger des Friedens und des Sozialismus blicken mit Vertrauen und Hoffnung auf unser Land. Zu dem großen Vertrauensschatz, den die UdSSR heute besitzt, hat die sowjetische friedliebende Außenpolitik einen großen Beitrag geleistet.

## Grundzüge des gegenwärtigen Kapitalexports der USA

»Weltwirtschaft und internationale Beziehungen«, Nr. 4, April 1983

In der gegenwärtigen Etappe der allgemeinen Krise des Kapitalismus, da seine zunehmende ökonomische Instabilität deutlich zutage getreten ist, sich die Sprunghaftigkeit der Entwicklung der imperialistischen Staaten verstärkt hat und Dutzende junge Staaten Asiens, Afrikas und Lateinamerikas auf den Schauplatz des politischen Lebens getreten sind, die die Entkolonialisierung im Wirtschaftsbereich zum A und O der innenpolitischen und der internationalen Tätigkeit erhoben haben, legen die USA besonderen Wert darauf, ihre Führung in der kapitalistischen Welt mittels intensiver Kapitalexpansion zu sichern.

Karl Marx machte im »Kapital« folgende Feststellungen: »Mit entsprechendem Profit wird Kapital kühn.« Je mehr er sich erhöhe, könne man das Kapital »überall anwenden«, werde es »lebhaft«, »positiv waghalsig«, »stampft es alle menschlichen Gesetze unter seinen Fuß« und schließlich »existiert kein Verbrechen, das es nicht riskiert, selbst auf Gefahr des Galgens«.[1] Der Kapitalexport, der den Monopolen der USA Riesenprofite abwirft, scheint alle moralischen und sonstigen Schranken (darunter auch diejenigen, die die Bourgeoisie selbst errichtet), sämtliche Normen des internationalen Verkehrs zu beseitigen, wenn sie der Gewinnung derartiger Profite und der Bereicherung auf Kosten der Völker anderer Länder im Wege stehen.

Das Kapital der USA bedient sich nach wie vor aller ihm zugänglichen Mittel einschließlich militärischer, um sich vorteilhafte Anwendungsbereiche und -bedingungen zu sichern. So war es in Indochina, wo die amerikanische Militaristenclique einen langen und blutigen Krieg provoziert hatte. So ist es in Mittelamerika, wo eine direkte Einmischung in die inneren Angelegenheiten El Salvadors ihren Fortgang nimmt und die Anschläge auf die Unabhängigkeit Nikaraguas nicht aufhören. Im Nahen Osten bleibt die gespannte Lage, die die israelischen Aggressoren mit direkter Vorschubleistung der herrschenden Kreise der USA verursachen, bestehen. Unruhig ist es auch in einigen anderen Räumen der Erde. Oft läßt sich auch dort mühelos erkennen, daß der US-Imperialismus danach strebt, sich stabile ökonomische, politische und militärische Positionen zu sichern, um Riesenprofite, auch auf Kosten seiner Rivalen, zu erzielen.

Im Rechenschaftsbericht des ZK der KPdSU an den XXIV. Parteitag wurde festgestellt: »Weder die Integrationsprozesse noch das Klasseninteresse der Imperialisten an der Vereinigung ihrer Anstrengungen im Kampf gegen den Weltsozialismus beseitigten die Widersprüche zwischen den imperialistischen Staaten. Zu Beginn der 70er Jahre kistallisierten sich die Hauptzentren der imperialistischen Rivalität deutlich heraus: Es sind dies die USA, Westeuropa. . . . und Japan. Zwischen ihnen entwickelt sich ein immer schärferer wirtschaftlicher und politischer Konkurrenzkampf. Die Verbote, die die offiziellen Organe der USA für den Import von immer mehr Waren aus Europa und Japan ausgesprochen haben, die Versuche europäischer Länder, ihre Ausbeutung durch das amerikanische Kapital zu verringern, sind nur einige Erscheinungen dieses Kampfes.«

Die Veränderung der Positionen des amerikanischen Imperialismus in der wirtschaftlichen Rivalität mit Westeuropa und Japan, die Einbuße seiner absoluten Hegemonie im Bereich des internationalen Handels und in anderen Wirtschaftsbereichen führen dazu, daß die Aggressivität des Kapitalexports der USA wächst. Das äußert sich darin, daß gegen grundlegende Normen des internationalen Verkehrs grob verstoßen wird, daß die elementaren Prinzipien der Gleichberechtigung mit Füßen getreten und die Grundlagen der nationalen Souveränität, der Freiheit und Unabhängigkeit der Völker untergraben werden.

In der internationalen Politik des US-Imperialismus spielt der Kapitalexport eine bedeutende Rolle. Für diesen Bereich seiner außenwirtschaftlichen Tätigkeit ist ein hoher Monopolisierungsgrad kennzeichnend. Es genügt der Hinweis, daß Anfang der 70er Jahre mehr als 70 Prozent sämtlicher Kapitalanlagen 187 Gesellschaften gehörten. In den gleichen Jahren entfielen auf amerikanische Gesellschaften mit je über 250 Mio. Dollar Vermögenswerten (weniger als 0,07 Prozent der Gesamtzahl der Gesellschaften im Lande) nahezu 84 Prozent der Gesamtgewinne aus Auslandsgeschäften.

Unter den Faktoren, die bestimmend auf den beschleunigten Kapitalexport ins Ausland einwirken, kann die weiter wachsende Konzentration und Zentralisation der Produktion und des Kapitals in den USA, der verstärkte Einfluß des wissenschaftlich-technischen Fortschritts und die Zuspitzung des Kampfes zwischen den Imperialisten um Absatzmärkte, Rohstoffquellen und Kapitalanwendungsbereiche hervorgehoben werden.

Die USA bleiben nach wie vor die kapitalistische Hauptmacht, bewahren ihre Führung in den wichtigsten Wirtschaftszweigen (besonders in den wissenschaftsintensiven), besitzen den höchsten Stand der Arbeitsproduktivität und betätigen sich als größter Kapitalexporteur. Gleichzeitig sind die Länder Westeuropas und Japan den USA im Wachstumstempo sowohl des Grundkapitals, der Kapitalanlagen in der Wirtschaft als auch des Bruttosozialprodukts sowie der Industrieproduktion voraus. Besorgnis erregt in Geschäftskreisen der rapide Rückfall im Wachstumstempo der Arbeitsproduktivität in den letzten Jahren. Auch die auswärtigen Positionen sind bedeutend untergraben.

In den 70er Jahren erhöhte sich die Aktivität der USA im Kampf um eine ökonomische Neuaufteilung der Welt »nach Kapital und Stärke«, diese Aktivität widerspiegelte das Bestreben der herrschenden Kreise, sich die verlorenen Positionen im Bereich der Weltwirtschaftsbeziehungen zurückzuerobern.

Alle diese Faktoren verschärfen den Konkurrenzkampf zwischen den USA und den beiden anderen Machtzentren – Westeuropa und Japan – und führen dazu, daß »Handelskriege« aufflammen und protektionistische Maßnahmen eingeführt bzw. verschärft werden. Sind Westeuropa und Japan in ihrer Beteiligung am Welthandelsumsatz auch den USA bedeutend überlegen, so »unterliegen« sie ihnen doch im Umfang der Auslandsproduktion auf der Grundlage exportierten Kapitals. Mitte der 70er Jahre machte der Wert der Erzeugnisse der Tochterunternehmen der USA im Ausland im Verhältnis zum Bruttosozialprodukt des Landes 30,3 Prozent aus, für die Länder Westeuropas aber wurde diese Kennziffer mit 24,8 Prozent ausgewiesen und für Japan mit 11,5 Prozent.[2]

Interessant ist ein Vergleich des Verhältnisses zwischen der Auslandsproduktion und dem nationalen Warenexport: für die USA veränderte es sich von 2,7:1 im Jahr 1960 auf 5,3:1 im Jahr 1979, für die Länder Westeuropas entsprechend von 0,7:1 auf 1,3:1 und für Japan von 0,1:1 auf 1,4:1. Diese Kennziffern veranschaulichen den Grad der realen Präsenz des Kapitals der drei Zentren des Imperialismus auf Auslandsmärkten.

Die 70er Jahre insgesamt haben wesentliche Änderungen in der Kräftekonstellation zwischen den Hauptzentren des gegenwärtigen Kapitalismus mit sich gebracht. Hervorzuheben ist die Spezifik der ersten Hälfte der 70er Jahre: infolge der verstärkten Entwicklung Westeuropas und Japans wurden die USA in einem bestimmten Maße aus den Monopolstellungen in einer Reihe von Sektoren der kapitalistischen Wirtschaft zurückgedrängt. Die zweite Hälfte des Jahrzehnts hingegen war dadurch charakterisiert, daß eine gewisse Stabilisierung der Lage der USA eintrat und das Wachstumstempo der Wirtschaft Westeuropas und Japans sich verlangsamte. Nachdem sich die Zahl der Teilnehmer des Gemeinsamen Markts vergrößert hat, steht den Vereinigten Staaten eine breitere Wirtschaftsgruppierung gegenüber, die hinsichtlich des Bruttosozialprodukts den USA näher kommt und ihnen in bezug auf den Anteil am kapitalistischen Welthandel, die Produktion einer Reihe von Waren (Stahl, Autos) und das Wachstumstempo der Industrieproduktion im ganzen bedeutend überlegen ist.

Ein ernster Schlag für die USA war die Krise der kapitalistischen Währungs- und Finanzbeziehungen, die den Zusammenbruch des Bretton Woods-Systems bewirkte, das den Dollar als Schlüsselwährung der kapitalistischen Staaten verankert hatte. Dennoch ist der Dollar nach wie vor die Hauptwährung der kapitalistischen Welt, obwohl seine Positionen eingeengt worden sind.

Sowjetische Ökonomen haben nachgewiesen, daß die Meinung, die außenwirtschaftlichen Verbindungen hätten für die USA in Relation zu ihrem riesigen Binnenmarkt, ihrem hochentwickelten Wissenschafts- und Produktionspotential und ihrer reichen Ressourcenbasis eine geringe Bedeutung, nicht der Wirklichkeit entspricht. In einer Arbeit wurde aufgezeigt, daß »die allmähliche Akkumulation quantitativer Elemente der Abhängigkeit in dieser Zeit zu einer qualitativen Veränderung der gegenseitigen Beziehungen zwischen der amerikanischen und der Weltwirtschaft, zu einer progressierenden Abhängigkeit der US-Wirtschaft von den außenwirtschaftlichen Verbindungen als wichtigster Voraussetzung dafür geführt hat, daß im Lande der erweiterte Charakter der Reproduktionsprozesse gewährleistet wird«.[3] Diese Wandlungen äußerten sich hauptsächlich darin, daß sich die Abhängigkeit der US-Wirtschaft von Rohstoff-, in erster Linie Energieträgereinfuhren in den 70er Jahren verstärkte, die Außenhandelsoperationen erweiterten und die Kapitalinvestitionen im Ausland rapid erhöhten.

Im Ergebnis dessen aktivierten die USA bedeutend ihre weltwirtschaftliche Tätigkeit, durch die sie die von ihnen angemaßte Rolle eines politischen Führers der kapitalistischen Länder zu rechtfertigen suchten, einen solchen Vorzug ihrerseits wie die wissenschaftlich-technische Überlegenheit über die Staaten Westeuropas und Japan auszunutzen und junge Staaten Asiens, Afrikas und Lateinamerikas unter ihren Einfluß zu bekommen strebten. Die Stärke des wissenschaftlich-technischen Potentials in Verbindung mit der auswärtigen Expansion der amerikanischen Gesellschaften war im Grunde genommen der Haupttrumpf der USA in der sich verschärfenden Rivalität zwischen den Imperialisten. Gegenüber den Entwicklungsländern wurde ein Komplex von Mitteln ausgespielt, in dem die Investitionsexpansion mit vielen Mitteln des Drucks auf souveräne Staaten einschließlich Wirtschaftssanktionen, Einmischung in die inneren Angelegenheiten, Blockade, Boykott, Unterstützung volksfeindlicher Kräfte und reaktionärer Regime, des Rassismus und der Apartheid kombiniert wurden.

Die Schwelle der 70er Jahre betraten die USA in einer

Atmosphäre scharfer ökonomischer Rivalität mit ihren NATO-Verbündeten und sich verschlechternder politischer Positionen der USA auf dem internationalen Schauplatz, mit dem schmählichen Finale der amerikanischen Aggression in Indochina.

Es zeigte sich, daß die atlantischen Verbündeten der USA zeitweise eine nicht in allem mit der amerikanischen übereinstimmende Politik betreiben. Angesichts der scharfen Äußerungen amerikanisch-westeuropäischer Widersprüche und des raschen ökonomischen Fortschritts Japans, das auf den Weltmärkten mit den USA zu konkurrieren begann, sah sich Washington genötigt, die Prioritäten seiner Außen- und Außenwirtschaftspolitik zu überprüfen.

Der Kapitalexport, vor allem die Direktinvestitionen, erweist sich als entscheidendes Mittel zur Verwirklichung der strategischen Hauptaufgabe der USA im Bereich der Außenwirtschaftspolitik – für den Versuch, alle kapitalistischen Staaten unter dem Schirm des Monopolkapitals der USA zu vereinigen, beliebige Begrenzungen für die Tätigkeit der Tochtergesellschaften und Filialen aufzuheben und der Kapitalwanderung im Rahmen dieses Systems völlige Freiheit zu sichern, genauer gesagt, die Profite ungehindert nach den USA überführen und finanzielle Ressourcen aus anderen Ländern herauspumpen zu können.

In den letzten Jahren aber wird der Kampf der USA für die Erhaltung ihrer ökonomischen und politischen Positionen mittels Kapitalexports bei sich erweiternder auswärtiger Expansion westeuropäischer Staaten ebenso wie Japans geführt.

Der Anteil der USA am Jahreszuwachs der Direktinvestitionen entwickelter kapitalistischer Staaten im Ausland ging allmählich zurück, obwohl die jährliche Ausfuhr amerikanischen Kapitals in absoluten Größen zunahm (siehe Tabelle 1).

*Tabelle 1*

Kapitalexport aus entwickelten kapitalistischen Ländern für Direktinvestitionen im Ausland (in Prozent)

| | 1966 | 1970 | 1975 | 1976 | 1977 | 1978 | 1979 |
|---|---|---|---|---|---|---|---|
| Insgesamt (in Mio. Dollar) | 7429 | 12059 | 25066 | 24366 | 25816 | 35126 | 47183 |
| USA | 72,9 | 62,9 | 56,9 | 47,7 | 47,3 | 46,7 | 51,7 |
| Kanada | 0,1 | 2,5 | 3,1 | 2,3 | 2,9 | 6,6 | 3,9 |
| Westeuropa | 25,2 | 30,7 | 32,4 | 41,1 | 42,5 | 39,4 | 37,6 |
| darunter | | | | | | | |
| BRD | 4,8 | 7,2 | 8,0 | 10,1 | 10,7 | 10,3 | 9,8 |
| Großbritannien | 10,4 | 10,9 | 9,7 | 15,6 | 12,8 | 13,1 | 12,3 |
| Italien | 1,3 | 0,9 | 1,4 | 0,6 | 2,1 | 0,5 | 1,2 |
| Niederlande | 3,5 | 4,3 | 5,3 | 4,0 | 6,3 | 5,2 | 4,9 |
| Frankreich | 3,1 | 3,1 | 4,1 | 5,0 | 4,7 | 5,8 | 4,3 |
| Japan | 1,4 | 3,0 | 7,0 | 8,2 | 6,4 | 6,7 | 6,1 |

*Quelle:* »Salient Features and Trends in Foreign Direct Investments«. United Nations Centre on Transnational Corporations, ST/CTG/14, 1981, p. 70.

## *Eroberung von Brückenköpfen*

Rückblickend in die Geschichte des amerikanischen Eindringens in westeuropäische Länder kann man feststellen, daß die heutigen Positionen des US-Kapitals in dieser Region durch die intensive Expansion vorherbestimmt wurden, die die Vereinigten Staaten hier nach dem zweiten Weltkrieg mittels politischer, ökonomischer und sonstiger Maßnahmen, mittels unverhüllter Drohungen und Einschüchterung ihrer NATO-Partner mit einer vermeintlichen »sowjetischen Gefahr« und »kommunistischer Infiltration« entfaltet hatten. Dabei spielten auch allgemeine spezifische Züge der Expansion des amerikanischen Kapitals eine Rolle.[4]

Das Hauptobjekt der Expansion bleibt *Großbritannien,* und die heutigen Positionen der US-Monopole gehen auf die Lend-Lease-Act, das amerikanisch-englische Finanzabkommen von 1945 und andere internationale Aktionen des amerikanischen Monopolkapitals zurück. Schon Anfang der 60er Jahre nahmen die Direktinvestitionen der USA wesentliche Positionen in einer Reihe von Zweigen der britischen Wirtschaft ein, vorwiegend in der verarbeitenden und Erdölindustrie. Zu jenem Zeitpunkt überstiegen die amerikanischen direkten Kapitalanlagen in Großbritannien um nahezu 300 Mio. Dollar die Direktinvestitionen der USA in fünf anderen wirtschaftlich hochentwickelten europäischen Staaten (Belgien, Frankreich, der BRD, Holland und Italien). Das ist das ökonomische Ergebnis der NATO-Partnerschaft mit den USA und der Abhängigkeit vom Monopolkapital in Übersee, zu der diese Partnerschaft Großbritannien geführt hat. Die Abhängigkeit verstärkte sich systematisch und trug dazu bei, daß das nach Meinung amerikanischer Geschäftsleute »erforderliche Klima« für Direktinvestitionen geschaffen wurde.

In kontinentaleuropäische Länder drang das amerikanische Kapital nicht so rasch ein. Aber auch hier festigt es seine Positionen, indem es die Direktinvestitionen allmählich, Schritt für Schritt mit Hilfe ökonomischer, politischer, diplomatischer und sonstiger Maßnahmen steigert.

Die enge Zusammenarbeit der Monopole der USA und der BRD ist eine gut bekannte Tatsache, obwohl viele Details den breiten Massen nach wie vor verborgen bleiben. Irgendwie wiederholt sich die Geschichte, mit einzelnen Zügen an die Zeit zwischen dem ersten und dem zweiten Weltkrieg erinnernd, als viele Millionen Dollar der Wiederankurbelung der Kriegsmaschine des deutschen Imperialismus zugute kamen.

Der Zustrom amerikanischen Kapitals in die westdeutsche Wirtschaft, vor allem in die militärisch bedeutsame Schwerindustrie, erklärt in bedeutendem Maße die Tatsache, daß viele große Industrieunternehmen Westdeutschlands, darunter die Krupp-Werke, IG Farben u.a., nicht nur in Gang gebracht, sondern auch beträchtlich rekonstruiert worden sind. Damit erklärt sich in bedeutendem Maße auch, daß Westdeutschland mit Industrieerzeugnissen vieler Art einschließlich militärischer zu einem ernsten Konkurrenten westeuropäischer Länder auf dem internationalen Markt geworden ist.

Es wiederholt sich, was nach dem ersten Weltkrieg geschah, als die mit Hilfe ausländischer Anleihen wiedererrichtete deutsche Industrie mit ihrem erneuerten Produktionsapparat eine Reihe von Zweigen der französischen und der englischen Industrie, die der Konkurrenz Deutschlands auf dem internationalen Markt nicht gewachsen waren, in eine schwere Lage versetzte.

Ebenso energisch wirkten amerikanische Gesellschaften in *Frankreich*, wo die Direktinvestitionen der USA Anfang der 60er Jahre über 0,7 Mrd. Dollar hinausgingen und 1966 auf 1,8 Mrd. Dollar kamen.

Amerikanische Gesellschaften drangen aktiv in die Wirtschaft *Italiens* ein. Unter dem Druck der USA, die sich das Ziel gestellt hatten, Italien in ein zuverlässiges militärstrategisches Aufmarschgebiet zu verwandeln, hatte die Wirtschaft dieses Landes den amerikanischen Monopolen Tür und Tor weit geöffnet. Hauptzweige für Kapitalanlagen der USA waren Erdölindustrie, Elektrotechnik und Chemie, auf die über zwei Drittel sämtlicher Investitionen entfielen.

Als vorteilhafte Objekte für die Anlage von Kapital betrachteten die Monopole der USA Österreich, Holland, Dänemark und andere kleine Länder Westeuropas.

Um in die westeuropäischen Länder einzudringen, machten sich die amerikanischen Monopolherren intensiv die ökonomischen und politischen Schwierigkeiten in diesen Ländern zunutze. Als Beispiel dafür kann *Holland* dienen, das einer solchen Bereicherungsquelle wie Indonesien verlustig gegangen war; das nutzten US-Gesellschaften umgehend aus, die in der Wirtschaft Hollands Kapital investierten und dort Dutzende Tochterunternehmen einrichteten.

Die Presse der USA gesteht offen ein, daß Holland die Aufmerksamkeit amerikanischer Monopole genießt, weil von diesem Brückenkopf aus praktisch mit ganz Westeuropa Handel getrieben werden kann. Viele holländische Betriebe sind durch ein Netz von Kanälen, Eisenbahnlinien und Kraftverkehrsstraßen sowohl mit

Ozeanhäfen als auch mit einer Reihe von Ländern in Mitteleuropa, vor allem solchen, die dem Gemeinsamen Markt angehören, verbunden.

Charakter und Dimension des Eindringens des Kapitals in *Japan* rufen zwangsläufig ernste Widersprüche zwischen beiden Ländern hervor. Die Tatsache, daß die japanische Bourgeoisie Augenblicksaufgaben und zeitweilige wirtschaftliche Vorteile statt dringender Belange des Landes in den Vordergrund schiebt, hebt die zwischen Japan und den USA bestehenden Widersprüche keineswegs auf, die unweigerlich wachsen und wachsen werden.

Es ist nicht zu bezweifeln: je mehr man sich in Japan dessen bewußt wird, daß die ökonomische Abhängigkeit von den USA den grundlegenden nationalen Interessen widerspricht, desto stärker wird der Widerstand gegen eine Politik, die die herrschenden Kreise Japans zum Schaden der Lebensinteressen des Landes betreiben.

Die privaten Direktinvestitionen der USA in Japan beliefen sich Mitte der 60er Jahre auf insgesamt 0,8 Mrd. Dollar, davon entfielen 89 Prozent auf seine verarbeitende und Erdölindustrie. Allerdings sind diese Angaben alles andere als vollständig, da das Kapital in den verschiedensten Formen und nicht nur durch Direktinvestitionen in das Land eindringt. Der Bau von Militärstützpunkten und zahlreichen Objekten ist ein wichtiges Mittel der Expansion amerikanischen Kapitals in Japan. Die Gewinnausfuhr aus Japan wie aus anderen Ländern, in die amerikanisches Kapital investiert wird, geschieht in räuberischen Formen. Dies erklärt sich weitgehend damit, daß eine Reihe von Industriezweigen des Landes (Erdöl-, Flugzeugindustrie und einige andere) in technologischer Hinsicht besonders stark vom Kapital der USA abhängen.

Die vom US-Kapital gesammelten Erfahrungen bei der Erzielung von Steuervergünstigungen werden in Japan mit Vorschubleistung und Begünstigung seiner herrschenden Kreise weitgehend angewandt. Die Gesetzgebung des Landes gewährt Ausländern große Vergünstigungen für ihre Einnahmen. Mehr noch: dem amerikanischen Kapital ist es gelungen, in Japan außerordentlich vorteilhafte Steuerbedingungen zu erwirken, die bedeutend günstiger sind als sogar in manchen Entwicklungsländern.

Die Behörden der USA wiederum stimulieren die Schaffung und Tätigkeit verschiedenerlei Organisationen und Gesellschaften, die das Eindringen amerikanischen Kapitals fördern. Viele von ihnen sind ein Erbe der ersten Nachkriegsjahre, in denen das amerikanische Kommando im Lande überhaupt unkontrolliert hauste.

Die amerikanischen Kapitalanlagen gehen vor allem in Großbetriebe, vorwiegend in der Schwer- und Rüstungsindustrie, sowie in sie bedienende Zweige. Die Monopolherren der USA sind darauf aus, die Hauptbereiche der Wirtschaft unter Kontrolle zu bekommen. Das gilt insbesondere für das Privatkapital als Hauptkanal der Direktinvestitionen der USA in Japan.

Hier ist es angebracht, an eine bezeichnende Äußerung Dean Achesons, damals stellvertretender und später Außenminister der USA, genau zwei Jahre nach Beendigung des zweiten Weltkrieges zu erinnern. Er stellte den USA folgende Aufgabe: »Wir müssen in der gegenwärtigen Situation die Rekonstruktion zweier großer Werkstätten in Europa und Asien – Deutschland und Japan – voranbringen, von denen in hohem Maße die endgültige Wiederherstellung beider Kontinente abhängt.« Tatsächlich: die Geschichte der Nachkriegsexpansion des US-Kapitals zeigt überzeugend, daß der amerikanische Imperialismus eine entscheidende Rolle beim schnellen Wirtschaftswachstum dieser Staaten gespielt hat. Tief in die Wirtschaft seiner Partner diesseits des Ozeans eingedrungen, trug er zur Herausbildung neuer Kraftzentren des gegenwärtigen Kapitalismus bei und bewahrt sich wichtige ökonomische Hebel, um diese Länder in seiner Einflußsphäre zu halten.

Bemerkenswert ist die zitierte Äußerung freilich nicht dadurch, was sie über die Bedeutung der amerikanischen Investitionen in Japan und Deutschland und die Notwendigkeit, die Rekonstruktion dieser Länder »voranzubringen« aussagt, die mit dem Anspruch auf einen geographischen Determinismus als »Werkstätten in Europa und Asien« bezeichnet werden. Die US-Investitionen in Japan und westeuropäischen Ländern dienen vor allem den Interessen der amerikanischen Monopole, ihrer Politik, doch keineswegs den Interessen der Völker dieser Länder.

## *Die Offensive geht weiter*

Gestützt auf die eroberten Brückenköpfe, hat das US-Kapital eine aktive Expansion in den Ländern Westeuropas entfaltet. Die Formen seiner Expansion beschränken sich nicht auf private Direktinvestitionen; schnell wachsen auch die Portefeuilleinvestitionen und die Leihkapitalausfuhr. Wir wollen aber der Authentizität und der Vergleichbarkeit der Angaben zuliebe bei den Direktinvestitionen verweilen.

Ab 1966 stiegen die amerikanischen Investitionen am intensivsten in den westeuropäischen Ländern; sie erhöhten sich 1966—1981 auf das 6,3fache. 1981 entfielen auf Anlagen in Westeuropa 60,6 Prozent sämtlicher Direktinvestitionen der USA in entwickelten kapitalistischen Ländern. Somit nahm der Stellenwert dieser Region als Investitionsobjekt wesentlich zu (1966 kamen auf Westeuropa 45 Prozent der US-Anlagen in kapitalistischen Ländern). Die Hauptmasse des amerikanischen Kapitals ging in die Zweige der verarbeitenden Industrie, obwohl hier ein gewisser anteilmäßiger Rückgang von 55 Prozent 1966 auf 45 Prozent 1981 zu bemerken ist. Die Investitionen in die Erdölindustrie der westeuropäischen Länder weisen ein stabiles Wachstum auf: Auf sie kommen 24,7 bis 22,2 Prozent der amerikanischen Investitionen in dieser Region.

1977 gab es in Westeuropa 10262 Filialen von US-Gesellschaften, darunter etwa 8000 in den Ländern der EWG. Das Gesamtvolumen ihrer Vermögenswerte erreichte die Riesensumme von 394 Mrd. Dollar. Diese Unternehmen zählten über 3,1 Millionen Beschäftigte, der Bruttogewinn machte 293 Mrd. Dollar aus, der Reingewinn 10,1 Mrd. Dollar und der rückgeführte Gewinn 7,2 Mrd. Dollar.

Im Mittelpunkt der amerikanischen Privatkapitalinvestitionen in Westeuropa steht *Großbritannien.* 1981 beliefen sich die US-Kapitalanlagen auf über 30 Mrd. Dollar. In der zweiten Hälfte der 70er Jahre begannen die Investitionen in diesem Lande die Summe der amerikanischen Kapitalanlagen in der BRD und Frankreich zu übertreffen.

Die Zweigstruktur der amerikanischen Kapitalanlagen in Großbritannien zeigt an, daß 1981 44,5 Prozent der Mittel (13,4 Mrd. Dollar) in die verarbeitende Industrie investiert wurden. Davon kamen auf den Maschinenbau 3,3 Mrd. Dollar und auf die Chemie 2,2 Mrd. Dollar. Gesellschaften der USA setzten 26,9 Prozent der Investitionen (8,1 Mrd. Dollar) in der Erdölindustrie und über 2 Mrd. Dollar im Handel ein.

Schnell wachsen die amerikanischen Direktinvestitionen in der *BRD.* Obwohl sich der Anteil dieses Landes am Gesamtvolumen der US-Investitionen in Westeuropa praktisch nicht verändert hat, ist eine absolute Erhöhung der Anlagen von 3,1 Mrd. Dollar 1966 auf 16,1 Mrd. 1981 zu verzeichnen, also auf das 5,2fache. Der größte Teil (64 Prozent) der Investitionen ist in der verarbeitenden Industrie angelegt. In der Erdölindustrie erreichte die Summe der Direktinvestitionen 1981 3,3 Mrd. Dollar, die Kapitalanlagen im Handel, im Bank- und Versicherungswesen kamen auf 2,3 Mrd. Dollar.

*Frankreich* rangiert als Partner der USA in Westeuropa nach dem Volumen des in seiner Wirtschaft angelegten amerikanischen Kapitals an dritter Stelle. Die Direktinvestitionen amerikanischer Gesellschaften im Lande überschritten 1981 9 Mrd. Dollar, während die entsprechende Kennziffer 1966 lediglich 1,8 Mrd. Dollar auswies. 1981 machte Frankreichs Anteil an der Gesamtsumme der Direktinvestitionen der USA in Westeuropa 9 Prozent aus (1966 = 11 Prozent). Die

*Tabelle 2*
Private Direktinvestitionen der USA in entwickelten kapitalistischen Ländern (in Mrd. Dollar)

| | 1966 | 1977 | 1978 | 1979 | 1980 | 1981 |
|---|---|---|---|---|---|---|
| Belgien | 0,7* | 4,2* | 4,7* | 5,9 | 6,3 | 6,3 |
| BRD | 3,1 | 11,0 | 12,7 | 13,5 | 15,4 | 16,1 |
| Dänemark | 0,2 | 0,7 | 0,9 | 1,1 | 1,3 | 1,4 |
| Frankreich | 1,8 | 6,1 | 6,8 | 8,0 | 9,3 | 9,1 |
| Griechenland | — | — | — | 0,4 | 0,3 | 0,2 |
| Großbritannien | 5,7 | 17,4 | 20,4 | 23,5 | 28,6 | 30,1 |
| Irland | — | 1,2 | 1,6 | 1,8 | 2,3 | 2,6 |
| Italien | 1,0 | 3,0 | 3,6 | 4,4 | 5,4 | 5,4 |
| Japan | 0,8 | 4,1 | 5,0 | 6,2 | 6,2 | 6,8 |
| Kanada | 17,0 | 35,4 | 37,3 | 40,2 | 45,0 | 47,0 |
| Luxemburg | — | — | — | 0,5 | 0,7 | 0,6 |
| Niederlande | 0,9 | 4,0 | 4,7 | 6,9 | 8,1 | 8,8 |
| Norwegen | 0,2 | 1,6 | 1,6 | 1,3 | 1,7 | 2,3 |
| Österreich | — | — | — | 0,4 | 0,5 | 0,6 |
| Portugal | — | — | — | 0,2 | 0,3 | 0,3 |
| Schweden | 0,4 | 1,2 | 1,2 | 1,4 | 1,5 | 1,4 |
| Schweiz | 1,2 | 6,2 | 7,4 | 9,7 | 11,3 | 12,4 |
| Spanien | 0,4 | 2,2 | 2,1 | 2,7 | 2,7 | 2,9 |

* einschließlich Luxemburg
*Quelle:* »Survey of Current Business«, October 1968, p. 24; August 1978, p. 28; August 1979, Part I, p. 26; August 1981, p. 31; August 1982, pp. 21–22.

Verteilung der amerikanischen Kapitalanlagen in Frankreich nach Zweigen gleicht der in Großbritannien und der BRD: ein anteilmäßig hohes Gewicht haben die Investitionen in der verarbeitenden Industrie, besonders in der Chemie und im Maschinenbau (3,3 Mrd. Dollar 1981).

Auffallend ist das Wachstum der Direktinvestitionen in *Holland*. 1966—1981 vergrößerten sich die amerikanischen Investitionen hier auf nahezu das 10fache und erreichten 8,8 Mrd. Dollar. Die USA haben bedeutende Investitionen in Belgien und Italien (6,3 Mrd. bzw. 5,4 Mrd. Dollar).

Die Direktinvestitionen der USA in Westeuropa wirken auf zweierlei Weise auf die Wirtschaft der Empfangsländer ein. Einerseits kommt es zur weiteren Entwicklung ihres wirtschaftlichen und wissenschaftlich-technischen Potentials, andererseits hemmt die Expansion amerikanischen Kapitals den Fortschritt der nationalen Industrie.

Außer wichtigen politischen und strategischen Aufgaben, die der amerikanische Imperialismus mittels der außenwirtschaftlichen Expansion seiner Gesellschaften löst, wirft ihm der Kapitalexport nicht geringe Gewinne ab. Betrachtet man die in Westeuropa erzielten Einnahmen nach Ländern aufgeschlüsselt, so ergibt sich, ausgewiesen für das Jahr 1981, daß die US-Gesellschaften ihre höchsten Gewinne in Großbritannien einbrachten (5,4 Mrd. Dollar, darunter 53,7 Prozent – 2,9 Mrd. – aus Anlagen in der Erdölindustrie). Als nächstes folgt die Schweiz mit 1,9 Mrd. (1,6 Mrd. aus Anlagen im Handel und Versicherungswesen). Weiter Holland, wo die Gewinne über 1,2 Mrd. Dollar hinausgingen (fast 1 Mrd. davon aus der Erdölindustrie). In der BRD erhielt das amerikanische Busineß etwas über 1 Mrd. Dollar (1980 = 1,9 Mrd.).

Auffallend ist, daß die US-Investitionen in der Erdölindustrie westeuropäischer Länder in den 60er Jahren verlustbringend waren, dann aber (besonders nach 1973—1974) begannen die Gewinne aus diesen Zweigen zu steigen: 1981 kamen sie auf 5,3 Mrd. Dollar. Die Erhöhung der amerikanischen Profite in der Erdölindustrie Westeuropas in der zweiten Hälfte der 70er Jahre fällt zeitlich mit der »Ölpreisrevolution« zusammen.

Die Apologeten der US-Expansion behaupten, daß »ein großer Teil der europäischen Länder trotz einiger Unbequemlichkeiten möglichst viele amerikanische Unternehmen haben möchte«. Mehr noch: nach ihrer Auffassung »befinden sich die amerikanischen Gesellschaften in Westeuropa in einer Auktion, wo die europäischen Regierungen um den besten Geschäftsabschluß streiten«.[5] In Wirklichkeit wird das Eindringen amerikanischen Kapitals von einer schroffen Verschärfung der zwischenimperialistischen Widersprüche begleitet und führt zur Allmacht der US-Gesellschaften, zu zunehmender wissenschaftlich-technischer Abhängigkeit von ihnen.

1966—1981 vergrößerten sich die privaten Direktinvestitionen der USA in *Kanada* von 17,0 Mrd. auf 47,0 Mrd. Dollar. Im Verlauf der ganzen Geschichte der amerikanisch-kanadischen Beziehungen waren sie gekennzeichnet von einer rechtsungleichen Lage Kanadas. Mit Hilfe der privatmonopolistischen Expansion haben sich die USA die führenden Industriezweige Kanadas faktisch unterworfen und die Wirtschaft des Landes von der amerikanischen Technologie abhängig gemacht. Die Durchdringung der Wirtschaft Kanadas hat so große Ausmaße angenommen, daß sie Züge einer Verflechtung der Wirtschaften beider Länder bekommen hat, wobei der kanadische Partner stets mit der Rolle einer ausgebeuteten Seite vorliebnehmen muß. Dennoch wurden die Verbindungen der beiden Länder untereinander im politischen Leben nicht anders als »besondere Beziehungen« genannt.

Obwohl sich der Anteil Kanadas an den Direktinvestitionen der USA im Ausland 1966—1981 wesentlich verringerte (von 31,1 auf 20,7 Prozent), steht dieses Land nach wie vor an erster Stelle im Volumen dieser Direktinvestitionen. Besonders gewichtig ist die Rolle, die dieses Land als Anlagesphäre für amerikanisches Kapital in der verarbeitenden und Erdölindustrie spielt: von 47 Mrd. Dollar entsprechend 19,7 Mrd. bzw. 10,7 Mrd., das sind 42 bzw. 23 Prozent.

Die Herrschaft des amerikanischen Kapitals führte dazu, daß, besonders in den letzten Jahren, ernste Widersprüche in den Beziehungen zwischen beiden Ländern auftraten. Das Wesen dieser Probleme legte der Außenminister Kanadas offen dar. Er erklärte: »Die Indizes ausländischen Eigentums in Kanada sind auf einem solchen Stand, wie ihn die USA bei sich gewiß nicht dulden würden. Nach jüngsten vorliegenden Angaben (1978) zum Beispiel machten die ausländischen Investitionen in den USA 5 Prozent des in der extraktiven und 3 Prozent des in der verarbeitenden Industrie wirkenden Kapitals aus. Die entsprechenden Angaben für Kanada: 37 bzw. 47 Prozent.«[6]

In Kanada wurde eine Behörde zur Überprüfung der

ausländischen Kapitalinvestitionen (FIRA) gebildet. Ihre Tätigkeit stieß auf heftige Unzufriedenheit in Geschäftskreisen und bei der Administration der USA, da sie die Unkontrolliertheit der Investitionsentscheidungen amerikanischer Gesellschaften begrenzte.

Im Endergebnis hatten diese Maßnahmen jedoch keine spürbare Wirkung auf Umfang und Charakter der amerikanischen Investitionen. Nach dem Stand vom August 1981 erteilte die kanadische Regierung Genehmigungen in 90,5 Prozent aller Fälle, in denen amerikanische Kapitalinvestoren darum ersuchten. Nichtsdestoweniger erwies sich gerade die Tätigkeit der FIRA als eine der hauptsächlichsten »Streitfragen«, und als Folge dieser Widersprüche gab es in den letzten Jahren wachsende Spannungen in den politischen Beziehungen zwischen beiden Ländern.

Ein weiteres Problem, dem die Allmacht amerikanischen Kapitals in der Wirtschaft Kanadas zugrunde liegt, ist die Entwicklung seines Energiesektors. Die amerikanisch-kanadischen Widersprüche wachsen auch in der Autoindustrie und im Bereich der Währungs-, Finanz- und Geldregulierungen.

Die Investitionen in Kanada sichern den amerikanischen Gesellschaften recht hohe Einnahmen. 1966 beliefen sich die Gewinne amerikanischer Gesellschaften auf rund 1,3 Mrd. Dollar, 1981 aber auf 4,1 Mrd. (Zuwachs auf das 3,2fache).

Die Direktinvestitionen der USA in *Japan* sind vorerst noch verhältnismäßig gering. 1981 entfielen auf Japan im ganzen 3 Prozent sämtlicher Direktinvestitionen der USA und 4,1 Prozent der amerikanischen Direktinvestitionen in entwickelten kapitalistischen Ländern.

Die Positionen, die das Monopolkapital der USA vor dem zweiten Weltkrieg erworben hatte, erleichterten ihm in vieler Hinsicht sein weiteres Eindringen in die japanische Wirtschaft. Eine bestimmte Analogie mit Westdeutschland drängt sich auf, wo die alten Verbindungen zwischen amerikanischen und deutschen Finanz- und Industriekonzernen von amerikanischen Monopolgruppen vielfach ausgenutzt werden, um in die Wirtschaft des Landes einzudringen. Je mehr Japan sich (nicht ohne Hilfe der USA) in eines der »Wirtschaftsmachtzentren« des gegenwärtigen Kapitalismus verwandelte, desto mehr betrachteten die amerikanischen Monopole die Entwicklung der Beziehungen zu diesem Lande und die Gewährleistung einer »effektiven Präsenz« dort als eine der entscheidenden Richtungen ihrer Politik. 1977 wirkten in Japan 903 Filialen amerikanischer Gesellschaften mit Vermögenswerten in Höhe von 55,7 Mrd. Dollar und über 390000 Beschäftigten.

Eine der Hauptformen der Kapitalanlagen der USA ist die anteilmäßige Beteiligung an gemischten Gesellschaften. Beispielsweise entfällt auf die Filialen, in denen 50 und mehr Prozent des Kapitals amerikanischen Gesellschaften gehören, die Hälfte der Direktinvestitionen der USA (1977 2,3 Mrd. Dollar der Gesamtsumme der Investitionen in Höhe von 4,6 Mrd. Dollar). In einer Reihe von Industriezweigen sind die Positionen der USA aber stark, und sie sind noch in der Zeit der Besetzung Japans erobert worden. Das amerikanische Kapital kontrolliert schätzungsweise an die 40 Prozent der Produktion und des Absatzes von Erdölprodukten. Für Japan, das seinen Bedarf an Erdöl praktisch vollständig durch den Import deckt, ist das Problem der Versorgung aus ausländischen Quellen besonders akut. Führende Positionen in diesem Bereich haben die großen Monopole – Mammutgesellschaften des Ölgeschäfts der USA - Caltex, Exxon, Mobil Oil, Gulf Oil – erobert. Auf sie entfielen 1979 39 Prozent und 1980 35 Prozent des japanischen Erdölimports. Große amerikanische Gesellschaften gibt es auch in der Radioelektronik und im Maschinenbau. Trotz einer Reihe von Schranken (Devisengesetzgebung, Begrenzung der Investitionsbereiche u.a.) bestehen für Filialen amerikanischer Gesellschaften keine Schwierigkeiten in den Beziehungen zu den Regierungsorganen des Landes.

Die amerikanischen Gesellschaften in Japan ziehen es im ganzen vor, die erzielten Gewinne zurückzuführen, im Unterschied zu Westeuropa, wo Reinvestitionen und zurückfließende Gewinne sich ungefähr die Waage halten; in Kanada übertreffen die ersteren beträchtlich das Volumen der nach den USA überwiesenen Gewinne.

Die Wirtschaftskrise in den kapitalistischen Ländern verschärft zwangsläufig den Kampf im Lager des Imperialismus um Absatzmärkte und Kapitalanlagesphären. Die Formen, deren sich die herrschenden Kreise bedienen, um die Schwierigkeiten im Warenabsatz außerhalb des amerikanischen Markts zu lösen (Anleihen, Kredite, Subventionen, »Schenkungen« usw.), so weitgehend sie zur Anwendung kommen, tilgen das Übel nicht mit der Wurzel. Das Hauptübel sind das Wettrüsten und die Militarisierung der Wirtschaft der kapitalistischen Staaten. Die Bürde der von Washington aus stimulierten Rüstungsproduktion wird auf die Schultern der arbeitenden Bevölkerungsschichten in den kapitalistischen Ländern abgewälzt, darunter auch in den Vereinigten Staaten selbst. Der volksfeindliche, parasitäre Charakter der internationalen Tätigkeit des Kapitals kommt hier besonders anschaulich zum Vorschein.

### *Ausbeutung der Entwicklungswelt*

Im Kapitalexport sind viele grundlegende Probleme der Beziehungen zwischen den Entwicklungsländern und dem Monopolkapital, hinter dem die offizielle Politik steht, fokussiert. Zu diesen Problemen gehören die den national befreiten Ländern aufgenötigte rechtsungleiche internationale Arbeitsteilung, die fortbestehende Kontrolle ausländischer, in erster Linie amerikanischer, Monopole über die wichtigsten Wirtschaftssektoren dieser Länder, die Gewinnausfuhr nach den »Mutterländern«, mögen sie nun auch als ehemalige bezeichnet werden. Das Haupthindernis für die Durchsetzung der Unabhängigkeit und des Fortschritts der Völker ist der amerikanische Kapitalismus mit seiner Politik.

Der US-Imperialismus forcierte in den ersten Jahrzehnten nach dem zweiten Weltkrieg fortlaufend die Ausmaße der Wirtschaftsexpansion, die Souveränität der Staaten Asiens, Afrikas und Lateinamerikas mit Füßen tretend. In jenen Jahren formte sich endgültig der neokolonialistische Inhalt der Außenpolitik der USA. Die zweite Hälfte der 40er Jahre, die 50er und der Anfang der 60er Jahre standen im Zeichen des überwiegenden Eindringens in Entwicklungsländer, der Eroberung der dortigen Hauptlagerstätten an Bodenschätzen.

Diese Periode kann mit vollem Recht als Periode einer eigenartigen »Kolonialisierung« der Wirtschaft der Entwicklungsländer durch das US-Kapital bezeichnet werden, als so etwas wie Brückenköpfe für das, wie die Strategen in Übersee hofften, ungehinderte Herauspumpen materieller und finanzieller Ressourcen der Entwicklungsländer nach den USA errichtet wurden. Mitte der 60er Jahre bestritten die USA mehr als die Hälfte des Kapitalexports aus entwickelten kapitalistischen Staaten in Entwicklungsländer.

Die Ziele der amerikanischen Außenpolitik sind dem Wesen nach die gleichen geblieben. Die Vereinigten Staaten waren aber gezwungen, sich den Veränderungen in der Welt, den sich wandelnden Bedingungen anzupassen, unter denen das Kapital in den national befreiten Ländern funktionierte. Der Klasseninhalt der amerikanischen Außenpolitik äußerte sich vor allem in dem Bestreben, die voranschreitende Entwicklung des sozialistischen Weltsystems und den Aufbau des Sozialismus in den jungen Staaten Asiens, Afrikas und Lateinamerikas zu verhindern.

Schon W.I. Lenin wies darauf hin, daß »die tiefsten Wurzeln sowohl der inneren als auch der äußeren Politik. . . . bestimmt werden durch die ökonomischen Interessen, durch die ökonomische Stellung der herrschenden Klassen«.[7] Die Politik der USA gegenüber den Entwicklungsländern erscheint als wichtiger Teil des Kampfes des Imperialismus gegen die soziale Erneuerung unseres Planeten.

Die ersten Schritte in dieser Richtung wurden Anfang der 60er Jahre unternommen, als die Administration John F. Kennedys eine »neue Konzeption« zu verwirklichen begann.

Eine derartige Wende in der Politik der USA war bedingt durch den Zerfall des Kolonialsystems, durch den dem Imperialismus in der Mehrzahl junge Staaten der unmittelbaren militärisch-politischen Kontrolle entzogen wurden. Die USA sahen sich vor die Notwendigkeit gestellt, an der Praxis ihrer ökonomischen Verbindungen mit den national befreiten Ländern wesentliche Korrekturen vorzunehmen und die Beziehungen mit ihnen auf langfristiger strategischer Grundlage zu gestalten. Mit dem Aufschwung des nationalen Befreiungskampfes der Völker, der stärkeren Ausprägung seines antiimperialistischen und verschiedentlich auch antiamerikanischen Inhalts wurden die Anpeitschung der Entwicklungsländer zur kapitalistischen Entwicklungsvariante, die »Steuerung« dieses Prozesses mittels raffinierter Formen ökonomischen Zwangs und die Ausrichtung auf eine neokolonialistische Anpassung der Wirtschaft dieser Länder an die Ansprüche des entwickelten Kapitalismus zur Grundlinie der Politik der USA und ihrer NATO-Partner mit dem Ziel, ihre »rückwärtigen Gebiete« im Wettbewerb mit dem Weltsozialismus zu sichern. Amerikanischerseits wurden nicht wenige Erklärungen abgegeben, daß eine »neue Etappe« in den Beziehungen zu den Entwicklungsländern anbreche. Ihr Sinn lief aber immer nur darauf hinaus, sich der Verantwortung für die Rückständigkeit dieser Länder zu entledigen und ihre Entwicklung in eine den US-Monopolen vorteilhafte Bahn zu lenken.

Unabhängig von den Veränderungen in der außenpolitischen Situation war Privatkapitalexport nach wie vor das Hauptinstrument im internationalen Kurs der USA. Besonders kraß zeigte sich das seit der zweiten Hälfte der 60er Jahre. Der amerikanische Imperialismus, stellte der Generalsekretär der Kommunistischen Partei der USA, Gus Hall, fest, »beginnt eine neue Offensive, um eine noch größere Finanzhegemonie über alle Länder, die seine Schuldner sind, zu errichten. Er fordert von ihnen finanzielle und wirtschaftliche Unterordnung, indem er droht, Anleihen zu stornieren und die Gewährung neuer Kredite zu versagen.

Es zeigt sich auch ein neuer Versuch, die Lieferungen von Lebensmitteln und anderen Agrarerzeugnissen als Werkzeug der Hegemonie, namentlich in den Beziehungen zu Entwicklungsländern, auszunutzen.«

Das Gesamtvolumen der jährlichen Direktinvestitionen der USA in Entwicklungsländern vergrößerte sich von 5,3 Mrd. Dollar 1965 auf 31,1 Mrd. Dollar 1979, also nahezu auf das 6fache. Dabei kam es zu wesentlichen Wandlungen in der Struktur des exportierten Kapitals. Bemerkenswert ist, daß der Strom privater Direktinvestitionen von 1,3 Mrd. auf 8,1 Mrd. Dollar anschwoll. 1965 machten die von der amerikanischen Regierung bereitgestellten Mittel 63 Prozent des Gesamtvolumens des Kapitalexports nach Entwicklungsländern aus, zu Beginn der 80er Jahre aber überwog bereits der Export von Privatkapital mit 69 Prozent der Gesamtsumme.

Die Aktivierung des Exports amerikanischen Privatkapitals in den 70er Jahren hängt mit der schroffen Zuspitzung der zwischenimperialistischen Rivalität und der zunehmenden Instabilität der Wirtschaft in den Ländern des Westens zusammen. Hier verflochten sich Produktionsrückgang und steigende Arbeitslosigkeit eng mit solchen ernsten Erschütterungen der kapitalistischen Weltwirtschaft wie der Rohstoff-, der Energie- und der Währungskrise. Unter diesen Bedingungen verstärkte sich noch mehr die internationale Aggressivität des US-Kapitals, das ihm eigene Bestreben, sich den Zugang zu Rohstoffquellen in Entwicklungsländern und Absatzmärkte für seine Fertigwaren zu sichern, die örtlichen Märkte zu erweitern und vor Konkurrenten zu schützen und selbstverständlich die Profite zu vermehren.

Die verstärkte Ausfuhr amerikanischen Kapitals nach national befreiten Ländern ging auch mit einer Änderung der Methoden zur Finanzierung der Investitionen einher. In den50er/Anfang der 60er Jahre vergrößerten sich die Investitionen der USA hauptsächlich durch Neueingänge, seit Mitte der 60er Jahre aber wächst der Anteil der rückgeführten Gewinne. So zum Beispiel bestand 1967 der Zuwachs an Direktinvestitionen der USA in Entwicklungsländern in Höhe von 1 Mrd. Dollar zu 71 Prozent aus neuen Investitionen. 1980 kamen 54 Prozent der Gesamtsumme der amerikanischen Direktinvestitionen in diesen Ländern auf Reinvestitionen.

Somit wurden die die wirtschaftliche Abhängigkeit der Entwicklungsländer verstärkenden amerikanischen Kapitalanlagen in diesen Ländern faktisch immer mehr aus deren eigenen Mitteln bestritten.

Die USA, die die Direktinvestitionen als Hauptform der Kapitalanlage in national befreiten Ländern bewahren, greifen auch zur Diversifizierung der Formen des Exports. Sie bedienen sich dazu unter anderem der Vergrößerung der Portefeuilleinvestitionen und der Exportkredite. Der Anteil der Portefeuilleinvestitionen an der Ausfuhr von Privatkapital nach Entwicklungsländern stieg in den 70er Jahren von 19,1 auf 24,3 Prozent, der Anteil privater Exportkredite von 2,7 auf 32 Prozent, während die privaten Direktinvestitionen von 58 auf 38 Prozent zurückgingen.

Die Erhöhung des Anteils der Portefeuilleinvestitionen und der Exportkredite an der Gesamtsumme der privaten Kapitalanlagen in Entwicklungsländern zeugt davon, daß die amerikanischen Monopole sprungartig aktiver geworden sind; sie gewähren unmittelbar oder über Kanäle des Euromarkts an die zwei Drittel der den jungen Nationalstaaten zufließenden Kredite aus privaten Quellen. Nach einer Einschätzung des Federal Reserve System der USA dominieren hier »die großen Sechs«: Bank of America, Citibank, Chase Manhattan Bank, Morgan Guaranty Trust, Manufacturers Hanover und Chemical Bank.

Die Expansionsaktivitäten der amerikanischen Banken stützen sich auf ihre wachsende Macht, das Überwiegen des Dollars im internationalen Zahlungsverkehr und in den Eurowährungsgeschäften, auf die Präsenz der USA in allen internationalen und regionalen Finanzzentren einschließlich Panamas, Singapurs und der Nahostländer, auf das Eindringen amerikanischen Kapitals in das Kreditsystem der meisten ehemaligen Kolonien und Halbkolonien.

In den letzten 15 Jahren kam auf amerikanische Gesellschaften im ganzen mehr als die Hälfte der neuen Direktinvestitionen kapitalistischer Länder in national befreiten Staaten. Und das nicht von ungefähr. Es besteht aller Grund zu der Feststellung, daß die seit Mitte der 60er Jahre verstärkte Expansion von Privatkapital der USA in Entwicklungsländer einen bestimmten Zweck verfolgt und eine der strategischen Aufgaben der Außenpolitik des Landes ist.

Die Struktur der Direktinvestitionen der USA in der Entwicklungswelt hat in den letzten Jahren keine wesentlichen Veränderungen erfahren. Auf Länder Lateinamerikas – das Hauptobjekt der Expansion amerikanischen Privatkapitals – entfielen 1981 69,3 Prozent sämtlicher Direktinvestitionen der USA in Entwicklungsländern (1955 = 72 Prozent). Der Anteil Asiens machte im gleichen Jahr 23,2 Prozent aus (1955 = 19 Prozent), der Afrikas 7,5 Prozent (1955 = 9 Prozent). Der Export von Direktinvestitionen amerikanischen Kapitals nach diesen Staaten belief sich 1975 —1979 auf 14,9 Mrd. Dollar, von denen fast 52 Prozent auf Lateinamerika entfielen.

Die USA sehen sich immer öfter mit der Tatsache konfrontiert, daß sie bereits nicht mehr imstande sind, mittels »Kanonenbootdiplomatie«, Druck und Diktat die nationale Befreiungsbewegung zu unterdrücken, den jungen Staaten eine den USA genehme Politik aufzunötigen. Mehr noch: gestützt auf den politischen und ökonomischen Beistand des Weltsozialismus, veranlaßten die Entwicklungsländer den amerikanischen Imperialismus wiederholt zu Zugeständnissen und fügten dem von den USA mit Hilfe transnationaler Gesellschaften geschaffenen System internationaler Ausbeutung Schläge zu. Darin zeigte sich, daß sowohl das von der Administration des Präsidenten John F. Kennedy vertretene Programm bürgerlich-reformistischer Umgestaltungen in den Entwicklungsländern haltlos als auch der härtere Kurs des Präsidenten Lyndon Johnson fruchtlos war. Die USA sahen sich genötigt, das Arsenal der taktischen Mittel ihrer Politik erneut zu überprüfen.

Etwas mehr als ein Jahrzehnt später erlebte die Sphäre internationaler Wirtschaftsbeziehungen eine Reihe bedeutender Veränderungen. Die Instabilität der Wirtschaften der entwickelten kapitalistischen Länder, vor allem der USA, nahm zu, und auf dieser Grundlage verschärften sich die imperialistischen Widersprüche, verstärkte sich die Abhängigkeit der Länder des Imperialismus von der Konjunktur auf den Weltwarenmärkten, vom Import mineralischer Hauptrohstoffe und besonders vom Erdölimport. In einer Reihe von national befreiten Ländern entfaltete sich ein Prozeß der Verdrängung amerikanischen Privatkapitals aus den Schlüsselzweigen der Wirtschaft. Der damalige US-Präsident Richard Nixon erklärte in diesem Zusammenhang: »Die Beziehungen der USA zu unterentwickelten Ländern. . . können schon nicht mehr auf der Basis von Hilfsprogrammen gestaltet werden. Wir streben eine allumfassende und koordinierte Entwicklungspolitik an, die sich auf alle Seiten unserer ökonomischen Verbindungen mit unterentwickelten Ländern erstreckt. . . Unsere Ziele im Bereich des Handels, der Investitionen und der Währungsreform können in Gefahr geraten, falls es nicht gelingt, die armen Länder zur Teilnahme an einem offeneren Weltwirtschaftssystem hinzuzuziehen, und ihnen dadurch nicht die Möglichkeit geboten wird, sich entsprechend ihren Entwicklungshoffnungen vorwärts zu bewegen.«[8]

Läßt man das Rhetorische in dieser Äußerung beiseite, so kommt der Hauptgedanke des amerikanischen Präsidenten klar zum Ausdruck: die Entwicklungsländer sollen zu einem Bestandteil der kapitalistischen Weltwirtschaft werden, und die USA befleißigen sich eines »komplexen« Herangehens, das sowohl »Hilfe« und Außenhandelsverbindungen als auch Kapitalexport einschließt, um diesen Ländern ihren Willen aufzunötigen.

Seit den 70er Jahren sind die USA dazu übergegangen, ihre Wirtschaftsexpansion aktiver zu verwirklichen, wobei sie bestimmte taktische Korrekturen vornahmen. Sie verfolgten das Ziel, einerseits die »Beteiligung« der USA an der »Hilfe« für sogenannte zweitrangige Länder abzubauen und andererseits die Hauptbemühungen auf die Schlüsselstaaten zu konzentrieren. Gleichzeitig wurden die Bewilligungen für die Regierungs»hilfe« eingeschränkt und größere Spielräume für die Aktivierung des Privatkapitals geboten.[9]

Eine bestimmte Umstellung erfuhr auch die Organisationsstruktur: die »Hilfe« wurde differenziert – für die ökonomische Entwicklung und für die Gewährleistung der »Sicherheit«. In der Praxis bot diese »Reorganisation« den Anhängern aktiver Einmischung in die Angelegenheiten fremder Länder, auch mit militärischen Mitteln und Investitionen, freie Hand.

Gleichzeitig damit ergriff die US-Regierung eine Reihe von Maßnahmen, um den Export von Privatkapital nach Entwicklungsländern zu fördern. Unter anderem wurde 1970 eine Gesellschaft für private Auslandsinvestitionen gebildet, das Programm bindender Begrenzungen und die Ausfuhrkontrolle für Privatkapital wurden aufgehoben (1974), in das Handelsgesetz von 1974 kamen etliche diskriminierende Bestimmungen die national befreiten Länder betreffend, die die Nationalisierung amerikanischer Vermögenswerte betreiben.

Wichtig ist es, hervorzuheben, daß seit der zweiten Hälfte der 70er Jahre die Zuwachsraten amerikanischer Direktinvestitionen in Entwicklungsländern den entsprechenden Indikator für Kapitalanlagen in der Wirtschaft entwickelter kapitalistischer Länder zu überbieten begannen. Außer der Hauptursache – der Angst davor, daß die Positionen der USA unter dem Druck des Befreiungskampfes der Völker ernstlich erschüttert werden können – läßt sich eine ganze Gruppe von Ursachen nennen, die zur Intensivierung der amerikanischen Direktinvestitionen in Entwicklungsländern geführt haben.

*Erstens.* Die Wirtschaftskrise 1974/75, verbunden mit der Zuspitzung der Rohstoff- und besonders der Energieprobleme, hat die »Zuverlässigkeit« der Roh-

und Brennstoffquellen und die Notwendigkeit, die amerikanischen Positionen dort zu festigen, als akute Frage auf die Tagesordnung gebracht.

*Zweitens.* Die Wirkung einiger mit dem allgemeinen Charakter der ökonomischen Entwicklung der USA selbst verbundener Faktoren ist zur Geltung gekommen, darunter das Bestreben der amerikanischen Gesellschaften, einzelne Arten der energie- und materialintensiven Produktion (sogenannte schmutzige Industriezweige) dorthin zu verlegen, wo die entsprechenden Ressourcen lagern. Damit eng verbunden ist auch die in den 70er Jahren erfolgte Verschiebung einiger Unterabteilungen der verarbeitenden Industrie, beispielsweise der Fertigmontage aus importierten Komponenten usw., nach Ländern mit einem reichen Angebot an Billigarbeitskräften.

*Drittens.* Beeinflußt wurde die Ausdehnung der Wirtschaftsexpansion der USA in den Entwicklungsländern durch die sich zuspitzende zwischenimperialistische Rivalität im Kampf um Absatzmärkte und Rohstoffquellen. Ihr Verlauf zeigt, daß die USA ihren Einfluß in einer Reihe von Entwicklungsländern in den 70er Jahren allmählich einbüßten, da westeuropäisches und japanisches Kapital aktiv in die Wirtschaft dieser Länder eindrang. So verringerte sich sogar in lateinamerikanischen Ländern der Anteil der Direktinvestitionen der USA an dem Gesamtvolumen des investierten ausländischen Kapitals in den Jahren 1971—1975: in Brasilien von 38 auf 32 Prozent, in Mexiko von 81 auf 69 Prozent und in Kolumbien von 56 auf 48 Prozent.

Die geographische Verteilung der Direktinvestitionen der USA in 24 Entwicklungsländern, auf die 1977—1981 zwischen 92 und 87 Prozent des Gesamtvolumens dieser Investitionen entfielen, zeigt, daß das Kapital in der Region selektiv angelegt wurde. Kennzeichnend ist, daß die Monopole ihre Investitionen in Ländern mit vom Standpunkt eben dieser Monopole mehr oder minder stabilen politischen Regimen, reichen natürlichen Ressourcen, einem genügend aufnahmefähigen Binnenmarkt und einem bestimmten Entwicklungsniveau der einheimischen Industrie konzentrieren.

Hauptländer der Kapitalinvestitionen der USA sind die Länder und Territorien in Lateinamerika und im Karibischen Raum: Brasilien, Mexiko, Panama, Argentinien, Venezuela, Peru, die Bermuda- und die Bahamainseln. Auf sie kamen 1981 etwa 70 Prozent der Gesamtsumme der amerikanischen Direktinvestitionen in

*Tabelle 3*
Direktinvestitionen in Entwicklungsländer (in Prozent)

| | 1966 | 1970 | 1975 | 1976 | 1977 | 1978 | 1979 |
|---|---|---|---|---|---|---|---|
| USA | 49,7 | 51,2 | 69,0 | 39,9 | 51,2 | 50,3 | 59,2 |
| Kanada | 1,5 | 1,7 | 2,9 | 5,5 | 4,1 | 4,1 | 1,3 |
| Westeuropa | | | | | | | |
| darunter | | | | | | | |
| Großbritannien | 7,9 | 9,2 | 7,6 | 12,2 | 12,9 | 10,5 | 11,2 |
| Italien | 1,9 | 3,3 | 1,4 | 2,7 | 1,7 | 0,6 | 3,4 |
| Niederlande | 4,8 | 5,0 | 2,2 | 3,1 | 5,1 | 4,0 | 1,2 |
| Frankreich | 15,7 | 6,4 | 2,6 | 3,1 | 2,8 | 3,7 | 5,0 |
| BRD | 6,8 | 8,6 | 7,8 | 9,8 | 8,9 | 9,2 | 6,1 |
| Japan | 4,5 | 7,1 | 2,1 | 13,9 | 7,6 | 11,8 | 5,1 |

*Quelle:* Salient Features and Trends in Foreign Direct Investments, p. 85.

Entwicklungsländern. Dabei wird ihre zweigliche »Spezialisierung« deutlich sichtbar. Der überwiegende Teil (66 Prozent) der Kapitalanlagen der USA in der Wirtschaft Brasiliens, Mexikos, Argentiniens und Venezuelas konzentrierte sich auf die verarbeitende Industrie, während sie auf den Bermuda- und Bahamainseln sowie in Panama hauptsächlich Handels-, Kredit- und Finanz- und Versicherungsunternehmen betrafen (14,4 Mrd. von 17,1 Mrd. Dollar).

Die Kapitalanlagen der USA in Lateinamerika wurden und werden sowohl vermittels vollständig amerikanischen Monopolen gehörender als auch vermittels gemischter Unternehmen getätigt. In Mexiko zum Beispiel gehörten 56 Prozent der amerikanischen Filialen vollständig der (amerikanischen) Muttergesellschaft, die übrigen befanden sich in gemeinsamer Verwendung, aber nur in 15 Prozent der Filialen bildeten die amerikanischen Interessen die Minderheit. In jedem Fall sind die Monopole bestrebt, in lateinamerikanischen Ländern den Fortschritt jener Industriezweige zu bremsen, mit deren Hilfe diese Länder bei sich eine entwickelte Wirtschaft schaffen könnten, und hierher die »unteren Etagen« der eigenen verarbeitenden Industrie, oft im Gegensatz zu den nationalen Industrialisierungsplänen, zu überführen.

Der Hauptteil der Investitionen der USA in der verarbeitenden Industrie Brasiliens entfällt auf solche Zweige wie Chemie, Maschinenbau, Elektrotechnik, Elektromechanik und Elektronik sowie den Transportanlagenbau. Ähnlich verhält es sich mit der Struktur der Kapitalanlagen der USA in Mexiko, Argentinien und

Venezuela. Die Gesellschaften der USA kontrollieren praktisch vollständig die Autoindustrie Brasiliens, halten 80 Prozent der pharmazeutischen, etwa 50 Prozent der chemischen Industrie, 47 Prozent der Aluminiumschmelzproduktion und 50 Prozent des Maschinenbaus in ihren Händen. In Mexiko haben sich vier der größten Finanzgruppen der USA – Morgan, Rockefeller, Citycorp und Bank of America – zwei Drittel sämtlicher in seiner verarbeitenden Industrie tätigen amerikanischen Gesellschaften untergeordnet. Hervorzuheben ist ferner, daß die US-Gesellschaften ihre Positionen auch in der verarbeitenden Industrie anderer Länder Lateinamerikas aktiv festigen: allein 1979 kamen auf diese Industrie 87 Prozent der Nettozuführung von Kapital aus den USA in der verarbeitenden Industrie sämtlicher Entwicklungsländer bzw. 66 Prozent der Reinvestitionen.

In den 70er Jahren war eine Zunahme der Direktinvestitionen der USA in Asien zu verzeichnen, vor allem in Südostasien. Die Verteilung von privaten Kapitalien der USA in Ländern und Territorien dieses Raums läßt aber ebenfalls die Selektivität der Investitionsentscheidungen erkennen. Auf der Liste der 25 größten Objekte dieser Kapitalanlagen stehen Hongkong, Indonesien, Malaysia, Singapur, Thailand, Taiwan, die Philippinen und Südkorea. 1980 entfielen auf sie 15,5 Prozent der Direktinvestitionen der USA in der Entwicklungswelt. Hervorzuheben ist, daß der Raum Südostasiens immer ein Objekt größter Aufmerksamkeit der Regierung und der Unternehmer der USA gewesen ist. Die Regierung maß seiner wichtigen strategischen Lage, der Erweiterung des Netzes militärischer Stützpunkte in diesem Raum immer größte Bedeutung bei, und für die amerikanischen Geschäftskreise waren das günstige Investitionsklima, die reichen Bodenschätze und die billigen Arbeitskräfte anziehend.

In der Nachkriegszeit zielte die Politik der USA darauf hin, die nationale Befreiungsbewegung zu unterdrücken, sie zeichnete sich durch Aggressivität sowie militärische und politische Einmischung in die Angelegenheiten Indochinas aus, die bezweckte, dort den USA genehmen Zustände mit Waffengewalt durchzusetzen. Das Finale des jahrelangen Krieges gegen das vietnamesische Volk zeigte, daß beliebige Versuche, den Willen der USA anderen Völkern zu diktieren oder gar mit Waffengewalt aufzuzwingen, haltlos und unweigerlich zum Scheitern verurteilt sind. Mitte der 70er Jahre waren die Positionen der USA in diesem Raum ernstlich angeschlagen.

Die grundlegende Veränderung der Situation in Indochina schien günstigere Voraussetzungen dafür geschaffen zu haben, in Asien eine friedliche Zusammenarbeit, auch in wirtschaftlicher Hinsicht, anzubahnen. Die Vereinigten Staaten aber antworteten auf diese Wandlungen mit einer schroffen Verstärkung der politischen und ökonomischen Expansion. Die Direktinvestitionen amerikanischer Gesellschaften in Hongkong, Indonesien, Malaysia, Singapur, Thailand, Taiwan und den Philippinen erhöhten sich 1966—1977 von 0,9 Mrd. auf 4,6 Mrd. Dollar und beliefen sich 1981 bereits auf 9,7 Mrd. Dollar. Infolgedessen stieg ihr Anteil am Gesamtvolumen der Direktinvestitionen der USA in Entwicklungsländern und -territorien von 6 Prozent 1966 auf 17,3 Prozent 1981.

Ende der 70er Jahre betätigten sich in Hongkong, wo amerikanische Gesellschaften die meisten Mittel im Vergleich zu den übrigen Entwicklungsländern Asiens anlegten, 361 Filialen von US-Gesellschaften mit Vermögenswerten in Höhe von etwa 11 Mrd. Dollar. Der überwiegende Teil (75 Prozent) dieser Mittel steckte im Bankgeschäft.

In den 70er Jahren wuchsen die Investitionen in der verarbeitenden Industrie erheblich. Die größten Anlagen entfielen auf die Philippinen (0,6 Mrd. Dollar 1981), wobei das US-Kapital in der Erdölverarbeitung, der chemischen und der pharmazeutischen Industrie, dominiert. In Singapur und Taiwan investierten amerikanische Gesellschaften 0,6 Mrd. bzw, 0,3 Mrd. Dollar vorwiegend in Montageunternehmen der Elektronenindustrie und des Maschinenbaus. Derartige Investitionen wachsen in Indonesien und Südkorea.

In ihrer Außenwirtschaftsstrategie gegenüber jungen Nationalstaaten orientieren sich die USA immer mehr darauf, die Verbindungen mit den meistentwickelten Staaten auszubauen, denen die Rolle einer Art Hilfsglied im Wirtschaftsmechanismus der Vereinigten Staaten zugedacht ist. Machten die Direktinvestitionen der USA in der verarbeitenden Industrie der Entwicklungsländer 1966 knapp über ein Viertel aller Direktinvestitionen amerikanischer Gesellschaften in diesen Ländern aus, so erreichten sie 1977 36 Prozent. Die USA, die immer tiefer in die verarbeitende Industrie der Entwicklungsländer eindringen, bezwecken damit, deren technologische Abhängigkeit zu verankern, wobei Formen und Methoden der amerikanischen Expansion verändert und erneuert werden.

Mit dem Machtantritt der Administration Ronald Reagan ist ein weiterer Rechtsruck in der internationalen, einschließlich der ökonomischen, Politik zu verzeichnen. Die gegenwärtige Administration, die sich in ihren innen- und außenpolitischen Zielen mit den Interessen des Big Business identifiziert, hat jegliche Begrenzungen für die Expansion des privatkapitalistischen Business der USA nach den Entwicklungsländern aufgehoben. Wie es sich die Strategen Washingtons denken, sollen die jungen Länder zu einem Objekt noch größerer Ausbeutung und Unterdrückung werden.

In den 70er Jahren büßten die amerikanischen Gesellschaften einen Teil ihrer Positionen in einer Reihe von Ländern der Zone der nationalen Befreiung ein. Unter diesen Umständen griff der Kapitalismus zu einem alten Trick: seine eigennützigen Ziele für allgemeinnationale auszugeben. So entstand die Konzeption von den »Lebensinteressen«, wohlweislich amerikanischen. Die Außenpolitik der USA, wie sogar bürgerliche Forscher konstatieren müssen, zielt direkt darauf hin, Privateigentumsgarantien, die Freiheit der Märkte und der Profite für »international tätige Geschäftsleute der USA« zu sichern. Der Konzeption von den »Lebensinteressen« liegt der Schutz der realen und potentiellen Profite zugrunde, die durch die gesamte Macht politischer, ökonomischer und militärischer Mittel behütet werden.

Zu gleicher Zeit mußten die US-Monopole in manchen Dingen zurückweichen. Besonders anschaulich wird das am Beispiel der Investitionen in der Erdölgewinnung im Nahostraum sowie in Nordafrika.

Nach dem zweiten Weltkrieg geriet der kapitalistische Ölmarkt in die Hände des Internationalen Ölkartells, zu dem die »große Fünf« der amerikanischen Petroleum-Mammutmonopole gehört. Gegen Mitte der 70er Jahre wirkten in Nah- und Mittelost zwar mindestens 40 Gesellschaften der Vereinigten Staaten, die »große Fünf« aber förderte in der Region etwa 60 Prozent des Erdöls und blieb die expansionistische Hauptkraft der USA.

Der nationale Befreiungskampf der Länder dieser Region richtete sich mit seiner Spitze darauf, die amerikanischen Monopole zu verdrängen. In der Gesamtheit der gegen das US-Kapital angewandten Maßnahmen waren die Überprüfung der rechtsungleichen Konzessionsvereinbarungen, die Nationalisierung des Eigentums amerikanischer Gesellschaften und die Ölpreiserhöhung die wichtigsten in den ökonomischen und politischen Folgen. Das sind die grundlegenden miteinander verbundenen Glieder in der Kette der Maßnahmen, die die erdölgewinnenden Staaten in den 70er Jahren zum Schutz ihrer Interessen ergriffen.

Die soziale und politische Heterogenität der ölexportierenden Länder, insbesondere der arabischen, äußerte sich in mannigfaltigen Formen und Methoden der Nationalisierung des Eigentums amerikanischer Ölgesellschaften. Bei aller Verschiedenheit war der Kampf der Ölförderländer für die ökonomische Selbständigkeit gerade auf dem Wege der Nationalisierung am erfolgreichsten. Bereits 1975 beherrschten die Gesellschaften der Entwicklungsländer 62 Prozent der kapitalistischen Weltausbeute an Erdöl (1972 = 12 Prozent), während der Anteil des Internationalen Ölkartells von 73 auf 30 Prozent zurückging.[10]

*Tabelle 4*
Zweigmäßige Verteilung der privaten Direktinvestitionen der USA in Entwicklungsländern (in Mio. Dollar)

| Länder und Territorien | 1966 | | | | 1981 | | | |
|---|---|---|---|---|---|---|---|---|
| | Insgesamt | Montanind. | Erdölind. | Verarbeitende Ind. | Insgesamt | Montanind. | Erdölind. | Verarbeitende Ind. |
| Argentinien | 1035 | — | — | 656 | 2735 | 69 | 483 | 1570 |
| Bahamainseln | — | — | — | — | 2987 | — | 289 | 39 |
| Bermudainseln | — | — | — | — | 10353 | — | 609 | 15 |
| Brasilien | 1247 | 58 | 69 | 846 | 8253 | 152 | 422 | 5420 |
| Chile | 844 | 494 | — | 51 | 834 | — | 98 | 112 |
| Hongkong | — | — | — | — | 2655 | — | 267 | 470 |
| Indonesien | — | — | — | — | 1861 | — | 1499 | 140 |
| Kolumbien | 571 | — | 277 | 190 | 1178 | — | 318 | 574 |
| Malaysia | — | — | — | — | 849 | 3 | 497 | 244 |
| Mexiko | 1248 | 108 | 42 | 802 | 6962 | 77 | 189 | 5140 |
| Panama | 792 | 19 | 153 | 28 | 3671 | — | 601 | 302 |
| Peru | 548 | 291 | 29 | 93 | 1928 | — | — | 106 |
| Philippinen | 579 | — | — | 180 | 1294 | — | 251 | 554 |
| Singapur | — | — | — | — | 1791 | — | 798 | 594 |
| Südkorea | — | — | — | — | 778 | — | 315 | 163 |
| Thailand | — | — | — | — | 551 | 10 | 406 | 24 |
| Venezuela | 2615 | — | 1862 | 291 | 2175 | — | 126 | 1156 |

*Quelle:* Survey of Current Business, October 1968, p. 24; August 1982, p. 22.

Im Westen, vor allem in den USA, wurde eine bis heute anhaltende Propagandakampagne entfaltet, deren Einpeitscher die arabischen Länder für sämtliche Energie- und sonstigen Schwierigkeiten der kapitalistischen Wirtschaft verantwortlich machen.

Wohlbekannt ist jedoch, daß die erdölfördernden Staaten lediglich ihre ökonomischen Interessen verteidigten, wenn sie die durch den Imperialismus mit Füßen getretenen Rechte wiederherstellen.

Wer das Gegenteil behauptet, verdreht die Tatsachen. Ist die gegenwärtige Erdölsituation im Westen etwa nicht das Ergebnis einer bestimmten Politik, die Folge dessen, daß mit den Naturschätzen der ölfördernden Länder jahrzehntelang Raubbau betrieben wurde? Und ist hieran etwa nicht die Politik Israels schuld, das arabische Gebiete annektiert hat und die okkupierten Territorien nicht verlassen will? In dieser Verflechtung von Politik und Ökonomie ist das eine nicht vom anderen zu trennen.

In den 70er Jahren, als sich in einer Reihe von kapitalistischen Ländern ein Mangel an Brenn- und Energierohstoffen bemerkbar machte, kam das Schlagwort »Ölkrise« in Umlauf. Der Menschheit – und darin sind sich alle Spezialisten einig – droht jedoch keine energetische Atemnot. Die Wissenschaft hat in der Erschließung neuer Energiequellen noch nicht ihr letztes Wort gesprochen. Die Krise ist nicht naturbedingt, sondern wurzelt in sozialen und politischen Ursachen. Der beste Beweis dafür ist die Tatsache, daß die sozialistische Welt praktisch von ihr verschont geblieben ist. Ebendeshalb erweisen die UdSSR und andere sozialistische Bruderländer den Staaten Unterstützung, die den Ausweg aus der Krise in der konsequenten Begrenzung der Tätigkeit ausländischer Erdölgesellschaften sehen, die Hauptverantwortlichen für die Entstehung der Krise. Kein vernünftiger Politiker kann bestreiten, daß die

Handlungen berechtigt sind, die darauf hinzielen, die Souveränität der Staaten über die natürlichen Ressourcen zu schützen, die Achtung der territorialen Integrität zu erzwingen und die Unabhängigkeit zu verfechten.

Das neue System der Preisfestsetzung sicherte den erdölfördernden Ländern eine solide Finanzierungsquelle für die eigene Wirtschaft. Es genügt bereits der Hinweis, daß die Einnahmen allein der arabischen ölproduzierenden Länder aus dem Erdölgeschäft 1972 etwa 7,5 Mrd. Dollar ausmachten, Ende 1975 aber auf 57 Mrd. Dollar kamen. 1980 erreichte das Gesamtvolumen der von den OPEC-Ländern akkumulierten Mittel, nach Schätzungen, 350 Mrd. Dollar. Infolgedessen verfügen die erdölexportierenden Länder nun über Mittel, um amerikanische Unternehmen aufzukaufen. Das bedeutet durchaus nicht, daß in Nah- und Mittelost überhaupt kein Zustrom von Direktinvestitionen der USA zu verzeichnen ist. Im Gegenteil: durch bestimmte statistische Tricks konnten nicht nur die nach der Nationalisierung verbliebenen Positionen des Erdöl-Business der USA, sondern auch neue Investitionen verschleiert werden. 1975—1979 ging das Volumen des aus den USA für Direktinvestitionen im Nahen Osten ausgeführten Privatkapitals über 5,1 Mrd. Dollar hinaus und unter Anrechnung der reinvestierten Gewinne über 6 Mrd. Dollar.

In den 70er Jahren wurde der Mechanismus der Profitabschöpfung amerikanischer Gesellschaften aus Geschäften mit Erdöl aus Nah- und Mittelostländern grundlegend rekonstruiert. In diesen Jahren erhöhten die arabischen Länder wesentlich die Einkommenssteuersätze und Royalty. Die Einkommenssteuer für Gewinne amerikanischer und anderer ausländischer Gesellschaften wurde 1970—1974 von 50 auf 85 Prozent heraufgesetzt.

Die erste Hälfte der 70er Jahre ist als Wasserscheide zu betrachten, als einerseits die Forcierung der Direktinvestitionen der USA in Nah- und Mittelost ihren Gipfel erreichte (etwa 3 Mrd. Dollar 1974) und andererseits eine einschneidende Reduzierung des Umfangs des durch US-Gesellschaften investierten Kapitals infolge der Nationalisierung des Eigentums ausländischer Ölgesellschaften einsetzte. Die größten amerikanischen Ölgesellschaften büßten ihre Hauptpositionen in der Erdölindustrie des Irak, Kuweits, Saudi-Arabiens, Katars und Bahreins ein – und das ist ein wichtiges Fazit der 70er Jahre.

Die Nationalisierung des Eigentums amerikanischer Ölgesellschaften war begleitet von einer großzügigen Entschädigung ihrer Besitzer. Die Höhe der Entschädigungssumme wurde auf gegenseitiger Vereinbarung bestimmt. Somit bedeutete die Verminderung der Rolle der Gesellschaften als Direktinvestoren von Kapital bei der Erdölförderung keine wesentliche Einschränkung der Tätigkeit der USA in der Erdölwirtschaft der Entwicklungsländer, wenngleich die Nationalisierung die prinzipiell wichtige Frage des Eigentums an der Erdölausbeute entschied. Mehr noch: in der zweiten Hälfte der 70er Jahre aktivierten sich die USA in Nah- und Mittelost durch Ausnutzung der überlieferten Abhängigkeit der Länder dieser Region von ausländischen Ölgesellschaften im Transport- und Absatzbereich, des akuten Mangels an qualifiziertem Ingenieur- und Verwaltungspersonal sowie der Pläne einiger Länder zur Schaffung einer nationalen vielzweigigen Wirtschaft. Oft als Teilhaber mit dem Staat oder mit nationalem Privatkapital erweiterten die amerikanischen Gesellschaften wesentlich ihre Unternehmertätigkeit in der Erdölindustrie.

Aus Entwicklungsländern werden nach wie vor Riesengewinne abgeschöpft. Die Empfangsländer ihrerseits verlieren wegen der rechtsungleichen Beziehungen. Die jährlichen Einbußen der Entwicklungsländer durch den Gewinntransfer der Monopole, durch Manipulationen mit Einkaufspreisen und Verkäufen im Firmenvertrieb der Monopole des Westens, durch überhöhte Zahlungen für Lizenzen und Transporte, durch Brain Drain, Entwertung der Devisenerlöse infolge der galoppierenden Inflation im Westen usw. usf. übertreffen schätzungsweise 100 Mrd. Dollar.

1966—1981 bestritten die Entwicklungsländer ein Drittel bis über die Hälfte der gesamten nach den USA überführten Gewinne aus Direktinvestitionen. Hierzu ist hinzuzufügen, daß das Gesamtvolumen der reinvestierten Gewinne amerikanischer Gesellschaften in Entwicklungsländern 1966—1981 über 29 Mrd. Dollar ausmachte. Die Direktinvestitionen der USA in diesen Ländern – 1966 28,9 Prozent und 1981 24,7 Prozent des Gesamtvolumens der amerikanischen Direktinvestitionen im Ausland – bringen den US-Gesellschaften etwa die Hälfte aller zurückfließenden Gewinne ein. An diesem Beispiel ist klar zu ersehen, daß die USA besonders daran interessiert sind, ihre sogenannten Lebensinteressen in den Entwicklungsländern zu wahren, und welche Rolle der amerikanische Imperialismus als finanzieller Hauptausbeuter dieser Länder spielt. Nicht die Lebensinteressen der USA, sondern Schweiß und Blut stecken in den Überprofiten der imperialistischen Monopole, die fremde Erdölreichtümer plündern.

Die hohen Einnahmen aus Direktinvestitionen der USA in Entwicklungsländern sind auf eine Reihe von Ursachen zurückzuführen, zu denen der hohe Ausbeutungsgrad in den Auslandsunternehmen sowie die Verwendung billiger Arbeitskräfte gehören. So befriedigte das Konsortium amerikanischer Ölgesellschaften mehr als 80 Prozent des Arbeitskräftebedarfs aus der einheimischen Bevölkerung dieser Länder. Der durchschnittliche Monatslohn war hier 1969 um 56,5 Prozent niedriger als in der Erdölindustrie der USA und 1971 um 52,4 Prozent niedriger. Darin widerspiegelt sich kraß, wie gewinnbringend für die Monopole und wie ausbeuterisch für die Völker der Entwicklungsländer die Tätigkeit des Erdöl-Business der USA ist.

Die Dynamik der Profitrate bei privaten Direktinvestitionen der USA in Entwicklungsländern wies 1966—1980 während der gesamten Periode eine steigende Tendenz auf. Sie erhöhte sich von 17 Prozent 1966 auf 22 Prozent 1980 und erreichte in einzelnen Jahren 30—40 Prozent.

Somit wurde der Rückgang in der Einträglichkeit (je Barrel geförderten Erdöls) der Operationen amerikanischer Gesellschaften in der Erdölindustrie der Entwicklungsländer infolge Nationalisierung und Verhärtung der vereinbarten Finanzbedingungen usw. durch Ölpreiserhöhungen mehr als wettgemacht. Die Gesellschaften der USA büßten einen Teil der Positionen im Stadium der Erdölförderung ein, bewahrten zugleich aber die Kontrolle über die anderen Glieder der »Erdölkette« und vergrößerten ihre Gewinne, indem sie die Preise für Endprodukte aus Erdöl und dessen Transport hochschraubten.

Konkrete Berechnungen strafen die gegenwärtige US-Administration Lügen, die behauptet, daß die amerikanischen privaten Kapitalanlagen die »Abwanderung von Ressourcen« aus den Vereinigten Staaten nach den Entwicklungsländern begünstigen. In Wirklichkeit wandern die Ressourcen der letzteren nach den USA. Es ist daher durchaus kein Zufall, daß die Gewinne aus Direktinvestitionen in Entwicklungsländern einen wichtigen Einnahmeposten in der Zahlungsbilanz der USA darstellen.

Apologeten des Big Business betonen eifrig den »positiven Beitrag« der Ölgesellschaften zur Wirtschaft der erdölfördernden Länder, die Bedeutung der ihnen durch Kanäle dieser Gesellschaften zufließenden Einnahmen als »finanzielle Entwicklungsbasis«. Doch die Fakten über das Verhältnis zwischen den amerikanischen Investitionen und den Gewinnen in Entwicklungsländern widerlegen vollständig die Erfindungen der amerikanischen Propaganda.

Eine wichtige Besonderheit ist die Erweiterung der Kapitalexpansion mit Hilfe internationaler Währungs- und Kreditorganisationen. Seit ihrer Gründung auf Initiative der USA dienten der Internationale Währungsfonds (IWF) und die Internationale Bank für Wiederaufbau und Entwicklung (IBRD) als Instrument politischen und ökonomischen Drucks auf die minderentwickelten Länder. Diese Organisationen wurden in bedeutendem Maße zu einer politischen Grundlage des gegenwärtigen Währungs- und Finanzsystems des Imperialismus unter Kontrolle der USA.

In letzter Zeit zeichnete sich das Bestreben der Westmächte, besonders der USA, ab, dem IWF umfangreiche Kontrollfunktionen in bezug auf die Wirtschafts-, Währungs- und Finanzpolitik seiner Mitgliedsländer zu verleihen.

Die Forderungen des IWF bei der Gewährung von Krediten nehmen immer mehr Mehrzweckcharakter an, da sie die Haushalts-, die Geld- und Kredit-, die Währungs-, die Außenhandels- und die allgemeine Wirtschaftspolitik berühren. Diese Forderungen schließen meist die Begrenzung des Umfangs der Inneren Kredite, Steuererhöhungen, Lohnstopp, Abwertung nationaler Währungen ein. Das führt zur Verlangsamung des Wachstumstempos der Wirtschaft, zum Anziehen der Preise und zur Zunahme der Arbeitslosigkeit, zur Senkung des Lebensniveaus der Werktätigen.

Bezeichnend ist in dieser Hinsicht die XXXVI. gemeinsame Tagung des IWF und der IBRD 1981 in Washington. An ihr nahmen Vertreter der Mitgliedsländer dieser Organisationen teil: Finanzminister, Geschäftsführer zentraler Banken, Mitarbeiter der Sekretariate internationaler Organisationen.

Die Entwicklungsländer stellten auf der Tagung eine Reihe konkreter Forderungen an den IWF und die

IBRD. Diese Forderungen stießen auf aktiven Widerstand der westlichen Staaten, in erster Linie der USA. Das Auftreten US-Präsident Ronald Reagans auf der Tagung demonstrierte offen, daß die Administration nicht gewillt ist, den Interessen der jungen unabhängigen Staaten Rechnung zu tragen. Die Vertreter der USA, tatkräftig unterstützt durch den neuen IBRD-Präsidenten, Alden Clausen, empfahlen den Entwicklungsländern nachdrücklich, ihren Wirtschaftsmechanismus durch jedwede Begünstigung des privaten, vornehmlich ausländischen, Unternehmertums zum Nachteil des Staatssektors zu »regulieren«. Diese Bedingungen sollen bei der Anleihegewährung durch die Bank bestimmend sein.

Vor der Tagung wurde der Bericht einer speziellen Gruppe des US-Kongresses veröffentlicht, die zur Analyse der Tätigkeit führender Finanzanstalten des Westens gebildet worden war. Die Schlußfolgerungen in dem Bericht, durch den ehemaligen Außenminister Alexander Haig und den Finanzminister Donald Regan offiziell unterstützt, beinhalten insbesondere Empfehlungen, den politischen und finanziellen Einfluß der USA geltend zu machen, um eine strengere Kontrolle in den Entwicklungsbanken zu errichten, und Appelle, die Programme für die Gewährung langfristiger Anleihen zu günstigen Bedingungen an die ärmsten Länder rapid einzuschränken und die im Rahmen der internationalen Organisationen erfolgende Finanzierung von Ländern mit mittlerem Einkommen pro Kopf der Bevölkerung einzustellen.

Die Ergebnisse der Tagung zusammenfassend,

sprach sich IBRD-Präsident A. Clausen dafür aus, Mittel für die Entwicklung von Entwicklungsländern bereitzustellen. Dabei betonte er, daß die Rolle des Privatsektors zu erweitern sei. Er sehe eine seiner Pflichten im weiteren darin, eine wesentliche Erhöhung des Niveaus der privaten Finanzierung zu erwirken. Zugleich hob Clausen hervor, daß die potentiellen Anleihenehmer die Wirtschaftspolitik ändern, die Regierungsausgaben senken, die Entwicklung des Privatsektors fördern und den Export ausbauen müßten.

Seinerseits erklärte der Vorsitzende der Gruppe der Entwicklungsländer, der 24 Staaten angehören, in seiner Einschätzung der Tagungsergebnisse, daß einige Entwicklungsländer sogar aus der IBRD austreten könnten, wenn nach wie vor dazu aufgerufen werde, die ihnen einzuräumenden Mittel weiter zu reduzieren.

Viele Entwicklungsländer werden sich immer klarer dessen bewußt, daß die herrschenden Kreise der USA den IWF und die IBRD als Werkzeug ihrer Politik, als Mittel betrachten, ihre transnationalen Gesellschaften zu unterstützen.

Die Ergebnisse der vergangenen Tagung beweisen ein übriges Mal überzeugend, daß beide führenden Finanzorganisationen der kapitalistischen Welt eine akute Krise durchmachen. Nicht ausgeschlossen ist, daß die Leiter des IWF und der IBRD unter dem immer stärker werdenden Druck der Entwicklungsländer genötigt sein werden, entweder die derzeitigen Methoden und Formen der Tätigkeit beider Organisationen zu ändern oder den Forderungen der Entwicklungsländer mehr Aufmerksamkeit zu schenken.

Ausländische Nachrichtenagenturen wiesen in ihren Kommentaren zur Arbeit der Tagung darauf hin, daß die kapitalistischen Industrieländer nicht gewillt sind, den Forderungen der Entwicklungsländer Gehör zu schenken. Ihren konzentrierten Ausdruck findet die Position der kapitalistischen Mächte in bezug auf die Erweiterung des Rahmens der »Hilfe« für die Entwicklungsstaaten in dem Standpunkt der USA: solange diese Länder »ihre ökonomischen und finanziellen Angelegenheiten nicht in Ordnung bringen, führt keinerlei Hilfe zum Fortschritt«.

Das zeugt einmal mehr davon, daß die herrschenden Kreise des Big Business der USA nicht gewillt sind, die Erfordernisse der Entwicklungsländer in Betracht zu ziehen und sich zu wesentlichen Änderungen am Währungs- und Finanzsystem des Kapitalismus unter Berücksichtigung ihrer Interessen zu verstehen. Zugleich zeigt sich mit aller Deutlichkeit die wachsende Unzufriedenheit der Entwicklungsländer mit der Tätigkeit dieser Organisationen, vor allem mit den Versuchen der USA und des Westens als Ganzes, die Finanzinstitute in ein Instrument des kollektiven Neokolonialismus zu verwandeln.

* * *

Ein Charakteristikum der gegenwärtigen Etappe der US-Kapitalexpansion besteht darin, daß die besessensten Kreise des Monopolkapitals nie zuvor so skrupellos versuchten, den gesamten Prozeß der Weltentwicklung ihren eigennützigen Interessen unterzuordnen. Mit dem ihm eigenem Sarkasmus schrieb Karl Marx, daß die »heilige Pflicht« den Kapitalisten, sobald die Eigentumsfrage ins Spiel kommt, gebietet, »den Standpunkt der Kinderfibel als den allen Altersklassen und Entwicklungsstufen allein gerechten festzuhalten.«[11] Gewisse Leute möchten die amerikanische »imperialistische Fibel« zum Lehrbuch des Lebens für die ganze Menschheit machen.

Ein derartiges geschichtswidriges Herangehen wird durch die Logik der gesellschaftlichen Entwicklung widerlegt, deren einflußreichste und konstruktivste Strömung die Theorie und Praxis des Marxismus-Leninismus ist. J.W. Andropow, Generalsekretär des ZK der KPdSU, schreibt: »Offen für das Beste und Fortschrittlichste, das es in der modernsten Wissenschaft und Kultur gibt, befindet er sich heute im Zentrum des geistigen Lebens der Welt und beeinflußt das Denken von Millionen und aber Millionen von Menschen. Dies ist das ideologische Credo einer aufstrebenden Klasse, die die gesamte Menschheit befreit. Das ist die Philosophie des sozialen Optimismus, die Philosophie der Gegenwart und der Zukunft.«[12] Eine solche Zukunft hat das Kapital nicht, sei es in innerer Ausführung oder in einer Exportvariante, in der Theorie oder in der Praxis.

*Anmerkungen*

1 Siehe: Marx/Engels, Werke, Bd. 23, S. 788.

2 Westeuropa in der heutigen Welt, Bd. 2, Moskau 1979, S. 24, russ.

3 USA: Außenwirtschaftsstrategie, Moskau 1976, S. 27, russ.

4 Näheres hierzu siehe: A.A. Gromyko, Die auswärtige Expansion des Kapitals, Moskau 1982, Sechstes Kapitel, russ.; A.A. Gromyko, Die Kapitalexpansion und die gegenwärtige Etappe der allgemeinen Krise des Kapitalismus (in der Zeitschrift: Mirowaja ekonomika i meshdunarodnyje otnoschenija, Heft 12, 1982).

5 Siehe: W.R. Burgess, S.R. Huntley, Europe and America, New York 1970, p. 47.

6 »Statements and Speeches«, Nr. 81/24, p. 4.

7 W.I. Lenin, Werke, Bd. 27, S. 358.

8 International Economic Report of the President, Washington, 1974, pp. 19, 20.

9 Eine solche Einschränkung diktierten in bestimmtem Maße die inneren Wirtschaftsprobleme der USA, insbesondere das negative Zahlungssaldo des Landes und das enorme Defizit im Bundeshaushalt. Zugleich damit führte die Erweiterung des Privatkapitalexports auf kurze Sicht zur Erhöhung der Passiva in der Zahlungsbilanz der USA, obwohl diese Verluste später, nach Berechnungen sowjetischer Wirtschaftsexperten, durch die Rückführung der Gewinne im Laufe von 5—6 Jahren wettgemacht werden. (Näheres hierzu siehe: G.G. Tschibrikow, Sozialökonomische Folgen des Kapitalexports, Moskau 1971, russ.)

10 A.J. Primakow, Transnationale Ölkonzerne und die Ölförderländer: Evolution der Beziehungen, in: SSchA – ekonomika, politika, ideologija, Heft 11, 1981, S. 17—18.

11 Marx/Engels, *Werke*, Bd. 23, S. 742.

12 »Kommunist«, Heft 3, 1983, S. 23, russ.

## Pressekonferenz in Moskau
2. April 1983

Ich möchte mich zu einigen Fragen der internationalen Lage und der Außenpolitik der Sowjetunion äußern.

Gewissermaßen sind Äußerungen des amerikanischen Präsidenten, vor allem seine jüngsten Reden, Anlaß zu dieser Pressekonferenz. Darin berührte er eine Reihe wichtiger Fragen der internationalen Lage, der Politik der Vereinigten Staaten von Amerika und der Politik der Sowjetunion. Der Präsident hat es in fast keiner seiner Reden versäumt, über die Politik der Sowjetunion zu sprechen. Ebenso haben sich auch einige andere Fragen angesammelt, die einer Erläuterung bedürfen.

Was fällt besonders auf in den jüngsten Reden des amerikanischen Präsidenten und in seiner Erklärung vom 30. März sowie – ich würde sagen – in seiner 1.-April-Rede, wenn man von der europäischen Zeit ausgeht? Der Präsident sprach davon, daß sich die USA, genauer gesagt, die gegenwärtige amerikanische Administration, in ihrer Außenpolitik von hohen moralischen Werten leiten ließen. Ihre Außenpolitik strebe nach Wahrung und Schutz der Rechte der Völker sowie nach der notwendigen Verteidigung der Interessen der Vereinigten Staaten von Amerika, in welchem Winkel der Erde diese Interessen auch liegen mögen.

Aber der amerikanische Präsident verstand und versteht natürlich das eine wie das andere und alles weitere auf seine Art. Hohe moralische Werte kann nicht ein Staat verteidigen, der mit der Vorbereitung eines Krieges, vor allem eines Kernwaffenkrieges, beschäftigt ist. Wenn man die Frage wie folgt stellt: Kann man etwa hohe moralische Werte verteidigen und sich zugleich mit der Vorbereitung eines Nuklearkrieges beschäftigen, in dessen Feuer Hunderte und aber Hunderte Millionen Menschen verbrennen würden?, dann wird jeder ehrliche Mensch antworten: nein. Eine Regierung, die sich mit der Vorbereitung eines nuklearen Krieges befaßt, der, wie viele Politiker und nahezu alle Wissenschaftler richtig feststellen, eine Katastrophe für die Zivilisation auf der Erde wäre, hat kein Recht, im Zusammenhang mit ihrer außenpolitischen Tätigkeit von der Verteidigung hoher moralischer Werte zu sprechen.

Nun zur Verteidigung der amerikanischen Interessen. Es wäre gut, würde es um die Verteidigung der legitimen Interessen der Vereinigten Staaten von Amerika gehen, um die Verteidigung dessen, was wirklich den USA gehört. Im Grunde aber gibt es heute in der Welt wenige Menschen, die nicht wissen, was man in Washington unter der Formel »Verteidigung der amerikanischen Interessen« versteht. Danach wird jeder beliebige Winkel der Erde, wo nach Ansicht Washingtons für die USA günstige Bedingungen entstanden sind, um in moralisch-politischer und erst recht in militärstrategischer Hinsicht etwas zu erreichen, zu einem Gebiet amerikanischer Interessen erklärt. Es wird verkündet, diese Interessen müßten mit aller Macht, einschließlich militärischer Macht, verteidigt werden. Wollte man über alle konkreten Fakten sprechen, würde dies sehr viel Zeit beanspruchen.

Man braucht zum Beispiel nur an das Gebiet des Persischen Golfes und die an den Golf angrenzenden Gewässer zu denken, und man erhält eine hinreichend überzeugende Antwort auf die Frage, wie man in Washington sowohl die »amerikanischen Interessen« als auch die Menschenrechte und die Rechte der Völker versteht.

Die sowjetischen Menschen, unser Land und seine Führung haben sich niemals dagegen gewandt, daß die Außenpolitik eines jeden Staates von der Idee der Verteidigung der Rechte der Völker und folglich der Verteidigung der Menschenrechte durchdrungen ist. Seit Lenins Zeiten ist diese Forderung nach Verteidigung der Rechte der Völker und der Menschenrechte untrennbarer Bestandteil der sowjetischen Außenpolitik. Jedoch wissen wir, wie diese an sich gute Regel ausgebeutet wird, wenn in der Politik andere Interessen vorherrschen. Uns ist bekannt, wie der wahre Inhalt dieser Regel von der Verteidigung der Rechte der Völker und der Menschenrechte ausgehöhlt und durch andere Forderungen ersetzt wird: durch Forderungen, die den Zielstellungen einer bestimmten Großmacht entsprechen, ihren politischen, militärstrategischen und nicht zuletzt ihren ökonomischen Zielstellungen.

Was ist hier zu unserer Außenpolitik zu sagen? Die Außenpolitik der Sowjetunion wurde von den Parteitagen unserer Partei, der regierenden Partei, der Kommunistischen Partei der Sowjetunion, durch die Beschlüsse des Zentralkomitees der KPdSU festgelegt. Sie findet ihren Ausdruck in vielen, darunter höchst bedeutungsvollen Aktionen, die – wie ich denke – allen bekannt sind. Sie finden ihren Ausdruck in den Äußerungen führender sowjetischer Persönlichkeiten, vor allem in den Reden des Generalsekretärs des ZK der KPdSU, Juri Wladimirowitsch Andropow, zu konkreten Fragen, mit konkreten Vorschlägen. Ich glaube, daß Sie sich an diese Reden erinnern.

Die sowjetische Außenpolitik ist eine Politik des Friedens, eine Politik der Völkerfreundschaft und eine Politik der Nichteinmischung in die inneren Angelegenheiten anderer Staaten. Sie ist eine Politik, die auf die Entspannung abzielt, darauf, daß die Zuspitzung der internationalen Lage beseitigt wird. Unsere Politik ist darauf gerichtet, das wahnsinnige Wettrüsten zurückzudrehen. Vor allem müssen Wege zur Begrenzung und zur Reduzierung der Rüstungen gefunden werden. Danach müssen Wege zur Liquidierung der Rüstungen gefunden werden.

Im Westen ist es derzeit aus irgendeinem Grunde nicht üblich, über den sowjetischen Vorschlag zur allgemeinen und vollständigen Abrüstung zu sprechen und zu schreiben. Ich muß unterstreichen, daß die Sowjetunion seit Beendigung des zweiten Weltkrieges zwei Vorschläge unterbreitet hat, die mit goldenen Lettern in die Geschichte eingehen werden, und man kann wohl sagen, schon eingegangen sind.

Der erste ist der Vorschlag zum Abschluß einer internationalen Konvention über das Verbot der Anwendung und des Einsatzes von Kernwaffen für immer. Mit dem zweiten Vorschlag hat die Sowjetunion ein Programm der allgemeinen und vollständigen Abrüstung entwickelt. Als sich zeigte, daß andere Staaten die Lösung der Abrüstungsfragen unter verschiedenen Vorwänden hinauszögern wollen – man müsse die Proportionen präzisieren, man wisse nicht, wie man an die Verringerung von Waffen dieser oder jener Art herangehen solle, wie das alles in Einklang zu bringen sei –, als sie also unter dem Vorwand der Kompliziertheit die Lösung dieser Fragen zu hintertreiben begannen, schlug die Sowjetunion vor: Beenden wir den Streit, arbeiten wir auf die allgemeine und vollständige Abrüstung hin. Da begannen unsere Partner davon zu reden, wie man denn eine allgemeine und vollständige Abrüstung verwirklichen könne, ohne davon überzeugt zu sein, daß sie tatsächlich realisiert wird. Mit anderen Worten, sie stellten die Frage nach der Kontrolle, meinten, daß man damit die Sowjetunion hier unter Druck setzen könne und sie sich sozusagen unbehaglich fühlen würde.

Als Antwort schlug die Sowjetunion die allgemeine und vollständige Kontrolle vor – die allgemeine und vollständige Abrüstung in Verbindung mit allgemeiner und vollständiger Kontrolle. Dieser unser Vorschlag gilt auch heute noch. Ich wiederhole, darüber ist es im Westen nicht üblich zu schreiben, und das ist bedauerlich. Übrigens mehr oder weniger ist es auch verständlich, warum man darüber nicht schreiben will. Ist es doch schwer, über die Bedeutung der allgemeinen und vollständigen Abrüstung und der allgemeinen und vollständigen Kontrolle zu sprechen und gleichzeitig eine

Politik der Kriegsvorbereitung zu betreiben, das Wettrüsten mit Volldampf fortzusetzen und das Rüstungsbudget in die Höhe zu treiben.

Ich habe an die beiden bedeutendsten sowjetischen Initiativen erinnert. Nun möchte ich unterstreichen, daß die Sowjetunion auch in jüngster Zeit solche Schritte vorgeschlagen hat. Niemand hat das Recht, diese zu ignorieren, es sei denn, er will damit seine Treue zur militaristischen Politik bedingungslos und offen, ich wiederhole, offen bekennen. Welche Schritte sind das?

Erstens: Die Sowjetunion übernahm einseitig die Verpflichtung, nicht als erste Kernwaffen anzuwenden. Sie wartete hierbei gar nicht erst auf ein Einvernehmen mit anderen Mächten. Das war ein entschlossener und kühner Schritt. Ich denke, daß sicherlich jeder hier Anwesende dem zustimmt. Die Sowjetunion geht die Verpflichtung ein, nicht als erste Kernwaffen anzuwenden, während die anderen kernwaffenbesitzenden Mächte keinen Finger rührten, um sich in diese Richtung zu bewegen. Ja, das ist unsererseits ein mutiger, friedliebender Schritt. Darüber spricht man im Westen nicht sehr gern. Zu Unrecht.

Zweitens haben die Sowjetunion und ihre Freunde und Verbündeten im Warschauer Vertrag auf der Tagung des Politischen Beratenden Ausschusses die Entscheidung getroffen, den NATO-Ländern den Abschluß eines Vertrages vorzuschlagen. Worüber? Darüber, weder Kernwaffen noch konventionelle Waffen einzusetzen, das heißt, überhaupt keine Gewalt in den Beziehungen zwischen den Staaten der NATO und des

Warschauer Vertrages anzuwenden. Warum wurde dieser Vorschlag in dieser Form gemacht? Weil im Westen immer wieder demagogisch behauptet wurde, daß die Sowjetunion möglicherweise einen Überfall auf den einen oder anderen Staat oder eine Staatengruppe nicht unbedingt mit Kernwaffen, sondern eventuell auch mit konventionellen Waffen unternehmen könnte. Ich wiederhole, natürlich war das Demagogie. Aber uninformierte Menschen, die sich in Fragen der Außenpolitik nicht auskennen, können von diesen Hirngespinsten in die Irre geführt werden.

Die von den Ländern des Warschauer Vertrages gemachten Vorschläge entkräften diese Argumente. Wir sind bereit, uns meinetwegen noch heute mit den NATO-Ländern an den Verhandlungstisch zu setzen und diese Frage zu erörtern, und noch lieber, ein entsprechendes Dokument mit der gegenseitigen Verpflichtung zur Nichtanwendung von Gewalt gegeneinander zu unterzeichnen.

Wie reagieren die Länder des Nordatlantischen Bündnisses auf diesen unseren Vorschlag? Die meisten von ihnen geben uns Antworten der Art, daß der Vorschlag studiert wird. Wieviel Zeit ist nun schon vergangen, aber er wird immer noch studiert!

Vor kurzem war ich selbst in der BRD. Kanzler Kohl und Außenminister Genscher erklärten ebenfalls, der Vorschlag werde studiert. So äußern sich auch Regierungen anderer Länder. Ein bißchen anders reagieren die amerikanischen Führer. Obzwar sie offiziell keine endgültige negative Antwort geben und sich zurückhalten, haben wir den Eindruck, daß dies taktische Überlegung ist. Aus den einzelnen Andeutungen, die gemacht werden, kann man zu dem Schluß gelangen, daß dieser Vorschlag Washington nicht gefällt. Es ist zu bedauern, wenn dem so ist.

Man möchte hoffen, daß dieser Vorschlag der Staaten des Warschauer Vertrages Verständnis findet. Sollte es irgendwelche Fragen an uns geben, so sind wir bereit, zusammenzukommen und sie zu erörtern. Möglicherweise werden diese Fragen hinfällig, oder sie werden berücksichtigt. Vielleicht gibt es irgendwelche Ergänzungen? Wir sind bereit, diese gemeinsam zu diskutieren. Möglicherweise wird man sie beziehungsweise einige davon akzeptieren. Oder gibt es einen Vorschlag zur Verbesserung bestimmter Formulierungen hinsichtlich der Verpflichtungen der Seiten? Wir sind zu einem Meinungsaustausch auch darüber bereit. Ein Meinungsaustausch kann dazu führen, daß hinsichtlich des Vertrages letztlich eine gemeinsame Sprache gefunden wird.

Genossen! Meine Herren! Hier sind sowohl die einen als auch die anderen vertreten. Wenn der Wille zum Frieden vorhanden ist, gibt es keine überzeugenden Argumente gegen den Vorschlag zum Abschluß dieses Vertrages. Bedenken Sie nur: Das ist der Vorschlag, daß es keinen Krieg geben soll, daß kein Staat gegen einen anderen beziehungsweise keine Staatengruppe gegen eine andere Gewalt anwendet. Kann es denn irgendwelche vernünftigen Einwände gegen diesen Vorschlag geben, wenn die Menschen in Frieden leben wollen? Nein, vernünftige Einwände gibt es nicht!

Wir appellieren auch an die Regierungen und natürlich an die Völker, ernsthaft den Vorschlag zu prüfen, von dem wir sprechen und der den Willen der Völker der sozialistischen Staaten zum Ausdruck bringt. Wir sind sicher, daß auch dieser Vorschlag in goldenen Lettern in die Annalen der Geschichte der internationalen Beziehungen eingehen wird.

Jetzt sind einige Fragen der Kernwaffen in den Vordergrund gerückt. Der Kernwaffen im globalen Sinne, das heißt der strategischen Rüstungen, und der Kernwaffen im europäischen Maßstab, das heißt der Waffen mittlerer Reichweite.

Diese Fragen stehen heute im Brennpunkt des internationalen Lebens. Mit ihnen leben buchstäblich die Völker, die Politiker und die Vertreter des öffentlichen Lebens in Europa, in den USA, in Kanada und in den anderen Ländern. Die Völker und Politiker begreifen, was das für Fragen sind, welchen Einfluß sie haben, welche Lösung dieser Fragen möglich oder nicht möglich ist und was daraus folgt.

Ich möchte auf Fragen der Kernwaffen in Europa im Zusammenhang mit den Verhandlungen eingehen, die zwischen der Sowjetunion und den USA geführt werden. Wie sehen wir die nächste Perspektive, und wie charakterisieren wir die derzeitige Lage in dieser Beziehung? Vor allem möchte ich die Unrichtigkeit der in Washington geäußerten Behauptungen unterstreichen, daß man in Genf im großen und ganzen ernsthafte Verhandlungen führe. Angeblich passiere dort nichts Schlimmes. Die ganze Sache laufe darauf hinaus, auf die Sowjetunion zu drücken, die eigene Position zu erhärten, und dann geht alles seinen Gang. Man sagt sogar: Je mehr Druck wir auf die Sowjetunion ausüben, desto mehr Chancen gibt es für eine Übereinkunft. Diese Linie findet ihren Ausdruck in konkreten Vorschlägen, die auf den Verhandlungstisch gelegt werden.

In den Erklärungen, die man in Washington abgibt, sind viele unrichtige, verlogene Behauptungen, Fälschungen und Unterstellungen enthalten, wo es um exakte Daten geht. Bei dieser Frage muß man sich aufhalten. In erster Linie ist es nötig, auf die Behauptung einzugehen – und das ist besonders deutlich in den jüngsten Erklärungen des amerikanischen Präsidenten formuliert worden –, als wären seine Vorschläge zu den Mittelstreckenraketen der Weg zu einer Vereinbarung, der Weg zum Frieden. Nein, das ist eine falsche Behauptung, das ist kein Weg zum Frieden und kein Weg zu einer Vereinbarung. Der Graben zwischen einer Vereinbarung und diesen Vorschlägen wird noch tiefer werden. Wissen eigentlich alle, daß der Präsident ganze Komponenten, die sowohl ihrer Bedeutung als auch ihrem Umfang nach gewaltig sind, außer acht läßt? Das betrifft die Luftwaffe, kernwaffentragende Flugzeuge. Sie fehlen in den Erklärungen und Überlegungen des amerikanischen Präsidenten. Weder Politiker noch Militärs haben das Recht, diese Komponente aus Verhandlungen und Vereinbarungen auszuklammern. Welchen Unterschied macht es für die Menschen aus, wodurch sie sterben: durch eine Kernladung, die von einer Rakete getragen wird, oder durch eine Kernladung, die von einem Flugzeug stammt? Jene, die auf Hiroshima und Nagasaki abgeworfen wurden, stammten von Flugzeugen, und jetzt können durch Flugzeuge noch viel schrecklichere Waffen transportiert werden. Wie kann man also diese ganze Komponente ausklammern?

In Genf haben die Delegationen versucht, diese Frage zu erörtern, sie aufzugreifen. Jedoch ist aus dieser Erörterung nichts herausgekommen. Warum? Deshalb, weil die amerikanischen Vertreter die Weisung hatten, in dieser Frage auf keine Einigung einzugehen. Ich will ein Beispiel anführen. Man sagt, Flugzeuge mittlerer Reichweite sind solche, die nicht nur Kernwaffen befördern. Sie können sowohl militärisch als auch zivil eingesetzt werden. Deshalb dürfe man sie nicht den Kernwaffenträgern zuordnen. Das würde jedoch dasselbe bedeuten, als wenn man eine der stärksten und schrecklichsten ballistischen Raketen – sagen wir mal eine landgestützte Rakete – folgendermaßen charakterisieren würde: Sie kann zwar einen nuklearen Sprengsatz tragen, zugleich aber auch für meteorologische Zwecke verwendet werden. Deshalb wäre es besser, sie nicht in die Zahl jener Raketen einzuordnen, die Kernsprengladungen tragen. Ist das nicht absurd? Jawohl, völlig absurd. Doch im Grunde genommen wird diese Haltung von den offiziellen Vertretern eingenommen, die die Meinung der US-Regierung zum Ausdruck bringen.

Und weiter. Die USA verfügen über Flugzeugträger und trägergestützte Fliegerkräfte. Nach weithin bekannten Angaben haben wenigstens sechs amerikanische Flugzeugträger eine besondere Vorliebe für Europa. Sie halten sich in den Gewässern Europas auf, im Mittelmeer, oder in der Nähe Europas hinter der Linie, die die europäischen Gewässer von den nichteuropäischen trennt und die sie in wenigen Minuten überqueren können. Das ist eine gewaltige Macht. Auf jedem Flugzeugträger befinden sich etwa vierzig kernwaffenbestückte Trägerflugzeuge, ja, kernwaffenbestückte.

Sollen wir, die Sowjetunion, wirklich die Augen davor verschließen und die trägergestützten Fliegerkräfte nicht in Rechnung stellen? Das ist absurd. Unseriös ist die Absicht der Regierung, die uns vorschlägt, davor beide Augen zuzudrücken und das nicht zu sehen. Deshalb ist jeder Vorschlag, der die ganze, man möchte sagen, furchtbare Komponente der Kernwaffenträger, der diese Fliegerkräfte ausschließt, unseriös. Und auf dieser Grundlage ist es unmöglich, eine Übereinkunft zu suchen.

Ein zweites wichtiges Element des Sachverhaltes. Man muß es kennen, sonst kann man alles durcheinanderbringen. Wieviel Worte darüber auch verloren und wie viele Erklärungen ohne Wissen um die Sache auch abgegeben werden, ein gewisses Minimum ist unerläßlich zu wissen. Ohne das, ich wiederhole es, kann man alles durcheinanderbringen, auch ohne es zu wollen.

England und Frankreich haben Kernmittel – Raketen, Nuklearraketen. Die Sowjetunion schlägt vor, sie im Laufe der Verhandlungen zu berücksichtigen. Davor kann man die Augen nicht verschließen und so tun, als gebe es sie nicht, und sich nur über die amerikanischen Mittel verständigen. Denn diese Raketen sind doch ein Teil der gemeinsamen Kräfte des Nordatlantischen Bündnisses. Wie viele Erklärungen wurden diesbezüglich abgegeben. Es gibt Hunderte, wenn Sie so wollen Tausende, darunter höchst feierliche Erklärungen darüber, daß die Kernstreitkräfte Englands und Frankreichs ein untrennbarer Bestandteil der nuklearen Kräfte der NATO insgesamt sind. Jedoch wird uns vorgeschlagen, Vereinbarungen zu suchen, und dabei diese nuklearen Streitkräfte unbeachtet zu lassen. Das ist ein unseriöser Vorschlag. Stellen Sie sich vor, daß folgende furchtbare Tragödie passiert: Es fliegt, angenommen, eine englische Rakete mit Kernsprengköpfen. Was denn, sollte man ihr etwa ein Etikett aufkleben »Ich bin eine englische Rakete«? Wenn sie ihre Sprengköpfe ausstößt, werden Menschen genauso ums Leben kommen wie von jeder anderen Rakete. Oder es fliegt eine französische Rakete. Wird sie vielleicht auch mit dem Etikett fliegen »Ich bin eine französische, mich braucht man nicht mitzuzählen«? Das ist absurd. Durch sie werden genauso Menschen sterben, wie durch jede andere. Deshalb müssen diese Raketen, sowohl die Engländerin als auch die Französin, in der Gesamtzahl berücksichtigt werden. Das ist das einzig begründete Herangehen in politischer, in militärstrategischer, in wissenschaftlicher und in technischer Hinsicht. Wenn Sie so wollen, das einzig richtige Herangehen. Man sollte meinen, klarer geht es nicht. Doch bis jetzt hat sich die Haltung der USA nicht gewandelt und ist den jüngsten Erklärungen des amerikanischen Präsidenten nach zu urteilen unverändert.

Weiter. Das spiegelt sich auch deutlich in den erwähnten Erklärungen wider. Es wird die Forderung gestellt: Wenn man schon von einer Reduzierung der Raketen in Europa spricht, müsse man bedenken, daß eine Reduzierung und Liquidierung dieser Raketen in Europa unzureichend ist. Es müsse die entsprechende

Klasse der Raketen auch in Asien beseitigt werden. Darauf also wollen sie hinaus! Es muß gesagt werden, daß das und nur das schon eine Übereinkunft unmöglich macht. Auf welcher Grundlage wird hier Asien ins Spiel gebracht?

Wir halten es für möglich – und darüber hat J.W. Adropow gesprochen, als er einen Vorschlag machte, der Ihnen gut bekannt ist –, daß wir einen Teil der Raketen aus Europa, aus der Zone Europas, nach Asien zurückziehen, wenn ein Abkommen erzielt würde. Das ist unsere Sache und unser Recht. Wir sind bereit, sie dort aufzustellen, von wo aus sie Westeuropa nicht erreichen werden. Das haben wir im Verlaufe der Verhandlungen gesagt, und die amerikanische Administration weiß das. Wir sagten, und ich wiederhole: Wir verlegen die Raketen dorthin, von wo aus sie die Länder Westeuropas nicht erreichen können. Darauf sagt man uns: Nein, das reicht nicht aus. Die Vorstellungen der amerikanischen Regierung und des Präsidenten persönlich laufen darauf hinaus, daß auch diese Raketen liquidiert werden müssen. Nur diese Forderung für sich allein genommen schließt schon die Möglichkeit einer Übereinkunft aus.

Für die Länder Europas sind diese Raketen keine Bedrohung. Doch warum sind sie nötig? Die Sowjetunion braucht sie, um sich zu schützen. Denn es ist gut bekannt, welcher Ring amerikanischer Militärbasen die Sowjetunion umschließt. Japan und die Japan umgebenden Gewässer sind vollgestopft mit Kernwaffen und entsprechenden Trägermitteln. Die Insel Okinawa ist eine riesige Kernwaffenbasis. Südkorea ist ebenfalls ein großer Stützpunkt, genauer gesagt, ein Komplex von Kernwaffenbasen. Der Indische Ozean, insbesondere der Militärstützpunkt Diego Garcia, ist gespickt mit Kernwaffen, die die Sowjetunion erreichen können. Der Persische Golf und die anliegenden Gewässer strotzen von Kernwaffen. Bedenken Sie dabei – und ich bitte, die Aufmerksamkeit darauf zu konzentrieren –, daß hier die Rede von Mittelstreckenwaffen ist. Alle diese Waffen können das sowjetische Territorium erreichen. Mehr noch – und sollte jemand keine Vorstellung davon haben, was ich sage, so wird es für ihn besonders interessant sein, das zu erfahren –, diese Waffen erreichen ganz Sibirien, den gesamten asiatischen Teil der Sowjetunion, selbst seinen nördlichsten Teil, die Halbinsel Taimyr. Dabei ist immer noch die Rede von Mittelstreckenwaffen. Dabei haben wir nicht die amerikanischen strategischen Waffen im Auge, die in den bereits erwähnten Regionen existieren und stationiert sind. Strategische Waffen werden von einem anderen Abkommen, einem zeitweiligen Abkommen, geregelt, solange es in Kraft bleibt. Die Seiten haben eine Verlängerung dieses Abkommens vereinbart. Folglich geht es nur um die Mittelstreckenwaffen. Und mit diesen Waffen wird das gesamte asiatische Territorium der Sowjetunion abgedeckt. Es fragt sich: Hat etwa die Sowjetunion nicht das Recht, für ihre Verteidigungszwecke etwas zu besitzen, um es diesen Waffen entgegenzustellen? Sie hat das Recht...

Über all das wird im Westen nicht öffentlich gesprochen, man sagt dem Volk nicht die Wahrheit. Wenn den Menschen sowohl in der ersten als auch in der zweiten und der dritten Frage die Wahrheit gesagt würde, so sind wir überzeugt, daß sich die Meinung der jetzt uninformierten Menschen ändern würde, und das wahrscheinlich nicht zugunsten der amerikanischen Administration, die die Tatsachen ignoriert. Aber über diese Tatsachen wird einfach nicht gesprochen, weder in der Presse noch im Rundfunk und im Fernsehen. Man verschweigt sie. Wenn man einmal die USA nimmt, so hören die Menschen dort von morgens bis in die späte Nacht nur eines: Die Sowjetunion ist eine Gefahr, sie geht keine Abkommen ein, sie unterbreitet Vorschläge, die nicht der Linie der USA entsprechen. Nicht, daß man den Leuten etwa Tatsachenmaterial zum Überlegen gäbe. Das macht man nicht. Das mag scharf klingen, aber man darf sich nicht scheuen zu sagen, daß der Bevölkerung insgesamt eine betrügerische Propaganda aufgetischt wird und daß das Bild, das in diesen Ländern bei den Menschen entsteht, die ohne eigene Schuld wenig informiert sind, völlig verzerrt ist.

Was die Behauptung anbelangt, daß die Chancen für ein Abkommen um so größer seien, je stärker man auf die Sowjetunion Druck ausübe, so ist sie ebenfalls unseriös. In einem gewissen Grade läßt sie sich vielleicht mit der Unkenntnis über die Sowjetunion und, wenn Sie so wollen, der Unkenntnis unseres Charakters erklären.

Kürzer gesagt, der Vorschlag der USA ist unseriös. Er ist nicht darauf ausgerichtet, die Möglichkeiten für ein Abkommen mit der Sowjetunion zu schaffen. So denken wir darüber. Deshalb rufen wir dazu auf, ohne zu wissen, wie man sich in Washington dazu verhalten wird, objektiver an diese Frage heranzugehen, auf Einseitigkeit zu verzichten, alle Faktoren zu beachten, die legitimen Sicherheitsinteressen der Sowjetunion zu berücksichtigen und Kurs zu nehmen auf eine Vereinbarung, auf eine Annäherung der Positionen.

Die jetzige Linie, die die Vereinigten Staaten bei den Verhandlungen in Genf verfolgen, ist nicht die Linie der Annäherung. Das ist eine Linie des Abrückens von einem Abkommen, eine Linie der Zuspitzung der Lage, und darauf gerichtet, das Wettrüsten noch weiter anzuheizen, die Beziehungen zur Sowjetunion noch mehr zu verschlechtern, die Militärbudgets noch weiter in die Höhe zu treiben und noch stärker jene Kräfte zu fesseln, die dafür sind, mit der Sowjetunion eine gemeinsame Sprache zu finden und die Probleme der Abrüstung zu lösen. Übrigens wird hier und da in Washington, vor allem von seiten der Vertreter der Administration, davon gesprochen, die Bewegung in den Vereinigten Staaten zum Einfrieren der Kernwaffen sei so gut wie von der Sowjetunion inspiriert oder durch die Sowjetunion gelenkt. Wie dem auch sei, wir müssen kategorisch auf die Unsinnigkeit solch einer Vermutung verweisen, auf die Unsinnigkeit solcher Erklärungen. Diese Bewegung ist eine amerikanische, eine spontane Bewegung. Diese Bewegung gründet sich auf den Wunsch, mitzuwirken bei der Suche nach einer gemeinsamen Sprache mit der Sowjetunion, gründet sich darauf, die Kräfte der Kriegsvorbereitung, die militaristischen Kräfte zu zügeln. Die Sowjetunion steht dazu in keiner Beziehung. Wir können uns mit dieser Bewegung nur solidarisieren, weil wir hinsichtlich der Verhinderung eines Krieges, bei der notwendigen Suche nach Vereinbarungen und Übereinkommen in diesen Fragen Gleichgesinnte sind. Und man darf weder der Bewegung noch uns vorhalten, daß es irgendein einheitliches Zentrum gäbe, für das mal die Sowjetunion, mal die Führer dieser Bewegung die Verantwortung tragen müssen. Wir wollen hoffen, daß sich diese Vorwürfe nicht lange halten, daß sie vom Winde verweht werden und daß die Menschen, die – wenn man so will – instinktiv erkennen, was im Interesse des amerikanischen Volkes liegt und was nicht, daß die Menschen noch wirksamer werden, ihre Stimme im politischen Leben der Vereinigten Staaten von Amerika noch lauter erheben und zu erkennen geben.

Folglich können wir zum Abschluß angesichts der jüngsten Äußerungen – hauptsächlich des US-Präsidenten – sagen, daß eine »Zwischenlösung«, wie der Präsident seine Überlegungen genannt hat, unannehmbar ist, unannehmbar aus folgenden Gründen:

Erstens berücksichtigt sie nicht die britischen und die französischen Kernwaffen mittlerer Reichweite, darunter 162 Raketen.

Zweitens läßt sie Hunderte amerikanische kernwaffenbestückte Flugzeuge, die in Westeuropa und auf Flugzeugträgern stationiert sind, außer Betracht.

Drittens wären auch sowjetische Raketen mittlerer Reichweite im asiatischen Teil der UdSSR zu liquidieren, obwohl sie in keiner Beziehung zu Europa stehen.

Wenn also die NATO jetzt insgesamt in Europa bereits 50 Prozent mehr nukleare Gefechtsköpfe mittlerer Reichweite besitzt, so würde bei Realisierung der vom Präsidenten so bezeichneten »Zwischenlösung« die

NATO künftig fast zweieinhalbmal soviel Gefechtsköpfe wie die Sowjetunion besitzen.

Das ist in konzentrierter Form unsere Position zur sogenannten Zwischenlösung der amerikanischen Administration. Nebenbei gesagt zweifeln wir nicht daran, daß Washington von uns auch keine andere Reaktion erwartet hat.

Bevor ich meine Erklärung beende, möchte ich die Aufmerksamkeit der Anwesenden auf zwei Umstände lenken, ohne die das Bild sicher nicht vollständig wäre, zumindest vom Standpunkt des Verständnisses der Lage im Ganzen seitens derjenigen, die heute, morgen, übermorgen dem Volk, den Menschen Informationen vermitteln. Das wäre nützlich. Ein für allemal soll jeder im Gedächtnis behalten, daß unsere Waffen, wenn man die Waffen mittlerer Reichweite in Europa nimmt, nicht das Territorium der Vereinigten Staaten von Amerika erreichen können. Solch eine Aufgabe ist auch nicht gestellt. Von den amerikanischen Waffen, die in Europa stationiert werden sollen, erreicht jede Rakete das Territorium der Sowjetunion. Das ist der geographische Faktor. Zu wessen Vorteil ist er, dieser Faktor? Zum Vorteil der Vereinigten Staaten und zum Schaden der Sowjetunion. Und doch fordern wir dafür keine Kompensation und stellen diese Frage nicht, könnten es aber, wollte man peinlich und genau die Bilanz ziehen.

Weiter. Eine Rakete ist eine Rakete. Und Raketen fliegen. So ist die Flugdauer einer amerikanischen Rakete vom westeuropäischen Territorium zum sowjetischen Territorium um das Sechs- bis Siebenfache geringer als die Flugdauer einer Rakete vom Territorium der

Sowjetunion nach den USA, falls es zu einer Kernwaffentragödie käme, die über die gesamte Menschheit hereinbrechen würde. Folglich hätte die Sowjetunion auch unter diesem Gesichtspunkt – wenn man peinlich genau an diese Frage herangehen und eine entsprechende Gleichung aufstellen wollte, um das Prinzip der Gleichheit einzuhalten – das Recht, die Frage nach einer Kompensation zu stellen. Aber wir stellen diese Frage nicht, wir klammern diesen Faktor gleichsam aus. Warum? Um den Weg zu einem Abkommen zu erleichtern. Außerdem ziehen wir in Betracht, daß – würde ein Abkommen erreicht werden – wahrscheinlich Schritte in Richtung weiterer, radikalerer Reduzierungen unternommen werden würden, vielleicht, wer kann das wissen, bis hin zur vollen Liquidierung der Raketenwaffen. Diesen Umstand bitte ich ebenfalls im Auge zu behalten.

Wir legen hier Flexibilität an den Tag, wenn Sie so wollen, sogar Großmut, im Interesse eines Abkommens, wobei wir, wie ich schon sagte, das Ziel im Auge haben, das wir alle anstreben müssen: Frieden, totale Vernichtung der Kernwaffen und die Verwendung der Kernenergie ausschließlich zu friedlichen Zwecken und allein für das Wohl der Menschheit.

Unsere Politik in Fragen sowohl der Mittelstreckenwaffen als auch der strategischen Waffen besteht – wenn wir über Europa hinausgehen – darin, um jeden Preis die Gleichheit, das Prinzip der Gleichheit und der gleichen Sicherheit, das sich im Laufe vieler Jahre herausgebildet hat, zu erhalten. Man kann sagen, daß das Leben selbst zum Prinzip der Gleichheit geführt hat. Es ist nicht einfach am grünen Tisch entstanden.

Die Politik der USA ist darauf gerichtet, dieses Prinzip zu durchbrechen und zu zerstören. Wir werden alles dafür tun – ob mit oder ohne Abkommen –, um dieses Prinzip zu erhalten. Sollte es sich durch Handlungen der Regierungen der USA und anderer NATO-Länder als verletzt erweisen, so wird die Sowjetunion unbedingt – und darüber sollte bei niemandem Ungewißheit und bei niemandem Zweifel bestehen – solche Maßnahmen ergreifen, um ihre legitimen Interessen zu schützen, damit dieses Prinzip auch künftig wirkt. Und wir werden das auch tun. Dafür haben wir sowohl genügend materielle als auch intellektuelle Möglichkeiten – daran kann es gar keinen Zweifel geben. Ja, wir meinen, daß eigentlich auch diejenigen, die die Schuld an der jetzigen Lage tragen, das ebenfalls wissen.

*Im Anschluß an seine Erklärung beantwortete Andrej Gromyko Fragen von Korrespondenten.*

*Frage:* Es scheint, daß man in Washington immer noch darauf spekuliert, daß mit dem Heranrücken des Jahresendes, da die Stationierung amerikanischer Raketen in Europa geplant ist, die UdSSR »nachgiebiger« sein wird. Was läßt sich dazu sagen?

*Antwort:* Das ist ein falscher, zutiefst fehlerhafter Standpunkt. Das ist eine solche Vorliebe für die taktische Seite, die zeigt, daß jene, die Aussagen in diesem Sinne treffen, über das Wesen der Sache wenig nachdenken. Das wird es nicht geben. Im Gegenteil, die USA und die Sowjetunion werden noch weiter als jetzt von einer Vereinbarung entfernt sein. Damit es eine Vereinbarung gibt, müssen die legitimen Interessen beider Seiten beachtet werden, muß das Prinzip der Gleichheit eingehalten werden. Die Massenmedien leisten einen guten Dienst, wenn sie darüber die Wahrheit verbreiten.

*Frage:* Wie lautet die Antwort der Sowjetunion, wenn die Amerikaner ihre »Pershing«- und Flügelraketen stationieren werden, und wird die Aufstellung dieser Raketen nicht in gewisser Weise ähnlich der Krise in der Karibik von 1962 sein?

*Antwort:* Ich habe bereits in meiner Erklärung gesagt, daß, werden die Raketen aufgestellt und wird das Abkommen vereitelt, die Sowjetunion bestrebt sein würde, in materieller Hinsicht – und in anderen Beziehungen – ihre Interessen zu schützen. Wir werden keine Verletzung der Gleichheit oder des Gleichgewichts zulassen, nennen Sie es, wie Sie es wollen. Wir werden es nicht zulassen. Und bei uns stehen Worte und Taten im Einklang. Wir haben solche Möglichkeiten. Wir haben dies wiederholt bewiesen. Aber das ist die schlechtere, das wird eine uns aufgezwungene Maßnahme sein. Die erste, von uns bevorzugte Position ist es, das Problem auf der Grundlage einer Übereinkunft mit den Vereinigten Staaten, mit der NATO zu lösen.

*Frage:* Die Sowjetunion vertritt das Prinzip der Gleichheit und der gleichen Sicherheit. Die amerikanische Seite aber spricht von dem Prinzip der »gleichen Rechte und Limits«. Worin liegt der Unterschied?

*Antwort:* Hätten Sie die Frage den verhandlungsführenden Vertretern der USA gestellt, was die Formel von den »gleichen Rechten und gleichen Limits« bedeutet, so hätten diese Ihnen keine Antwort gegeben. Sie hätten eine hilflose Erklärung abgegeben, weil sie selbst nicht recht wissen, was das ist. Man kann mutmaßen, daß hierbei die Frage der britischen und französischen Raketen der zentrale Punkt ist. Mit Hilfe dieser Formel wollen sie von dieser Frage wegkommen. Das ergibt sich aus einzelnen Bemerkungen, sozusagen aus der Logik der Verhandlungen. Aber diese Formel ist eigens dazu ausgearbeitet worden, um Nebel zu erzeugen. Die mathematisch exakte Formel – sie ist auch politisch exakt und in militärstrategischer Hinsicht annehmbar – lautet Gleichheit und gleiche Sicherheit, Berücksichtigung aller Faktoren. Das ist eine einfache, aber wissenschaftlich fundierte Formel.

*Frage:* Sie haben unlängst erklärt, es sei ein Irrtum, wenn die Öffentlichkeit im Westen glaube, daß die Verhandlungen in Genf ungeachtet des Beginns der Stationierung neuer Raketen weitergeführt würden. Heißt das, daß die Sowjetunion die Verhandlungen abbricht, sobald die erste amerikanische Rakete stationiert wird?

*Antwort:* Ich muß Ihnen sagen, daß das für Europa und die Welt insgesamt eine äußerst negative Tatsache sein wird. Die Lage wird so sein, daß wir gezwungen sein werden, sie mit größter Aufmerksamkeit unter Berücksichtigung aller Umstände – ich unterstreiche, unter Berücksichtigung aller Umstände – zu prüfen und eine entsprechende Entscheidung zu fällen.

*Frage:* In seinen jüngsten Reden hat Präsident Reagan die Sowjetunion als »Imperium des Bösen« und »Zentrum des Bösen« bezeichnet. Wie werten Sie diese Behauptungen?

*Antwort:* Ja, uns ist bekannt, daß sich der amerikanische Präsident in Formulierungen solcher Art übt. So organisiert beziehungsweise prophezeit er einen »Kreuzzug«, so erklärt er die Sowjetunion und die sozialistischen Länder zum »Zentrum des Bösen«. Aber er ist in der Geschichte nicht der erste, der zu solchen Methoden greift.

In der Geschichte gab es Leute, die sogar den Untergang des Sozialismus prophezeiten. Aber der Sozialismus geht seinen Weg. Er wird dabei immer stärker. Die Prophezeiungen des Präsidenten können die Autorität der amerikanischen Außenpolitik nicht mehren, gar nicht zu reden davon, daß sie den Sozialismus oder unsere Außenpolitik auch nur im geringsten erschüttern können. Nach unserer Überzeugung, wenn wir die Periode nach dem zweiten Weltkrieg nehmen, leuchteten der Stern der Sowjetunion, unser Banner und das Banner unserer Außenpolitik noch nie so hell wie jetzt über der ganzen Welt – im Norden und Süden ebenso wie im Westen und Osten.

Wäre denn die Liquidierung des Kolonialismus überhaupt möglich gewesen ohne die Sowjetunion und ohne unseren Sieg im Krieg gegen die faschistischen Aggressoren? Nein, das wird kein Mensch sagen, keiner, der sich auskennt, zu urteilen versteht und klug ist.

Wir sind davon überzeugt, daß das, was der Sozialismus, die sozialistischen Staaten und vor allem die Sowjetunion vollbracht haben, eine felsenfeste Grundlage für die Zukunft ist. Sie leistet unserem Volk, das bei der

Verwirklichung seiner Pläne voranschreitet, gute Dienste. Sie ist ein gutes Beispiel für die ganze Menschheit. Wir mischen uns nicht in die inneren Angelegenheiten anderer Staaten ein – das ist eines der Prinzipien unserer Außenpolitik. Aber ein Beispiel ist ein Beispiel. Es wird selbst dann nicht aus der Welt geschafft, wenn jemand mit einem Kreuz daherkommt.

Wissen Sie, all diese lauten Worte, diese Beleidigungen, in denen sich die Politiker in Washington üben und zu üben belieben, vergrößern nicht die Möglichkeiten der Außenpolitik der USA, sondern sie zeigen lediglich, welche Stufe des Anstandes jetzt in Washington beim Umgang mit anderen Staaten, insbesondere mit der Sowjetunion, erreicht wurde. So benimmt man sich nicht.

Stellen Sie sich vor, daß verantwortliche Vertreter der Vereinigten Staaten und der Sowjetunion am Verhandlungstisch zusammenkommen und solche Formulierungen austauschen werden. Die einen werden den Nachweis zu erbringen suchen, daß die anderen das »Zentrum des Bösen« sind, und die anderen werden verständlicherweise das zurückweisen und bemüht sein, nichts schuldig zu bleiben. Was sollen das für Verhandlungen sein?

Wenn jetzt einer daran ginge, Tabellen des Bösen aufzustellen, so kann ich Ihnen versichern, daß eine solche Tabelle für die USA sehr lang sein würde. An uns wenden sich zur Verteidigung ihrer legitimen Interessen jene, denen die Vereinigten Staaten Schaden zufügen, deren Territorien – und das sind Dutzende von Ländern – die USA zu ihrer Interessensphäre, wenn nicht gar zu ihrem Vorgarten oder Privatsee erklären. Uns rufen sie um Hilfe an! Wie denn? Sie wenden sich an das »Zentrum des Bösen«? Nichts dergleichen. Hat ein »Zentrum des Bösen« in der UNO den Vorschlag unterbreitet, den Kolonialismus, das Kolonialsystem zu liquidieren? Es war ein sozialistischer Staat, der diesen Vorschlag gemacht hat. Es war die Sowjetunion!

Dieses »Zentrum des Bösen« hat bereits 1946 vorgeschlagen, eine internationale Konvention zu unterzeichnen, die die Kernwaffen als mit dem Gewissen der Menschheit unvereinbar erklärt und derzufolge die Kernwaffen verboten und die Kernenergie für friedliche Zwecke, für das Wohl der Menschheit eingesetzt werden sollen. Das war das »Zentrum des Bösen«? Nein, das war der sozialistische Sowjetstaat.

Schlägt etwa ein »Zentrum des Bösen« jetzt vor, die Militärbudgets zu reduzieren, die Verpflichtung zu übernehmen, zwischen den Staaten keine Gewalt anzuwenden, das heißt keinen Krieg zuzulassen, die Beziehungen auf friedlicher Grundlage zu gestalten? Nein, es ist ein Staat, der Träger der Politik des Friedens und der Freundschaft zwischen den Völkern ist. Wir zwingen niemandem unsere Ideologie auf. Unsere Ideologie ist die Widerspiegelung dessen, was in der menschlichen Gesellschaft objektiv vor sich geht. Unsere Politik ist ein offenes Buch, alle können es lesen.

Führte ich das noch weiter aus, würde sicherlich manch einer sagen, das ist schon Propaganda. Aber Propaganda ist nicht gleich Propaganda. Sie, alle hier Anwesenden, sind sicher nicht einverstanden, Sie alle einfach als Propagandisten zu bezeichnen. Aber in gewisser Weise sind Sie Propagandisten, weil Sie Informationen unter die Menschen bringen. Aber auch Information ist nicht gleich Information. Es gibt Informationen, die die Menschen in die Irre führen, und Informationen, die den Menschen die Augen öffnen. Das ist die wahrhaftige Information. Die Kraft unserer Politik liegt in der Wahrheit. Deshalb sind die Übungen, ob sie nun ein Präsident oder irgend jemand anderes unternimmt, um das Etikett »Zentrum des Bösen« aufzukleben oder gepfefferte Worte aller Art zusammenzukratzen, eine undankbare Beschäftigung. Man kann sie auch nicht lange betreiben. Mag sein, daß diese verbalen Übungen manch einen, der nahe beim Präsidenten steht oder sitzt, blenden, aber auf keinen Fall haben sie langen Bestand.

Wir sind stolz auf die Rolle, die der Sowjetstaat spielt, und wir wissen, daß die meisten Staaten der Welt diese Rolle gebührend schätzen. Wir sind auch darauf stolz, daß wir in dem großen Kampf der Völker für Frieden und gegen den Kernwaffenkrieg viele Gleichgesinnte, und wenn Sie so wollen, in diesem Sinne auch Verbündete haben.

*Frage:* Was verbirgt sich hinter dem amerikanischen Vorschlag über eine »globale« Begrenzung von Raketen mittlerer Reichweite?

*Antwort:* Offensichtlich ist der Vorschlag oder die Forderung der USA gemeint, die Raketen im asiatischen Teil der Sowjetunion zu liquidieren. Ich sprach schon zu diesem Thema. Die USA unterbreiteten den Vorschlag, sowjetische Raketen mittlerer Reichweite nicht nur im europäischen Teil, sondern auch im asiatischen zu liquidieren. Wenn man all das zusammen in eine konkrete Sprache übersetzt, würde das bedeuten, daß die USA dann fast zweieinhalbmal soviel Gefechtsköpfe hätten. Warum sage ich Gefechtsköpfe und nicht Raketen? Weil Gefechtsköpfe genauer, ein mathematisch genauerer Ausdruck der Stärke von Kernwaffen sind.

*Frage:* Wie ich einer Ihrer Antworten auf eine der Fragen entnehme, haben Sie im Grunde genommen keinerlei Hoffnung mehr auf die Möglichkeit, ein Abkommen über die Raketen mittlerer Reichweite bis zum Ende dieses Jahres zu erreichen. Verstehe ich die Sachlage richtig?

Ich möchte Sie noch etwas fragen: Bedeutet Ihre kürzlich erfolgte Ernennung zum Ersten stellvertretenden Vorsitzenden des Ministerrates der UdSSR, daß Sie den auswärtigen Angelegenheiten jetzt weniger Zeit widmen werden, und was sind dabei Ihre zusätzlichen Verpflichtungen?

*Antwort:* Die erste Frage würde ich wie folgt beantworten: Wenn die Position der Vereinigten Staaten so bleibt, wie vom Präsidenten verkündet, gibt es keine Chancen für ein Abkommen. Deshalb wäre es gut, wenn die amerikanische Regierung eine objektivere Position beziehen würde, die der Forderung nach Erhaltung des Prinzips der Gleichheit und der gleichen Sicherheit und der vollständigen Berücksichtigung der legitimen Interessen der Sowjetunion und aller Staaten des Warschauer Vertrages entspricht.

Was die zweite Frage angeht, so betrifft sie mich persönlich, und ich brauchte darauf nicht zu antworten. Ich möchte jedoch folgendes sagen: Ich bezweifle, daß die Arbeit im Außenministerium weniger wird. Ich denke, daß es eher mehr sein wird und daß sich das auf einen wachsenden Umfang der Arbeit, der Koordinierung, kurz gesagt, der außenpolitischen Tätigkeit bezieht.

*Frage:* Halten Sie entgegen der Position der USA eine Verbesserung der sowjetisch-amerikanischen Beziehungen für möglich? Glauben Sie, daß es im Laufe der nächsten Jahre überhaupt möglich sein wird, ein Abkommen zwischen der UdSSR und den USA zu erzielen?

*Antwort:* Da haben Sie mir eine sehr leichte Frage gestellt. (*Bewegung im Saal.*) Ich möchte nur eins sagen: Wir wünschten, daß sich die Beziehungen zwischen den Vereinigten Staaten und der Sowjetunion verbesserten. Oft genug sind Erklärungen zu diesem Thema von unserer Seite von der Tribüne der Parteitage, des Obersten Sowjets der UdSSR und der Plenartagungen des Zentralkomitees abgegeben worden. Juri Wladimirowitsch Andropow hat auch mehrmals zu diesem Thema gesprochen. Ich wiederhole, wir wünschten dies. Aber aus allem ist ersichtlich, daß die amerikanische Administration die Beziehungen zur Sowjetunion nicht verbessern will. Sie will, daß die Sowjetunion grundlegende Zugeständnisse zum Schaden ihrer legitimen Interessen macht, ihrer legitimen und begründeten Interessen. Das gibt es nicht, und das wird es nicht geben. Deshalb rufen wir die Vereinigten Staaten auf, objektiver an die Fragen der sowjetisch-amerikanischen Beziehungen heranzugehen und zu begreifen, daß normale, und noch besser, gute Beziehungen zwischen den USA und der Sowjetunion nicht nur den Interessen der internationalen Lage insgesamt entsprechen, sondern auch den Interessen des amerikanischen Volkes. Darüber, daß dies den Interessen des sowjetischen Volkes entsprechen würde, haben wir wiederholt gesprochen.

Um die Möglichkeit eines Krieges – und vor allem eines Kernwaffenkrieges – auszuschließen, dafür muß sich in erster Linie der Charakter der Beziehungen zwischen der Sowjetunion und den USA zum Besseren verändern. Wir sind dafür, die Administration der USA wünscht dies nicht. Es ist nicht überflüssig, daran zu erinnern, daß es eine Zeit gab, da wir Verbündete im Krieg waren, das heißt, eine gemeinsame Grundlage für Zusammenarbeit fanden, obgleich wir auch schon damals Staaten mit unterschiedlicher Gesellschaftsordnung, mit unterschiedlicher Ideologie waren. Aber wir glauben, daß trotz dieser Unterschiede in der Gesellschaftsordnung, in der Ideologie unsere beiden Mächte, Mächte mit einem gewaltigen Militärpotential, ihre Beziehungen in Ordnung bringen können. Wir sind überzeugt, daß dadurch die Völker beider Länder – der Sowjetunion und der USA – nur aufatmen könnten.

*Frage:* Könnten Sie sich über den Charakter der Vorschläge äußern, die, wie gemeldet wird, der chinesischen Seite im vorigen Monat mit dem Ziel unterbreitet wurden, eine Normalisierung der sowjetisch-chinesischen Beziehungen zu fördern?

*Antwort:* Darüber will ich mich ganz allgemein äußern. Zwischen China und der Sowjetunion haben Konsultationen begonnen. Gegenstand der Konsultationen sind viele Fragen. Sie sind aber noch nicht weit genug gediehen, als daß man schon bestimmte Schlußfolgerungen ziehen könnte, geschweige denn zu den großen Fragen. Die Seiten kamen überein, die Konsultationen weiterzuführen. Die Atmosphäre im Verlauf der Konsultationen ist im ganzen normal. Die Konsultationen werden fortgesetzt. Wir sind der Meinung, es ist gut, daß sie begonnen haben, gut, daß sie fortgeführt werden. Warten wir es ab, was weiter wird. Wir sind für normale Beziehungen mit China.

*Frage:* In Washington wird weiterhin behauptet, die Sowjetunion würde das von ihr verkündete einseitige Moratorium über die Aufstellung von Raketen mittlerer Reichweite im europäischen Teil der UdSSR nicht einhalten. Was können Sie dazu sagen?

*Antwort:* Meine Antwort wird kurz sein. Das sind betrügerische Erklärungen. Die Sowjetunion kennt keine Kluft zwischen Wort und Tat. Das gilt auch in diesem Falle.

*Frage:* J.W. Andropow sagte, daß es Beschlüsse gibt, die die Interessen weder der einen noch der anderen Seite einengen. Allerdings erscheint Ihre Position wenig elastisch. Wird sich die Sowjetunion mit irgendeiner neuen Stationierung von Raketen einverstanden erklären?

*Antwort:* Wir haben im Verlauf der Verhandlungen unsere Meinung geäußert. Wir hörten die Meinung der Vereinigten Staaten von Amerika. Über die Grundlinien der Politik in diesen Verhandlungen, unsere und die amerikanischen, habe ich gesprochen. Das, was gegenwärtig über die amerikanische Politik bekannt ist, schließt die Möglichkeit eines Übereinkommens aus.

Was morgen sein wird, wissen wir nicht. Aber die ersichtliche, überschaubare Perspektive ist nicht sehr gut, allein schon deswegen, weil die amerikanische Position schon heute davon ausgeht, daß die Raketen in geplanter Weise stationiert werden müssen. Werden müssen, behauptet man stündlich und täglich. Man wünscht sich, eine Veränderung der Position der USA zum Besseren hin zu erblicken, aber bis jetzt ist davon nichts zu sehen.

*Frage:* Die USA halten nach den Worten Präsident Reagans eine effektive Kontrolle für ein grundlegendes Prinzip jedweder Abkommen über Rüstungskontrolle. Wie ist die prinzipielle Haltung der Sowjetunion in dieser Frage?

*Antwort:* Ich möchte mit aller Entschiedenheit unterstreichen, daß für die Sowjetunion die Kontrolle niemals ein kritischer Punkt der Erfüllung von Abkommen oder Verträgen im Verlaufe der Verhandlungen gewesen ist, obwohl wir in dieser Hinsicht von der anderen Seite sehr viel Demagogie zu hören bekamen – besonders abseits des Verhandlungstisches. Wo Kontrolle erforderlich ist, sind wir dafür, wo es keine Notwendigkeit für eine spezielle Kontrolle gibt, braucht sie also nicht zu sein, ist sie nicht erforderlich.

Da von mehreren Verträgen die Rede ist, unter anderem vom SALT-II-Vertrag, der durch die Handlungen der amerikanischen Seite nicht in Kraft trat und nicht ratifiziert wurde, möchte ich hier etwas unterstreichen, was viele möglicherweise nicht wissen, daß nämlich vieles auf bilateraler nationaler Kontrolle beruhte. Bilateral in dem Sinne, daß jede Seite, genauer gesagt, beide Seiten in dieser Frage auf ihre Art handeln. Zweiseitig heißt nicht gemeinsam, denn jede Seite bediente sich ihrer nationalen technischen Mittel. Ernstzunehmende Vorwürfe gab es keine. Das wurde sowohl der einen als auch der anderen Seite gerecht.

Jetzt sagt man manchmal, es bestünden Zweifel (im übrigen sagt man nicht offen, daß tatsächlich Verletzungen vorkommen), ob diese oder jene von der Sowjetunion übernommenen Verpflichtungen eingehalten würden. Aber, wenn schon von Zweifeln die Rede ist, so haben auch wir der US-Regierung unsere Zweifel nicht nur einmal vorgetragen. Um hier nicht ohne Begründung zu bleiben, will ich einen Fall nennen.

Plötzlich stellten wir fest, daß in den USA für bestimmte Zeit bestimmte Objekte der Beobachtung entzogen werden. Wir fragen an, und man antwortet uns: Ja, das stimmt, sie sind verdeckt, das Wetter ist schuld. Es vergeht ein Monat, es vergehen zwei Monate, ja sogar noch mehr. Manche Objekte bleiben verdeckt, obwohl sie nicht verdeckt sein dürften, damit wir sie mit unseren Mitteln beobachten können. Darüber gibt es eine Vereinbarung. Wir fragen erneut an. Man antwortet uns: Wissen Sie, es regnet, wir müssen abdecken. Halb ernst, halb ironisch fragen wir natürlich zurück: Wann endlich wird es bei Ihnen aufhören zu regnen? Es regnet seit Monaten, kommt etwa die zweite Sintflut?

Das war natürlich ein Trick der Amerikaner. Doch wir nahmen das im allgemeinen ruhig hin. Es gab noch andere Fälle. Wir wollen das aber nicht propagandistisch ausschlachten. So etwas kann schon vorkommen.

Auf unserer Seite gab es nichts Ernstes, und wir beabsichtigen auch nicht, so etwas zuzulassen. Das ist nicht die Handschrift unserer Politik – etwas vertraglich zu fixieren und dann anders zu handeln. Es wäre gut, wenn sich die Vereinigten Staaten auch so verhielten.

*Frage:* Wie schätzen Sie die jetzt im Nahen Osten entstandene Situation ein? Wie werten Sie die Reaktion Washingtons auf die Erklärung der sowjetischen Regierung zu den aggressiven Plänen Israels gegenüber Syrien? Gibt es in jüngster Zeit Kontakte zwischen der UdSSR und den USA über die Situation in dieser Region?

*Antwort:* Es gibt keine systematischen Kontakte zwischen der UdSSR und den USA in dieser Frage. Und wenn es Kontakte gibt, so werden gewöhnlich die jeweiligen Standpunkte dargelegt. Manchmal geht es dabei hart auf hart. Es wäre natürlich besser, die Angelegenheiten anders, in ruhigerer Weise, zu behandeln. Aber die Wahrheit, auch wenn sie unangenehm ist, muß gesagt werden, nötigenfalls auch in ziemlich scharfer Form. Wie kann man auch in sanften Worten darüber sprechen, was heute im Nahen Osten, insbesondere im Libanon, geschieht? Was für Nerven und was für eine seelische Verfassung werden von den Menschen verlangt, um auf das, was dort geschieht, nicht auf das erregteste, energischste und mit größter Sorge zu reagieren? Es gab mal eine Zeit, da man in Washington im Zusammenhang mit den aggressiven Handlungen Israels gegen Libanon erklärte, daß die USA keine Truppen nach Libanon entsenden werden. Es verging dann eine gewisse Zeit, bis andere Erklärungen zu hören waren:

Ja, die USA könnten vielleicht Truppen entsenden, aber nur für einen begrenzten Zeitraum, wenn man sie darum bäte. Wieder verging eine gewisse Zeit, und in Libanon tauchten amerikanische Truppenkontingente auf. Und wiederum kommen offizielle Erklärungen seitens der US-Administration: Ja, es gibt in Libanon amerikanische Truppen, und Washington hat vorerst nicht die Absicht, sie abzuziehen, und setzt keine Frist für deren Abzug. So ist Washington mit seinen Kontingenten in Libanon schon fest präsent. Oder man sagt: Ja, die Amerikaner werden ihre Truppenkontingente aus Libanon abziehen, aber auch Israel und alle anderen ausländischen Truppen müßten das Land verlassen. Israel wiederum sagt: Wir denken nicht daran abzuziehen. Darauf erklärt Washington, da Israel nicht daran denkt, denken auch wir nicht daran. Es fällt diesen beiden Partnern nicht schwer, die Rollen untereinander zu verteilen. Jeder objektiv denkende Beobachter wird zu der richtigen Schlußfolgerung kommen, daß es sich hier in Wirklichkeit um eine Verschwörung handelt.

Die Sowjetunion tritt dafür ein, daß alle ausländischen Truppen vom Territorium Libanons abgezogen werden. Alle. Auch Syrien ist dafür. Israel hingegen will sich einen Teil Libanons sichern, faktisch will man aber Libanon als Staat zerstückeln.

Nehmen Sie die Nachbarregion – ein riesiges Gebiet, das 19 Länder umfaßt. Diese Staaten sind von besonderem Interesse für die USA. Auf diese Staaten dehnen sich die strategischen Interessen der USA aus, wie in Washington erklärt wird. Es wurde sogar ein besonderes amerikanisches Kommando für diese Region geschaffen. Zu den Zielen Washingtons gehört es auch, sich sogar dann einzumischen, wenn in diesen Ländern innere Vorgänge stattfinden, die nicht den amerikanischen Interessen entsprechen. Der Nahe Osten gehört zu dieser Zone.

Wo sind denn da die Rechte, die hohe Moral, die hohen moralischen Prinzipien, fragt man sich, wenn man objektiv und anständig herangeht? Wenn in diesen Ländern irgendwelche sozialen Veränderungen vor sich gehen, nimmt sich Washington das Recht der Einmischung heraus, auch mit militärischen Mitteln. Wie soll man das nennen? Man möchte ja nicht zu starke Worte gebrauchen.

Wir fühlen mit der arabischen Sache, wir sind für Frieden im Nahen Osten. Wir sind auch dafür, daß Israel als Staat existiert. Niemand kann uns den Vorwurf machen, wir hätten unsere Haltung gegenüber Israel als Staat geändert. Als über das Schicksal Palästinas beraten wurde, stimmte die Sowjetunion für die Schaffung eines israelischen Staates neben einem palästinensischen. Das ist auch heute unsere Meinung. Wir teilen nicht den Standpunkt extremistischer arabischer Kreise, daß Israel liquidiert werden müsse. Das ist ein unrealistischer und ungerechter Standpunkt, Israel muß aber ein friedliebender Staat sein. Es muß gute Beziehungen zu seinen Nachbarn haben. Wir sind für einen solchen israelischen Staat. Leider untergräbt einfach alles, was Israel schon seit vielen Jahren tut, die politische und historische Grundlage, die von allen verteidigt wurde, die für die Schaffung eines selbständigen Staates Israel eingetreten waren. Als wir für die Schaffung Israels stimmten,

stimmten wir für ein friedliches Israel, nicht aber für einen aggressiven israelischen Staat. Es wäre zu wünschen, daß in Israel schließlich und endlich vernünftige realistische Tendenzen in der Politik, in seinem politischen und gesellschaftlichen Leben siegen, Tendenzen zugunsten eines friedlichen Zusammenlebens Israels mit seinen Nachbarn.

Wir unterstützen die Araber, wir unterstützen ihre gerechte Sache, wir unterstützen die Palästinenser und sind der Auffassung, daß sie das Recht auf Errichtung ihres selbständigen palästinensischen arabischen Staates haben, mag es auch nur ein kleiner sein.

*Frage:* Bekanntlich hat die sowjetische Delegation im Februar dieses Jahres bei den Wiener Verhandlungen über die gegenseitige Reduzierung von Streitkräften und Rüstungen in Mitteleuropa im Namen der sozialistischen Länder einen Komplex konkreter Vorschläge eingebracht, die darauf gerichtet sind, aus der Sackgasse bei den Verhandlungen in Wien herauszukommen. Wie war die Reaktion der anderen Teilnehmerstaaten? Welche Aussichten haben die Wiener Verhandlungen?

*Antwort:* Schlechte Aussichten. Es ist zu spüren, daß sowohl Washington als auch London und andere westliche Teilnehmer – unsere Verhandlungspartner – ihnen keine ernste Aufmerksamkeit schenken und daß ihre Positionen fest zementiert sind. Wir sind mehrere Male von verschiedenen Seiten herangegangen, haben Vorschläge unterbreitet und Flexibilität gezeigt in der Hoffnung, daß es letzten Endes gelingen wird, sie voranzubringen. Es ist noch gar nicht so lange her, erst zwei Monate, daß wir Vorschläge zur Gesamtstärke der

Truppen unterbreitet haben. Wir machen Vorschläge dazu, wie das Erreichen einer Vereinbarung vereinfacht werden kann, wobei alle Nebenumstände beiseite gelassen werden. Leider ist von seiten der westlichen Teilnehmer kein großes Interesse daran bekundet worden, wenn auch eine offizielle Antwort bislang nicht erteilt wurde. Überhaupt bedient man sich in letzter Zeit in einigen westlichen Hauptstädten dieser Methode recht beharrlich. Bislang kommen diese Verhandlungen nicht voran. Ebenso wie die Verhandlungen über die chemischen Waffen nicht von der Stelle kommen, verhält es sich mit einer Reihe anderer begonnener Verhandlungen, wie auch mit jenen, die hätten aufgenommen werden sollen. Der Grund dafür ist, daß unsere Partner keine Verhandlungen wollen.

Zur Einstellung der Kernwaffentests machen wir den westlichen Ländern und vor allen Dingen der US-Administration den Vorwurf, daß sie sich weigern, ein Abkommen in dieser Frage einzugehen, und sogar Verhandlungen zu führen. Seltsamerweise ist auch das Madrider Forum bis heute noch nicht beendet worden. Es hätte aber bei einigermaßen objektiver Haltung schon längst beendet sein können, da der wichtigste politische Rahmen dafür in der Schlußakte von Helsinki festgelegt ist. Die konkreten Fragen, die entstehen und entstanden sind, müssen im Rahmen dieses Hauptdokumentes gelöst werden, wenn man es will. Hoffen wir, daß dieses Forum letzten Endes mit positiven Ergebnissen abgeschlossen wird. Daran möchte man glauben.

Während einer Pressekonferenz in New York am 21. Juni 1982

Andrej Gromyko in seinem Arbeitszimmer

## W.I. Lenin und die Außenpolitik des Sowjetstaates
»Kommunist«, Nr. 6 (April 1983)

Die Generationen unseres, des 20. Jahrhunderts lösen einander ab, aber die große Gestalt W.I. Lenins, der das helle Licht seiner Ideen für die Menschheit aufgehen ließ, wird immer gewaltiger. Die kolossale Energie und Dimension seines Wirkens – in Theorie und Praxis, in der weltweiten revolutionären Bewegung, der Innen- und Außenpolitik des Sowjetstaats – gehen über den Rahmen der gewöhnlichen Vorstellungen hinaus.

Nicht zu überschätzen ist der Beitrag W.I. Lenins, des genialen Denkers und treuen Nachfolgers von Marx und Engels, zur schöpferischen Entwicklung aller Bestandteile des Marxismus, den er auf eine neue, höhere Stufe gehoben hat, zur konsequenten Verwirklichung dieser Lehre unter neuen historischen Bedingungen. Der Leninismus ist der Marxismus der Epoche des Imperialismus und der proletarischen Revolutionen, des Zusammenbruchs des Kolonialsystems, der Epoche des Übergangs der Menschheit vom Kapitalismus zum Sozialismus. »Der Marxismus ist in unserer Zeit ohne und außer dem Leninismus einfach nicht denkbar«,[1] hebt der Generalsekretär des ZK der KPdSU, J.W. Andropow, hervor.

Der Führer des russischen und internationalen Proletariats Lenin und die von ihm geschaffene Partei der Bolschewiki, der Kommunisten, stellten sich an die Spitze der siegreichen Großen Sozialistischen Oktoberrevolution, die das sozialpolitische Antlitz der Welt von Grund auf veränderte. Das von Lenin begründete Sowjetland war der erste Arbeiter- und Bauernstaat in der Geschichte der Menschheit.

Dadurch verschmolz der wissenschaftliche Sozialismus mit der lebendigen Praxis von Millionen und aber Millionen Werktätigen. Er wurde die Ära der grandiosen Errungenschaften der Arbeiterklasse, der Taten der Volksmassen eingeleitet. Gerade diese Verschmelzung von Theorie und Praxis zeichnete Lenin immer aus.

Das Gedankengut und Werk Lenins sind eine unversiegbare Quelle der Begeisterung für die sowjetischen Kommunisten, die kommunistischen Bruderparteien, die internationale Arbeiterbewegung, die nationalen Befreiungskräfte sowie für alle Menschen guten Willens in ihrem Kampf für Freiheit, sozialen Fortschritt und eine friedliche Zukunft der Völker.

Es gibt in der Geschichte keine andere Persönlichkeit, die sich einer solchen grenzenlosen Achtung und Liebe der werktätigen Massen in unserem Lande und außerhalb seiner Grenzen erfreuen würde. Dem Genie Lenins zollen selbst jene einen Tribut, die seine Ideen nicht teilen. Auch unsere Klassengegner können nicht umhin, Leninschen Ideen Rechnung zu tragen.

Der theoretische Nachlaß Lenins ist in vollem Sinne des Wortes unerschöpflich. Er ist enthalten in seinen Werken, Reden und Vorträgen, Unterredungen, Briefen, Thesen und zahlreichen anderen Dokumenten, in denen jeder Satz und jedes Wort für unsere Partei, das Sowjetvolk und alle Kräfte, die sich für die Sache des Sozialismus, der Demokratie und des Friedens einsetzen, eine mächtige und scharfe Waffe sind.

Lenins Leistungen auf dem Gebiet der Philosophie, die der Verteidigung und Bereicherung der marxistischen Lehre galten, waren gewaltig. Mit der ihm eigenen Tiefe und bezwingenden Logik wies er umfassend die Lebensnähe der marxistischen Theorie nach, die die objektiven Gesetze der gesellschaftlichen Entwicklung widerspiegelt, und begründete er die Schlußfolgerung von deren unvermeidlichem Triumph und mithin vom unvermeidlichen Sieg der Arbeiterklasse, der Werktätigen.

In seinem Standardwerk »Materialismus und Empiriokritizismus« begründete Lenin die Thesen des dialektischen und historischen Materialismus, entwickelte sie weiter, analysierte allseitig die Grundfrage der Philosophie: nach dem Verhältnis von Bewußtsein und Sein, von Denken und Materie, die grundlegenden Prinzipien und wichtigsten Kategorien der marxistischen philosophischen Wissenschaft, insbesondere der Erkenntnistheorie, und wies überzeugend nach, welch hohe Bedeutung für den wissenschaftlichen Fortschritt die Methode der von ihm als die »Seele des Marxismus« bezeichneten materialistischen Dialektik hat. Er erteilte dem »Feldzug gegen die Philosophie des Marxismus«[2] eine entschiedene Abfuhr, entlarvte verschiedenartige theoretische Konzeptionen von offensichtlich bürgerlichem Schlage, deckte die Haltlosigkeit und den reaktionären Charakter der revisionistischen Strömungen aller Art auf, die den Willen zum Kampf um eine proletarische, sozialistische Revolution erschlaffen ließen. Mit nie vorher gesehener Schärfe warf Lenin die Frage nach dem Prinzip der Parteilichkeit in der Philosophie auf, wobei er von den Marxisten eine unversöhnliche Haltung zu jeglichen Spielarten des Idealismus und der Metaphysik verlangte.

Diese Schrift Lenins entstand in einer komplizierten, auf die Niederlage der ersten russischen Revolution 1905—1907 folgenden Zeit, als unter einem Teil der Parteimitglieder defätistische Stimmungen, ideologisch-politische Schwankungen in Erscheinung traten, die unter anderem verworrene, unwissenschaftliche philosophische Theorien aufkommen ließen. Das Leninsche Buch erteilte diesen mit der marxistischen Weltanschauung nichts gemein habenden Ansichten prinzipiell und im einzelnen eine Abfuhr und rüstete die Partei der Boschewiki im Vorfeld der kommenden Revolutionskämpfe ideologisch aus. Es dient auch heutzutage wirksam der Auseinandersetzung der Kommunisten mit der bürgerlichen Philosophie und dem Revisionismus.

Lenin arbeitete eine wissenschaftliche Theorie des Imperialismus aus, der von ihm in vielen Schriften, vor allem in seinem hervorragenden Werk »Der Imperialismus als höchstes Stadium des Kapitalismus« untersucht wurde. In diesem Werk wird die im Marxschen »Kapital« gegebene Analyse der kapitalistischen Produktionsweise weitergeführt und die Gesetzmäßigkeiten der wirtschaftlichen und politischen Entwicklung unter den Bedingungen des Imperialismus, des höchsten und letzten Stadiums des Kapitalismus, des »Vorabends der sozialen Revolution des Proletariats« verdeutlicht.

Die Leninsche Theorie des Imperialismus stellt eine ausgezeichnete wissenschaftliche Entdeckung dar, die die Gesetzmäßigkeiten der gegenwärtigen Etappe der Weltentwicklung und der internationalen Beziehungen begreifen hilft. Sie wird sowohl von der sowjetischen Außenpolitik als auch von der internationalen kommunistischen Bewegung benutzt. Die durch Tiefe und Prägnanz gekennzeichneten Leninschen Beurteilungen der Hauptformationen des Imperialismus – des amerikanischen, des deutschen, des englischen, des französischen usw. – halfen uns auch jetzt bei der Ausarbeitung einer differenzierten Politik gegenüber solchen kapitalistischen Ländern wie den USA, der BRD, England, Frankreich, Italien, Japan und anderen.

Es wurden wiederholt Versuche unternommen, die Bedeutung der Lehre Lenins und der praktischen Erfahrungen der KPdSU auf das Territorium unseres Landes zu begrenzen, die Sache so hinzustellen, als ob der Leninismus eine rein russische Erscheinung sei. Aber die gesamte historische Entwicklung bestätigt immer wieder seine internationale, weltweite Bedeutung.

So beispielsweise die Leninsche These vom Bündnis der Arbeiterklasse und der Bauernschaft bei führender Rolle des Proletariats. In seinem grundlegenden Werk »Die Entwicklung des Kapitalismus in Rußland« und in anderen Werken begründete Lenin theoretisch anhand eines immensen Tatsachenmaterials die Gemeinsamkeit der Grundinteressen der Arbeiterklasse und der Bauernschaft. Dieser Leitsatz spielte eine unschätzbare Rolle bei der Tätigkeit der Partei zur Mobilisierung der revolutionären Kräfte im Lande vor und nach der Revolution, bei der Bereicherung der marxistischen Theorie.

Die Leninsche Schlußfolgerung von der Notwendigkeit eines Bündnisses der Arbeiterklasse und der Bauernschaft und dessen praktische Verwirklichung im Sowjetland sind nicht nur für unsere Innenpolitik von unvergänglicher Bedeutung. Sie sind außerordentlich wichtig auch für die Bruderparteien anderer sozialistischer Länder sowie für jene Staaten, die sich auf den Weg tiefgehender sozialer Veränderungen begeben, selbst wenn sie den sozialistischen Aufbau im vollen Sinne des Wortes noch nicht eingeleitet haben.

Die Grundlage und das höhere Prinzip des Bündnisses der Arbeiterklasse und der Bauernschaft ist die Diktatur des Proletariats. Die Erringung der Diktatur des Proletariats, deren Idee Lenin für eine der wichtigsten in der marxistischen Lehre vom Staat hielt, bildet den Hauptinhalt einer sozialistischen Revolution, ist eine unerläßliche Voraussetzung ihres Sieges.

Marx schrieb über sein »Kapital«: »Es ist sicher das furchtbarste Missile, das den Bürgern. . . . noch an den Kopf geschleudert worden ist.«[3] Ein gutes, treffendes Wort!

Eine für die Bourgoisie ebenso verheerende Ladung enthielten die Leninschen Schriften über die Diktatur des Proletariats. In seinem klassischen Werk »Staat und Revolution«, verfaßt unmittelbar vor der Großen Sozialistischen Oktoberrevolution, wird die These begründet, daß es in der Revolution die vorrangige Aufgabe der Arbeiterklasse im Hinblick auf den Staat sei, die bürgerliche Staatsmaschinerie zu zerstören und eine Diktatur des Proletariats zu errichten. Lenin zeichnet die Hauptwege der Entwicklung der sozialistischen Staatlichkeit vor: die Erweiterung der Demokratie, die Heranziehung von breitesten Massen zur Verwaltung des Staates. Das Buch enthält eine vernichtende Kritik des Anarchismus und Opportunismus, die die Lehre des Marxismus vom Staat entstellten und deren revolutionären Inhalt hauptsächlich durch die Negierung der Diktatur des Proletariats aushöhlten. Ebenso wie vor über sechzig Jahren hat das Wort Lenins auch heute seine Gültigkeit:

»Ein Marxist ist nur, wer die Anerkennung des Klassenkampfes auf die Anerkennung der Diktatur des Proletariats erstreckt. . . . Das muß der Prüfstein für das wirkliche Verstehen und Anerkennen des Marxismus sein.«[4]

Die Partei der Bolschewiki errichtete das Gebäude des sozialistischen Sowjetstaates auf einem festen theoretischen Fundament. Es war von Lenin gelegt worden, der die Erfahrungen der Klassenkämpfe vor der Oktoberrevolution und in deren Verlauf sowie die Erfahrungen der ersten Jahre der Diktatur des Proletariats in unserem Lande verallgemeinert hatte. Gestützt auf dieses Fundament, vervollkommnet und festigt die KPdSU den Sowjetstaat, die sozialistische Demokratie.

Die Praxis der UdSSR und der anderen sozialistischen Bruderländer bestätigt, daß der Inhalt der sozialistischen Demokratie beim Aufbau der neuen Gesellschaft reicher und die Formen der Ausübung der Volksmacht mannigfacher werden. Qualitative Wandlungen macht auch die sozialistische Staatlichkeit durch, deren wichtigste das Hinüberwachsen des Staates der Diktatur des Proletariats in einen Staat des gesamten Volks ist. »Das ist eine Veränderung, die für das politische System des Sozialismus von außerordentlicher Bedeutung ist«, hebt J.W. Andropow hervor. »Sie fand ihren Niederschlag in der 1977 vom ganzen Volk gebilligten Verfassung der UdSSR, die die gesetzgeberische Basis für die weitere Vertiefung der sozialistischen Demokratie bildet.«[5]

Unser Land befindet sich in der Etappe der Vervollkommung des entwickelten Sozialismus. Die Erarbeitung der Konzeption des entwickelten Sozialismus, in der die Grundzüge der gegenwärtigen sowjetischen Gesellschaft ihren Niederschlag gefunden haben, stellte der XXVI. Parteitag der KPdSU dem voran, was in den letzten Jahren auf dem Gebiet der marxistisch-leninistischen Theorie geleistet worden war. Ausgehend von dieser Konzeption, legt unsere Partei ihre Strategie und Taktik für die nächste und fernere Perspektive fest.

Es ließen sich weitere Werke Lenins anführen, die eine außergewöhnliche Rolle in der Entwicklung der marxistischen Theorie gespielt und den Weg nicht nur für den sozialistischen Aufbau in unserem Lande, sondern auch für unsere internationale Politik erleuchtet haben.

Die von der Oktoberrevolution herbeigeführte Umwandlung der sozialen Ordnung in einem so großen Land wie Rußland verursachte eine starke Erschütterung der gesamten vom Imperialismus errichteten Weltordnung. Doch selbst die weitsichtigsten Vertreter der Bourgeoisie jener Jahre ahnten nicht die ganze Tiefe dieser Erschütterung, begriffen nicht, daß der Sieg der Oktoberrevolution den Untergang des Systems der internationalen Beziehungen bedeutete, das auf der Unterdrückung der schwächeren Staaten durch die stärkeren, auf der Ausbeutung und Plünderung der versklavten Völker begründet war. Lenin, der eine Lehre von der Außenpolitik des Sozialismus schuf, von deren Leitsätzen eine ganze Reihe noch vor der Revolution erarbeitet worden waren, begriff dies deutlich und sah es voraus.

Mit dem Aufkommen des Sowjetlandes nahm die Gewährleistung günstiger äußerer Bedingungen für die Festigung der revolutionären Errungenschaften und für die Herstellung normaler freundschaftlicher Beziehungen zu anderen Staaten und Völkern den Charakter einer vordringlichen Aufgabe an. Lenin betonte: »Seit den ersten Tagen der Oktoberrevolution sind die Außenpolitik und die internationalen Beziehungen für uns die wichtigste Frage geworden. . . .«[6]

Die gewaltige Arbeit zur Festlegung und wissenschaftlichen Begründung der Hauptziele, grundlegenden Prinzipien und Richtungen der internationalen Tätigkeit der Kommunistischen Partei und des Sowjetstaates wurde von Lenin geleistet. Er leitete diese Tätigkeit einige Jahre lang und verband dabei die Theorie des wissenschaftlichen Kommunismus mit der außenpolitischen Praxis des sozialistischen Staates. Aus dieser fruchtbaren Vereinigung ging dann auch eine nie vorher gesehene Außenpolitik hervor, die den Völkern ein sicherer Halt in ihrem weiteren Kampf für Frieden, Freiheit, Unabhängigkeit und Sozialismus wurde.

Man kann nicht ohne Bewunderung über den grundlegenden Beitrag Lenins zum Werden der Außenpolitik des Sowjetlandes und seines diplomatischen Dienstes sprechen. Es sind dies die Ausarbeitung von Strategie und Taktik dieser Politik, die wissenschaftliche Voraussicht der Entwicklung des Revolutions- und Befreiungskampfes, die Ausnutzung zwischenimperialistischer Gegensätze und ein meisterhafter Einsatz des gesamten Arsenals von Formen, Verfahrensweisen und Methoden der sozialistischen Diplomatie. Seine außenpolitische Tätigkeit war und bleibt das markanteste und nach wie vor völlig gültige Vorbild der Parteilichkeit, der hohen Prinzipientreue und der Fähigkeit, soziale, wirtschaftliche und politische Vorgänge und Erscheinungen in untrennbarem und widersprüchlichem Zusammenhang zu beurteilen, rechtzeitig auf Veränderungen in der internationalen Lage zu reagieren.

Lenin verwies darauf ». . . .daß die Politik eine Wissenschaft und Kunst ist, die nicht vom Himmel fällt, die einem nicht in die Wiege gelegt wird, und daß das Proletariat, wenn es die Bourgeoisie besiegen will, seine eigenen, proletarischen ›Klassenpolitiker‹ hervorbringen muß, und zwar Politiker, die nicht schlechter sein dürfen als die bürgerlichen Politiker.«[7] Es ist an dieser Stelle angebracht, Lenins herausragende Rolle bei der Heranbildung einer ganzen Generation von Diplomaten neuen Typus, sowjetischen Diplomaten zu erwähnen, die auf internationaler Ebene nicht die Ausbeuterklassen, sondern die Interessen der Werktätigen, der fortschrittlichen sozialistischen Ordnung vertraten. Von Lenin lernten sie diplomatische Kunstgriffe: die Initiative in eigener Hand zu behalten, anzugreifen, aber auch sich zu verteidigen, zu manövrieren verstehen, wenn die Interessen des Sowjetstaates dies erforderlich machen.

Dieses Leninsche Vorgehen im sowjetischen diplomatischen Dienst praktiziert die KPdSU auch heute, wobei sie davon ausgeht, daß die praktische Durchführung des internationalen Kurses der UdSSR eine komplizierte und verantwortungsvolle Angelegenheit ist und daß die Diplomaten hierfür eine niveauvolle theoretische Ausbildung und berufliche Qualifikation besitzen müssen.

Lenin befaßte sich unmittelbar mit allen Fragen der sowjetischen Außenpolitik und des diplomatischen Dienstes, mit größeren wie mit kleineren. Er schenkte seine Aufmerksamkeit sogar solchen operativen Angelegenheiten wie beispielsweise Instruktionen über die Organisierung des diplomatischen Kurierverkehrs oder der Arbeitsordnung des Volkskommissariats für Auswärtige Angelegenheiten. Der Volkskommissar für Auswärtige Angelegenheiten, G.W. Tschitscherin, der unter direkter Leitung Lenins arbeitete, schrieb später, daß er mit Lenin oftmals alle Details von nur einigermaßen bedeutenden laufenden diplomatischen Angelegenheiten erörterte. Ihm zufolge »ging Lenin jeder Frage sofort auf den Grund, betrachtete sie im umfassendsten politischen Zusammenhang und bot in seinen Gesprächen eine völlig glänzende Analyse der diplomatischen Lage an, und seine Hinweise (oftmals unterbreitete er gleich Vorschläge), der Text einer Antwort an eine andere Regierung als solcher konnten als Muster der diplomatischen Kunst und Flexibilität dienen«.[8]

Aus Lenins Feder stammen Hunderte von Dokumenten zu Fragen der Außenpolitik: vom ersten außenpolitischen Akt des Sowjetstaates, dem Dekret über den Frieden, bis zu den Direktiven zu internationalen Konferenzen, an denen sowjetische Delegationen teilnahmen, den Notizen und Anweisungen für Botschafter. Diese Dokumente zeichnen sich durch eine tiefgründige Denkweise und eine umfassende, immer äußerst prägnante und ausdrucksstarke Form aus.

Oft mußte Lenin die diplomatische Seite der staatsmännischen Tätigkeit übernehmen. Er richtete Botschaften an Staatsoberhäupter und Regierungschefs, leitete Verhandlungen und führte sie selbst, traf und sprach mit zahlreichen ausländischen Vertretern, Diplomaten, Persönlichkeiten des öffentlichen Lebens, Journalisten und Schriftstellern.

Lenin lehrte eine realistisches, nüchternes Herangehen an die vielgestaltige Wirklichkeit der internationalen Beziehungen. »Sein unnachahmlicher politischer Realismus«, erinnerte sich G.W. Tschitscherin, »bewahrte uns nicht selten vor Fehlern, die anderen, leichter zu beeindruckenden Genossen unterlaufen konnten«.[9]

Die Fähigkeit, die Entwicklung des Geschehens im internationalen Verkehr um viele Züge vorherzusehen, liegt der taktischen Flexibilität zugrunde, die Lenins Zeitgenossen an ihm so bewunderten. Die von ihm festgelegte Handlungsweise überraschte oft jene, die, nach wie vor in Kategorien des gestrigen Tages denkend, nicht merkten, daß die Lage sich verändert hatte. Diese Eigenschaften Lenins kamen besonders kraß zur Geltung in solchen verantwortungsvollen Augenblicken der Geschichte wie beispielsweise dem Brest-Litowsker Friedensvertrag, der Genua-Konferenz und dem Rapallovertrag mit Deutschland.

Besondere Bedeutung maß Lenin einer streng wissenschaftlichen Auffassung von Erscheinungen des internationalen Lebens und der Außenpolitik bei, die mit Voluntarismus, Konjunkturreiterei, oberflächlichem Improvisieren und scholastischem Theoretisieren nicht zu vereinen war. Er schrieb: »Der Marxismus verlangt von uns die genaueste, objektiv nachprüfbare Analyse des Wechselverhältnisses der Klassen und der konkreten Besonderheiten jedes geschichtlichen Zeitpunkts. Wir Bolschewiki waren stets bestrebt, dieser vom Standpunkt jeder wissenschaftlichen Begründung der Politik ganz unerläßlichen Forderung gerecht zu werden.«[10]

Lenin hob hervor, daß sich die Politik auf eine feste wissenschaftliche Grundlage zu stützen hat, und stellte fest: ». . . .daß jeder, der an spezielle Fragen herangeht, ohne vorher die allgemeinen gelöst zu haben, unweigerlich auf Schritt und Tritt, ohne sich dessen bewußt zu sein, über diese allgemeinen Fragen ›stolpern‹ wird. Und wenn man in jedem einzelnen Fall blindlings über sie stolpert, so heißt das seine Politik zu den schlimmsten Schwankungen und zur Prinzipienlosigkeit verurteilen.«[11]

In ihrem gesamten Wirken auf dem internationalen Schauplatz bewahren die KPdSU und der Sowjetstaat stets dem Leninschen Gebot die Treue: durch eine wissenschaftliche Erfassung des Charakters der gegenwärtigen Epoche die tragende Tendenz der gesellschaftlichen Entwicklung richtig auszumachen. »Wir können nicht wissen«, stellte Lenin fest, »mit welcher Schnelligkeit und mit welchem Erfolg sich einzelne geschichtliche Bewegungen der jeweiligen Epoche entwickeln werden. Wir können aber wissen und wissen tatsächlich, *welche Klasse* im Mittelpunkt dieser oder jener Epoche steht und ihren wesentlichen Inhalt, die Hauptrichtung ihrer Entwicklung, die wichtigsten Besonderheiten der geschichtlichen Situation in der jeweiligen Epoche usw. bestimmt. Nur auf dieser Grundlage, d.h., wenn wir in erster Linie die grundlegenden Unterscheidungsmerkmale verschiedener ›Epochen‹ (nicht aber einzelner Episoden in der Geschichte einzelner Länder) in Betracht ziehen, können wir unsere Taktik richtig aufbauen; und nur die Kenntnis der Grundzüge einer bestimmten Epoche kann als Basis für die Beurteilung der mehr ins einzelne gehenden Besonderheiten dieses oder jenes Landes dienen.«[12]

Eine grundsätzliche Seite des Vorgehens Lenins in internationalen Angelegenheiten ist die Analyse von Problemen der Außen- und Innenpolitik in ihrer organischen Einheit, die dadurch bedingt ist, daß diese und jene Politik dialektisch zusammenhängen, gemeinsame Wurzeln haben, da der Hauptinhalt sowohl der Außen- als auch der Innenpolitik der Staaten durch ihre sozialwirtschaftliche Ordnung bestimmt wird. Lenin wies entschieden die bürgerlichen Konzeptionen zurück, die die Selbständigkeit der Innen- und der Außenpolitik, deren Unabhängigkeit voneinander »bewiesen« und das Primat der Außenpolitik behaupteten. »Die ›Außenpolitik‹ von der Politik schlechthin zu trennen oder gar die Außenpolitik der Innenpolitik entgegenzustellen ist grundfalsch, unmarxistisch, unwissenschaftlich.«[13]

Gerade durch eine untrennbare Verbundenheit der Außen- und Innenpolitik des sozialistischen Staates, die auf seine Gesellschaftsordnung zurückzuführen ist, erklärt sich, daß nur der Sozialismus wahrhaftig demokratische Prinzipien des internationalen Verkehrs, die volle Achtung der Souveränität und territorialen Integrität aller Länder und eine gleichberechtigte zwischenstaatliche Zusammenarbeit garantiert und den Völkern eine uneigennützige Unterstützung erweist, die für nationale Befreiung und sozialen Fortschritt kämpfen.

Bei der Beurteilung des internationalen Lebens und der Lösung praktischer Fragen der außenpolitischen Tätigkeit des Sowjetstaates stellte Lenin die unentwegte Verwendung des klassenmäßigen Maßes an erste Stelle. Für einen Kommunisten, insbesondere wenn er von Partei und Staat verpflichtet ist, unsere Linie in der Außenpolitik zu verfolgen, zu behaupten, ist diese Forderung an sich ein Gebot, das er unter Einsatz seines Denkvermögens, seiner Energie, Erfahrungen und Kenntnisse strikt zu befolgen hat.

Die Außenpolitik der Staaten als eine Verkörperung der Interessen ihrer herrschenden Klassen und das Wesen der Weltpolitik als einen Klassenkampf der entgegengesetzten sozialwirtschaftlichen Systeme auffassend, verstand es Lenin immer, das klassenmäßige Kernstück in jeder internationalen Frage, wie tief es auch gelegen sein mochte, aufzudecken. Er schrieb: »Wenn man nicht sofort erkennen kann, welche politischen oder sozialen Gruppen, Kräfte oder Größen bestimmte Vorschläge, Maßnahmen usw. vertreten, sollte man stets die Frage stellen: ›Wem nützt es?‹. . . . Nein, in der Politik ist es nicht so wichtig, *wer* unmittelbar bestimmte Anschauungen vertritt. Wichtig ist, *wem* diese Anschauungen, diese Vorschläge, diese Maßnahmen *nützen.*«[14]

Lenin betonte: »Die Lage der sozialistischen Revolution in Rußland muß einer jeden Bestimmung der internationalen Aufgaben unserer Sowjetmacht zugrunde gelegt werden. . . . .«,[15] alles muß den Interessen der Behauptung und Festigung der sozialistischen Errungenschaften in unserem Lande untergeordnet werden. So ging er auch vor. Als Beispiel kann folgendes Ereignis angeführt werden. Im Februar 1918 hatte Lenin eine Unterredung mit einem gewissen de Lubersac, einem monarchistisch gesinnten französischen Offizier, dem es an der Niederlage Deutschlands lag. Seine monarchistische Gesinnung ». . . .hinderte mich nicht im geringsten, mit de Lubersac in bezug auf Dienste ›übereinzukommen‹, die uns französische Offiziere, Fachleute im Sprengwesen bei der Sprengung von Eisenbahnlinien erweisen wollten, um dadurch die deutsche Invasion aufzuhalten«, erinnerte sich Lenin. »Das war das Muster. . . . . eines Übereinkommens im Interesse des Sozialismus. Der französische Monarchist und ich, wir drückten einander die Hand. . . . unsere Interessen fielen vorübergehend zusammen. Gegen die angreifenden deutschen Räuber machten *wir* uns im Interesse der russischen und der internationalen sozialistischen Revolution die ebenso räuberischen Gegeninteressen der *anderen* Imperialisten zunutze.«[16]

Lenin führte einen kompromißlosen Kampf gegen die sogenannten »Linken« in unserer Partei, die es für möglich hielten, die bereits vorhandene revolutionäre Basis in Gestalt der Sowjetmacht einer vermeintlichen Anspornung der Weltrevolution wegen preiszugeben. Gleichzeitig entlarvte er die rechten Kapitulanten, die an einen Sieg der sozialistischen Umwandlungen in unserem von der feindlichen kapitalistischen Welt umgebenden Land nicht glaubten.

Unsere Partei ging und geht davon aus, daß die Neigung, vor Drohungen der Imperialisten klein beizugeben, und die Begeisterung für ultrarevolutionäre Phrasen in Wirklichkeit Zwillinge sind. Sie haben eine Quelle: die Unterschätzung der Kräfte und der gesamten Vielfalt der Möglichkeiten, über die die Arbeiterklasse, der sozialistische Staat bei der Ausübung ihrer historischen Mission auf dem internationalen Schauplatz verfügen.

Also die Grundinteressen des Sowjetvolkes zu schützen und gemeinsam mit anderen sozialistischen Ländern günstige internationale Bedingungen für den sozialistischen und kommunistischen Aufbau zu gewährleisten – das ergibt sich heute aus dem Gebote Lenins in erster Linie.

Die Stellung unseres Landes in der Welt und die internationale Lage haben sich im Vergleich mit der Periode, als Lenin den Sowjetstaat leitete, grundsätzlich verändert. Auf den Gebieten der Wirtschaft, Verteidigung, Wissenschaft, Technik und Kultur ist unser Land unermeßlich stärker geworden. Dank dem historischen Sieg, den das Sowjetvolk im Großen Vaterländischen Krieg errungen hat, erwarb sich die UdSSR in den internationalen Angelegenheiten vorbehaltlos den Status einer Großmacht, ohne die kein nur einigermaßen bedeutendes Problem gelöst werden kann. Das besagen unter anderem die Abkommen von Jalta und Potsdam. Das fand seinen Niederschlag in der Charta der Organisation der Vereinten Nationen, wonach die Sowjetunion als eines der ständigen Mitglieder des Sicherheitsrats eine besondere Verantwortung für die Aufrechterhaltung des Weltfriedens und der Sicherheit trägt.

Dementsprechend erwachsen unserem Land ebenso wie beim kommunistischen Aufbauwerk immer neue Aufgaben auf dem Gebiet der internationalen Politik. Aber auch heute verfügt die Kommunistische Partei der Sowjetunion in einer so komplizierten Sphäre wie den Beziehungen zwischen Völkern und Staaten, wo verschiedenartige Faktoren – wirtschaftliche, politische, militärische, nationale und sogar psychologische – zusammenwirken, sich verflechten und kollidieren, wo die Resultate verschiedener Kräfte sich im voraus nur sehr schwierig berechnen lassen, über einen sicheren und zuverlässigen Wegweiser: die Leninsche Lehre von der Außenpolitik des sozialistischen Staates und die Leninsche Praxis bei ihrer Durchführung.

Die sowjetische Außenpolitik, hervorgegangen aus der sozialistischen Revolution, stand und steht im

Dienste der revolutionären Umgestaltung in unserem Lande. Diese Außenpolitik ist internationalistisch, weil die Interessen des Sowjetvolks mit denen der Werktätigen in allen Ländern der Welt zusammentreffen. Sie ist durchdrungen vom Geist der Solidarität mit allen revolutionären, fortschrittlichen Kräften der Gegenwart. Kennzeichnend für die sowjetische Außenpolitik sind eine tiefe und wahre Demokratie, die wirkliche Anerkennung der Gleichberechtigung aller Staaten, die Anerkennung der Gleichberechtigung aller Rassen und Nationalitäten. Die Außenpolitik der Sowjetunion ist vom wahren Humanismus durchdrungen, denn sie ist eine konsequente Friedenspolitik. Der Sozialismus kennt keine anderen Ziele als die Sorge um die Interessen des Volks, was vor allen Dingen einen unermüdlichen Kampf um die Abwendung eines Krieges voraussetzt.

Der klassenmäßige, sozialistische Charakter und Inhalt der Außenpolitik der UdSSR findet seinen Niederschlag in den von Lenin geprägten grundlegenden Prinzipien – dem proletarischen Internationalismus und der friedlichen Koexistenz der Staaten mit unterschiedlicher Gesellschaftsordnung.

Das Wesen des proletarischen Internationalismus erläuternd, schrieb Lenin: »Das Kapital ist eine internationale Kraft. Um sie zu besiegen, bedarf es des internationalen Bündnisses der Arbeiter, ihres internationalen brüderlichen Zusammenschlusses.

Wir sind Gegner der nationalen Feindschaft, des nationalen Haders, der nationalen Absonderung. Wir sind Internationalisten«.[17]

Der mit den Anfängen der internationalen kommunistischen Bewegung ins Leben gerufene proletarische Internationalismus ist eines der Hauptprinzipien der Ideologie und Politik der Arbeiterklasse und ihrer Partei. Er bringt die Solidarität der Werktätigen verschiedener Länder im Kampf gegen den Kapitalismus, für ihre soziale und nationale Befreiung, für den Aufbau des Sozialismus und Kommunismus, für ein friedliches Leben der Völker zum Ausdruck.

Mit dem Sieg der Oktoberrevolution wird der proletarische Internationalismus zum Eckstein der Außenpolitik des Sowjetstaates und kommt in der folgerichtigen Unterstützung der revolutionären und Befreiungsbewegung der werktätigen Massen, der unterdrückten Völker zur Geltung. Die Ideen des proletarischen Internationalismus wurden erstmals im Verlauf des sozialistischen Aufbaus in der Sowjetunion in die Tat umgesetzt, wo die nationale Frage gelöst ist, ein multinationaler Staat der gleichberechtigten Völker entstand und sich von klassenmäßigen und nationalen Antagonismen freie Beziehungen der Nationen herausbildeten.

Einen qualitativ neuen Ausdruck fand das Prinzip des proletarischen Internationalismus mit der Entstehung des sozialistischen Weltsystems (dem bedeutendsten Ereignis nach der Großen Sozialistischen Oktoberrevolution), dessen Bildung Lenin mit dem Abfallen einzelner Länder oder Ländergruppen vom System des Kapitalismus in genialer Weise vorausgesehen hatte. Er sagte auch die Grundzüge der künftigen Beziehungen zwischen den sozialistischen Staaten vorher. In dem von Lenin unterzeichneten Beschluß des Gesamtrussischen

Zentralexekutivkomitees vom 13. November 1918 über die Annullierung des Friedensvertrags von Brest-Litowsk hieß es, daß diesen Beziehungen nur solche Prinzipien zugrunde gelegt werden dürfen, »die den brüderlichen Beziehungen zwischen den Werktätigen aller Länder und Nationen entsprechen. . . . ., die auf dieser Grundlage aufgebauten Beziehungen zwischen den Völkern. . . . werden nicht nur friedliche Beziehungen sein. Das wird ein Bündnis der werktätigen Massen aller Nationen in ihrem Kampf für die Errichtung und Festigung einer sozialistischen Ordnung auf den Trümmern der Ordnung des Militarismus, des Imperialismus und der wirtschaftlichen Sklaverei sein«.[18]

Im Hinblick auf die Beziehungen zwischen den sozialistischen Staaten manifestiert sich der proletarische Internationalismus in seiner höheren Form, und zwar als sozialistischer Internationalismus, der nicht nur die Aktionseinheit der nationalen Formationen der siegreichen Arbeiterklasse und ihrer marxistisch-leninistischen Vorhut, sondern auch die allseitige Solidarität und das Zusammenwirken der Bruderländer umfaßt. Der sozialistische Internationalismus ist eine gesetzmäßige Entwicklungsstufe der internationalen Solidarität der Arbeiterklasse unter solchen historischen Bedingungen, daß sie zur herrschenden Klasse geworden ist und ihre marxistisch-leninistischen Parteien sich in Regierungsparteien verwandelt haben, daß nun praktische Lösungen der vor ihnen stehenden Aufgaben des sozialistischen und kommunistischen Aufbaus, der Entwicklung und Festigung der zwischenstaatlichen Beziehungen sozialistischen Typus, der Konsolidierung der internationalen Positionen des sozialistischen Weltsystems und der gemeinsamen Verteidigung der sozialistischen Errungenschaften erforderlich geworden sind.

Diese Aufgaben lösen heißt, in seinem Land einen größtmöglichen Beitrag zur Verstärkung und zum Zusammenschluß aller sozialistischen Staaten zu leisten und sich mit allen Mitteln für die Durchsetzung des Prinzips des sozialistischen Internationalismus in ihren Beziehungen einzusetzen. In der Politik der sozialistischen Länder müssen ihre jeweiligen nationalen Interessen und die internationalen, gemeinsamen Grundinteressen der sozialistischen Staatengemeinschaft organisch verbunden sein. Es ist auch verständlich, daß die Behauptung der sozialistischen Ordnung in einer Reihe von Staaten als solche keinesfalls dazu führt, daß alle Fragen der Herstellung neuer Beziehungen zwischen ihnen im Selbstlauf gelöst werden. All das erfordert vor allen Dingen eine aktive, bewußte und zielstrebige Arbeit der an der Macht stehenden kommunistischen Parteien. Gerade das taten und tun die KPdSU und die anderen Bruderparteien.

Die sozialistische Staatengemeinschaft stellt in der gegenwärtigen Etappe eine Gesamtheit der Länder dar, für die ein auf den Prinzipien des Marxismus-Leninismus und des sozialistischen Internationalismus beruhendes Zusammenwirken der regierenden kommunistischen Parteien, staatlichen Einrichtungen und gesellschaftlichen Organisationen, eine intensive wirtschaftliche Integration und ein ungewöhnliches Ausmaß der Zusammenarbeit in allen Lebensbereichen, darunter eine wirksame Koordinierung des Vorgehens auf dem internationalen Schauplatz, kennzeichnend sind. Den Beziehungen zwischen diesen Ländern, internationalen Beziehungen neuen Typus, sind neben der wahren Gleichberechtigung, Nichteinmischung in die inneren Angelegenheiten des Anderen, gegenseitige Respektierung der Unabhängigkeit, Souveränität und territorialen Integrität, die brüderliche Freundschaft und kameradschaftliche gegenseitige Hilfe eigen, was im Ganzen eben das Kernstück des sozialistischen Internationalismus bildet.

Die enge Zusammenarbeit der Staaten der sozialistischen Gemeinschaft, die durch die Typengleichheit der politischen und sozial-wirtschaftlichen Ordnung, durch gemeinsame Weltanschauung und Übereinstimmung der Ziele und Ideale im Kampf für Frieden und Sozialismus festgefügt sind, ist heute in ein brüderliches Bündnis hinübergewachsen, das im Warschauer Vertrag und dem Rat für Gegenseitige Wirtschaftshilfe sowie im System von bilateralen Verträgen über Freundschaft, Zusammenarbeit und gegenseitigen Beistand zwischen diesen Ländern verkörpert ist. Es kommt zum Ausdruck in einem immer tiefer werdenden, als eine objektive Gesetzmäßigkeit in Erscheinung tretenden Prozeß der allseitigen Annäherung der sozialistischen Staaten, der auf der Grundlage einer harmonischen Vereinigung von nationalen und internationalen Interessen zu deren weiterem Zusammenschluß, einer immer engeren Verflechtung der Wirtschaften, der wechselseitigen geistigen Bereicherung und der Vereinigung der Anstrengungen, Kenntnisse und Ressourcen für die gemeinsame Lösung von Schlüsselfragen des sozialistischen und kommunistischen Aufbaus und der Festigung der Positionen des Sozialismus in der Welt führt.

Die Länder der sozialistischen Gemeinschaft bekommen in ihrer Entwicklung mit gewissen, mitunter recht bedeutenden Schwierigkeiten zu tun. Diese Entwicklung vollzieht sich auf noch unbekannten Wegen, durch den Kampf des Neuen mit dem Alten, die Lösung von inneren Gegensätzen, die Überwindung von Illusionen und Fehlern. »Das Proletariat«, schrieb Lenin, »wird nicht heilig und gegen Fehler und Schwächen gefeit werden, nur weil es die soziale Revolution vollbringen wird.«[19]

Auch die internationale Lage ist durchaus nicht immer günstig für die Entwicklung der sozialistischen Gemeinschaft. Die Länder des Sozialismus handeln unter den Bedingungen einer heftigen klassenmäßigen Auseinandersetzung zweier Systeme, sind einem harten Druck von seiten des Imperialismus ausgesetzt.

Das Leben bestätigt: Die sozialistische Gemeinschaft ist imstande, mit allem, was ihren Vormarsch hemmt, fertig zu werden. Und möge keiner an der gemeinsamen Entschlossenheit der Bruderstaaten zweifeln, ihre Interessen zu behaupten, die Festigkeit aller Kettenglieder der Gemeinschaft zu sichern und die sozialistischen Errungenschaften zu schützen.

». . . .Wenn wir das Heute unserer Länder einschätzen, können wir mit Genugtuung sagen«, stellt J.W. Andropow fest, ». . . .die sozialistische Staatengemeinschaft ist ein starker, gesunder Organismus, der in der heutigen Welt eine gewaltige und wohltuende Rolle spielt.«[20]

Diese Rolle drückt sich in vollem Umfang und mit aller Kraft in der Leninschen Außenpolitik der Sowjetunion (deren Plattform das vom XXIV., XXV. und XXVI. Parteitag der KPdSU ausgearbeitete Friedensprogramm ist) und in der internationalen Tätigkeit aller Bruderländer aus. Heute läßt sich von einer einheitlichen außenpolitischen Strategie der sozialistischen Gemeinschaft sprechen, die ein starkes Mittel der positiven Einwirkung auf das internationale Geschehen ist und sich entschieden und konsequent für Frieden und internationale Zusammenarbeit, Freiheit und Unabhängigkeit der Völker einsetzt. Die Bedeutung dieses Kurses der sozialistischen Staaten ist besonders groß in der gegenwärtigen internationalen Situation, die durch aggressive Umtriebe der imperialistischen Kreise, in erster Linie der USA, ernsthaft belastet ist.

Die Wirksamkeit der Außenpolitik des Sozialismus, ihre Fruchtbarkeit hängen vielfach von der Abgestimmtheit und Vereinigung der Anstrengungen und Schritte der sozialistischen Staaten auf internationaler Ebene ab. Die Koordinierung dieser Anstrengungen und Schritte stützt sich auf eine feste Vertragsbasis. Sie ist sowohl im Warschauer Vertrag als auch in den bilateralen Verträgen über Freundschaft, Zusammenarbeit und gegenseitigen Beistand vorgesehen.

Die Staaten der sozialistischen Gemeinschaft haben reiche positive Erfahrungen bei der Zusammenarbeit auf außenpolitischem Gebiet angesammelt. Formen dieser Zusammenarbeit umfassen Konsultationen zu wichtigsten internationalen Problemen, den wechselseitigen ständig wachsenden Austausch von Informationen, die Entwicklung und Verwirklichung einer gemeinsamen abgestimmten Politik, ein möglichst enges Zusammenwirken bei praktischen Maßnahmen auf internationaler Ebene.

Es hat sich ein gut funktionierender Koordinierungsmechanismus der außenpolitischen Tätigkeit der sozialistischen Länder herausgebildet. Der Meinungsaustausch zu aktuellen internationalen Fragen und die Ausarbeitung der gemeinsamen Linie in der Außenpolitik sind ein ständiges Verhandlungsthema der führenden Persönlichkeiten der Bruderparteien und -länder bei ihren regelmäßigen bilateralen und multilateralen Treffen, darunter im Rahmen des Politischen Beratenden Ausschusses der Teilnehmerstaaten des Warschauer Vertrags. Auf Tagungen des Politischen Beratenden Ausschusses wurden äußerst wichtige Vorschläge zu Kardinalfragen der europäischen und Weltpolitik ausgearbeitet, von denen viele Diskussionen in der UNO und auf anderen internationalen Foren zugrunde lagen oder in einer Reihe bedeutender Verträge und Abkommen ihren Niederschlag fanden, die unter Teilnahme von Ländern unterschiedlicher Gesellschaftsordnung abgeschlossen wurden. Neue großangelegte Initiativen sind in der Politischen Deklaration enthalten, die auf der Tagung des Politischen Beratenden Ausschusses im Januar dieses Jahres in Prag verabschiedet wurde. Seinen Beitrag zur Koordinierung außenpolitischer Schritte der sozialistischen Länder leistet das Komitee der Minister für Auswärtige Angelegenheiten der Warschauer Vertragsstaaten.

Koordinierte Aktionen der sozialistischen Länder auf

internationaler Ebene ermöglichten eine erfolgreiche Lösung vieler großer und komplizierter Aufgaben, um deren Realisierung sie über längere Zeit gekämpft haben. Diese Aktionen waren von entscheidender Bedeutung für die Vereitelung der imperialistischen Blockade Kubas, die völkerrechtliche Anerkennung der DDR, den Abschluß der Verträge der UdSSR, der DDR, der VRP und der CSSR mit der BRD sowie des vierseitigen Abkommens über Westberlin, für den Erfolg der gesamteuropäischen Konferenz, den ruhmreichen Sieg des vietnamesischen Volkes über die amerikanischen Aggressoren sowie für das Zustandekommen einiger auf die Begrenzung des Wettrüstens hinwirkender Vereinbarungen.

Lenin sah voraus, daß der Sozialismus sich aus einer nationalen in eine internationale Kraft verwandeln wird, ».... die einen entscheidenden Einfluß auf die ganze Weltpolitik ausüben könnte«.[21] Seine Voraussicht geht auf. Die Gemeinschaft der sozialistischen Länder ist heute das Haupthindernis auf dem Wege der Abenteurerpolitik des Imperialismus, ein starkes Bollwerk aller Kräfte, die für ihre nationale und soziale Befreiung kämpfen, ein mächtiger Faktor des gegenwärtigen Weltgeschehens.

Im tiefen Bewußtsein ihrer historischen Verantwortung für die Geschicke der Welt und des Sozialismus bemühen sich die Staaten der sozialistischen Gemeinschaft unablässig um den weiteren Zusammenschluß ihrer Reihen. Freundschaft und Zusammenarbeit mit den Bruderländern werden ebenso wie bisher stets eine besondere, eine Prioritätsstellung in der internationalen Politik der KPdSU und des Sowjetstaats einnehmen.

Die Lehre Lenins ist ein sicherer Leitfaden für die Politik der KPdSU und des Sowjetstaats gegenüber den Ländern, die sich von kolonialer Unterdrückung befreit haben, und der nationalen Befreiungsbewegung der Völker.

Auf der Grundlage einer Analyse der gesellschaftlichen Entwicklung in der Epoche des Imperialismus und der sozialistischen Revolutionen hat Lenin folgende These formuliert: »Somit wird die sozialistische Revolution nicht nur und nicht hauptsächlich ein Kampf der revolutionären Proletarier eines jeden Landes gegen die eigene Bourgeoisie sein, nein, sie wird ein Kampf aller vom Imperialismus unterdrückten Kolonien und Länder, aller abhängigen Länder gegen den internationalen Imperialismus sein.«[22] Er wies nach, daß die Länder und Völker, die sich in kolonialer bzw. halbkolonialer Abhängigkeit befanden, unweigerlich aus einer Reserve, einem tiefen Hinterland des Imperialismus zu einer aktiven antiimperialistischen Kraft, zu einem Verbündeten der sozialistischen Revolution werden. Lenin maß eine außerordentliche Bedeutung einem engen internationalen Bündnis der Revolution in Rußland mit der Befreiungsbewegung der Völker kolonialer und abhängiger Staaten bei und hob noch vor dem Sieg der Oktoberrevolution hervor: »Wir werden alle Anstrengungen machen, um eine Annäherung an die Mongolen, Perser, Inder, Ägypter und eine Verschmelzung mit ihnen zu erreichen, wir sind der Meinung, daß es unsere Pflicht ist und daß es in *unserem Interesse* liegt, dies zu tun, weil andernfalls der Sozialismus in Europa *nicht gesichert* sein wird.«[23]

Die politische Bedeutung der Leninschen Schlußfolgerung von einem engen Zusammenhang der sozialen Befreiung der Arbeiterklasse der Metropole mit dem Kampf ihrer Kolonialbesitze für Unabhängigkeit liegt auf der Hand: Es handelt sich um die historischen Geschicke der Mehrheit der Bevölkerung des Erdballs, um die Gruppierung der Kräfte im Weltmaßstab. Lenin stellte die Hauptgesetzmäßigkeiten der Entwicklung der Befreiungsbewegung der Völker fest, sagte den unvermeidlichen Untergang des Kolonialsystems voraus, begründete die Idee des nichtkapitalistischen Entwicklungsweges und erarbeitete die Frage des Aufbaus einer neuen Gesellschaft in den wirtschaftlich unterentwikkelten Ländern.

Lenin vertrat die Meinung, daß die sozialistischen Staaten bei der Entwicklung der Zusammenarbeit mit den Ländern, die die Befreiung von den Fesseln des Kolonialismus, die Festigung der Unabhängigkeit, den nationalen und sozialen Fortschritt anstreben, von der objektiv existierenden Gemeinsamkeit ihrer Lebensinteressen und der Grundinteressen dieser Länder im Kampf gegen den Imperialismus auszugehen haben. Daraus entspringt für sie die Notwendigkeit, sich bei dieser Zusammenarbeit nicht nur vom Prinzip der friedlichen Koexistenz, das die Beziehungen zwischen Staaten mit unterschiedlicher Gesellschaftsordnung regelt, sondern auch vom Prinzip des Internationalismus leiten zu lassen, das die Beziehungen der sozialistischen Länder sowohl mit klassenmäßig nahestehenden als auch allen antiimperialistischen Kräften bestimmt. Diese Einstellung berücksichtigt die reale Lage der Staaten, die ein Objekt der imperialistischen Ausbeutung sind, selbst wenn ihre Politik von Regierungen bestimmt wird, die die bürgerlichen und manchmal auch feudalen Kreise repräsentieren.

Davon ausgehend, formulierte Lenin konkrete Aufgaben der Politik und Diplomatie des Sozialismus gegenüber den erwähnten Ländern: die Unterstützung der Anstrengungen bei der Festigung der nationalen Unabhängigkeit und die Förderung aller fortschrittlichen Initiativen, die Hilfe bei der Überwindung der wirtschaftlichen und kulturellen Rückständigkeit, die strikte Befolgung des Prinzips der Gleichberechtigung und Nichteinmischung in die inneren Angelegenheiten, der einsichts- und respektvolle Umgang mit nationalen und historischen Traditionen, die Förderung der gleichberechtigten Mitwirkung an der Lösung der internationalen Probleme, die Solidarität im Kampf gegen die Kräfte des Imperialismus. Dieser neue, sozialistische Kurs legte die Grundlage der internationalen antiimperialistischen Front.

Die Große Sozialistische Oktoberrevolution führte den Kampf des Proletariats für den Sozialismus mit der Bewegung der Völker gegen die koloniale Unterdrükkung in einen Strom zusammen und löste einen ungewöhnlichen Aufschwung dieser Bewegung aus, die seitdem gewaltige Erfolge erzielt hat.

Die bereits in den ersten außenpolitischen Akten des Sowjetlandes verkündeten Prinzipien der Gleichheit und Souveränität der Völker, des Verzichts auf jegliche nationalen und national-religiösen Privilegien und Einschränkungen, der freien Entwicklung der nationalen Minderheiten und ethnischen Gruppen trugen zur Lösung der Nationalitätenfrage in der UdSSR auf gerechte, sozialistische Weise bei. Die Proklamierung und Realisierung dieser Prinzipien nahmen dem früheren nationalen Hader den Boden und brachten der russischen Arbeiterklasse das Vertrauen der Völker der nationalen Randgebiete ein, die das Joch der Ausbeutung abgeworfen und sich mit dem russischen Volk in einem multinationalen sozialistischen Staat zusammengeschlossen hatten.

Von außerordentlicher Bedeutung für die Herstellung der Freundschaftsbeziehungen mit den Ländern des Orients war der am 20. November (3. Dezember) 1917 beschlossene Leninsche Appell »An alle werktätigen Mohammedaner Rußlands und des Orients«. In seinem an die werktätigen Massen des ausländischen Orients gerichteten Abschnitt hieß es: »Nicht von Rußland und seiner revolutionären Regierung ist für Euch eine Versklavung zu erwarten, sondern von den Räubern des europäischen Imperialismus, von denen, die Eure Heimat in ihre ›Kolonie‹ verwandelt haben, die ausgeplündert ist und wird. . . . .Ihr müßt selbst Herren Eures Landes sein! Ihr müßt selbst Euer Leben nach Eurem Vor- und Ebenbild gestalten! Ihr habt ein Recht darauf, denn Euer Schicksal liegt in Eurer Hand!«[24]

Dieser Appell deklarierte die Aufhebung der geheimen Verträge, die gegen die Interessen der Völker des Orients gerichtet waren, unter anderem der Verträge über die Teilung der Türkei und des Iran. Bald darauf wurden auch die ungerechten Verträge mit China für null und nichtig erklärt.

Zugleich rief das Sowjetland die Länder des Orients auf, gutnachbarliche Beziehungen auf der Grundlage der echten Freiwilligkeit, Gleichberechtigung und gegenseitigen Achtung herzustellen. In den ersten Jahren des Bestehens unseres Staates wurden diplomatische Beziehungen aufgenommen und eine freundliche Zusammenarbeit entwickelt mit solchen Ländern wie China, der Mongolei, der Türkei, dem Iran, Afghanistan, Saudi-Arabien und Jemen. Die damals abgeschlossenen Verträge mit der Mongolei, dem Iran, der Türkei und Afghanistan sowie die ihnen erwiesene uneigennützige Unterstützung von seiten Sowjetrußlands ermöglichten es diesen Ländern, ihre nationale Unabhängigkeit zu behaupten und zu festigen.

Die Außenpolitik des Sowjetstaates setzte das zu Lebzeiten Lenins begonnene Werk fort und unternahm große Anstrengungen, um das Kolonialsystem ins Wanken zu bringen und einen Triumph des Befreiungskampfes der Völker Asiens, Afrikas und Lateinamerikas näherrücken zu lassen. Die Zerschlagung der unheilvollsten und aggressivsten Kräfte des Imperialismus im zweiten Weltkrieg, zu der die Sowjetunion einen entscheidenden Beitrag leistete, und das Entstehen des sozialistischen Weltsystems sprengten die Fesseln, die ein stürmisches Wachstum der nationalen Befreiungsbewegung gehemmt hatten.

Es ist auch daran zu erinnern, daß die Sowjetunion es durchgesetzt hat, daß die Forderung nach der Gleichberechtigung und Selbstbestimmung der Völker in die

UNO-Charta aufgenommen und somit Voraussetzungen für den künftigen Einsatz dieser internationalen Organisation für den Befreiungskampf geschaffen wurden. Es ist gut bekannt, wie sehr die 1960 auf Anregung der Sowjetunion von der UNO verabschiedete Deklaration über die Gewährung der Unabhängigkeit an die kolonialen Länder und Völker all jenen, denen die Kämpfe gegen die Kolonialherren noch bevorstanden, den Rücken stärkte.

Mit dem Zusammenbruch des schändlichen Kolonialsystems erlangten Dutzende Völker ihre Freiheit und Unabhängigkeit. Für viele von ihnen ist es von lebenswichtiger Bedeutung, daß sie an der Sowjetunion und anderen sozialistischen Ländern einen Rückhalt haben. Entschiedene Aktionen der Sowjetunion für die Opfer der Aggression und ihre materielle Unterstützung halfen jungen Nationalstaaten mehrmals, angesichts der imperialistischen Einmischung in ihre innere Angelegenheiten durchzuhalten.

Es ist zugleich verständlich, daß in einem derartig großen Prozeß wie der nationalen Befreiung der Länder und Völker, der Festigung der Unabhängigkeit der Entwicklungsländer zeitweilige Mißerfolge und Rückschläge nicht ausbleiben können. Doch das Endergebnis ihres Kampfes ruft keinerlei Bedenken hervor.

Die Treue zu den Leninschen Traditionen der Freundschaft und Zusammenarbeit mit den Völkern der Länder Asiens, Afrikas und Lateinamerikas bewahrt die Sowjetunion bis heute. Unser Land leistet ihnen umfangreiche politische, wirtschaftliche und sonstige Unterstützung. Kennzeichnend für den hohen Entwicklungsstand der Beziehungen der Sowjetunion zu diesen Ländern ist eine Reihe von Verträgen über Freundschaft und Zusammenarbeit, abgeschlossen mit Indien, Syrien, Angola, Äthiopien, Moçambique, Afghanistan, der VDRJ und anderen Staaten. Das sind Verträge zwischen gleichberechtigten, unabhängigen und friedliebenden Ländern.

Die Sowjetunion steht an der Seite derer, die noch heute um Freiheit, Unabhängigkeit, ja um die Existenz ihrer Völker selbst kämpfen müssen, die die Angriffe der aggressiven Kräfte des Imperialismus abwehren müssen oder der Gefahr einer Aggression dieser Kräfte ausgesetzt sind. Die Sowjetunion unterstützt fest den gerechten Kampf der arabischen Völker gegen die von Washington begünstigten israelischen Aggressoren. Sie leistet die notwendige Hilfe an das afghanische Volk, das das unerläßliche Recht, sein Leben nach eigenem Ermessen zu gestalten, vor den von außen her geführten Angriffen verteidigt. Das Sowjetvolk sympathisiert voll und ganz mit dem Volk Nikaraguas, das sich einem groben imperialistischen Druck widersetzt, und den mutigen Patrioten El Salvadors, die gegen das verfaulte volksfeindliche Regime kämpfen, das seine Washingtoner Gönner aufrecht erhalten wollen. Unser Land ist mit dem Kampf des Volkes Namibias solidarisch, das zweifelsohne seine Freiheit und Unabhängigkeit erkämpfen wird.

Die Sowjetunion verhält sich respektvoll zur Bewegung der nichtpaktgebundenen Staaten, deren Stärke darin liegt, daß sie sich gegen Imperialismus und Kolonialismus, gegen Krieg und Aggression richtet. Und das ist gerade der Schlüssel für die zunehmende Bedeutung der Bewegung der Nichtpaktgebundenen in der Weltpolitik. Im Hinblick darauf hatte die VII. Konferenz der Staats- und Regierungschefs der nichtpaktgebundenen Staaten im März in Delhi ein durchaus positives Ergebnis.

Die KPdSU und der Sowjetstaat werden, wie es vom XXVI. Parteitag unserer Partei unterstrichen wurde, auch weiterhin den Kurs auf den Ausbau der Zusammenarbeit mit den Ländern, die sich befreit haben, auf die Festigung des Bündnisses des sozialistischen Weltsystems und der nationalen Befreiungsbewegung verfolgen.

Lenin hatte unsere Partei theoretisch auf die Lage vorbereitet, die sich mit dem Sieg der sozialistischen Revolution in Rußland herausbildete. Er entdeckte das Gesetz der ungleichmäßigen Entwicklung des Kapitalismus im Stadium des Imperialismus und gelangte zum Schluß, daß der Sozialismus nicht in allen Ländern gleichzeitig siegen kann und mithin die Existenz der Staaten von zwei entgegengesetzten gesellschaftlichen Systemen, dem sozialistischen und dem kapitalistischen, unvermeidlich ist.

Die Auseinandersetzung dieser Systeme bildet den Hauptinhalt der ganzen historischen Epoche, in der wir leben. Zugleich wies Lenin die Vorstellung zurück, wonach diese Auseinandersetzung zwangsläufig zu ununterbrochenen Kriegen zwischen kapitalistischen und sozialistischen Ländern führen müsse.

Die Frage der Beziehungen der Staaten mit entgegengesetzten Systemen rollte Lenin vom praktischen

Standpunkt in Schriften auf, die am Vorabend der Oktoberrevolution verfaßt worden waren, unter anderem in den »Briefen aus der Ferne«, wo Maßnahmen behandelt wurden, die von der neuen, der Arbeiter- und Bauernregierung nach deren Machtantritt einzuleiten wären. Er nahm dazu wiederholt Stellung in Gesprächen und Interviews mit ausländischen Berichterstattern in der Zeit, als die Sowjetrepublik für den Austritt aus dem Krieg und den Abschluß des Friedens von Brest kämpfte.

Das Leninsche Dekret über den Frieden verkündete die friedliche Koexistenz der Länder mit unterschiedlicher Gesellschaftsordnung als eines der Grundprinzipien der Außenpolitik des sozialistischen Staates.

Man muß auch auf die Ereignisse eingehen, die mit der Konferenz von Genua zusammenhängen, die vor sechs Jahrzehnten stattfand und das erste internationale Forum war, zu dem der Sowjetstaat einen Zugang bekam. Einige Genossen rieten Lenin als Vorsitzendem unserer Delegation auf dieser Konferenz, sie als eine Tribüne für scharfe Anklagereden auszunutzen. Doch Lenin, der die gesamte Vorbereitung der sowjetischen Delegation auf die Konferenz von Genua leitete, sah die Aufgabe anders. Er gab ihr solche Direktiven, die von der Notwendigkeit normaler geschäftlicher Beziehungen zu den kapitalistischen Ländern ausgingen. Was man für einen genialen Scharfblick haben mußte, um in einer Zeit der sich in der Welt vollziehenden gewaltigen Veränderungen einen langfristigen Generalkurs der Beziehungen des Sowjetlandes zur kapitalistischen Welt festlegen zu können!

In den Berichtigungen und Bemerkungen zum Entwurf der Erklärung der Delegation schlug Lenin, von dem Prinzip der friedlichen Koexistenz ausgehend, vor, jede Erwähnung »der unvermeidlichen gewaltsamen Umwälzung und der Anwendung des blutigen Kampfes unbedingt zu streichen«, »die Worte auszuschließen, daß unsere historische Konzeption unbedingt die Unvermeidlichkeit neuer Weltkriege voraussetzt«. »Man darf keinesfalls solche schrecklichen Worte anwenden«, schrieb er ferner, »weil dies Wasser auf die Mühle unseres Gegners sein würde.«[25]

Bekanntlich fuhr Lenin auf einen Sonderbeschluß des ZK der KPR(B) nicht nach Genua, weil die Werktätigen unseres Landes sich entschieden dafür ausgesprochen hatten, sein Leben keiner Gefahr auszusetzen. G.W. Tschitscherin, Stellvertreter des Vorsitzenden der sowjetischen Delegation auf der Konferenz von Genua, trat dort mit der Rede auf, die Lenin halten sollte. Diese Rede fing mit einer Erklärung an, die einen programmatischen Charakter hatte: »Bei dem Standpunkt der Grundsätze des Kommunismus verbleibend, erkennt die Russische Delegation an, daß in der gegenwärtigen historischen Epoche, die eine parallele Existenz der alten und der aufkommenden neuen sozialen Ordnung ermöglicht, die wirtschaftliche Zusammenarbeit zwischen den Staaten, die diese zwei Eigentumssysteme repräsentieren, für den allgemeinen wirtschaftlichen Wiederaufbau zwingend notwendig ist.«[26]

In vielen seiner Arbeiten kehrte Lenin wiederholt zum Prinzip der friedlichen Koexistenz zurück, indem er es vielseitig verdeutlichte und erläuterte. Manchmal gebrauchte er den Begriff »das friedliche Zusammenleben« von Systemen, manchmal andere Formulierungen, doch der Sinn blieb der gleiche: Es bestehen objektive Möglichkeiten für friedliche Beziehungen zwischen dem Sowjetstaat und der sie umgebenden kapitalistischen Welt.

Zu Lenins Zeiten, im Juni 1920, erklärte G.W. Tschitscherin bei der Erörterung der Außenpolitik Sowjetrußlands auf einer Sitzung des Gesamtrussischen Zentralexekutivkomitees: »Wir wollen, daß man uns daran nicht hindert, uns nach eigenem Wunsch zu entwickeln, in Frieden unsere neue sozialistische Gesellschaft aufzubauen. Wir tragen weder unsere Ordnung noch unsere Macht auf den Bajonetten, und das wissen alle, und dennoch hetzt man immer neue und neue Feinde gegen uns auf. Unsere Politik ist eine Friedenspolitik, aber sie ist keine Kapitulationspolitik.« Und weiter: »Unsere Losung war und bleibt dieselbe: Eine friedliche Koexistenz mit anderen Regierungen, wie sie auch sein mögen.«[27]

Auf die Ergebnisse der sozialistischen Revolution und des Bürgerkriegs in Rußland eingehend, hob Lenin im November 1920 hervor, daß im Leben des Sowjetstaats eine lange Periode eingetreten sei, in der er im »Geflecht der kapitalistischen Staaten. . . .« bestehen wird.[28] »Unsere Lage ist nun so«, sagte er, »daß wir. . . . uns aber Bedingungen erkämpft haben, unter denen wir neben den kapitalistischen Staaten bestehen können. . . . .«[29]

Es mußten Jahrzehnte beharrlichen Kampfes gegen die Versuche der Imperialisten, die sozialistische Ordnung so oder so zu liquidieren und den Sowjetstaat zu erwürgen, vergehen, bevor man es im Westen gelernt hatte, von der friedlichen Koexistenz deutlich zu reden. Die an den Fronten des Bürgerkriegs und des Kampfs gegen die ausländische Intervention eingeleitete und im Ringen mit Hitlerdeutschland und dessen Verbündeten fortgesetzte Auseinandersetzung zwischen Sozialismus und Kapitalismus über die Möglichkeit bzw. Unmöglichkeit einer friedlichen Koexistenz der Staaten unabhängig von ihrer Gesellschaftsordnung ist von der Geschichte entschieden worden. Sie ist entschieden worden zugunsten des Sozialismus, seiner von Lenin vorgezeichneten Außenpolitik.

Die friedliche Koexistenz stellt eine spezifische Form des Klassenkampfs des Sozialismus gegen den Kapitalismus dar. Dieser Kampf vollzieht sich und wird sich auch weiterhin vollziehen im Bereich der Wirtschaft, Politik und selbstverständlich der Ideologie, da die Weltanschauungen und Klassenziele beider Gesellschaftssysteme entgegengesetzt und unvereinbar sind. Aber diese historisch gesehen unvermeidliche Auseinandersetzung muß in Formen geführt werden, die keine militärischen Konflikte verursachen und um so weniger die Existenz der Menschheit selbst in Gefahr bringen könnten.

Unter den gegenwärtigen Bedingungen erlangt die strikte Einhaltung des Prinzips der friedlichen Koexistenz eine besondere Bedeutung, denn die friedliche Koexistenz der sozialistischen und der kapitalistischen Staaten ist die einzig vernünftige Alternative zu einer Kernwaffenkatastrophe.

Die Außenpolitik des Sozialismus tritt für eine Umgestaltung der internationalen Beziehungen nach dem Prinzip der friedlichen Koexistenz ein, betrachtet dies jedoch nicht als einen Selbstzweck, sondern als einen wichtigen Bestandteil der akutesten Aufgabe der Gegenwart: die Kriege aus dem Leben der menschlichen Gesellschaft auszuschließen und einen dauerhaften, gerechten und demokratischen Frieden auf Erden zu errichten. Ihr Streben danach hat nichts zu tun mit Zugeständnissen an die militaristischen Kreise des Imperialismus, sie vereinigt eine kontinuierliche Friedensliebe mit der entschlossenen Abwehr der Aggression.

Die Durchsetzung des Prinzips der friedlichen Koexistenz in den Beziehungen zwischen den sozialistischen und kapitalistischen Staaten hängt direkt und unmittelbar mit dem Erstarken des Sozialismus als soziales System zusammen. Die gewachsene Stärke und Konsolidierung, die aktive Friedenspolitik des sozialistischen Weltsystems, sein immer fester werdendes Bündnis mit allen fortschrittlichen und Antikriegskräften sowie das bei den vernünftig denkenden Führungspersönlichkeiten der bürgerlichen Welt nunmehr festzustellende Einsehen, daß die Hoffnungen, die historische Auseinandersetzung zwischen dem Kapitalismus und dem Sozialismus mit Waffengewalt entscheiden zu können, haltlos sind, – all das schuf Voraussetzungen für die in den 70er Jahren eingetretene Wende in den internationalen Beziehungen vom kalten Krieg und der Konfrontation zur Entspannung und gegenseitig vorteilhaften Zusammenarbeit. Die Grundsätze der friedlichen Koexistenz begannen sich immer mehr durchzusetzen als eine Norm der Beziehungen zwischen den Staaten mit unterschiedlicher Gesellschaftsordnung.

In diesem Zeitraum wurde eine Reihe von Problemen gelöst, die man früher für unlösbar gehalten hatte und die lange die internationale Atmosphäre verdorben hatten. In den Beziehungen zwischen Ländern, die verschiedenen sozialwirtschaftlichen Systemen angehören, entwickelten sich politische Kontakte, darunter auch die auf der höchsten Ebene. Es wurden zwischen ihnen Dutzende wichtiger Verträge und Abkommen abgeschlossen, die Beziehungen im Handel, in den wirtschaftlichen, wissenschaftlich-technischen, kulturellen und anderen Bereichen wurden wesentlich ausgebaut.

Das somit in die reale europäische und Weltpolitik eingeflochtene Prinzip der friedlichen Koexistenz wurde in bedeutenden bi- und multilateralen Abkommen bekräftigt. So wurde in dem 1972 unterzeichneten Dokument über die Grundlagen der Beziehungen zwischen der UdSSR und den USA die Absicht beider Seiten konstatiert, von der gemeinsamen Überzeugung auszugehen, daß es im nuklearen Zeitalter keine andere Grundlage für die Aufrechterhaltung der Beziehungen zwischen ihnen gibt als die friedliche Koexistenz. Dieses Prinzip wurde der Schlußakte der gesamteuropäischen Konferenz zugrunde gelegt.

»Nach unserer tiefen Überzeugung«, stellte J.W. Andropow auf der Plenartagung des ZK der KPdSU im November 1982 fest, »waren die 70er Jahre, die im Zeichen der Entspannung standen, entgegen den heutigen Behauptungen einiger imperialistischer Politiker keine zufällige Episode in der schweren Geschichte der Menschheit. Nein, die Entspannungspolitik ist keineswegs Vergangenheit. Ihr gehört die Zukunft.

An der Aufrechterhaltung von Frieden und Entspannung sind alle gleichermaßen interessiert.«[30]

Das von der sozialistischen Außenpolitik konsequent vertretene Leninsche Prinzip der friedlichen Koexistenz der Staaten mit unterschiedlicher Gesellschaftsordnung entspricht dem Charakter, den Hauptgesetzmäßigkeiten und -erfordernissen der gegenwärtigen Epoche und verfügt daher über eine gewaltige Lebenskraft.

»Die Hauptrichtung der außenpolitischen Tätigkeit von Partei und Staat«, heißt es im Rechenschaftsbericht des ZK der KPdSU an den XXVI. Parteitag, »war und bleibt der Kampf für die Verringerung der Kriegsgefahr, für die Eindämmung des Wettrüstens.«[31]

Es war Lenin klar, daß von der richtigen Lösung des Problems von Krieg und Frieden in vieler Hinsicht die Geschicke der Revolution in Rußland und des gesamten Befreiungskampfes der Völker abhängig sind. Der Marxismus-Leninismus deckte das aggressive Wesen des Kapitalismus, seines höchsten Stadiums – des Imperialismus auf, der als eine historisch verurteilte Gesellschaftsordnung die Gewalt anbetet und auf den Militarismus setzt. Lenin betonte, daß es zwei Formen von Militarismus gibt: den »Militarismus nach innen« und den »Militarismus nach außen«. »In seinen beiden Formen bildet er eine ›Lebenserscheinung‹ des Kapitalismus: als Militärmacht, die die kapitalistischen Staaten bei ihren äußeren Zusammenstößen einsetzen (›Militarismus nach außen‹, wie es die Deutschen nennen), und als Waffe in den Händen der herrschenden Klassen zur

Niederhaltung aller (ökonomischen und politischen) Bewegungen des Proletariats (›Militarismus nach innen‹).«[32]

Dagegen gibt es in der sozialistischen Gesellschaft keine Klassen bzw. sozialen Gruppen, die am Krieg interessiert wären. Für diese Gesellschaft ist das Streben nach Frieden kennzeichnend, denn der sozialistische und kommunistische Aufbau macht die Bedingungen des Friedens erforderlich. »Beendigung der Kriege, Friede unter den Völkern, Aufhören von Raub und Gewalt – das ist fürwahr unser Ideal.«[33]

Dabei wies er noch auf dem Höhepunkt des ersten Weltkriegs darauf hin, daß allein der Arbeiter- und Bauernstaat ». . . *imstande*/ist/, die außerordentlich schwierige, absolut unaufschiebbare Aufgabe, die *Haupt*aufgabe des gegenwärtigen Augenblicks, erfolgreich zu lösen, nämlich den *Frieden* herbeizuführen, und zwar keinen imperialistischen Frieden, keine Abmachung imperialistischer Mächte über die Teilung der von den Kapitalisten und ihren Regierungen geraubten Beute, sondern einen wirklich dauerhaften und demokratischen Frieden. . . . .«[34]

Unter der Leninschen Losung der Einstellung des imperialistischen Kriegs und der Herstellung des Friedens führte die Partei der Bolschewiki die Volksmassen in die Revolution. Bereits ein Tag nach deren Vollendung trat die Sowjetmacht mit dem Dekret über den Frieden auf, in dem die imperialistischen Kriege als »das größte Verbrechen an der Menschheit. . . . .«[35] verurteilt wurden und der Vorschlag unterbreitet wurde, dem Weltkrieg ein Ende zu setzen und einen gerechten, demokratischen Frieden abzuschließen.

Lenin maß der Rolle der Volksmassen im Kampf für Frieden eine besondere Bedeutung bei. Im Dekret über den Frieden wandte sich der Sowjetstaat an die klassenbewußten Arbeiter der fortgeschrittenen Nationen der Menschheit mit dem Aufruf, die Sache des Friedens durch ihre allseitigen, entschiedenen, selbstlosen und energischen Handlungen zu fördern. In Begründung der Notwendigkeit, sich an die breiten Massen der Werktätigen zu wenden, sagte Lenin im Vortrag über den Frieden auf dem II. Sowjetkongreß: »Unser Aufruf muß sowohl an die Regierungen als auch an die Völker gerichtet werden. . . . und deshalb müssen wir den Völkern helfen, in die Fragen des Krieges und des Friedens einzugreifen.«[36]

Nach wie vor aktuell sind die Worte Lenins: »Die Sozialisten haben die Kriege unter den Völkern stets als eine barbarische und bestialische Sache verurteilt«[37] und ». . . .wir wissen nur zu gut, welche unerhörten Leiden für die Arbeiter und Bauern ein Krieg mit sich bringt.«[38] Aber der billige Pazifismus lag Lenin fern.

Die Interessen der werktätigen Klassen, d.h. der Mehrheit der Bevölkerung der Erde, waren ihm höher als alle anderen Überlegungen, und er stellte die These von gerechten Kriegen auf, den Kriegen, die zur Befreiung der werktätigen Massen von sozialer und nationaler Unterdrückung, zum Schutz des Volkes vor der äußeren Aggression, zum Schutz des sozialistischen Staats vor Angriffen von außen geführt werden.

Gnadenlos prangerte Lenin verschiedene imperialistische Koalitionen, »Ententes« und andere Kombinationen an, hinter denen die räuberischen Interessen der imperialistischen Großmächte standen, die die Völker um der Teilung und Umverteilung der Welt, um der Plünderung und Ausbeutung willen gegeneinander hetzten. Wie viele Anstrengungen unternahm die Sowjetunion, um den zweiten Weltkrieg zu verhindern! Unter Ausnutzung aller Möglichkeiten, einschließlich des Völkerbunds in Genf, war die sowjetische Außenpolitik bestrebt, die Kräfte der Aggression zu binden, dem heranrückenden Krieg eine kollektive Front der Friedensanhänger entgegenzustellen. Als aber die aggressivsten Kräfte des Imperialismus, vor allem Hitlerdeutschland, den Krieg doch entfesselt hatten, leistete das Sowjetvolk den entscheidenden Beitrag zur Zerschlagung des Faschismus.

Auch unter den gegenwärtigen Bedingungen, da die imperialistischen Kreise, allen voran die USA, unter Waffengeklirr versuchen, eine militärische Überlegenheit über die sozialistische Welt zu erzielen, ist die Sowjetunion gezwungen, ihre Sicherheit und die Sicherheit ihrer Verbündeten auf einem gebührenden Niveau zu halten. Zugleich setzen sich die KPdSU und der Sowjetstaat auf internationaler Ebene aktiv für den Frieden ein und handeln dabei im Sinne Lenins, der schrieb: »Aber wir möchten. . . . möglichst wenig allgemeine Erklärungen, feierliche Versprechungen und pompöse Formeln hören und dafür möglichst viele ganz einfache, ganz klare Beschlüsse und Maßnahmen sehen, die tatsächlich zum Frieden führen, von der völligen Beseitigung der Kriegsgefahr gar nicht zu sprechen.«[39] Die gesamte Politik unserer Partei und unseres Staats ist darauf gerichtet, das Leninsche Gebot in die Tat umzusetzen: ». . . .wir versprechen den Arbeitern und Bauern, alles für den Frieden zu tun. Und wir werden das tun.«[40]

Die Sowjetunion war und ist für Frieden und gegen Eroberungskriege. Sie war und ist für Abrüstung, den Abbau der internationalen Spannungen, für die Lösung der Streitfragen mit friedlichen Mitteln. Der Friedenscharakter der sowjetischen Außenpolitik ist in den Beschlüssen der Parteitage und Plenartagungen des Zentralkomitees der Partei, der Sowjetregierung sowie in Aufrufen des Obersten Sowjets der UdSSR widergespiegelt und festgehalten. Die Politik des Friedens und der Völkerfreundschaft ist ein konzentrierter Ausdruck des Willens aller Sowjetmenschen in den internationalen Angelegenheiten.

»Man wird dereinst eine ausführliche Geschichte unserer Epoche schreiben«, unterstreicht J.W. Andropow. »Man kann sicher sein, daß in dieser Geschichte jene unbestrittene Tatsache in goldenen Lettern stehen wird, daß unser Erdball ohne die entschlossene Friedenspolitik der Sowjetunion nicht nur ein viel gefährlicherer Ort für das menschliche Leben wäre, sondern daß ein unwiderrufliches Unheil ihn mit großer Wahrscheinlichkeit bereits ereilt hätte. Und wenn wir ein Unheil vermeiden konnten, wenn wir fast vierzig Jahre lang in Frieden leben, wenn wir mit Zuversicht in die Zukunft blicken, so kam und kommt dabei eine sehr große Rolle der Außenpolitik der Sowjetunion, ihrem Kampf gegen die Gefahr einer nuklearen Katastrophe, für das Leben, die Erhaltung und das Gedeihen der Menschheit zu.«

Es ist ein Wesensmerkmal unserer Außenpolitik, wie sie von Lenin unmittelbar geprägt wurde, daß sie Probleme, die die Grundinteressen der Völker betreffen, in den Vordergrund des internationalen Geschehens rückt und es versteht, die Aufmerksamkeit der Regierungen, der Weltöffentlichkeit gerade auf diese Probleme zu lenken. Das kommt konkret unter anderem im Kampf für die Zügelung des Wettrüstens und die Abrüstung zum Ausdruck.

Dieses Problem wurde von unserem Land schon auf der Konferenz von Genua zur Sprache gebracht. Bereits auf der ersten Plenarsitzung brachte die Delegation Sowjetrußlands auf Anweisung Lenins den Vorschlag ein, eine allgemeine Reduzierung der Rüstungen und Armeen aller Staaten vorzunehmen und die barbarischen Methoden der Kriegführung – Giftgase und Vernichtungsmittel gegen zivile Bevölkerung – zu ächten.

Die Sowjetunion behält fest die Initiative in Fragen der Abrüstung. Kein Staat der Welt – das kann man unumwunden sagen – hat solch einen großen Beitrag zur Behandlung und Durcharbeitung dieses Problems geleistet, wie dies die UdSSR getan hat und tut.

Natürlich sind wir uns heute, ebenso wie zu Zeiten der Konferenz von Genua, der Schwierigkeiten bei der Lösung dieser Fragen, der von militaristischen Kreisen des Westens angehäuften Hindernisse bewußt. Und dennoch sind dank einem beharrlichen Kampf der KPdSU und des Sowjetstaats Ergebnisse erzielt worden, die das Wettrüsten in einigen Bereichen zu einem gewissen Grad eindämmen.

Das sind der Vertrag über das Verbot von Kernwaffenversuchen in der Atmosphäre, im Weltraum und unter Wasser, der Vertrag über die Prinzipien für die Tätigkeit der Staaten bei der Erforschung und Nutzung des Weltraumes, einschließlich des Mondes und anderer Himmelskörper, der Vertrag über die Nichtweiterverbreitung der Kernwaffen, die Konvention über das Verbot der Entwicklung, Herstellung und Lagerung von bakteriologischen (biologischen) und Toxin-Waffen und über ihre Vernichtung, die Konvention über das Verbot militärischer und sonstiger Anwendung von Mitteln zur Einwirkung auf die Umwelt sowie eine Reihe anderer Abkommen. Den gleichen Zweck verfolgten auch die bilateralen sowjetisch-amerikanischen Abkommen: der Vertrag über die Begrenzung der Raketenabwehrsysteme und der SALT-I-Vertrag. Einen wirksamen Beitrag zur Sache des Friedens hätte auch der SALT-II-Vertrag leisten können, der 1979 unterzeichnet worden war, dessen Inkrafttreten jedoch von den USA verhindert wurde.

Der historische Beschluß der Sowjetunion, niemals Kernwaffen als erste einzusetzen, sowie andere auf der 2. UNO-Sondertagung über Abrüstung im vergangenen Jahr unterbreitete Vorschläge, zeugen beredt von ihrem Streben, die Gefahr einer Kernwaffenkatastrophe abzuwenden und reale Ergebnisse bei der Abrüstung zu erzielen. Gegenwärtig setzt sich die Sowjetunion aktiv für gegenseitig annehmbare Vereinbarungen bei den in Genf geführten sowjetisch-amerikanischen Verhandlungen über die Begrenzung der nuklearen Rüstungen in Europa und über die Begrenzung der Reduzierung der strategischen Rüstungen ein. Bei den Wiener Verhandlungen über die Reduzierung der Truppen und Rüstungen in Mitteleuropa unterbreiteten die sozialistischen Länder vor kurzem neue Vorschläge, die eine reale Möglichkeit für konkrete Vereinbarungen bieten.

Eine großangelegte Initiative stellt der in der Politischen Deklaration der jüngsten Tagung des Politischen Beratenden Ausschusses der Warschauer Vertragsstaaten enthaltene Vorschlag dar, einen Vertrag zwischen den Teilnehmerstaaten des Warschauer Vertrages und den Mitgliedsstaaten des Nordatlantikpaktes über die gegenseitige Nichtanwendung militärischer Gewalt und die Aufrechterhaltung friedlicher Beziehungen abzuschließen.

Die Sowjetunion legt konstruktive und weitgehende Initiativen zur Begrenzung des Wettrüstens und zur Abrüstung an den Tag und erwartet, daß sich die Länder des Westens zu ihnen sachlich und mit gebührender Verantwortung verhalten werden.

Große Bedeutung maß Lenin der Nutzung wirtschaftlicher Hebel in der Außenpolitik des Sowjetstaats bei. »Es gibt eine größere Kraft als den Wunsch, den Willen und den Beschluß beliebiger feindlicher Regierungen oder Klassen; diese Kraft sind die allgemeinen Verhältnisse der Weltwirtschaft, die sie zwingen, mit uns Beziehungen aufzunehmen.«[41]

Als Befürworter der gleichberechtigten und gegenseitig vorteilhaften Wirtschaftsbeziehungen zu den kapitalististischen Ländern sah Lenin deutlich die dabei zu erreichenden Ziele: Einerseits förderte die Teilnahme an der internationalen Arbeitsteilung die Steigerung der nationalen Wirtschaft und die Herstellung umfangreicher internationaler Wirtschaftsbeziehungen, andererseits legte eine solche Zusammenarbeit eine materielle Basis unter die friedliche Koexistenz der Staaten mit unterschiedlicher Gesellschaftsordnung.

Zugleich lehnte er kategorisch jegliche Ansprüche der imperialistischen Kräfte ab, unserem Land ihre Bedingungen im Bereich der Wirtschaftsbeziehungen zu diktieren, jegliche Versuche dieser Kräfte, unserem wirtschaftlichen Aufbauwerk Schaden zuzufügen. Auch heute erteilt die Sowjetunion gemeinsam mit den anderen Bruderländern diesen Kräften, die bestrebt sind, sozusagen einen Handels-, Finanz- und Wirtschaftskrieg gegen die sozialistische Staatengemeinschaft zu entfesseln, eine prinzipielle Abfuhr.

Die Wirtschaftsmacht der UdSSR, die Erfolge des Sowjetvolks bei der Erfüllung der von der KPdSU aufgestellten Pläne der sozialen und wirtschaftlichen Entwicklung dienen als eine zuverlässige Stütze der sowjetischen Außenpolitik. J.W. Andropow sagte: »Der unablässige Aufschwung der Wirtschaft, die Hebung des Volkswohlstandes – das ist unsere Pflicht gegenüber den sowjetischen Menschen und auch unsere internationale Pflicht. Indem die Partei die Frage so stellt, läßt sie sich von dem weitsichtigen Leninschen Hinweis leiten, daß wir unseren größten Einfluß auf den revolutionären Weltprozeß mit unserer Wirtschaftspolitik ausüben.«[42]

Für eine unerläßliche Regel der sowjetischen Außenpolitik hielt Lenin die Ausnutzung zwischenimperialistischer Gegensätze. Ein Beispiel für diese Ausnutzung lieferte er beim Abschluß des Brest-Litowsker Friedensvertrags, als es gelang, eine für unser Land äußerst notwendige Atempause zu erzwingen und sich vorübergehend hinter einem imperialistischen Räuber vor den anderen zu verbergen.

Gäbe es nicht die von Lenin geprägte Fähigkeit, Tendenzen und Schattierungen in den bürgerlichen Kreisen, die Uneinigkeit und Zusammenstöße der Interessen der imperialistischen Staaten zu erkennen, dann gäbe es auch keine Antihitlerkoalition unter Mitwirkung der Sowjetunion, der USA, Großbritanniens und Frankreichs. Und wenn es auch in der Koalition bekanntlich nicht ohne Reibungen und Meinungsverschiedenheiten abging, bleibt sie in der Geschichte und im Gedächtnis der Völker als Beispiel für die Zusammenarbeit der den unterschiedlichen sozialen Systemen angehörenden Staaten im Kampf gegen einen gemeinsamen Feind.

Geleitet von Leninschen Hinweisen, verfolgt das Sowjetland auf internationaler Ebene unablässig eine ehrliche und für die Völker offene Politik.

Die Bourgeoisie nutzt es, wie Lenin feststellte, weitgehend in ihrem Interesse aus, daß die Unwissenheit der Bevölkerungsmassen auf dem Gebiete der Außenpolitik unermeßlich weiter verbreitet ist als die Unwissenheit auf dem Gebiete der Innenpolitik. »Das ›Geheimnis‹ der diplomatischen Beziehungen wird in den freiesten kapitalistischen Ländern, in den demokratischsten Republiken sorgsam gehütet«, schrieb Lenin.

»Der Betrug an den Volksmassen ist in bezug auf die ›Angelegenheiten‹ der Außenpolitik meisterhaft ausgearbeitet und macht unserer Revolution auf das schwerste zu schaffen.«[43]

Einer der ersten Aufträge Lenins, die das soeben geschaffene Volkskommissariat für Auswärtige Angelegenheiten ausführte, bestand in der Veröffentlichung der geheimen Verträge des zaristischen Rußlands. Der Bruch mit der Geheimdiplomatie hat natürlich nichts zu tun mit spießerischen Vorstellungen in dieser Hinsicht. Es wäre dumm, Konfidenz und Vertraulichkeit aus dem zwischenstaatlichen Verkehr voll und ganz zu verbannen, oder Fragen die, sagen wir, unsere außenpolitische Linie und deren Abstimmung zwischen den sozialistischen Ländern betreffen, oder einzelne Seiten unserer Beziehungen mit befreundeten Staaten, deren Preisgabe unserer Sache abträglich sein würde, nicht streng geheimzuhalten. Im Notfall führt die Sowjetregierung auch mit kapitalistischen Staaten Konsultationen hinter verschlossenen Türen, und die Ergebnisse eines solchen Meinungsaustausches werden erst später publik gemacht.

Der Verzicht auf die Geheimdiplomatie bedeutet, daß Wort und Tat in der Außenpolitik der Sowjetunion übereinstimmen, daß unser Land tatsächlich die Ziele verfolgt, die es verlautbart. Man kann mit Sicherheit feststellen, daß Frieden, Freiheit, Demokratie, Unabhängigkeit und Völkerrechte in den aus den Hauptstädten der imperialistischen Mächte ergehenden Deklarationen nicht seltener erwähnt werden als in unseren außenpolitischen Dokumenten. Doch das wahre Ziel dieser Deklarationen ist es, das volksfeindliche aggressive Wesen der imperialistischen Politik zu verbergen.

Wie sehr bemühen sich die Ideologen des Kapitalismus, seine Fassade zu verschönern! Was für Theorien (soweit dieses Wort angesichts eines geistigen Elends überhaupt am Platze ist) werden fabriziert, um diese Fassade im günstigen Licht erscheinen zu lassen! Man dürfte aber sicher sein, daß es nach wie vor nicht gelingen wird, das Ausbeuterwesen der kapitalistischen Ordnung, des Imperialismus zu verschleiern oder gar zu beseitigen, der allein in zwei Weltkriegen über 70 Millionen Menschen in den Tod stürzte, von den Schwerbeschädigten ganz zu schweigen. Auch das gesamte Gold der kapitalistischen Banken, wie stark es auch glänzen mag, vermag nicht, die Verbrechen zu verdecken, die der Imperialismus bereits begangen hat und die er heute begeht.

Die geistige Leere, der Verfall der geistigen Kultur, die Verkrüppelung der Seelen der jungen Leute – das ist ein Produkt der kapitalistischen Gesellschaft, die sich im Laufe von über dreihundert Jahren gestaltet hat und deren historische Verdammnis von Marx, Engels und Lenin in ihren Werken nachgewiesen und begründet wurde.

Der Sozialismus hingegen hat unser Land, nunmehr eine Großmacht der Welt, in sechseinhalb Jahrzehnten von Grund auf verändert, und dann auch eine Reihe anderer Länder, die den Weg des sozialistischen und kommunistischen Aufbaus betreten haben. Das alles kam nicht von alleine. Die Erfolge unserer Innen- und Außenpolitik sind ein Ergebnis der weitsichtigen und prinzipiellen Linie der KPdSU, der schöpferischen Arbeit des Sowjetvolks bei der Errichtung einer kommunistischen Gesellschaft.

Der Marxismus-Leninismus hat mit unwiderlegbarer Logik wissenschaftlich bewiesen, daß der Übergang vom Kapitalismus zum Sozialismus und Kommunismus ein objektiv bedingter unwiderruflicher Prozeß in der historischen Entwicklung der menschlichen Gesellschaft ist. Der feste, sichere Schritt des realen Sozialismus bestätigt das mit aller Anschaulichkeit. Und er braucht nicht Gewalt einzusetzen, um seine gerechte Sache, seine gerechten Ziele, seine soziale Überlegenheit als Gesellschaftsordnung durchzusetzen.

Daraus ergibt sich unser historischer Optimismus, der auch die Außenpolitik des Sozialismus durchdringt.

Unter dem Einfluß der revolutionären umgestaltenden Ideen Lenins vollziehen sich in der heutigen Welt weiterhin tiefe politische Veränderungen. Nicht von ungefähr kommen daher die erbitterten Angriffe, die die geistigen Gegner des Leninismus gegen ihn unternehmen. Sie sind nicht imstande, der Leninschen Lehre etwas außer den starrsinnigen, durch und durch falschen Deklarationen über die »kommunistische Gefahr«, »sowjetische militärische Bedrohung«, den Aufrufen zu einem antikommunistischen »Kreuzzug« und der antihumanen, verbrecherischen Propagierung des Militarismus und Krieges entgegenzusetzen und lassen sich oftmals auf glatte Fälschungen und Lügen ein.

Die KPdSU und der Sowjetstaat folgen in ihrer internationalen Tätigkeit jenen unschätzbaren Maximen, die uns Lenin geboren hat: die notwendigen Lehren aus der Vergangenheit ziehen, sich in der Gegenwart genau orientieren und die Zukunft in ihrer wissenschaftlich fundierten revolutionären Perspektive erkennen.

Die Leninsche Strategie der Außenpolitik des Sozialismus, die von unserer Partei- und Staatsführung unablässig eingehalten wird, findet Anklang und Unterstützung bei den sozialistischen Bruderländern, allen friedliebenden Staaten, den Kräften der Befreiungsbewegung, bei allen ehrlichen Menschen auf dem Erdball. Diese Strategie eröffnet umfangreichste Möglichkeiten, auf einen dauerhaften Frieden hinzuarbeiten, die Rechte der Völker auf Unabhängigkeit und sozialen Fortschritt zu schützen. Unser Land wird auch weiterhin diese Strategie im Sinne der Sache des Sozialismus und einer friedlichen Zukunft der heutigen und der kommenden Generationen in die Tat umsetzen.

*Anmerkungen*

1 J.W. Andropow. Die Lehre von Karl Marx und einige Fragen des sozialistischen Aufbaus in der UdSSR. APN-Verlag, Moskau 1983, S. 8.

2 Siehe Lenin, Werke, Bd. 14, S. 9.

3 Geschoß. Marx/Engels, Werke, Bd. 31, S. 541.

4 Lenin, Werke, Bd. 25, S. 424.

5 J.W. Andropow, Die Lehre von Karl Marx und einige Fragen des sozialistischen Aufbaus in der UdSSR, APN-Verlag, Moskau 1983, S. 25—26.

6 Lenin, Werke, Bd. 28, S. 145.

7 Lenin, Werke, Bd. 31, S. 66.

8 G.W. Tschitscherin, Artikel und Reden zu Fragen der internationalen Politik, Moskau, 1961, S. 277.

9 Ebenda.

10 Lenin, Werke, Bd. 24, S. 25.

11 Lenin, Werke, Bd. 12, S. 492.

12 Ebenda, Bd. 21, S. 134.

13 Lenin, Werke, Bd. 23, S. 34.

14 Lenin, Werke, Bd. 19, S. 34.

15 Lenin, Werke, Bd. 26, S. 443.

16 Lenin, Werke, Bd. 28, S. 53—54.

17 Lenin, Werke, Bd. 30, S. 282—283.

18 »Dokumente der Außenpolitik der UdSSR«, Bd. I, Moskau 1957, S. 566 (russ.).

19 Lenin, Werke, Bd. 22, S. 361.

20 J.W. Andropow, Der sechzigste Gründungstag der UdSSR, APN-Verlag, Moskau 1982, S. 19.

21 Lenin, Werke, Bd. 31, S. 136.

22 Lenin, Werke, Bd. 30, S. 144.

23 Lenin, Werke, Bd. 23, S. 61.

24 »Dokumente der Außenpolitik der UdSSR«, Bd. 1, S. 35.

25 Lenin, Werke, Bd. 45, S. 63—64 (russ.).

26 »Dokumente der Außenpolitik«, Bd. V, Moskau, 1961, S. 191—192. (russ.).

27 »Dokumente der Außenpolitik der UdSSR«, Bd. II, Moskau, 1958, S. 638, 639.

28 Lenin, Bd. 31, S. 407.

29 Ebenda, S. 406.

30 J.W. Andropow, Rede auf dem Plenum des ZK der KPdSU. . . . S. 17.

31 XXVI. Parteitag der KPdSU, S. 34.

32 Lenin, Bd. 15, S. 187.

33 Lenin, Bd. 21, S. 292.

34 Lenin, Bd. 23, S. 355.

35 Lenin, Bd. 26, S. 240.

36 Lenin, Bd. 26, S. 242.

37 Lenin, Bd. 21, S. 299.

38 Lenin, Bd. 33, S. 130.
39 Lenin, Bd. 33, S. 372.
40 Lenin, Bd. 27, S. 373.
41 Lenin, Bd. 33, S. 138.
42 J.W. Andropow, Rede auf dem Plenum. . . . S. 14.
43 Lenin, Bd. 25, S. 75.

## Über die internationale Lage und die Außenpolitik der Sowjetunion

### Rede auf der achten Tagung des Obersten Sowjets der UdSSR der 10. Legislaturperiode, 16. Juni 1983

Lieber Juri Wladimirowitsch!

Gestatten Sie, Ihnen zur einmütigen Wahl zum Vorsitzenden des Präsidiums des Obersten Sowjets der UdSSR zu gratulieren und Ihnen Erfolge in Ihrer ehrenvollen und verantwortungsvollen Tätigkeit zum Wohle der Kommunistischen Partei und des sowjetischen Volks, unserer großen Heimat zu wünschen. Die KPdSU und das höchste Organ der Staatsmacht der UdSSR haben Ihnen diesen Posten in der festen Überzeugung anvertraut, daß Sie als Parteifunktionär und Staatsmann, der tiefe Achtung und hohes Ansehen in unserem Lande und im Ausland genießt, jenen neuen Pflichten gerecht werden, die Ihnen durch den heute gefaßten Beschluß auferlegt worden sind.

Genossen Deputierte!

Die Fragen der internationalen Lage und der Außenpolitik der Sowjetunion stehen im Mittelpunkt der Aufmerksamkeit unserer Kommunistischen Partei, des Obersten Sowjets der UdSSR und der sowjetischen Regierung. Die sowjetischen Menschen waren und sind immer brennend daran interessiert, wie die äußeren Bedingungen sind, unter denen sie zu leben und zu arbeiten haben.

Die umfassende Formel »Alles im Namen des Menschen, alles zum Wohle des Menschen« äußert sich auch in den Zielen, auf die sich unsere Außenpolitik orientiert. Das sind vor allem die Beseitigung der Kriegsgefahr und die Festigung des Friedens.

Der konsequente und unermüdliche Kampf um den Frieden ist seit der Zeit des Leninschen Dekrets über den Frieden die Seele der sowjetischen Außenpolitik.

Unser Volk weiß wie möglicherweise kein anderes den Frieden zu schätzen. Ihm ist nicht nur das friedliche Leben als höchstes Gut teuer, es stärkt auch tagtäglich durch seine beharrliche Arbeit sein Land – das Bollwerk des Friedens auf der ganzen Welt.

Dem Willen des sowjetischen Volks Ausdruck gebend, betont der Generalsekretär des ZK der KPdSU und Vorsitzende des Präsidiums des Obersten Sowjets der UdSSR, J.W. Andropow: »Die Sowjetunion wird alles von ihr Abhängende unternehmen, um der heutigen und den kommenden Generationen eine Zukunft in Ruhe und Frieden zu sichern. Das ist das Ziel unserer Politik, und wir werden davon nicht abkehren.«

Die wichtigsten Richtungen der sowjetischen Außenpolitik sind wahrhaftig mit goldenen Lettern in die Verfassung der UdSSR eingetragen.

Das sind die Verteidigung der staatlichen Interessen der Sowjetunion und die Festigung der Positionen des Weltsozialismus.

Das ist die Unterstützung des Kampfes der Völker für nationale Befreiung und sozialen Fortschritt.

Das sind die Verhinderung von Aggressionskriegen, die Erreichung der allgemeinen und vollständigen Abrüstung, die konsequente Verwirklichung des Prinzips der friedlichen Koexistenz von Staaten mit unterschiedlicher Gesellschaftsordnung.

Und all das findet seinen Niederschlag in den konkreten Schritten des Sowjetstaates auf dem Schauplatz des Weltgeschehens.

Gestatten Sie mir, Genossen Deputierte, Ihnen zu berichten, wie das ZK der KPdSU und die sowjetische Regierung die Haupttendenzen in der gegenwärtigen internationalen Situation einschätzen, was die aktuellsten außenpolitischen Probleme sind, die wir in der jetzigen Etappe lösen müssen.

Wir leben in einer nicht einfachen, man kann sagen, stürmischen Zeit. Das Tempo des internationalen Lebens hat sich rapide erhöht. Niemals zuvor hat eine so große Zahl von Staaten an der Weltpolitik teilgenommen. Es sind heute auf der Welt über einhundertfünfzig. Wir haben es jeden Tag mit einer Lawine von Problemen zu tun, deren Spanne sich vom Meeresboden bis in den Kosmos erstreckt.

Die Welt, so wie sie heute ist, bietet ein vielschichtiges und kompliziertes Bild. Wir verfügen jedoch über ein erprobtes und sicheres Mittel, das es ermöglicht, hinter der Vielzahl von Fakten und Ereignissen das Wesen der Geschehnisse zu sehen und die Triebfedern in der Politik der einen oder anderen Staaten zu erkennen.

Dieses Mittel ist die Lehre des Marxismus-Leninismus. Und die sowjetische Außenpolitik stützt sich auf dieses eherne Fundament.

Der Gang der internationalen Ereignisse wird, wenn man das Wesentliche herausgreift, vom Kampf zweier Linien bestimmt, von denen eine auf die Erhaltung und Festigung des Friedens, die andere, entgegengesetzte, auf die Untergrabung seiner Grundfesten gerichtet ist. Die Sowjetunion und die anderen sozialistischen Länder, die übergroße Mehrheit der Staaten, darunter auch solche, die einer anderen Gesellschaftsordnung angehören, treten eindeutig für den Frieden ein.

Das Banner des Friedens, das unsere Partei, unser Volk mit dem Sieg des Großen Oktober erhoben haben, befindet sich in starken Händen, und sie haben es niemals sinken lassen. Unter diesem Banner, das allen Völkern teuer ist, haben sich die drei mächtigen revolutionären Ströme der Gegenwart zusammengeschlossen – der Weltsozialismus, die internationale Arbeiterbewegung und die Kräfte der nationalen Befreiung.

Wie oft hat die Welt die eindrucksvollen, von Friedensliebe kündenden Handlungen und Vorschläge der Sowjetunion begrüßt.

Denn es sind ja die sowjetischen außenpolitischen Initiativen gewesen, die eine ganze Reihe von gewichtigen internationalen Verträgen und Abkommen ins Leben gerufen haben: über das Verbot von Kernwaffenversuchen in allen drei Medien, über das Verbot der Stationierung von Massenvernichtungswaffen auf dem Meeresgrund und Ozeanboden, über das Verbot von bakteriologischen Waffen und andere. Diese Verträge wurden in den sechziger und siebziger Jahren geschlossen und erfüllen auch heute noch ihre Aufgabe.

Man muß die besondere Bedeutung der sowjetisch-amerikanischen Vereinbarungen auf dem Gebiet der strategischen Rüstungen hervorheben, die vor dem Amtsantritt der derzeitigen Regierung in den USA erreicht worden sind. Bis jetzt sind der Vertrag über die Einschränkung der Raketenabwehrsysteme und das Abkommen über die Begrenzung der strategischen Rüstungen (SALT I) gültig. Auch der SALT-II-Vertrag, den seine Widersacher in Washington heute auf jede Weise zu verunglimpfen suchen, hätte sowohl für die Sowjetunion als auch für die Vereinigten Staaten von Amerika und für die ganze Welt eine große Errungenschaft werden können.

Jahr für Jahr werden in der UNO auf der Grundlage der sowjetischen Vorschläge Dokumente angenommen, die die allgemeine Lage in der Welt in vieler Hinsicht positiv beeinflussen. Hier müssen vor allem die Deklaration über die Festigung der internationalen Sicherheit und die Deklaration über die Verhütung eines Kernwaffenkrieges genannt werden.

Die Tatsache, daß unsere Vorschläge stets eine breite Unterstützung in der UNO finden, wo die Mehrzahl der Staaten der Welt dafür stimmt, legt ein Zeugnis ihrer Aktualität für die Lösung der alle Völker bewegenden Probleme ab.

Bekannt ist die herausragende Rolle der Sowjetunion und der anderen sozialistischen Länder für den Erfolg der Konferenz über Sicherheit und Zusammenarbeit in Europa. Wir sind für die Fortsetzung des gesamteuropäischen Prozesses. Gerade diese Position bezieht die UdSSR auch auf dem Madrider Treffen, wo sie den Abschluß einer Vereinbarung über die Einberufung einer

Konferenz über vertrauens- und sicherheitsbildende Maßnahmen und Abrüstung in Europa anstrebt.

Integrierender Bestandteil des Entspannungsprozesses auf dem europäischen Kontinent waren der Abschluß der Verträge der Sowjetunion, der DDR, Polens und der Tschechoslowakei mit der Bundesrepublik Deutschland sowie die Unterzeichnung des Vierseitigen Abkommens über Westberlin.

Die Länder Ost- und Westeuropas verbindet heute eine Serie von Verträgen und Abkommen, die die verschiedensten Bereiche der Beziehungen betreffen. Hervorgehoben werden müssen hierbei die langfristigen Programme der wirtschaftlichen und wissenschaftlich-technischen Zusammenarbeit, die die Sowjetunion mit der BRD, Frankreich, Italien, Finnland, Griechenland und einigen anderen Staaten unterzeichnet hat.

Bei den Wiener Verhandlungen über eine Reduzierung von Streitkräften und Rüstungen in Mitteleuropa hat die UdSSR gemeinsam mit den anderen sozialistischen Ländern vor kurzem neue Vorschläge unterbreitet, die es ermöglichen, die von den westlichen Staaten künstlich aufgerichteten Hindernisse zu überwinden und eine praktische Lösung dieses Problems zu finden.

Mit dem Namen unseres Landes ist die Annahme der UNO-Deklaration über die Gewährung der Unabhängigkeit für die kolonialen Länder und Völker verbunden, die der weltweiten Bewegung für die Liquidierung des Kolonialsystems des Imperialismus einen mächtigen Impuls gab. Die Politik der UdSSR, die die Annahme dieses Beschlusses vorgeschlagen hat, versetzte dem bei den Völkern verhaßten System der Unterdrükkung und Versklavung von mehr als der Hälfte der Menschheit durch eine kleine Gruppe von Staaten einen gewaltigen Schlag.

In dem gesamten Komplex der Bemühungen, die von der Sowjetunion im Interesse des Friedens unternommen werden, nehmen die Maßnahmen zur Beseitigung von Spannungsherden und der Kriegsgefahr und zur friedlichen Regelung von Streitigkeiten und Konflikten zwischen Staaten einen wichtigen Platz ein.

All das stellt einen soliden Aktivposten der sowjetischen Außenpolitik dar, und es wird niemandem gelingen, dieses Gut zu schmälern. Die internationale Politik der UdSSR und ihre Diplomatie werden auch weiterhin auf der Höhe der vor ihnen stehenden Aufgaben bleiben.

In der Politik der KPdSU und des sowjetischen Staates stand die Sache der brüderlichen Freundschaft und Zusammenarbeit mit den Ländern des Sozialismus stets an besonderer, vorrangiger Stelle und wird diese Priorität auch weiterhin genießen.

Die Sowjetunion festigt ständig die engen allseitigen Beziehungen zu ihnen auf der Grundlage des Prinzips des sozialistischen Internationalismus und hat aktiven Anteil an der ökonomischen Integration und der internationalen sozialistischen Arbeitsteilung.

Die Länder der Gemeinschaft arbeiten auf allen Gebieten des Lebens fruchtbar zusammen. Ihr brüderliches Bündnis findet in der Organisation des Warschauer Vertrages, im Rat für Gegenseitige Wirtschaftshilfe und im System bilateraler Verträge über Freundschaft, Zusammenarbeit und gegenseitigen Beistand seinen Ausdruck.

Die Beziehungen und Kontakte zwischen unseren Ländern äußern sich vielseitig. Regelmäßig werden bi- und multilaterale Treffen auf höchster Ebene durchgeführt. In ihrem Verlauf werden besonders wichtige Fragen der Beziehungen zwischen den sozialistischen Staaten behandelt und entschieden sowie aktuelle Probleme der internationalen Politik erörtert. Charakteristisch sind in dieser Hinsicht die Ergebnisse der in Prag durchgeführten Tagung des Politischen Beratenden Ausschusses der Länder des Warschauer Vertrages.

Eingehende Konsultationen zu außenpolitischen Fragen werden im Komitee der Außenminister durchgeführt. Im Interesse der Gewährleistung der Sicherheit der Länder des Warschauer Vertrages wirkt aktiv das Komitee der Verteidigungsminister.

Erfolgreich wird die Koordinierung der Volkswirtschaftspläne verwirklicht. Die Praxis der gemeinsamen Erarbeitung von Lösungen bei Problemaufgaben der wirtschaftlichen Entwicklung wird erweitert. Die Vorbereitungen für die Durchführung einer Wirtschaftskonferenz der RGW-Mitgliedsländer auf höchster Ebene sind im Gange.

Wie mit den Staaten des Warschauer Vertrages entwickeln sich bei uns Beziehungen der brüderlichen Zusammenarbeit auch zur Mongolei, zu Kuba, Vietnam, Laos und Kampuchea.

Unsere Beziehungen zu Jugoslawien festigen sich weiter. Wir sind mit dem Kampf der Koreanischen Demokratischen Volksrepublik um eine friedliche und demokratische Wiedervereinigung des Landes solidarisch.

Die KPdSU und der sowjetische Staat wollen aufrichtig eine Entwicklung und Festigung der Beziehungen zu allen sozialistischen Ländern.

Die Sowjetunion tritt nach wie vor für eine Normalisierung der Beziehungen zur Volksrepublik China auf der Grundlage der Gegenseitigkeit sowie für eine Suche nach Möglichkeiten des schrittweisen Ausbaus der bilateralen Beziehungen und Kontakte ein. Wir sind für die Fortsetzung der begonnenen sowjetisch-chinesischen politischen Konsultationen und möchten, daß sie zu positiven Ergebnissen führen. Wir sind überzeugt, daß die Normalisierung und Verbesserung der Beziehungen zwischen beiden Ländern den Grundinteressen ihrer Völker entsprechen.

Der Klassengegner legt es darauf an, die sozialistische Gemeinschaft zu schwächen, und wenn es gelingt, auch zu spalten. Und obwohl das für ihn ständig in einem Bankrott endet, stellt er die aufdringlichen Versuche, sein Ziel zu erreichen, nicht ein.

Gegen die sozialistischen Länder werden feindselige Handlungen politischen und ökonomischen Charakters, ideologische Diversionen unternommen, werden subversive Aktionen und andere Methoden angewandt, die in der Praxis des zwischenstaatlichen Umgangs unzulässig sind. Besonders anschaulich zeigt sich das in der Politik des Westens gegenüber der Volksrepublik Polen.

Polen war und bleibt, wie seine Führung unterstreicht, – das wurde vielfach auch im Namen seiner

Bündnispartner, der Länder des Warschauer Vertrages, erklärt –, ein untrennbarer Teil der sozialistischen Gemeinschaft. Das können nur diejenigen nicht begreifen, die sich in ihrer Feindseligkeit gegen den Sozialismus hoffnungslos verrannt haben, denen diese Feindseligkeit den Blick trübt und die reale Lage der Dinge verschleiert.

In Wort und Tat hat die sozialistische Gemeinschaft nicht nur einmal bewiesen, daß sie in der Lage ist, mit all dem erfolgreich fertig zu werden, was ihr Voranschreiten behindert. Es wurden alle Versuche zunichte gemacht, den legitimen Interessen dieser Gemeinschaft Schaden zuzufügen und ihre Festigkeit auf die Probe zu stellen.

Möge niemand an unserer gemeinsamen Entschlossenheit zweifeln, die Unantastbarkeit unserer Grenzen zu gewährleisten, die Sicherheit aller Mitglieder der Gemeinschaft zu garantieren und die sozialistischen Errungenschaften zu verteidigen. Die Bruderländer hüten ihre Einheit wie einen Augapfel und werden dies auch künftig tun, und es gibt keine Kraft, die diese Einheit zerstören könnte.

»Wollen wir das Heute unserer Länder einschätzen, so können wir mit Befriedigung sagen«, stellte J.W. Andropow fest, ». . . . die Gemeinschaft der sozialistischen Staaten ist ein mächtiger, gesunder Organismus, der in der heutigen Welt eine große und wohltuende Rolle spielt.«

Unser Land, unsere Verbündeten verfolgen in den internationalen Angelegenheiten nur einen Kurs – den Kurs des Friedens und der Freundschaft zwischen den

Völkern. Er ist darauf gerichtet, daß die Länder bei strittigen Fragen nicht die Waffen kreuzen, sondern sie mit friedlichen Mitteln, am Verhandlungstisch lösen.

Gerade ein solches Herangehen wurde erneut in der auf der Prager Tagung des Politischen Beratenden Ausschusses der Staaten des Warschauer Vertrages angenommenen Deklaration bekräftigt.

Die sozialistische Gemeinschaft bewährt sich immer mehr als führender Faktor einer positiven Einwirkung auf die Entwicklung in der Welt, ihr gehört stets die Initiative bei der Suche nach der Lösung herangereifter internationaler Probleme.

Unserem entschlossenen Kurs auf Frieden und Gewährleistung der internationalen Sicherheit steht die Politik der aggressiven imperialistischen Kräfte gegenüber. Diese Politik ist die Quelle der ernsten Zuspitzung der internationalen Lage in den letzten Jahren und zunehmender Spannungen, die zeitweise gefährliche Ausmaße annehmen.

Es ist eine Folge des Umstandes, daß an das Ruder der Außenpolitik Washingtons jetzt Vertreter der Kreise mit deutlich ausgeprägten imperialen Ambitionen gekommen sind, die einen Kult der Gewalt in den internationalen Beziehungen verfechten und darauf Anspruch erheben, die Welt nach ihren Maßstäben zu verändern. Ein direktes Ergebnis dessen war auch die Wende in der US-Politik in Richtung auf die Erringung militärischer Überlegenheit.

Die Inspiratoren einer solchen Politik vergießen ganze Ströme von Verleumdungen bei dem Versuch zu beweisen, daß die Gefahr für den Frieden von der

Sowjetunion ausgehe und der Westen lediglich auf diese Herausforderung reagiere.

Vertauschte man in ihrer Behauptung darüber, wer den Frieden gefährdet, Ursache und Wirkung, dann würde dies dem entsprechen, was in Wirklichkeit war und ist.

Überhaupt hat Washington, was den außenpolitischen Kurs der USA und die sowjetische Außenpolitik anbelangt, die Irreführung der Menschen schon seit langem, und man kann sagen auf Dauer, in sein Arsenal aufgenommen. Allen Anzeichen nach will Washington nicht darauf verzichten und rechnet damit, auch künftig einen gewissen Teil der öffentlichen Meinung im Westen zu verwirren, während es seine militaristischen Programme realisiert.

Sowohl bei der Interpretation von Tagesereignissen als auch solcher, die schon Geschichte sind, greift man zum Mittel der Täuschung. Wenn wir beispielsweise einmal die authentischen Fakten der Nachkriegsperiode betrachten, so bezeugen sie ganz offenkundig, woher die Gefahr für das friedliche Leben der Völker kommt.

Denken wir nur daran, daß noch nicht einmal überall die Flammen des zweiten Weltkrieges erloschen waren, als die USA schon begannen, die Grundlagen für ihre hegemonistische, in erster Linie gegen die UdSSR gerichtete Globalpolitik zu legen. Unser Land hat von Anfang an eine solche Politik verurteilt und darauf hingewiesen, daß diese in grobem Widerspruch zu den Bündnisbeziehungen steht, die die Staaten der Antihitlerkoalition verbinden, sowie auch zu ihren Verpflichtungen aus den alliierten Abkommen über die Nachkriegsordnung.

Hunderte von Militärstützpunkten wurden in der ganzen Welt und insbesondere in der Nähe der sowjetischen Grenzen errichtet. Man begann auch, Militärblöcke zusammenzuzimmern. So entstand der Nordatlantikpakt, der sich der Politik »von der Position der Stärke aus« verschworen hat, welche die Führer des NATO-Blocks auch heute noch als höchste Gottheit verehren.

Bereits seit den ersten Nachkriegsjahren haben die USA begonnen, der Welt unter Ausnutzung sowohl politischen Drucks als auch der Diplomatie und finanzieller Mittel das Wettrüsten aufzuzwingen. Und das zu einer Zeit, als die Staaten, die im Krieg den Sieg errungen hatten, vor der Aufgabe der Rüstungsbegrenzung und der Abrüstung standen. Seitdem versuchen sie ständig, Jahr für Jahr, den Umfang der Rüstungsproduktion, besonders der Produktion von Massenvernichtungswaffen, zu steigern.

In dem Bestreben, Washingtons Politik des Wettrüstens zu verteidigen, versuchen einige Persönlichkeiten im Westen, die Geschichte umzuschreiben und die Tatsachen auf den Kopf zu stellen. Zu diesem Mittel greifen sie vor allem dann, wenn es um Kernwaffen geht. Aber es ist unauslöschlich im Gedächtnis der Menschheit eingegraben, wer diese Waffen erstmals gegen Menschen angewandt hat. Keine Rhetorik, auch nicht die umfangreichste, vermag den Fleck wegzuwaschen, mit dem sich jene beschmutzten, die dieses Verbrechen begangen haben.

Eine andere, entgegengesetzte Haltung nahm unser Land sowohl insgesamt zur Abrüstung als auch zu Fragen der Kernwaffen ein. Die Völker erinnern sich gut: Kaum daß der Vorhang nach dieser gerade von der Menschheit durchlebten Tragödie gefallen war, erhob die Sowjetunion als erste ihre gewaltige Stimme gegen diese Waffe.

Bereits damals hatte der Sowjetstaat erklärt, daß die Nutzung der Atomenergie zu militärischen Zwecken mit dem Gewissen der Menschheit unvereinbar ist.

Er unterbreitete den Vorschlag, eine internationale Konvention über das Verbot der militärischen Nutzung der Kernenergie für alle Zeiten und deren ausschließliche Verwendung für friedliche Zwecke abzuschließen.

Diese Forderung fand die breite Unterstützung aller aufrichtigen Menschen der Erde, einschließlich so hervorragender Wissenschaftler im Westen wie Einstein, Oppenheimer und Joliot-Curie.

Die Haltung, die die USA in diesem Zusammenhang einnahmen, ist bekannt. Auf die Atomwaffen zu verzichten und sie mit einem Verbot zu belegen, paßte absolut nicht in die Bestrebungen jener, die die Politik der USA bestimmten. Die Versuchung, durch Androhung des Einsatzes dieser Waffe die Welt beherrschen zu können, war stärker als die Einsicht in die Notwendigkeit, sie zu verbieten.

Jetzt versucht man, diese Politik zu rechtfertigen, indem behauptet wird, die amerikanische Seite hätte im Zusammenhang mit der Kernwaffe niemals irgendwelche unlauteren Absichten gehegt. Man erklärt, und das manchmal auch auf höchster Ebene, daß die USA, als sie für gewisse Zeit das Atombomben-Monopol besaßen, in der Lage gewesen wären, den anderen, so auch der UdSSR, ihre Bedingungen zu diktieren. Dies hätten sie jedoch aus hohen moralischen Motiven nicht getan.

In diesem Argument steckt nicht das geringste Körnchen Wahrheit. Es gehört sich nicht, sich dort auf Tugend zu berufen, wo es sie gar nicht gegeben hat.

Persönlichkeiten, die mit diesem Argument operieren, wäre zu raten, die Ereignisse von einem anderen Standpunkt aus zu betrachten. Was hätte die Sowjetunion tun können, als das faschistische Deutschland bereits besiegt war, wie weit hätte die mächtige Welle der sowjetischen Armeen, die gerade erst die Militärmaschinerie Hitlers aufgerieben hatte, vordringen können, wenn die UdSSR nicht ihren Bündnisverpflichtungen treu geblieben wäre?

So fragt man sich, warum Politiker, die heute die Außenpolitik der USA bestimmen, historische Wahrheit als Lüge hinstellen müssen, selbst wenn dies in eleganter Verpackung dargeboten wird, unter Berufung auf irgendwelche edlen Motive?

Trotz des hartnäckigen, während der gesamten Nachkriegszeit gezeigten Strebens der imperialistischen Kreise nach militärischer Überlegenheit über die Länder des Sozialismus wurde zwischen der Organisation des Warschauer Vertrages und der NATO ein Gleichgewicht der Kräfte erzielt. Gerade diese militärstrategische Parität diente und sollte weiterhin dienen als sichere Garantie für internationale Stabilität.

Ausgehend vom bestehenden Gleichgewicht, setzt sich die Sowjetunion dafür ein, den Weg der Begrenzung und Reduzierung der Rüstungen so zu gehen, daß dieses Gleichgewicht zu jedem beliebigen Zeitpunkt erhalten bleibt, doch auf immer niedrigerer Ebene. Das würde auch bedeuten, die durch die entstandene Parität gebotene wahrhaft historische Chance für den Frieden zu nutzen und sie nicht zu verpassen.

Unser Land tut alles und wird alles tun, um dieses Gleichgewicht zu erhalten. Das wurde von J.W. Andropow auf dem soeben zu Ende gegangenen Plenum des ZK der KPdSU erneut deutlich erklärt. Diese Position ist realistisch, politisch und wissenschaftlich begründet, sie entspricht den Interessen beider Seiten und dem Frieden auf der ganzen Welt.

Man sollte meinen, daß alle, die die Hauptverantwortung für die Lösung der brennenden Probleme der Menschheit tragen, sich dieser Haltung anschließen müßten. Aber in Washington denkt man nicht in den Kategorien des Gleichgewichts, sondern in denen der Überlegenheit. Dort setzt man darauf, das strategische Kräftegleichgewicht zu seinen Gunsten zu verändern.

Das ist das Hauptziel der Politik der USA in den internationalen Angelegenheiten. Ihre Angriffe sind vor allem gegen die Sowjetunion, gegen die Länder des Sozialismus gerichtet. Sie richten sich aber auch gegen den Frieden insgesamt.

Aus diesem Grunde werden die Programme zur Aufstockung aller Rüstungsarten, vor allem der nuklearen, forciert verwirklicht. Sie haben das für fünf Jahre berechnete Projekt »Umrüstung Amerikas« in Gang gesetzt, wofür sie mehr als anderthalb Billionen Dollar ausgeben wollen. Innerhalb von fünf Jahren soll für die

Entwicklung von Vernichtungswaffen soviel Geld bereitgestellt werden, wie in den zwei vorangegangenen Jahrzehnten ausgegeben wurde.

Sie rüsten nicht nur selbst. Sie treiben dazu auch ihre Verbündeten an und fordern von ihnen eine immer stärkere Erhöhung der Militärbudgets. Um die strategische Parität zu zerstören, wollen sie, koste es, was es wolle, neue Kernraketen nach Westeuropa bringen und dort stationieren.

Wie ungeheuerlich das auch klingt: In Washington schließt man die Möglichkeit nicht aus, als erster Kernwaffen einzusetzen.

Was ist von gewissen Strategen mit krankhafter Phantasie in ihrer nicht aufgehenden Rechnung, in einem Kernwaffenkonflikt den Sieg zu erringen, nicht alles an Doktrinen ausgedacht worden – vom »begrenzten Kernwaffenkrieg« über den »lange andauernden Kernwaffenkonflikt« bis zum »Kernwaffenerstschlag«.

In Washington müßte man wissen, daß es in einem Kernwaffenkrieg keine Sieger geben wird. Das ist die Auffassung von Wissenschaftlern, ernsthaften Politikern und all jener, die realistisch und ohne Verschleierung der Wahrheit an die Einschätzung der schrecklichen Gefahr gehen, die mit einem Kernwaffenkonflikt verbunden ist.

Heute durchdringt, so kann man sagen, ein militaristischer Rausch die politische Atmosphäre der USA. Den Kernwaffenkrieg erklärt man für zulässig und sogar zweckmäßig. Man hämmert in die Köpfe der Menschen den Gedanken, daß dieser Krieg gar nicht so fürchterlich sei.

Und damit beschäftigen sich in einer Art von Verzükkung sowohl Politiker höchsten Ranges als auch Generale und selbst damit beauftragte Beamte und Angestellte.

Auf diese Weise wird eine skrupellose Kriegspropaganda betrieben. Sie nehmen keine Rücksicht darauf, daß diese durch einen Sonderbeschluß der UNO verboten wurde, für den nebenbei gesagt auch die USA gestimmt haben. Dieser Beschluß wurde auf Initiative der Sowjetunion angenommen.

Wenn man allein das Verhältnis der USA und der UdSSR zur Propaganda des nuklearen Krieges sieht, dann ist es kaum unklar, wer in dieser Frage eine unmenschliche Position bezieht und wessen Position human ist und der Sehnsucht aller Völker entspricht.

Es erhebt sich die Frage: Ist man sich in einigen westlichen Hauptstädten darüber im klaren, daß ein nuklearer Krieg das schwerste Verbrechen gegen die Menschheit ist?

Ein derartiger politischer Kurs löst bei vernünftig denkenden Staatsmännern in den Vereinigten Staaten selbst und in den anderen Ländern des Westens Unruhe aus. Ihre Stimmen sind in dem militaristischen Trommelwirbel manchmal schwer zu unterscheiden, aber es gibt diese Stimmen, sie werden immer stärker und spiegeln die Stimmungen wider, die in einflußreichen Gesellschaftsschichten dieser Staaten verbreitet sind.

Die Welle gegen Nuklearrüstung und Krieg, die im Westen anschwillt, ist eine Art Volksentscheid: In der Frage Krieg und Frieden schwanken die Teilnehmer der Bewegung nicht. Sie sprechen sich für den Frieden und gegen die Pläne zur Vorbereitung eines Krieges und zur Fortsetzung des unsinnigen Wettrüstens aus.

Man behauptet, diese Bewegung wäre von der »Hand Moskaus« gelenkt. Für uns ist es natürlich schmeichelhaft, daß das Eintreten für den Frieden mit der Politik der Sowjetunion in Zusammenhang gebracht wird. Aber die »Hand Moskaus« hat damit nichts zu tun. Breite Kreise der Öffentlichkeit bringen in ihren Aktionen gegen den Krieg spontan das Bestreben der Menschen zum Ausdruck, das Recht auf Leben zu verteidigen.

Ja, das Recht auf Leben tatsächlich zu verteidigen. Es ist bekannt, wie in einigen Staaten die Frage der Menschenrechte gewissenlos ausgenutzt wird, wie sie in Demagogie ertränkt wird. Aber wenn es um die wirklichen Menschenrechte und vor allem um das Recht auf Leben geht, so werden diese Rechte nicht geachtet.

Die Sowjetunion lehnt selbst den Gedanken an einen Kernwaffenkrieg als absurd und Aufrufe dazu als verbrecherisch ab. Wir gehen davon aus, daß alles getan werden muß, damit Kernwaffen niemals angewandt werden. Das ist die Überzeugung der sowjetischen Führung, unserer gesamten Partei und des gesamten sowjetischen Volkes.

Mit reinem Gewissen kann man sagen, daß der sowjetische Staat die ganze Autorität seiner Außenpolitik, sein gesamtes riesiges Potential an Friedensliebe in die Waagschale zugunsten des Friedens, zugunsten der Verhinderung einer nuklearen Katastrophe wirft.

Mit ihrer einseitigen Verpflichtung, nicht als erste Kernwaffen anzuwenden, hat die UdSSR erneut bestätigt, daß die Sorge um die Beseitigung der Kriegsgefahr in ihrer Politik dominiert. Die Welt ist von der Kühnheit und dem Edelmut unserer Aktion sehr beeindruckt.

Die Sowjetunion erwartet zu Recht von den anderen Kernwaffenmächten, die keine derartige Verpflichtung übernommen haben, einen analogen Schritt. Keinerlei Ausreden und Gründe können stärker sein als die Notwendigkeit, einen Kernwaffenkrieg zu verhüten.

Die NATO-Länder versuchen, die von uns eingegangene Verpflichtung in Zweifel zu ziehen und ihre Bedeutung herabzumindern. Sie bringen das Argument vor, die UdSSR lasse sich freie Hand bei der Anwendung konventioneller Waffen, bei denen sie angeblich ein Übergewicht habe. Dieses Argument soll die Menschen verwirren.

Die Sowjetunion und ihre Freunde widerlegen solche Behauptungen auf die überzeugendste Weise. Sie haben in der von den Ländern des Warschauer Vertrages in Prag angenommenen Politischen Deklaration vorgeschlagen, zwischen den Teilnehmerstaaten dieses Vertrages und der NATO ein Abkommen zu schließen, das die gegenseitige Verpflichtung enthalten sollte, keinerlei Waffen einzusetzen – weder Kernwaffen noch konventionelle, mit anderen Worten, in den gegenseitigen Beziehungen überhaupt keine Gewalt anzuwenden.

Es ist schon einige Zeit vergangen, seit dieser Vorschlag unseren westlichen Partnern auf den Tisch gelegt wurde. Wenn jemandem etwas darin unverständlich ist, so sind wir und unsere Bündnispartner bereit, die notwendigen Erläuterungen zu geben. Wir sind bereit, unverzüglich Verhandlungen aufzunehmen und rufen die NATO-Länder nochmals auf, unsere Initiative ernst zu nehmen.

Ihre im Kommuniqué der NATO-Ratstagung vom Juni enthaltene Reaktion ist offengestanden wenig einleuchtend. Sie zeigt, daß sie offensichtlich noch immer nicht erkennen können oder wollen, wie drastisch sich die Lage in Europa und in der ganzen Welt zum Besseren wenden würde, wenn es gelänge, sich auf einen Gewaltverzicht zwischen den beiden Ländergruppierungen zu einigen.

Schon W.I. Lenin hatte darauf hingewiesen, daß Abrüstung das Ideal des Sozialismus ist. Und wir sind stolz darauf, daß unser Land seit mehr als sechs Jahrzehnten konsequent Vorschläge zur Beendigung des Wettrüstens, zur Abrüstung unterbreitet.

Heute bilden die sowjetischen Initiativen und Vorschläge ein allumfassendes Programm von Maßnahmen, die von einzelnen Schritten auf dem Gebiet der Rüstungsbegrenzung bis zur allgemeinen und vollständigen Abrüstung reichen, eingeschlossen das totale Verbot der Kernwaffen sowie deren Vernichtung.

Wir hören, daß unsere Vorschläge nicht radikal genug seien – und solche Worte kommen gerade von denjenigen, die hinsichtlich eigener Initiativen ein offenkundiges Defizit aufzuweisen haben. Die Welt weiß aber, daß kein Land soviel wie unser sozialistischer Staat dafür getan hat, um das Kriegsbeil zu begraben.

Die UdSSR hat schließlich die weitestreichende aller möglichen Lösungen vorgeschlagen – die allgemeine und vollständige Abrüstung. Was könnte radikaler sein? Daran erinnert man sich im Westen nicht gern. Aber dieser Vorschlag liegt vor und bleibt in Kraft.

Man erklärt ferner, daß bei der Lösung der Probleme der Abrüstung, gleich ob es um die allgemeine und vollständige oder eine teilweise geht, alles von der Kontrolle abhänge. Es ist doch aber allgemein bekannt, daß die Sowjetunion eine allgemeine und umfassende Kontrolle vorgeschlagen hat. Dieser Vorschlag bleibt ebenfalls auf dem Tisch. Für uns war die Kontrolle niemals ein kritischer Punkt bei der Erfüllung von Abkommen.

Dann sagt man noch: eine allgemeine und vollständige Abrüstung in Verbindung mit einer allgemeinen und vollständigen Kontrolle – wird da nicht zu viel vorgeschlagen? Das ist doch unmöglich auf einmal zu verwirklichen. Die Sowjetunion erwidert: Wir sind einverstanden mit einem schrittweisen Vorgehen, und einen solchen Vorschlag haben wir ebenfalls bereits unterbreitet.

Aber alles hängt daran, daß man weder das eine noch das andere noch eine dritte Möglichkeit akzeptiert.

Tausende Reden und Erklärungen, die das offensichtlich verschleiern sollen, sind doch nicht imstande, das zu erreichen. Die Weltöffentlichkeit sieht im Sowjetland den entschlossenen Verfechter der Abrüstung.

Und was können die Vereinigten Staaten von Amerika in dieser Hinsicht vorweisen? Von ihnen wurde der SALT-II-Vertrag torpediert und eine Reihe von Verhandlungen abgebrochen, die in Gang gekommen oder praktischen Ergebnissen nahe waren.

Sie weigern sich, die Verhandlungen über das vollständige und allgemeine Verbot von Kernwaffenversuchen, über die Begrenzung der Lieferungen und des Verkaufs von konventionellen Waffen an andere Länder, über die Einschränkung der militärischen Aktivitäten im Indischen Ozean und zu einer Reihe anderer Probleme wieder aufzunehmen.

Sie wollen einfach keine Verhandlungen führen. So sagen sie es auch – wir wollen nicht und Schluß! Schon allein das spricht für sich.

Aus dem, was über die Schwierigkeiten gesagt wurde, die im Kampf für die Einstellung des Wettrüstens und für Abrüstung auftreten, ergibt sich keineswegs, daß dieser Kampf schwächer werden muß. Im Gegenteil, er muß mit noch größerer Energie und Beharrlichkeit geführt werden. Wir und unsere Verbündeten verfügen sowohl über das eine als auch das andere. Die ungelösten Probleme und das Bestehen einer großen Gefahr für den Frieden verpflichten uns dazu.

Die UdSSR erklärte wiederholt und erklärt erneut, daß es in der heutigen Lage unsinnig ist, wenn jemand, wer es auch sei, auf die Erreichung militärischer Überlegenheit setzt. Die UdSSR strebte und strebt nicht danach. Wir erkennen auch keinem anderen das Recht auf militärische Überlegenheit zu. In unserem Land haben wir alle notwendigen Ressourcen – materielle und geistige –, um es nicht dazu kommen zu lassen. Und die Sowjetunion wird es nicht dazu kommen lassen.

Für verantwortungsbewußte Politiker, um so mehr, wenn sie am Steuer der Staatspolitik stehen, muß es klar sein, daß es keinen anderen vernünftigen Weg gibt, als gegenseitig annehmbare Lösungen zu suchen und zu finden. Nur ein solcher Weg ist erfolgversprechend.

Die Hauptvoraussetzung ist, ehrlich zu verhandeln und nicht zu versuchen, den Partner zu überlisten, nicht zu versuchen, Lüge als Wahrheit und umgekehrt auszugeben. Abkommen müssen auf dem Prinzip der Gleichheit und der gleichen Sicherheit begründet sein. Von diesem Prinzip wird die Sowjetunion nicht abweichen. Es wäre gut, wenn sich dies auch Washington zu eigen machte.

Es ist von unschätzbarer Bedeutung, die Probleme der Begrenzung und Reduzierung der strategischen sowie der Begrenzung der nuklearen Rüstungen in Europa zu lösen. Bei den entsprechenden sowjetisch-amerikanischen Verhandlungen in Genf steuert die US-Regierung einen Obstruktionskurs. Ganz im Gegensatz zu unserer Position, wonach Trägermittel und Sprengköpfe beider Seiten erheblich auf vereinbarte Limits zu reduzieren sind, wird der Sowjetunion eine unannehmbare einseitige Abrüstung vorgeschlagen.

Ebenso verhält es sich auch mit der aufpolierten Haltung der USA zu den strategischen Rüstungen, von der dieser Tage der amerikanische Präsident sprach. Er versuchte, sie als Ausdruck der Flexibilität der Vereinigten Staaten bei den Verhandlungen hinzustellen. Diese Haltung entspricht völlig dem jetzt erfolgenden weiteren Ausbau der amerikanischen Rüstungsprogramme.

Das Herangehen Washingtons ist nach wie vor das gleiche: Es sollen nur einzelne, der amerikanischen Seite ins Konzept passende Komponenten der strategischen Kräfte begrenzt und die anderen – vor denen man die Augen verschließen möchte – außerhalb der Vereinbarung gelassen werden. Faktisch möchten die USA gern die entstandene Struktur des sowjetischen strategischen Potentials zerstören, sich selbst jedoch die Hände freihalten für die Anhäufung ihrer entsprechenden Rüstungen.

Flexibilität wird also hier nur vorgetäuscht. Die amerikanische Haltung bietet keinen Weg zu gegenseitig annehmbaren Abkommen. Nach allem zu urteilen, ist dies auch gar nicht beabsichtigt. Die Pläne laufen darauf hinaus, die öffentliche Meinung zu beruhigen, ja mehr noch, sie zu betrügen und die wachsende Opposition gegen die militaristischen Vorbereitungen Washingtons zu neutralisieren.

Auch die von Washington laut angepriesenen Vorschläge zu vertrauensbildenden Maßnahmen können die destruktive und einseitige Linie der USA nicht bemänteln. Es geht darum, daß die amerikanischen Vorschläge im Gegensatz zu den von uns eingebrachten und viel weitergehenden, die militärischen Aktivitäten der Seiten in keiner Weise begrenzen, sondern praktisch nur auf einen Austausch von Informationen über einige Arten dieser Aktivitäten hinauslaufen.

Außerdem verschweigt die amerikanische Seite die Tatsache, daß sie die Vorschläge der UdSSR ablehnt, die vorsehen, das Entstehen von Krisensituationen zu verhindern und das Vertrauen zu festigen.

Kurz gesagt ist die Sowjetunion dafür, Gefahren und Krisensituationen nicht entstehen zu lassen. Die USA aber schlagen vor, darüber lediglich Informationen auszutauschen.

Es wird immer deutlicher, daß die jetzige amerikanische Regierung nicht auf die Erreichung einer Übereinkunft Kurs hält, sondern auf die Verwirklichung ihrer Programme zur Aufstockung der strategischen Rüstungen und auf die Stationierung neuer Raketen mittlerer Reichweite in Westeuropa.

Dieser Kurs tritt auch deutlich in der Erklärung zutage, die Ende Mai beim Treffen in Williamsburg angenommen wurde, sowie im Kommuniqué der eben erst zu Ende gegangenen NATO-Ratstagung. Mit vielen hochtrabenden Worten wurde über das Bestreben des Westens nach Verhandlungen mit der Sowjetunion und nach »Reduzierung der Rüstungen«, nach »Minderung der Kriegsgefahr« gesprochen. Diese Worte ändern allerdings nichts am militaristischen und aggressiven Wesen des Kurses der USA und der NATO.

Die Sicherheitsinteressen der UdSSR und ihrer Bündnispartner zwingen uns, wie das die sowjetische Regierung in ihrer Erklärung vom 28. Mai angekündigt hat, Gegenmaßnahmen zur Festigung unserer Verteidigungsbereitschaft zu treffen.

Aber das sind Maßnahmen, zu denen wir gezwungen sind. Ihr einziges Ziel besteht darin, keine Störung des entstandenen Kräftegleichgewichts zuzulassen. Indem die Sowjetunion diese Warnung ausspricht, bekräftigt sie zugleich die Unveränderlichkeit ihrer prinzipiellen Haltung sowohl zur Begrenzung und Reduzierung der strategischen Rüstungen als auch zur Begrenzung der Kernwaffen mittlerer Reichweite in Europa.

Noch ist es nicht zu spät, die gefährliche Entwicklung der internationalen Lage aufzuhalten, wenn die USA und ihre Verbündeten in der NATO auf die konstruktiven Vorschläge der UdSSR reagieren. Wir möchten hoffen, daß bei unseren Partnern der gesunde Menschenverstand die Oberhand gewinnt.

Für den Anfang wäre es sinnvoll, sich wenigstens darauf zu einigen, die weitere Anhäufung von Kernwaffen zu stoppen, indem die Kernwaffenarsenale der Seiten quantitativ und qualitativ eingefroren werden. Ein solcher im wesentlichen leicht realisierbarer und zugleich effektiver Schritt würde auch günstigere Voraussetzungen für die Führung von Verhandlungen schaffen.

Viele Politiker des Westens erkennen die Notwendigkeit einer solchen Maßnahme. Die Idee des Einfrierens wird von breiten Kreisen der Öffentlichkeit in den USA und Westeuropa unterstützt.

Zur Unterbindung von Möglichkeiten der Schaffung neuer Arten von Kernwaffen und zur Festigung des Regimes ihrer Nichtweiterverbreitung würde ein vollständiges und allgemeines Verbot von Tests dieser Waffen beitragen. Die Sowjetunion ist der Meinung, daß die trilateralen Verhandlungen mit den USA und Großbritannien zur Ausarbeitung eines entsprechenden Vertrages wieder aufgenommen werden müssen.

In diesem Zusammenhang ist es angebracht, die sowjetisch-amerikanischen Verträge über die Begrenzung der unterirdischen Kernwaffentests und die Kernexplosionen zu friedlichen Zwecken zu erwähnen, die bis jetzt nicht in Kraft getreten sind. Die Washingtoner Administration weigert sich, sie zu ratifizieren. Wir bringen erneut unsere Hoffnung zum Ausdruck, daß sie ihre Einstellung zu diesen beiden wichtigen Vereinbarungen korrigiert und diese in Kraft treten werden.

Das Problem der Aufrechterhaltung der militärisch-strategischen Stabilität auf niedrigerem Niveau schließt einen komplizierten Fragenkomplex ein. Viele dieser Fragen sind eng miteinander verknüpft. In einer solchen Wechselbeziehung stehen die strategischen Offensiv- und Defensivwaffen zueinander.

Die US-Regierung hat einen Schritt dazu getan, diese Beziehung künstlich zu trennen, indem sie einen Beschluß über den Beginn der Entwicklung eines großangelegten Raketenabwehrsystems gefaßt hat. Das dient keineswegs der Verteidigung, sondern ist Teil eines umfassenden militaristischen Programms.

Die Sowjetunion ist der Meinung, daß Maßnahmen zur Verhütung eines Wettrüstens in neuen Richtungen getroffen werden müssen. Wir haben der US-Regierung den Vorschlag gemacht, daß sowjetische und amerikanische Wissenschaftler, Fachleute auf diesem Gebiet, zusammenkommen und die eventuellen Folgen der Schaffung eines großangelegten Raketenabwehrsystems beraten. Wir haben bis jetzt keine Antwort von der US-Regierung erhalten.

Es wäre eine Tragödie für die Menschheit, wenn der kosmische Raum zu einer Ursache für Zwietracht zwischen den Staaten oder gar zu einer Sphäre ihrer militärischen Konfrontation werden würde. Nur bei einem völligen Mangel an Verständnis für die schwere Verantwortung und bei hochgradiger Unvernunft kann man einen Weg beschreiten, der dazu führt, daß der Weltraum eine Bedrohung für die Existenz der Menschheit in sich birgt.

In diesem Zusammenhang besteht die vordringlichste

Aufgabe darin, einen internationalen Vertrag über die Nichtstationierung von Waffen jeglicher Art im Weltraum abzuschließen, was ebenfalls von der Sowjetunion vorgeschlagen wurde. Wir sind bereit, sogar noch weiter zu gehen und uns über ein allgemeines Verbot der Anwendung von Gewalt sowohl im Weltall als auch vom Weltraum aus in Richtung auf die Erde zu einigen. Wir sind bereit, unverzüglich in entsprechende Verhandlungen einzutreten.

In ganzer Größe steht das Problem des alsbaldigen Verbotes und der Beseitigung chemischer Waffen, eines der grausamsten Massenvernichtungsmittel. Bekanntlich ist es noch gar nicht lange her, daß Washington, ohne zu zögern, diese Waffen im Krieg gegen das vietnamesische Volk eingesetzt hat. Diese schändliche Seite läßt sich nicht aus dem Buch der Geschichte herausreißen. In den USA setzt man die intensive Anhäufung chemischer Waffen fort und entwickelt immer gefährlichere Waffen dieser Art.

Die UdSSR, die konsequent für die Entfernung chemischer Waffen aus den Arsenalen der Staaten eintritt, hat dazu konkrete Vorschläge unterbreitet. Wir hoffen, daß die Staaten, die unsere Verhandlungspartner sind, auf unseren Appell eingehen, eine internationale Konvention über das Verbot und die Vernichtung dieser Waffen auszuarbeiten.

Es wäre nützlich, in den Grenzen des europäischen Kontinents parallele Schritte zu unternehmen, die zu diesem Ziel führen. Die Staaten des Warschauer Vertrages schlagen vor, Europa gänzlich von chemischen Waffen frei zu machen.

Die Realitäten der entstandenen internationalen Lage erfordern nicht nur auf dem Gebiet der Rüstung und der Militärpolitik besondere Zurückhaltung, sondern auf allen Gebieten der Beziehungen zwischen den Staaten, in erster Linie dann, wenn die Interessen von Ländern mit unterschiedlicher Gesellschaftsordnung berührt werden.

Es gereicht weder der einen noch der anderen Staatengruppe – und auch nicht der Welt im ganzen – zum Nutzen, wenn man in den Beziehungen zwischen ihnen den Antagonismus künstlich schürt, zu allen möglichen Provokationen und unlauteren Mitteln greift, Mißtrauen und Argwohn sät und es nicht für notwendig hält, in den internationalen Angelegenheiten selbst ein Minimum an allgemein üblicher Korrektheit zu wahren.

In einer solchen Atmosphäre wird die schwierige Lösung nicht nur der Fragen der Gewährleistung der internationalen Sicherheit noch komplizierter, sondern auch solcher globalen Probleme wie des Energie- und Lebensmittelproblems, des Problems des Umweltschutzes sowie der Erschließung der Ozeane und des Kosmos zu friedlichen Zwecken, an der alle Völker, alle Länder, unabhängig von ihrem sozialen System, interessiert sind.

Leider können oder wollen das manche Politiker absolut nicht verstehen, auch wenn sie beteuern, eine Politik zu betreiben, die selbst dem Herrgott gefällig ist.

Was ist das eigentliche Credo ihrer Politik? Sie formulieren es häufig sehr forsch. Es ist die unverhohlene Propagierung der Zurückdrängung des Sozialismus als gesellschaftlich-politisches System. Und wenn sie sich hinreißen lassen, dann äußern sie sogar die Hoffnung auf seine Liquidierung.

Es gab auch früher schon Politiker, die sich bis zu Voraussagen hinsichtlich des nahen Endes des Sozialismus verstiegen haben. Jeder von ihnen versuchte zu beweisen, daß gerade er alles durchschaue und alles sehe. Offenbar wird es jetzt im Westen mancherorts Mode, sich in dieser Weise zu äußern.

Und was sich diese Leute nicht alles ausdenken! Heute sagen sie, man müsse vom Handel mit dem Sozialismus Abstand nehmen, morgen heißt es, es wäre nicht schlecht, ihm den Zugang zur Wissenschaft zu verschließen, und übermorgen rüstet man gegen ihn zum Feldzug, aber nicht zu irgendeinem, sondern zum Kreuzzug. Da steckt eine tüchtige Portion Phantasie drin, allerdings ist sie recht flügellahm.

Ohne Übertreibung kann man sagen, daß die Politiker, die es sich erlauben, mit solcher Leichtfertigkeit oder gar Dreistigkeit in dieser Weise aufzutreten, ihre feindselige Einstellung zum Sozialismus bis zur Karikatur treiben. Diese Wahrsager sind der Feder unserer berühmten Karikaturisten Kukryniksy durchaus würdig.

Jene, die sich um den Lorbeer eigenwilliger Theoretiker bemühen, haben eine – gelinde gesagt – stark nebulöse Vorstellung von den Entwicklungsgesetzen der menschlichen Gesellschaft. Wenn sie damit ihre Ignoranz demonstrieren wollen, so berührt uns das natürlich nicht besonders. Der Sozialismus wird jeden Tag stärker. Die Welt entwickelt sich nach objektiven Gesetzen, die von der marxistisch-leninistischen Wissenschaft entdeckt wurden.

Die Kehrseite der Medaille ist jedoch, daß der Unterschied im Gesellschaftssystem der Staaten und die ideologischen Divergenzen die Grundlage werden, auf der sich die Außenpolitik aufbaut und auf der die Frage von Krieg und Frieden entschieden wird.

Wieviel feierliche Worte werden in Washington zur Verherrlichung dieser Politik gemacht! Man geht so weit, daß sie als höchst moralisch hingestellt wird. Man nimmt an, daß es genügt, seine Aktionen in der internationalen Arena als den Gipfel der Moral zu bezeichnen – und andere Begründungen sind nicht erforderlich.

Aber wer glaubt schon an die Moral einer Politik, die auf Kriegsvorbereitung und Erstanwendung von Kernwaffen abzielt?

Ist es denn moralisch, wenn in der Welt schon Berge von Waffen aufgehäuft sind, die Produktion von Rüstungen weiter zu beschleunigen, die für die Massenvernichtung von Menschen bestimmt sind?

Ist es moralisch, wissentlich zu lügen, indem man erklärt, die Gefahr für den Frieden gehe von denen aus, die unablässig für den Frieden, für die Verhütung eines Krieges kämpfen?

Ist es etwa moralisch, mit dem Schicksal des eigenen Volkes zu spielen, indem man seine Politik darauf aufbaut, daß ein Kernwaffenkrieg zulässig sei, dabei aber genau weiß, was er auch für das eigene Volk bedeuten würde?

Ist es moralisch, fremde Länder, die Hunderte und Tausende Kilometer von den USA entfernt sind, beinahe zu eigenen Domänen und ganze Regionen der Erde zu »Sphären seiner Lebensinteressen« zu erklären und sich dabei das Recht anzumaßen auf Einmischung in die inneren Angelegenheiten anderer Völker – bis hin zur militärischen?

Es klappt in der Außenpolitik des heutigen Washington nicht mit der Moral. Für sie ist darin kein Platz. Die Politik, die die US-Regierung betreibt, birgt gefährliche Folgen für die Menschheit in sich. Sie schafft eine ernste Bedrohung des Friedens, dessen werden sich die Völker immer mehr bewußt.

Die Sorge um den Frieden muß heute über alles gestellt werden. Das ist die Pflicht aller, die wichtige politische Entscheidungen zu treffen haben. Die Welt erwartet von der Führung der USA mehr Verantwortungsbewußtsein und Vernunft.

Nur auf dem Wege der Einstellung des Wettrüstens, der Verbesserung des politischen Klimas in der Welt und der Entspannung kann die Lösung brennender internationaler Probleme gewährleistet werden.

Hoffnungslos sind Versuche, solche Standpunkte durchzusetzen, die nur den Interessen der USA sowie des NATO-Blocks entsprechen und den rechtmäßigen Interessen der UdSSR und ihrer Verbündeten schaden würden.

Die Sowjetunion setzt sich konsequent für normale, dauerhafte Beziehungen zu den kapitalistischen Ländern ein. Solche Beziehungen sind sowohl für diese Staaten als auch für uns von Nutzen.

Wir wollen einen Ausgleich der Beziehungen zu den USA, eingedenk dessen, welche Bedeutung das für die

Verhütung eines Krieges hat. Nach unserer Überzeugung müssen auch die Vereinigten Staaten von Amerika von der objektiven Notwendigkeit ausgehen, normale Beziehungen zur UdSSR zu haben. Die Abwendung der Gefahr einer nuklearen Katastrophe würde den gemeinsamen Interessen beider Länder entsprechen. Daran sind alle Völker, die Staaten aller Kontinente zutiefst interessiert.

Wir schätzen die Beziehungen, die zwischen der Sowjetunion und einem von uns nicht so weit entfernten Land wie Kanada entstanden sind. Wir hoffen auf das gegenseitige Interesse, daß diese Beziehungen auch künftig aufrechterhalten und entwickelt werden.

Die westeuropäischen Länder bilden eine große und einflußreiche Staatengruppe. Fast mit jedem dieser Länder unterhalten wir – mit dem einen mehr, mit dem anderen weniger – eine zufriedenstellende Zusammenarbeit.

In dieser Region der Welt hat sich ein ausgeprägtes und durchaus verständliches Gefühl für die Gefahr ausgebreitet, die die gegenwärtige internationale Lage in sich birgt. Die Sowjetunion äußert die Hoffnung, daß die westeuropäischen Länder es nicht zulassen, in Pläne hineingezogen zu werden, die eine ernsthafte Bedrohung des Friedens darstellen.

Ende des vergangenen Jahres ist in der BRD eine neue Regierung an die Macht gekommen. Sie bringt – wie man so sagt – ihre eigenen Nuancen in die Politik dieses Landes ein. Wir sind dafür, die Beziehungen zur BRD in der gleichen Weise fortzusetzen, wie sie in den letzten

Jahren aufgebaut wurden, darunter auch die Erweiterung der ökonomischen Beziehungen.

Das wichtigste Gebiet sind natürlich die Fragen der Sicherheit. Die Sowjetunion wird das in den Vordergrund ihrer Kontakte mit der derzeitigen BRD-Regierung stellen, insbesondere auch bei den unmittelbar bevorstehenden Verhandlungen während des offiziellen Besuchs von Bundeskanzler Kohl in der UdSSR.

Unser Land ist für gute Beziehungen und eine fruchtbare Zusammenarbeit mit Frankreich, mit dem auf gegenseitiger Basis nicht wenige gute Leistungen im Interesse des Friedens und der Zusammenarbeit der Staaten in Europa vollbracht wurden, und ebenso mit Italien, Großbritannien, Spanien, mit allen westeuropäischen Ländern, sowohl den großen als auch denen, die man als mittlere und kleine bezeichnet. Selbstverständlich können sich diese Beziehungen bei entsprechendem Wunsch seitens dieser Staaten entwickeln.

Mit Genugtuung sprechen wir uns für die Aufrechterhaltung und Vertiefung der Beziehungen zu unserem guten Nachbarn Finnland aus. Und die Ergebnisse des vor kurzem zu Ende gegangenen Besuchs des Präsidenten Finnlands, M. Koivisto, in der UdSSR und seiner Begegnungen mit J.W. Andropow sowie die während des Besuchs vorgenommene Verlängerung des sowjetisch-finnischen Vertrages über Freundschaft, Zusammenarbeit und gegenseitige Hilfe um weitere 20 Jahre geben den Beziehungen beider Länder eine noch festere Grundlage.

Ebenso wie früher erachten wir es als wichtig, normale Beziehungen zu unserem Nachbarn Japan zu unterhalten. Eine gutnachbarliche Zusammenarbeit zwischen der Sowjetunion und Japan entspräche den Interessen beider Länder, den Interessen des Friedens und der Sicherheit im Fernen Osten und in Asien insgesamt.

Aber in letzter Zeit neigt die japanische Führung zur Forcierung des Militärpotentials, aktiviert sie die militaristischen Tendenzen im Lande und schließt sich der von Washington aufgezwungenen Globalstrategie der Konfrontation an. In Japan sind offensichtlich die Politiker nicht ausgestorben, die sich nach Vergangenem sehnen. Dies aber hat dem japanischen Volk wiederholt Leid gebracht.

Trifft man in Tokio die Wahl zugunsten des Friedens und der guten Nachbarschaft, dann wird die UdSSR für Japan ein zuverlässiger Partner bei der Entwicklung umfassender gegenseitiger Beziehungen in Politik, Wirtschaft und anderen Bereichen sein.

Wie unterschiedlich sich die Beziehungen der Sowjetunion zu den kapitalistischen Staaten auch gestalten mögen, wir verfolgen auch künftig konsequent den Kurs darauf, daß in den Beziehungen zwischen Ländern mit unterschiedlicher Gesellschaftsordnung das Prinzip der friedlichen Koexistenz, das die wichtigste Grundlage des außenpolitischen Kurses der UdSSR bleibt, das herrschende Prinzip ist.

In den Vordergrund der Weltpolitik treten immer entschlossener die Völker, die für die Festigung ihrer nationalen Unabhängigkeit und für sozialen Fortschritt kämpfen. Sie selbst, und allein sie, entscheiden die Frage, auf welchem Weg sich ihre Entwicklung vollziehen soll. Eine Einmischung in die inneren Angelegenheiten souveräner Staaten von außen ist unzulässig. Das ist ein unabänderlicher Grundsatz der UNO-Charta, der eingehalten werden muß.

In Washington kann man aber noch schlecht die eigenen und die fremden Angelegenheiten auseinanderhalten. Die Sowjetunion, die wie alle Staaten ihre Souveränität, Unabhängigkeit und Freiheit zu schätzen weiß, lehnt eine solche Politik und Praxis entschieden ab.

Den wachsenden Widerstand der Araber rufen die Versuche hervor, ihnen antiarabische Verträge aufzuzwingen und solche Pläne der Nahost-Regelung aufzustellen, die die legitimen Interessen des palästinensischen Volkes ignorieren. Diese Politik führte dazu, daß Libanon vor aller Augen in Stücke gerissen wird und vor Geschützmündungen gezwungen wurde, auf die Kapitulationsabkommen mit Israel einzugehen.

Jetzt ist Syrien, das seine Verteidigung festigt und eine prinzipienfeste Politik in den Nahost-Angelegenheiten betreibt, Objekt des Drucks und direkter Bedrohungen geworden.

Die Rolle der Sowjetunion in diesem in der Nähe unserer Grenze liegenden Raume ist nicht nur die eines passiven Beobachters. Unser Land hat gerechte Prinzipien einer politischen Regelung unterbreitet, darunter den Vorschlag über die Einberufung einer internationalen Nahost-Konferenz. Sie sind der ganzen Welt bekannt.

Washington und Tel Aviv behindern eine Regelung im Nahen Osten. Frieden kann dem Nahen Osten nur eine solche Regelung bringen, die an Stelle der imperialistischen Willkür und der ungestraften Aktionen Israels, hinter denen sich expansionistische Ambitionen verbergen, zur Befreiung aller okkupierten arabischen Territorien führt und die Bildung eines unabhängigen arabischen palästinensischen Staates gewährleistet. Vieles hängt von den arabischen Ländern selbst, von ihrer Geschlossenheit im Kampf gegen die Kräfte der Aggression ab.

Sinnlos ist der Konflikt zwischen Iran und Irak. Und wer immer sich auch gegen die Einstellung des Krieges sträuben mag, der ist unvernünftig. Eine Fortsetzung des Konflikts kommt nur jenen imperialistischen Kräften zugute, die an einer Schwächung beider Staaten interessiert sind.

Freundschaftliche Beziehungen verbinden uns mit Irak. Wir sind für normale freundschaftliche Beziehungen auch zu Iran. Die Sowjetunion möchte Iran auch künftig als unabhängigen Staat sehen. Sie strebte und strebt stets nach gutnachbarlichen Beziehungen zu ihm. Leider dienen Aktionen wie die, die unlängst von der iranischen Seite gegenüber einer Gruppe von Mitarbeitern sowjetischer Einrichtungen in Iran unternommen wurden, keineswegs der Entwicklung solcher Beziehungen zwischen unseren Ländern. Die UdSSR wird – kurz gesagt – in Rechnung stellen, ob Iran das Entgegenkommen erwidert und mit uns normale Beziehungen unterhalten will oder ob es irgendwelche anderen Absichten hegt.

Die Sowjetunion unterstützt voll und ganz das von der Regierung der Demokratischen Republik Afghanistan unterbreitete Programm einer politischen Regelung. Auf seiner Basis kann man sich über die Lösung der Fragen verständigen, die den äußeren Aspekt des afghanischen Problems betreffen, und nur den äußeren, denn die inneren Angelegenheiten dürfen nur von den Afghanen selbst gelöst werden.

Wir hoffen, daß zu positiven Ergebnissen auch die Kontakte führen werden, die über den Vertreter des UNO-Generalsekretärs zwischen Afghanistan und Pakistan hergestellt wurden.

Unser Land ist und bleibt ein treuer Freund Afghanistans, eines unabhängigen und nichtpaktgebundenen Staates.

Der Minderung der Spannungen in Südostasien steht die Einmischung äußerer Kräfte in die Angelegenheiten dieser Region im Wege. Die UdSSR solidarisiert sich voll und ganz mit den Vorschlägen der Länder Indochinas, die auf die Normalisierung der Lage in Südostasien, auf die Verwandlung dieser Region in eine Zone des Friedens, gutnachbarlicher Beziehungen und Zusammenarbeit gerichtet sind.

In immer größeren Ausmaßen entfalten die USA eine Kampagne von Drohungen und grobem Druck gegenüber souveränen Staaten und nationalen Befreiungsbewegungen in Mittelamerika und im Karibikraum. Hier wird vor der ganzen Welt die imperialistische Politik der Unterdrückung und Einmischung demonstriert, um in einigen Ländern volksfeindliche Junten und blutige Marionettenregimes an der Macht zu erhalten.

Zur Rechtfertigung eigener Handlungen greift man zu skrupellosen Lügen. Erneut wird die arg strapazierte Erfindung von den »Umtrieben« Moskaus und Havannas aus der Versenkung geholt.

Ohne mit der Wimper zu zucken, läßt man sich dabei über die Demokratie und Menschenrechte aus. In El Salvador werden sie mit Waffengewalt »durchgesetzt«.

Man will auch dem souveränen Staat Nikaragua die »Demokratie« beibringen, indem man Söldnerbanden bewaffnet, die auf sein Territorium eindringen. Die ganze Welt verurteilt entschieden die aggressive Politik und die terroristischen Aktivitäten der USA gegen Nikaragua. Die Aggression gegen dieses Land wurde praktisch von den Vereinigten Staaten von Amerika organisiert, und sie tragen dafür die volle Verantwortung.

Man kann mit voller Überzeugung sagen, daß man mit einer derartigen Politik das unbezwingbare Streben der Völker Lateinamerikas nach Unabhängigkeit und Freiheit nicht ersticken kann. Die Sowjetunion ist der Ansicht, daß die Länder Mittelamerikas und des karibischen Raumes in Ruhe gelassen werden müssen und daß die äußere Einmischung in ihre inneren Angelegenheiten aufhören muß.

Wir haben Verständnis für die Bemühungen Mexikos und einiger anderer lateinamerikanischer Staaten um eine politische Regelung der Lage in diesem Raum und um die Wahrung der souveränen Rechte seiner Völker und Staaten.

Eine gespannte Lage herrscht immer noch im Süden Afrikas. Die Interessen des Friedens erfordern, daß die Republik Südafrika ihre Aggression gegen die Nachbarstaaten einstellt und ihre Truppen vom Territorium der Volksrepublik Angola abzieht, daß die UNO-Beschlüsse über die Gewährung der Unabhängigkeit für das Volk von Namibia erfüllt werden und mit solchen entwürdigenden Erscheinungen wie Rassismus und Apartheid-System Schluß gemacht wird.

Auf dem afrikanischen Kontinent gibt es über fünfzig Staaten, und mit fast allen von ihnen unterhält unser Land normale diplomatische Beziehungen. Nicht aus Lehrbüchern, sondern aus der Geschichte des schweren Kampfes für Unabhängigkeit und gegen das Kolonialjoch kennen die Völker dieser Staaten den Beitrag der Sowjetunion zu diesem Kampf, der unter dem Einfluß des Großen Oktober seinen Anfang nahm, gut.

Wir betrachten die Unterstützung der Befreiungsbewegung der Völker Asiens, Afrikas und Lateinamerikas und des Kampfes für die Festigung der Unabhängigkeit und Souveränität der Länder dieser Weltregionen auch heute als unsere internationalistische Pflicht.

Die Sowjetunion begrüßt die wachsende Rolle der Staaten der Bewegung der Nichtpaktgebundenen in den internationalen Angelegenheiten, die immer aktiver gegen Imperialismus und Krieg auftritt, wovon die Ergebnisse des vor kurzem in Delhi durchgeführten Forums dieser Länder zeugen.

Wir erklären uns solidarisch mit dem Kampf der Entwicklungsländer für eine gerechte internationale Wirtschaftsordnung. Noch nicht alle diese Länder haben sich von der Ausbeutung durch einige Staaten und deren Monopolkapital befreit.

Freundschaftliche Beziehungen verbinden uns mit einem so großen Land wie Indien. Diese Zusammenarbeit dient der Stabilität in Asien und dem Weltfrieden. Die sowjetisch-indischen Beziehungen beruhen auf der fruchtbaren Grundlage des Vertrages über Frieden,

Freundschaft und Zusammenarbeit. Diese Beziehungen haben sich gut bewährt, und beide Seiten schätzen das. Die Sowjetunion tritt für die Festigung der Freundschaft mit Indien ein.

Wir haben mit einer beträchtlichen Zahl nichtpaktgebundener Staaten Verträge über Freundschaft und Zusammenarbeit abgeschlossen, was ein Kennzeichen für den hohen Entwicklungsstand unserer Beziehungen zu ihnen ist. Unter den nichtpaktgebundenen Ländern, mit denen die UdSSR gute Beziehungen entwickelt hat, sind solche Staaten wie Syrien, Algerien, Südjemen, Libyen, Angola, Äthiopien, Moçambique und die Volksrepublik Kongo zu nennen.

Die internationalen Beziehungen der Sowjetunion zu Staaten mit breitem politischem Spektrum sind eine Anerkennung der hohen Autorität unseres Landes. Sie spiegeln die Erkenntnis wider, daß ohne seine Teilnahme praktisch keine einzige ernste Frage der Weltpolitik gelöst werden kann und auch gelöst wird. So muß es auch sein.

Genossen Delegierte!

Das Zentralkomitee der KPdSU und die sowjetische Regierung schätzen die internationale Stellung unseres Staates als stabil ein.

Sie ist stabil im Sinne unserer Fähigkeit, unsere Errungenschaften beim Aufbau der kommunistischen Gesellschaft zu verteidigen. Bei allen Wendungen der Geschichte, so scharf sie auch waren, ging dem sowjetischen Volk nie der Atem aus.

Sie ist stabil auch in dem Sinne, daß die sowjetische Außenpolitik bei der Verteidigung des Friedens wirksam ist, da sie die sehnlichsten Hoffnungen der Völker zum Ausdruck bringt.

Die Kraft des Einflusses der sowjetischen Außenpolitik ist untrennbar mit unseren Leistungen bei der Erfüllung der Volkswirtschaftspläne, beim Anstieg der Produktivität der gesellschaftlichen Arbeit, bei der Festigung von Ordnung und Disziplin, bei der Hebung des Lebensniveaus des Volkes und der Entwicklung der sozialistischen Demokratie, bei der Festigung der Verteidigungskraft des Landes verbunden. Dem gilt die ständige Sorge von Partei und Staat.

Die Stärke der Kommunistischen Partei der Sowjetunion und ihres Stabes – des Zentralkomitees – liegt nicht nur in den hohen Zielen und Idealen, für die das sowjetische Volk kämpft, sondern auch in ihrer Einheit, in ihrem unerschütterlichen Willen, das Volk auf dem von dem Genius Lenin vorgezeichneten Weg zu führen.

Die Wirksamkeit unserer Politik sowohl in inneren als auch in äußeren Fragen wird mit der heldenhaften Arbeit des sowjetischen Volkes, mit jeder Tonne Metall und Erdöl, jeder Dezitonne Getreide, jeder Kilowattstunde Energie, mit jeder produzierten Maschine und Kombine, mit jeder Entdeckung unserer Wissenschaftler untermauert.

»Die Sicherung eines dauerhaften Friedens und die Verteidigung des Rechtes der Völker auf Unabhängigkeit und sozialen Fortschritt sind die unveränderten Ziele unserer Außenpolitik«, erklärte J.W. Andropow. »Im Kampf für diese Ziele wird die Partei- und Staatsführung prinzipientreu, konsequent und ausgewogen handeln.«

Wir leben nun schon fast vier Jahrzehnte im Frieden. Das ist eine gewaltige Errungenschaft der internationalen Tätigkeit unserer Partei und unseres Landes, ihrer Leninschen Außenpolitik.

Die KPdSU und der sowjetische Staat werden auch künftig alles von ihnen Abhängende tun, um den Frieden auf der Erde zu erhalten. Und alle, die für diese große und edle Sache kämpfen, werden die Sowjetunion und das sowjetische Volk stets an ihrer Seite finden.

Andrej Gromyko mit dem Außenminister der Sozialistischen Republik Rumänien und dem Staatssekretär für Auswärtige Angelegenheiten im Vatikan A. Silvestrini, Madrid, September 1983

## Rede in der Schlußphase des Madrider Treffens der Teilnehmerstaaten der Konferenz über Sicherheit und Zusammenarbeit in Europa,
7. September 1983

Geehrter Herr Vorsitzender!

Das Madrider Treffen steht unmittelbar vor seinem Abschluß. Seine gewichtigen Resultate fanden in dem Schlußdokument ihre Widerspiegelung. Wir betrachten dieses Dokument als ausgewogen und inhaltsreich. Es beruht fest auf den Prinzipien und Bestimmungen der Schlußakte von Helsinki.

Die Grundsätze des Dokuments sehen die Erweiterung der Möglichkeiten für die gegenseitig vorteilhafte Zusammenarbeit zwischen den Teilnehmerstaaten des Treffens auf verschiedensten Gebieten, für ihre Bemühungen im Interesse der Festigung des europäischen und des Weltfriedens vor.

Die Sowjetunion, die dieses Dokument billigt, erklärt, daß sie ihrerseits die erzielten Vereinbarungen konsequent in die Tat umsetzen wird. Das erwarten wir natürlich auch von den anderen Teilnehmern.

Der positive Ausgang des Madrider Treffens stellt einen beträchtlichen Erfolg der Linie in den internationalen Beziehungen dar, die auf Dialog und Verständigung, auf Lösung der Probleme am Verhandlungstisch gerichtet ist.

Als »gesundes und verheißungsvolles« Merkmal hat J.W. Andropow die Wahl bezeichnet, die in Madrid zugunsten der Herbeiführung gegenseitig annehmbarer Lösungen getroffen wurde. Man braucht nicht sämtliche Peripetien aufzuzählen, die das Madrider Treffen im Zuge seiner Arbeit durchmachte.

Das Wichtigste besteht darin, daß es seinen Teilnehmern gelungen ist, nach der Überwindung der Meinungsverschiedenheiten Vereinbarungen herbeizuführen. Die Einsicht, daß die Versuche, von dem in Helsinki abgesteckten Weg abzukommen, in die Sackgasse der Konfrontation führen, hat die Oberhand gewonnen. Im Hinblick auf die Ergebnisse des Treffens in Madrid drängt sich die Schlußfolgerung auf, den gewiesenen Weg unbeirrt auch weiterhin zu befolgen.

Das erfordert vor allem die strikte Einhaltung der Prinzipien der Achtung der Souveränität der Staaten, der Nichteinmischung in ihre inneren Angelegenheiten, der Unverletzlichkeit ihrer Grenzen, kurzum aller bekannten Prinzipien, von denen sich die hier vertretenen Länder in den internationalen Angelegenheiten leiten lassen müssen. Diese Verpflichtung haben sie in der Schlußakte übernommen.

Und eine der wichtigen Maßnahmen, die dazu beitragen, wäre, wie das im Schlußdokument des Treffens vorgesehen ist, die Widerspiegelung der genannten Prinzipien in der Gesetzgebung eines jeden Landes, und zwar so, wie das seiner Praxis und seinen Verfahren entspricht. Die Sowjetunion bleibt wie bisher diesen Prinzipien treu. Sie finden in unserer Verfassung, dem Grundgesetz des Sowjetstaates, ihren Niederschlag.

Unser Land tritt konsequent dafür ein, daß die ideologischen Differenzen nicht auf die Beziehungen zwischen den Staaten übertragen werden. Leider bedient man sich einer Praxis dieser Art, und in letzter Zeit besonders umfassend.

Ohne dies ging es auch in Madrid nicht, als die Vertreter bestimmter westlicher Länder den Pfad des »psychologischen Krieges« beschritten, denn anders sind die bekannten Versuche, das Treffen in ein Forum der Konfrontation und nicht der Verhandlungen zu verwandeln, kaum zu qualifizieren. Und natürlich wurde die Sache in solchen Momenten erschwert und drohte damit das Treffen und die Möglichkeit der Fortsetzung des gesamteuropäischen Prozesses als Ganzes zu gefährden.

Der Verlauf und die Ergebnisse des Madrider Treffens haben ein weiteres Mal mit aller Deutlichkeit gezeigt, daß die Versuche, auf die sozialistischen Länder Druck auszuüben und sich in ihre inneren Angelegenheiten einzumischen, aussichtslos sind.

Und umgekehrt: Die in Madrid gesammelten Erfahrungen bestätigen, daß bei allen Unterschieden in der Politik und bei allen Meinungsdifferenzen bei der Bewertung der Ursachen des derzeitigen Stands der internationalen Angelegenheiten, bei aller Gespanntheit der gegenwärtigen Lage in Europa und in der Welt die Staaten unterschiedlicher Gesellschaftsordnung zu gegenseitig akzeptablen Vereinbarungen gelangen können – zu Vereinbarungen, die allen Völkern zum Nutzen gereichen, die helfen, die Horizonte der europäischen und der Weltpolitik zu klären. Und diese Schlußfolgerung sollte in der Gegenwart und in der Zukunft beachtet werden.

Die Teilnahme der Außenminister am Abschlußstadium des Madrider Treffens unterstreicht nicht nur die politische Bedeutung der erzielten Ergebnisse, sondern auch die Verantwortlichkeit des heutigen Moments.

Die Ergebnisse des Madrider Treffens bestätigen ein weiteres Mal, daß die Reserven der Entspannungspolitik bei weitem noch nicht erschöpft sind. Die in Madrid abgestimmten konkreten Schritte können ihrer dynamischen Fortsetzung und Entwicklung förderlich sein.

Das ist vor allem die Durchführung einer Konferenz über vertrauensbildende Maßnahmen und Abrüstung in Europa, die ein wichtiger Faktor bei der Festigung der europäischen und internationalen Sicherheit werden soll. Das sind ferner der Beschluß, den 10. Jahrestag der Unterzeichnung der Schlußakte gebührend zu begehen, ein weiteres gesamteuropäisches Treffen in Wien 1986 und eine Reihe anderer Konferenzen und Foren auf der Arbeitsebene.

Man kann die in Madrid von den Teilnehmerstaaten bekräftigte Absicht nur begrüßen, weitere Anstrengungen zu unternehmen, die auf die Reduzierung oder schrittweise Beseitigung verschiedener Hindernisse auf dem Wege der Entwicklung des Handels gerichtet sind, und die ökonomischen und wissenschaftlich-technischen Verbindungen zu erweitern.

Auf einer von der Schlußakte bestimmten prinzipiellen Grundlage sind auch Maßnahmen festgelegt, die den

Austausch auf dem Gebiet der Kultur und des Bildungswesens, die Verbreitung von Information, die Kontakte zwischen den Menschen, Behörden und Organisationen und die Lösung von Fragen humanitären Charakters betreffen.

Man möchte hoffen, daß der Erfolg des Madrider Treffens als Beispiel dafür dienen wird, daß auf der Grundlage der gegenseitigen Berücksichtigung der Interessen, der Äußerung guten Willens die komplizierten politischen Knoten gelöst werden können.

Aber das, was in Madrid vereinbart wurde, ist von den anderen Ereignissen in der Welt und in Europa nicht durch eine unüberwindliche Mauer getrennt. Und in erster Linie betrifft dies natürlich die geplante Stationierung neuer amerikanischer Raketen in einer Reihe europäischer NATO-Mitgliedsländer.

Worin besteht heute das Wesen des Problems der Gewährleistung europäischer und internationaler Sicherheit?

Kurz gefaßt kann es wie folgt zum Ausdruck gebracht werden: Aufrechterhaltung des in Europa und im globalen Maßstab entstandenen annähernden militärstrategischen Gleichgewichts zwischen dem Warschauer Vertrag und der NATO.

Dieses Gleichgewicht trägt innerhalb der letzten Jahrzehnte objektiv zur Erhaltung des Friedens bei. Der Unwille, diesen Realitäten Rechnung zu tragen, und das Streben nach militärischer Überlegenheit, um sich eine dominierende Lage in der Welt zu sichern, führt zum Hochschrauben des Wettrüstens, zur Vergrößerung der Gefahr einer nuklearen Katastrophe.

Die Staaten des Warschauer Vertrages haben mehrmals erklärt, daß sie selbst keine militärische Überlegenheit anstreben, es aber auch den anderen nicht gestatten werden, die bestehende militärstrategische Parität zu zerstören.

Zugleich ändern die Sowjetunion, die Länder des Warschauer Vertrages keineswegs ihre prinzipienfeste Haltung: keine einzige versäumte Chance, keine einzige ungenutzte Möglichkeit, wenn es darum geht, die Gefahr einer Katastrophe für Europa, für die Welt als Ganzes zurückzudrängen, ja abzuwenden. Immer wieder sprechen sie sich für einen substantiellen Abbau der nuklearen Konfrontation aus.

Es ist noch möglich, eine Einigung bei den Verhandlungen zwischen der UdSSR und den USA über die Begrenzung der nuklearen Rüstungen in Europa zu erzielen. Ohne hier die wohlbekannten sowjetischen Vorschläge zu wiederholen, die im Zuge dieser Verhandlungen unterbreitet wurden, muß man besonders die Position unterstreichen, die vor kurzem von J.W. Andropow in den Antworten auf Fragen der Zeitung »Prawda« dargelegt wurde und die in der Welt eine starke Resonanz fand.

Wir hoffen, daß man in Washington die Situation nüchtern beurteilen wird. Ein einseitiges Herangehen an die Verhandlungen, die die Interessen der Sicherheit von Staaten berühren, Pläne, die auf dem Streben basieren, vom Partner eine einseitige Abrüstung zu erzwingen, sind unakzeptabel. Die Erkenntnis dessen würde in vieler Hinsicht dazu beitragen, auch die sowjetisch-amerikanischen Verhandlungen über die Begrenzung und Reduzierung der strategischen Rüstungen auf ein konstruktives Gleis umzustellen.

Seine volle Aktualität behält auch der Appell der Sowjetunion, die nuklearen Arsenale aller Kernwaffenstaaten, vor allem der UdSSR und der USA unverzüglich einzufrieren. Damit würden günstigere Voraussetzungen für eine Wende zur radikalen Gesundung der politischen Atmosphäre in der Welt geschaffen. Und das würde als Ausgangspunkt zur Einstellung einer weiteren Anhäufung der nuklearen Rüstungen, zu ihrer darauffolgenden Reduzierung und im Endergebnis zur ihrer vollständigen Beseitigung dienen.

Die Sowjetunion verpflichtete sich, nicht als erste Kernwaffen einzusetzen. Wie würde doch das Vertrauen zwischen den Staaten, die über diese Waffen verfügen, wachsen, wenn diejenigen, die dies noch nicht getan haben, eine ähnliche Verpflichtung übernehmen würden.

In letzter Zeit wird im Westen nicht wenig zu dem Thema gesprochen, daß das gegenseitige Vertrauen gefestigt werden muß. Überlegungen werden natürlich angestellt, aber die Militärpolitik dort wird auf Doktrinen aufgebaut, die den nuklearen Erstschlag keineswegs ausschließen.

Doktrinen dieser Art und allerlei Konzeptionen, die sich auf die Zulässigkeit des Ersteinsatzes von Kernwaffen, die Entfesselung eines nuklearen Krieges, darunter eines angeblich »begrenzten«, d.h. eines Atomkriegs in Europa, gründen, müssen allgemein verurteilt werden. Vorbehaltlos und für immer muß auch der Kernwaffenkrieg selbst als schwerstes aller Verbrechen, die gegen die Menschheit begangen werden können, verurteilt werden.

Eine reale Gefahr für den Frieden birgt die Militarisierung des Weltraums in sich. Der Verhütung dieser Gefahr würde die Verwirklichung der neuen sowjetischen Initiative dienen, nämlich des Vorschlages, einen Vertrag über das Verbot der Anwendung von Gewalt im Weltraum und vom Weltraum aus gegen die Erde zu schließen.

Die Länder des Warschauer Vertrages schlugen den Mitgliedsstaaten des Nordatlantikpaktes vor, einen Vertrag über die gegenseitige Nichtanwendung militärischer Gewalt und die Aufrechterhaltung der Beziehungen des Friedens abzuschließen, einen Vertrag, an dem alle europäischen und anderen Länder der Welt teilnehmen könnten. Wäre das denn nicht die wichtigste vertrauensbildende Maßnahme im weitesten Sinne des Wortes? Entspräche das nicht den Zielen der Schlußakte? Dieser Vorschlag wird immer deutlicher in den Vordergrund der europäischen und Weltpolitik geschoben.

Schon längst ist die Frage herangereift, daß bei den Wiener Verhandlungen über die gegenseitige Reduzierung der Streitkräfte und Rüstungen in Mitteleuropa ein Fortschritt zu einem Abkommen erzielt wird. Eine Möglichkeit hierzu bietet der von den sozialistischen Ländern vorgelegte Vertragsentwurf, in dem die legitimen Interessen der Verhandlungspartner berücksichtigt sind. Ein Erfolg in Wien hängt davon ab, ob die westlichen Partner den Wunsch äußern würden, eine Vereinbarung auf einer realistischen und gegenseitig akzeptablen Grundlage zu erreichen.

Bei uns fehlt es nicht an Bereitschaft zu Vereinbarungen auch in anderen Fragen der Rüstungsbegrenzung und der Abrüstung, die einer Lösung bedürfen.

Alle diese Probleme und Aufgaben betreffen auf das unmittelbarste jeden der Teilnehmerstaaten der gesamteuropäischen Konferenz unabhängig von seiner Größe, seiner geographischen Lage, seiner Gesellschaftsordnung sowie unabhängig davon, ob er über Kernwaffen verfügt oder nicht, ob er dieser oder jener militärpolitischen Gruppierung angehört oder nicht, ob er nichtpaktgebunden oder neutral ist.

Und in der Schlußakte wird mit vollem Recht auf »das Interesse aller dieser Staaten an den Bemühungen, die auf Verringerung der militärischen Konfrontation und Förderung der Abrüstung gerichtet sind«, und auf die »Notwendigkeit von wirksamen Maßnahmen in diesen Bereichen« verwiesen. Nicht verbal, sondern in der Tat zur Entspannung, zur Festigung der Sicherheit und zur Entwicklung der Zusammenarbeit in Europa sowie zur Festigung des Weltfriedens beizutragen, ist eine Pflicht aller hier vertretenen Staaten.

Unter den Beschlüssen, die auf dem Madrider Treffen gefaßt wurden, ist nach allgemeiner Auffassung die Vereinbarung, eine Konferenz über vertrauensbildende Maßnahmen und Sicherheit und über Abrüstung in Europa einzuberufen, von besonderer Bedeutung. An die Durchführung dieser Konferenz, darunter an das vorbereitende Treffen dafür, das im Oktober in Helsinki beginnt, muß mit der denkbar höchsten Verantwortung herangegangen werden, die sie erfordert.

Das Ziel dieser Konferenz ist umrissen. In ihrer ersten Etappe werden Maßnahmen zur Stärkung des Vertrauens und der Sicherheit erörtert und angenommen werden, die ganz Europa und die anliegenden See- und Ozeangebiete wie auch den Luftraum darüber umfassen werden. Die vertrauensbildenden Maßnahmen, die schon entsprechend der Helsinkier Akte realisiert werden, haben ihre Nützlichkeit bewiesen. Nun ist es notwendig, sich mit der Ausarbeitung von Maßnahmen auf diesem Gebiet zu beschäftigen, die es gestatten würden, die Gefahr einer militärischen Konfrontation in Europa zu verringern.

Wichtig ist, daß die Arbeit der Konferenz von Anfang an sachlich durchgeführt wird und den Bemühungen entspricht, dem Wettrüsten auf dem europäischen Kontinent den Weg zu verbauen. Um ihren Erfolg zu sichern, ist ein Beitrag aller Teilnehmerstaaten erforderlich.

Die Sowjetunion war und bleibt ein entschlossener Verfechter der Respektierung und Verteidigung der Menschenrechte. Um der Freiheit der Völker, der Rechte des Menschen, vor allem der Werktätigen, willen ist die Große Sozialistische Oktoberrevolution vollbracht worden. Wir sind stolz darauf, daß gerade unser Land als erstes in der Welt auf seinem Boden die wirkliche Gleichheit der Menschen, die wirklich garantierten und nicht nur verkündeten Menschen- und Bürgerrechte durchgesetzt hat.

In den Jahren des zweiten Weltkrieges hat das Sowjetvolk einen in der Geschichte bisher ungekannten Heroismus an den Tag gelegt und äußerst schwere Opfer gebracht, um seine Unabhängigkeit, Freiheit und seine Rechte zu verteidigen, um die Menschheit vor der Gefahr einer faschistischen Unterjochung, vor der Finsternis der Rechtlosigkeit und Unterdrückung zu bewahren. Die Völker Europas und der ganzen Welt wissen das und werden es niemals vergessen.

In der gegenwärtigen Etappe lösen wir große und komplizierte Aufgaben im Prozeß der Vervollkommnung unserer Gesellschaft, indem wir die sozialistische Demokratie erweitern und vertiefen und unseren Bürgern die ganze Fülle der sozialökonomischen, politischen und persönlichen Rechte und Freiheiten garantieren.

Verleumdungen ihrer Lebensweise und der sozialistischen Ordnung rufen bei den sowjetischen Menschen mit Recht Empörung hervor. Sie weisen die ungebetenen Belehrungen zurück, was sie zu tun und zu lassen haben, welche Ordnung sie im eigenen Haus einführen sollen.

Die UNO-Charta, die Schlußakte und alle anderen anerkannten internationalen Dokumente geben niemandem und können niemandem die Vollmachten geben, in der Rolle eines Richters in diesen Fragen aufzutreten. Wer bereit ist, mit uns in den entsprechenden Fragen auf einer wirklich humanen und ehrlichen Grundlage zusammenzuarbeiten, wird in uns wie bisher einen verständnisvollen Partner finden.

Wenn man aber gegen unsere moralischen, sozialen und bürgerlichen Werte einen Anschlag plant, wenn man in seiner Feindseligkeit gegenüber dem Sozialismus vorsätzlich auf Schürung der Spannungen in der Welt ausgeht, so werden solche Handlungen wie bislang auf die gebührende Abfuhr stoßen.

Von dieser Tribüne aus läßt man Äußerungen über den Zwischenfall mit dem südkoreanischen Flugzeug fallen. Es ist wohlbekannt, daß dieser Zwischenfall bewußt von bestimmten Kreisen der USA mißbraucht wird, um die internationale Situation zuzuspitzen. Sie haben eine Welle von Verleumdungen und unverschämten Unterstellungen gegen die Sowjetunion, gegen die Länder des Sozialismus hochschlagen lassen.

Wir lehnen das alles voller Empörung entschieden ab. Die Grundfrage, die sich hier erhebt, ist: Hat denn jemand ein Recht, ungestraft fremde Grenzen und die Souveränität eines anderen Staates zu verletzen? Nein, niemand hat ein solches Recht. Diese wichtige Feststellung ist in sehr maßgeblichen Dokumenten, so in der UNO-Charta, festgelegt.

Wie es sich nun vollkommen herausstellte, hatte das südkoreanische Flugzeug unter besonderer Aufsicht der amerikanischen Behörden und ihrer entsprechenden Dienste gestanden. Es war sehr tief in den sowjetischen Luftraum eingedrungen, wo es sich lange Zeit befand und dabei unsere strategisch wichtigen Objekte überflog.

Warum und wie war es dorthin geraten? Man versucht beharrlich, einer Antwort auch auf diese berechtigte Frage auszuweichen.

Wir haben schon die faktische Seite des Zwischenfalls klargemacht, auch in der Erklärung der Sowjetregierung, die am Dienstag veröffentlicht wurde. Wir haben auch die verbrecherischen Handlungen derjenigen beurteilt, die diese Aktion gegen unser Land durchführten.

Da der Luftraumverletzer den Forderungen, einen sowjetischen Flugplatz anzufliegen, nicht nachkam und zu entkommen versuchte, führte der Abfangjäger der Luftverteidigung den Befehl der Kommandostelle zur Unterbindung des Fluges aus. Solche Handlungen stehen in vollem Einklang mit dem Gesetz über die Staatsgrenze der UdSSR, das veröffentlicht wurde. Wir haben Bedauern über den Tod von Menschen geäußert.

Wir erklären: Das sowjetische Territorium, die Grenzen der Sowjetunion sind unantastbar.

Wer immer zu solchen Provokationen greifen mag, soll wissen, daß er die ganze Verantwortung dafür tragen wird.

Es wird nicht gelingen, dieses Verbrechen weder mit der schändlichen Verdrehung der Tatsachen noch mit erlogenen Versionen zu rechtfertigen, denen die Form einer Fürsorge um die Menschenrechte verliehen wird, auf welcher Ebene sie in Washington auch gemacht werden. Es besteht kein Zweifel daran, daß diejenigen, die derzeit Fälschungen glauben, schließlich die wahren Ziele dieser großangelegten Provokation begreifen werden, die von ihren Urhebern im Interesse ihrer militaristischen Politik und zur Schürung von Kriegspsychose ausgenutzt wird.

Unser Land, die Staaten der sozialistischen Gemeinschaft brauchen im Bereich der friedlichen Zusammenarbeit guten Willen nicht zu borgen. Es wäre hier angebracht, daran zu erinnern, daß das Schlußdokument des Madrider Treffens eine Synthese verschiedener Positionen seiner Teilnehmer darstellt. Eine Reihe seiner Feststellungen hat je nach Bedarf einen Kompromißcharakter. Das ist aber ein solcher Kompromiß, der niemandes staatliche Interessen schmälert, der ein Ergebnis des in jener internationalen Situation Möglichen ist, in der das Madrider Treffen verlief.

Wir würdigen gebührend die konstruktiven Bemühungen der anderen Teilnehmer, und insbesondere der neutralen und nichtpaktgebundenen Staaten, die viel am Entwurf des Schlußdokumentes gearbeitet haben.

Wie hier in Madrid, so auch auf anderen internationalen Foren und Verhandlungen, in allen Richtungen der Weltpolitik setzt sich die Sowjetunion aktiv dafür ein, daß man dem Wettrüsten Einhalt gebietet, auf den Weg der Entspannung zurückkehrt und den Frieden festigt.

»Wir streben eine grundlegende Gesundung der internationalen Beziehungen, die Festigung und Entwicklung aller positiven Elemente in diesen Beziehungen an«, erklärte Juri Andropow.

Geehrter Herr Vorsitzender!

Ich möchte, daß die Hoffnungen, die die Ergebnisse der Madrider Konferenz wecken, erfüllt werden. Unser Land jedenfalls unternimmt hierzu alles in seiner Macht stehende.

Gestatten Sie mir zum Schluß, dem Volk und der Regierung Spaniens Dank für die gute Organisation des Madrider Treffens und die uns allen zuteil gewordene Gastfreundschaft auszusprechen.

# Reden und Ansprachen während der Besuche in der BRD und der Besuche des Außenministers der BRD in der UdSSR

## Verhandlungen in Bonn
»Prawda«, 23. November 1979

Gestatten Sie mir, zuerst unseren Dank für den uns erwiesenen Empfang und für die guten an unsere Adresse gerichteten Worte zum Ausdruck zu bringen.

Wir haben hier die Möglichkeit, den bilateralen politischen Dialog fortzusetzen, der sich in den letzten Jahren intensiv entwickelt hat und einen wichtigen Ansporn für den Ausbau der sowjetisch-westdeutschen Beziehungen darstellt. Eine besondere Rolle spielen dabei die Kontakte auf höchster Ebene. Uns allen ist noch der BRD-Besuch von L.I. Breshnew im Mai vorigen Jahres erinnerlich. Im Verlauf der Gespräche mit Bundeskanzler H. Schmidt und anderen führenden Persönlichkeiten der Bundesrepublik wurden breite Perspektiven der Zusammenarbeit zwischen der Sowjetunion und der Bundesrepublik Deutschland für künftige Jahre vorgesehen. Wir bleiben fest bei der Meinung, daß die auf höchster Ebene erreichten Übereinkünfte mit Leben erfüllt werden müssen.

Mit Genugtuung kann man feststellen, daß wir ganz gutes politisches Rüstzeug in die 80er Jahre mitbringen. Die zehn Jahre, die vergangen sind, haben das internationale Klima bedeutend verändert, und zwar zum Guten. Die Völker Europas sind um die Überzeugung reicher geworden, daß Frieden nicht nur eine kurze Episode ist, daß friedliche Koexistenz auch langanhaltend sein kann.

Der Moskauer Vertrag vom 12. August 1970, die Verträge der DDR und anderer sozialistischer Staaten Europas mit der Bundesrepublik, das Vierseitige Abkommen über Westberlin, die Schlußakte der Konferenz über Sicherheit und Zusammenarbeit in Europa, die Verträge zwischen der UdSSR und den USA über die Begrenzung strategischer Rüstungen – das sind die Hauptabschnitte, die die Entwicklung des Weltentspannungsprozesses kennzeichnen.

In den 70er Jahren wurde die Entspannung dominierend in den politischen Beziehungen zwischen den Staaten, wurden erste Schritte in Richtung der Begrenzung des Wettrüstens gemacht und wurde viel für die Festigung des Vertrauens zwischen den Völkern der europäischen Länder unternommen. Wir haben es zu schätzen, und wenn wir es schätzen, so haben wir es auch zu bewahren.

Bleibt diese Hauptrichtung in der europäischen und in der Weltpolitik auch in den 80er Jahren erhalten oder wird das Rad der Entwicklung zurückgedreht? Wird das Einvernehmen zwischen den Staaten weiter wachsen oder siegt die Auseinandersetzung? Werden sie weiter ihre Beziehungen auf der Grundlage wachsenden

Vertrauens zueinander aufbauen, oder wird es durch Angst und Mißtrauen, das meist sinnlos und grundlos ist, verdrängt? Und schließlich, wird es möglich sein, etwas Bedeutendes für die Festigung der europäischen Sicherheit zu unternehmen auf der Grundlage dessen, was schon erreicht worden ist?

Dies sind keine unnützen Fragen. Bedauerlicherweise entwickeln sich die Ereignisse so, daß die Unruhe über den weiteren Verlauf der Dinge in Europa nicht abnimmt, sogar eher zunimmt. Sie ist nicht zuletzt mit den Plänen der Stationierung neuer nuklearer Raketenwaffen mittlerer Reichweite auf dem Territorium westeuropäischer Länder verbunden. Ja, wir und die Bundesrepublik sprechen dabei nicht die gleiche Sprache.

Die Sowjetunion geht davon aus, daß für die Gewährleistung der Sicherheit die Erhaltung der gegenwärtigen Parität genügend ist und daß keiner nach militärischer Überlegenheit trachten darf. Das ist exakt auch in unserer gemeinsamen Deklaration vom Mai vorigen Jahres zum Ausdruck gebracht. Von diesem Prinzip kann man unmöglich zurücktreten, weder in der Theorie noch in der Praxis. Die Sowjetunion wird sich davon leiten lassen.

Zuweilen bekommt man zu hören, das Wettrüsten sei kein Hindernis für die Entspannung, die beiden Prozesse könnten parallel verlaufen. Das stimmt aber nicht. Die fortgesetzte Konkurrenz im Bereich der nuklearen Raketenwaffen kann nur zur Verschärfung der Lage in Europa und in der ganzen Welt führen. Sie untergräbt die Chance eines Einverständnisses bei den Abrüstungsverhandlungen. Sie macht die Lage in der Welt im ganzen noch komplizierter.

Man darf folgende Frage stellen: Gibt es heute eine reale Alternative zu dieser Entwicklung? Ja, die gibt es. Danach braucht man nicht zu suchen. Diese Alternative ist der Weg ehrlicher Verhandlungen, des Vergleichens der Ansichten und Einschätzungen der Partner, der gegenseitigen Berücksichtigung der jeweiligen Interessen, der Suche nach Lösungen, die den Prinzipien der Gleichheit und der gleichen Sicherheit entsprechen. Es gibt bereits Verträge und Abkommen, die auf diese Weise erarbeitet worden sind und die schon erfolgreich funktionieren. Beispiele dafür: SALT-I zwischen der UdSSR und den USA, SALT-II, das auf sein Inkrafttreten wartet.

Was die Sowjetunion angeht, so haben wir alles getan und werden auch weiterhin unser Möglichstes für die Erhaltung des Friedens auf der Erde tun. Dies ist die grundlegende Basis unserer Außenpolitik. Wir verwirklichen sie konsequent und unbeirrt.

Ich möchte betonen, daß die Vorschläge L.I. Breshnews, die er in seiner Rede in Berlin unterbreitet hat und neue außenpolitische Initiativen der Sowjetunion in der UNO viele Möglichkeiten dafür bieten, jetzt von den Gesprächen über die Abrüstung zu konkreten Schritten im Abrüstungsbereich überzugehen. Jetzt hat der Westen sein Wort zu sagen.

Die Beziehungen der UdSSR zur Bundesrepublik Deutschland haben nicht wenig Erfahrung eingebracht bei der Regelung schwieriger Fragen, bei der Erarbeitung verschiedener Beschlüsse, die für beide Seiten akzeptabel sind. Ich möchte die Hoffnung zum Ausdruck bringen, daß diese Erfahrung uns auch in Zukunft einen nicht schlechten Dienst leistet.

Gestatten Sie, einen Toast auf die weitere Erhöhung der Qualität und des Niveaus der Beziehungen zwischen unseren Staaten, auf die Festigung des Friedens und der Sicherheit der europäischen Völker auszubringen!

## Pressekonferenz in Bonn
»Prawda« vom 25. November 1979

Wir sind in der Bundesrepublik Deutschland zu einem offiziellen Besuch eingetroffen, um mit den Staatsmännern der BRD Meinungen über eine Reihe wichtiger Fragen sowohl der sowjetisch-westdeutschen Beziehungen, als auch der internationalen Politik auszutauschen. Es wäre angebracht, zu betonen, daß während der hier stattgefundenen Gespräche besondere Aufmerksamkeit der Situation in Europa, anders gesagt, den Fragen der europäischen Sicherheit gegolten hat.

Treffen, Gespräche sowie Verhandlungen hat es vor allem mit dem Bundeskanzler H. Schmidt, dem Bundespräsidenten K. Carstens und Bundesaußenminister H.-D. Genscher gegeben. Bei dem Meinungsaustausch über die Fragen der bilateralen sowjetisch-westdeutschen Beziehungen haben beide Seiten festgestellt, daß sie eine große Strecke in der Entwicklung dieser Beziehungen zurückgelegt haben. Beide Seiten stimmen überein, daß dabei der Moskauer Vertrag von 1970 zwischen der UdSSR und der BRD sowie andere gemeinsame sowjetisch-westdeutsche Dokumente, hauptsächlich die auf den Gipfeltreffen verabschiedeten, eine große Rolle gespielt haben und weiter spielen. Beide Seiten haben festgestellt, daß es große Fortschritte sowohl auf politischem Gebiet, als auch auf dem Gebiet der wirtschaftlichen und Handelsbeziehungen, der kulturellen Beziehungen, der wissenschaftlich-technischen Zusammenarbeit und auf einigen anderen Gebieten gibt. Dabei wurde darauf hingewiesen, daß es noch einige Mängel, unter anderem auf dem Gebiet der wirtschaftlichen und Handelsbeziehungen gibt. Die Seiten sind aber optimistisch im Hinblick darauf, daß diese Mängel beseitigt werden können. Die Sowjetunion wird ihrerseits alles Mögliche unternehmen, um zu deren Beseitigung beizutragen.

Bei der Erörterung der Fragen der Weltpolitik und der internationalen Lage haben beide Seiten die Meinung geäußert, daß die einzig richtige Politik die der Entspannung sei, eine Politik, die auf die Festigung des Friedens zielt, eine Politik der Suche nach Vereinbarungen über Abrüstung, nach Vereinbarungen, die auf die Zügelung des Wettrüstens gerichtet sind.

Besonders ausführlich sind die Europa betreffenden Fragen besprochen worden. Ich habe im Namen der sowjetischen Führung und L.I. Breshnews persönlich eine Erklärung abgegeben, daß wir die Erklärungen des

Bundeskanzlers H. Schmidt und anderer Staatsmänner der Bundesrepublik Deutschland über die Treue der BRD zur Entspannungspolitik positiv einschätzen. Wir haben auch erklärt, daß wir die Erklärungen der Staatsmänner der BRD und des Bundeskanzlers H. Schmidt persönlich über die Einstellung des Wettrüstens, seine Äußerungen über die Suche nach Vereinbarungen zur Begrenzung der strategischen Offensivwaffen und, überhaupt, nach Vereinbarungen über Abrüstung immer positiv beurteilen. Ich wiederhole, wir haben solche Äußerungen positiv eingeschätzt und meinen, daß die BRD einen bestimmten Beitrag zum gemeinsamen Kampf für die Entspannung und den Frieden leistet.

Weiterhin haben wir die positive Einstellung der BRD und ihrer Koalitionsregierung zum sowjetisch-amerikanischen Vertrag über die Begrenzung der strategischen Offensivwaffen festgestellt. Bekanntlich hat sich die BRD klar für die Ratifizierung, d.h. für die Inkraftsetzung dieses Vertrages ausgesprochen. Das ist eine gute Position. Sie wird von uns, von allen Anhängern der Entspannung und der Einstellung des Wettrüstens gebilligt.

Jetzt komme ich zu der, offen gesagt, brennendsten Frage, in der die BRD und die Sowjetunion keine gemeinsame Sprache gefunden haben. Die Anwesenden wissen gut, daß vor kurzem in bestimmten NATO-Kreisen die Pläne zur Stationierung neuartiger Raketenkernwaffen mittlerer Reichweite in Westeuropa ausgearbeitet worden sind. Wir sind der Meinung, daß wir uns nicht irren, wenn wir behaupten, daß die Impulse dafür wohl vom Pentagon und ihm nahestehenden

Kreisen ausgegangen sind. Übrigens, wenn jemand beweisen kann, daß diese Impulse von anderen Quellen ausgegangen sind, und dafür überzeugende Argumente anführt, dann werden wir ihm zustimmen. Doch die Frage besteht nicht darin, wer diese Impulse ausgelöst, wer als erster A gesagt hat. Die Hauptsache ist, welche Position in dieser Frage diese oder jene Seite einnimmt. Im gegebenen Fall interessieren wir uns sehr dafür, und wir machen daraus kein Hehl, welche Einstellung die Bundesrepublik Deutschland hat.

Mit Bedauern müssen wir feststellen, daß die BRD-Regierung, wie aus unseren Verhandlungen hier in Bonn ersichtlich ist, zu diesen Plänen positiv steht. Wir haben alles Mögliche getan, um mit entsprechenden Argumenten zu beweisen, daß die Stationierung dieser Waffen kein Weg zur Entspannung in Europa, zur Verbesserung der Situation in Europa ist. Das ist im Gegenteil ein Weg zur Verschärfung der Lage in Europa, ein Weg zum Anpeitschen des Wettrüstens. Das ist der Beginn einer neuen Etappe, einer neuen Runde des Wettrüstens. Dabei geht es nicht um irgendwelche Spielzeuge, sondern um Raketenkernwaffen.

Sie wissen, daß diese Frage am ausführlichsten in der jüngsten Rede L.I. Breshnews in Berlin dargelegt worden ist, in welcher eine Einschätzung der diese Pläne und Positionen unterstützenden NATO-Regierungen, einschließlich der BRD, vorgenommen wurde.

Was ist die Antwort auf unsere kritischen Erklärungen zu diesen Plänen und zur Position der BRD? Man antwortet, dieser Plan sei die Reaktion auf die Aufstellung einer bestimmten Waffenart durch die Sowjetunion auf ihrem Territorium. Man spricht über Raketenabschußrampen, die man im Westen SS-20 nennt. Was sind das aber für Raketenabschußrampen? Tatsächlich werden die vorhandenen Arten von Raketenabschußrampen modernisiert. Man sagt uns: »Wozu braucht ihr diese Modernisierung?« Die NATO-Länder haben doch auch ihre Rüstungen modernisiert, und zwar nicht nur einmal, darunter auch analoge Waffenarten. Man erwidert uns, das ist schon lange her, und ihr macht das in der letzten Zeit. Aber es fragt sich, ist es besser oder schlechter, daß die westlichen Länder die Modernisierung früher abgeschlossen haben als die Sowjetunion? Vielleicht hätten auch wir das früher machen müssen?

Es entsteht der Eindruck, als ob manche mit Fernrohr oder Mikroskop, oder was weiß ich, ausgerüstete Kreise im Westen plötzlich entdeckt haben, womit sich die Sowjetunion beschäftigt. In der Tat modernisiert die Sowjetunion einige Rüstungen mindestens seit fünf Jahren und macht kein Hehl daraus. Sie hat nichts Neues gemacht in den letzten zwei, drei, vier Jahren, sie setzt nur die angefangene Modernisierung fort.

Falls es Leute gibt, die in dem Glauben befangen sind, daß die Sowjetunion im Vorteil ist, erklären wir: »Gut, wenn jemand Zweifel hat, dann laßt uns Verhandlungen anfangen, setzen wir uns an den Verhandlungstisch«. Mehr noch, wir haben gesagt, wir sind sogar bereit, über die Reduzierung unserer Raketenabschußrampen, über die Reduzierung ihrer Zahl im Vergleich zu der heutigen zu sprechen. Ich bitte Sie, das zu beachten und sich zu notieren: über die Reduzierung. Bei den Verhandlungen ist jede Seite berechtigt, ihre Vorschläge zu unterbreiten. Warum ist das unannehmbar für die NATO-Länder, einschließlich sowohl der BRD als auch der USA? Warum? Bekanntlich hat L.I. Breshnew diesen Vorschlag zum ersten Mal in seiner Rede in Berlin gemacht. Dann hat er diesen Verhandlungsvorschlag in der Antwort auf die Frage des »Prawda«-Korrespondenten wiederholt.

Ich habe diesen unseren Vorschlag hier in Bonn wiederholt. Man hat uns geantwortet, die BRD-Regierung plädiert für Verhandlungen. Meine Kollegen und ich, die wir an diesen Gesprächen teilnehmen, waren, als wir davon hörten, bereit, vor Genugtuung aufzuspringen: Wir kommen also einander näher, wir schlagen Verhandlungen vor, und man schlägt uns Verhandlungen vor. Doch es ist gut, daß wir auf diesen Sprung verzichtet haben, denn dann kam eine Präzisierung, die deutlich machte, daß die von uns vorgeschlagenen Verhandlungen und die uns vorgeschlagenen Verhandlungen grundverschieden sind. Wir schlagen vor, die Verhandlungen in der gegebenen Situation unverzüglich zu beginnen, ohne irgendwelche Beschlüsse über die Stationierung neuer Arten von Raketenkernwaffen in Westeuropa zu fassen, das heißt, ohne den ganzen Mechanismus der Produktion und Stationierung dieser Waffen in Gang zu bringen. Man sagt uns aber: Nein, zuerst fassen wir den Beschluß über die Produktion dieser Waffen und ihre Stationierung, und dann erst beginnen wir Verhandlungen mit euch. Einige Regierungen der NATO-Länder – Sie kennen sie gut – sagen offen, man muß die Verhandlungen mit der Sowjetunion von der Position der Stärke aus führen. Diese Erklärungen riechen nach einem politischen Mottenmittel, wenn man so sagen kann. Wir haben offen erklärt, solch eine Fragestellung bedeutet eine politische Vorbedingung. Das zerstört die Grundlage für die Verhandlungen. Ich wiederhole, solche Position einiger NATO-Länder zerstört die Grundlage für die Verhandlungen.

Wenn jemand erklärt, es sei nicht so, es gebe faktisch keinen Unterschied zwischen unserem Vorschlag über die Verhandlungen und dem Vorschlag, über den er spreche, dann glauben Sie nicht daran. Das sind verschiedene Konzeptionen von Verhandlungen. Lassen Sie jeden Bürger der NATO-Länder, lassen Sie jeden Bürger der Bundesrepublik Deutschland ruhig das Für und Wider unseres Vorschlags über den unverzüglichen Beginn der Verhandlungen abwägen. Lassen Sie ihn sich seine eigene Meinung darüber bilden, was besser ist: mit geschlossenen Augen jenen zu folgen, die zur Annahme des Beschlusses über die Produktion neuer Arten der Kernwaffen und deren Stationierung aufrufen, oder unverzüglich Verhandlungen mit der Sowjetunion aufzunehmen, um eine abgestimmte Lösung zu finden, die beiden Seiten gerecht wird. Denn der Zweck der Verhandlungen ist, alles zu besprechen, alles abzuwägen und sich zu bemühen, eine aufeinander abgestimmte gegenseitig annehmbare Lösung zu finden. Keine Seite wird imstande sein, bei den Verhandlungen der anderen Seite eine für sie unannehmbare Lösung aufzuzwingen. Was gibt es, ich wiederhole es, Schlechtes in den von uns vorgeschlagenen Verhandlungen?

Man sagt manchmal zur Beruhigung, die Sowjetunion und die USA haben sich schon geeinigt, daß bei den SALT-III-Verhandlungen auch die Fragen der anderen, der nichtstrategischen Waffen behandelt werden. Nehmen wir an, das kann gemacht werden, obwohl die Vereinbarung zwischen den USA und der Sowjetunion das nicht vorsieht. Es geht dort nur um die strategischen Waffenarten. Ich wiederhole aber, nehmen wir an, daß alle damit einverstanden wären. Und erinnern Sie sich daran, wie lange die SALT-II-Verhandlungen dauerten? Etwa 8 Jahre. Und wenn bei den SALT-III-Verhandlungen nicht nur die strategischen Waffen, sondern auch die Raketenkernwaffen mittlerer Reichweite einbezogen sind, dann stellen Sie sich vor, wieviel Zeit man für diese Verhandlungen brauchen wird! Wir können froh sein, wenn sie in 7 oder 8 Jahren abgeschlossen sind. Liegt darin nicht eine riesengroße Gefahr für Europa, und nicht nur für Europa? Die Verhandlungen werden laufen, aber es wird kein Ergebnis erreicht. Ist es so oder nicht?

Und wir schlagen vor, die Verhandlungen unverzüglich zu beginnen, ohne auf SALT-III zu warten. Außerdem, es gibt eine weitere wichtige Seite der Sache, die präzisiert werden muß, denn ich bin nicht sicher, daß die in diesem Saal anwesenden Vertreter der Presse das im Auge behalten. Es geht um das Prinzip der Gleichheit und gleichen Sicherheit. Als L.I. Breshnew und Präsident Carter in Wien zusammenkamen und den SALT-II-Vertrag unterzeichneten, äußerten damals beide Seiten Genugtuung darüber, daß die Verhandlungen auf der Grundlage des genannten Prinzips geführt wurden. Wieviel Erklärungen wurden überhaupt abgegeben, daß zur Zeit ein annäherndes Kräftegleichgewicht zwischen Ost und West existiert. Und jetzt behaupten plötzlich die Vertreter der westlichen Länder, einschließlich der USA, es gebe kein Gleichgewicht, es werde erst dann erreicht, wenn die erwähnten NATO-Pläne realisiert seien. Die Frage ist: Wann und wo hat der amerikanische Präsident die wahre US-Position dargelegt? Heute oder in Wien? Das eine widerspricht dem anderen. In Wirklichkeit würde die Verwirklichung der geplanten Stationierung neuartiger Raketenkernwaffen in Westeuropa zur Verletzung des Kräftegleichgewichts führen, von dessen Vorhandensein die Führer der NATO-Länder früher dutzendmal gesprochen haben.

Und, schließlich, die letzte Frage im Zusammenhang mit diesem Problem. Man sagt manchmal: Gut, das alles können wir bei der Vorbereitung des SALT-III-Vertrages besprechen. Aber wissen Sie, es gibt noch keine Vereinbarung darüber, welche Länder an den SALT-III-Verhandlungen teilnehmen werden. Man kann sagen: Natürlich die Sowjetunion und die Vereinigten Staaten von Amerika. Die Frage ist aber, warum denn nur die Vereinigten Staaten und die Sowjetunion? Andere Länder haben doch auch strategische Waffen. Was mit wem und wer mit wem muß gleich sein? Warum muß die Sowjetunion immer davon ausgehen, daß es nur um die Gleichheit zwischen den USA und der Sowjetunion gehen muß? Und wo gehören die Verbündeten der Vereinigten Staaten von Amerika hin, die über Kernwaffen verfügen? Diese Frage entsteht auch. Und das alles ist noch nicht abgestimmt. Man kann also nicht zu schnell die SALT-III-Verhandlungen beginnen. Ganz zu schweigen davon, daß der SALT-II-Vertrag bis jetzt nicht in Kraft getreten ist und man nicht weiß, wann das geschehen wird.

Uns hat jemand von den hier Anwesenden, und auch nicht nur von den Anwesenden, die Frage gestellt, was bedeutet die Gleichheit, wenn die Vereinigten Staaten von Amerika Stützpunkte in Europa haben, die sogenannten vorgeschobenen nuklearen Kampfmittel? Wenn man über die Gleichheit bezüglich SALT spricht, dann sind qualitative und quantitative Charakteristika und Parameter gemeint, die zu irgendeinem Gleichgewicht gebracht werden. Das wurde auch im Zusammenhang mit der Vorbereitung von SALT-II gemacht. Dabei sind aber die vorgeschobenen nuklearen Kampfmittel der USA in Europa nicht einkalkuliert. Und der geographische Faktor? Er paßt nicht in die qualitativen und quantitativen Charakteristika der eigentlich strategischen Waffen. Dabei ist das aber ein Faktor, der nur zugunsten der USA wirkt. Im Zusammenhang mit der Vorbereitung des SALT-II-Vertrages haben wir versucht, insbesondere in Wladiwostok, während des Treffens von L.I. Breshnew und G. Ford, auch die Frage der amerikanischen vorgeschobenen nuklearen Kampfmittel zu besprechen. Die Amerikaner haben das aber kategorisch abgelehnt. Die Sowjetunion, offen gesagt, hat eine Konzession gemacht, sie ging darauf ein, daß der Vertrag abgeschlossen wurde, ohne diesen geographischen Faktor, der nur dem Westen, nur den USA nutzt, einzukalkulieren. Die Sowjetunion hat nichts Entsprechendes, was die Bedeutung dieses Faktors ausgleichen würde. Und das muß man auch berücksichtigen.

*Dann beantwortete A.A. Gromyko die Fragen von Journalisten.*

*Frage:* Sie haben auf die tiefgreifenden Unterschiede der Seiten in der Einschätzung der eigenen militärischen Potentiale hingewiesen und auf die daraus folgenden Unterschiede in den Positionen der Seiten. Worüber müssen dann die Verhandlungen geführt werden? Werden in ihrem Mittelpunkt Fragen der Kernwaffen stehen?

*Antwort:* Ja, selbstverständlich. Sie müssen Gegenstand der Verhandlungen sein, ohne die Frage aufzugreifen, daß neue Waffenarten produziert und in Westeuropa stationiert werden müssen. Darüber muß kein Beschluß gefaßt werden. Denn wenn man bei den Verhandlungen eine für alle Seiten annehmbare Übereinkunft erreicht, dann erübrigt sich diese Frage.

*Frage:* In Ihren Gesprächen mit dem Bundesaußenminister Genscher hat die westdeutsche Seite ihre Besorgnis über die Lage im Mittleren Osten zum Ausdruck gebracht und hat zur Solidarität aller Länder mit den USA aufgerufen. In diesem Zusammenhang möchte ich fragen: Wie ist Ihre Einstellung zur Situation in Iran, und ist die Sowjetunion bereit, Solidarität mit den USA zu demonstrieren, um die dort entstandenen Schwierigkeiten zu beseitigen?

*Antwort:* Ich lege kurz unsere Position dar. Wir treten für die Erfüllung der entsprechenden internationalen Konvention über die Achtung der diplomatischen

Immunität der entsprechenden Vertreter der Staaten ein. Die gleiche Position hatten wir auch, als die Frage im Sicherheitsrat besprochen wurde, sie ist der Regierung der Vereinigten Staaten und der Regierung von Iran bekannt. Ich möchte die Hoffnung zum Ausdruck bringen, daß eine gegenseitig befriedigende Lösung dieser Frage gefunden wird. Aber die Seiten, einschließlich der Vereinigten Staaten, müssen Zurückhaltung und Reserviertheit an den Tag legen, damit die Emotionen nicht überfließen.

*Frage:* Wir Europäer fragen uns: Was für ein riesiger Konfliktstoff hat sich zwischen der Sowjetunion und den USA angehäuft, daß heute, 35 Jahre nach dem Ende des vergangenen Krieges, die Rüstung so ein ungeheures Ausmaß angenommen hat?

*Antwort:* Diese Frage gilt nicht nur für die USA, sondern auch für andere Staaten. Wir haben nicht nur einmal sowohl den USA, als auch anderen Staaten vorgeschlagen, die Rüstungen in einem viel größeren Maßstab zu begrenzen, als das von den entsprechenden Abkommen SALT-I und SALT-II sowie anderen Abkommen vorgesehen ist. Wir haben Vorschläge über die radikalsten Abrüstungsmaßnahmen unter einer entsprechenden internationalen Kontrolle unterbreitet. Wieviel solcher Vorschläge haben wir unterbreitet! Leider wurden sie aber systematisch von den USA und ihren NATO-Verbündeten abgelehnt. Doch das schwächt nicht unsere Entschlossenheit, auch weiterhin Vorschläge solcher Art zu machen. Wir werden unserem Kurs treu sein. Diese Politik ist für uns eine lebenserfüllte Politik seit den Zeiten Lenins.

*Frage:* Halten Sie die Verhandlungen für möglich, falls auf der bevorstehenden NATO-Tagung der Nachrüstungsbeschluß gefaßt wird?

*Antwort:* Die heutige Position der NATO-Länder, einschließlich der Bundesrepublik Deutschland, wie sie jetzt aussieht, zerstört die Grundlage für die Verhandlungen. Das haben wir auch der BRD-Regierung erklärt.

*Frage:* Während des Besuches in Spanien haben Sie sich gegen seinen NATO-Beitritt ausgesprochen. Doch Spanien hat einen Militärvertrag mit den USA und auch amerikanische Stützpunkte. Macht es einen Unterschied, ob Spanien in der NATO sein wird oder nicht? Warum sehen Sie darin eine qualitative Veränderung?

*Antwort:* Wir sind überzeugt, Spanien wird ein größeres politisches Kapital, ein größeres politisches Potential gewinnen, wenn es auch weiter eine unabhängige, ich betone, unabhängige Politik betreibt.

*Frage:* Bedeuten Ihre Worte, daß die Sowjetunion, falls der bekannte Beschluß auf der bevorstehenden NATO-Tagung gefaßt wird, nicht mehr bereit ist, die Verhandlungen über die eurostrategischen Waffen zu führen?

*Antwort:* Ich wiederhole, wenn solch ein Beschluß gefaßt und unser Vorschlag über den Beginn der Verhandlungen abgelehnt worden ist, so wird die Position der westlichen Mächte dadurch die Grundlage für die Verhandlungen zerstören. Sie wird nicht existieren. Wenn solch eine Situation entsteht, dann wird das bedeuten, daß einige Länder beschlossen haben, wenn man so sagen kann, ihr Glück in einer neuen Runde des Wettrüstens zu suchen.

*Frage:* Unser Land, die Tschechoslowakei, hat unter dem deutschen Imperialismus gelitten. Jetzt sind wir über die Präsenz einer riesigen Zahl amerikanischer und westdeutscher Soldaten an unseren westlichen Grenzen besorgt. Wir begrüßen die Initiative von L.I. Breshnew in Berlin, unter anderem bezüglich einiger einseitiger Abrüstungsschritte. Wird aber die Sowjetunion auch danach imstande sein, ihren Verpflichtungen im Warschauer Vertrag nachzukommen?

*Antwort:* Die Sowjetunion und, davon sind wir überzeugt, andere Teilnehmerstaaten des Warschauer Vertrags werden ihren Verpflichtungen nachkommen. Sie werden imstande sein, die Interessen ihrer Sicherheit zu bewahren. L.I. Breshnew hat in seiner Rede in Berlin klar darauf hingewiesen, daß die Sowjetunion, wenn die Pläne, von denen wir gesprochen haben, realisiert werden, zwangsläufig gezwungen sein wird, die entsprechenden Schritte zu unternehmen, um ihre Sicherheit und die der anderen Teilnehmerstaaten des Warschauer Vertrags zu garantieren.

*Frage:* Im Zusammenhang mit ihrem Besuch in der BRD sind in einigen Organen der westdeutschen Presse Behauptungen erschienen, die Sowjetunion strebe nach der Isolierung Bonns von der NATO und der »Neutralisierung« der BRD. Was können Sie dazu sagen?

*Antwort:* Die Sowjetunion strebt nach keiner Isolierung der Bundesrepublik Deutschland von anderen NATO-Ländern. Und was wir der BRD-Regierung zu beweisen, wovon wir sie zu überzeugen versuchen, das beweisen wir auch anderen NATO-Staaten. Und, überhaupt, es gehört nicht zu unserer Gewohnheit, Keile zwischen Staaten zu treiben. Wir haben auch im Zusammenhang mit meinem Besuch in der BRD solche Keile weder getrieben noch bereit gehalten.

*Frage:* Gelten Ihre klaren und deutlichen Ausführungen auch für die Verhandlungen in Wien?

*Antwort:* Die Wiener Verhandlungen haben ihren eigenen Charakter. Eine richtige Lösung der Frage, von der wir erst eben gesprochen haben, wird den Verlauf der Wiener Verhandlungen erleichtern, wird die Erreichung der Vereinbarungen dort erleichtern. Und umgekehrt, die Verwirklichung der geplanten Stationierung neuartiger Raketenkernwaffen in den NATO-Ländern wird die Erreichung eines Erfolgs bei den Wiener Verhandlungen erschweren, bedeutend erschweren. Ich möchte die Gelegenheit ergreifen und Sie in Kenntnis setzen, daß wir bis jetzt keine Antwort der westlichen Teilnehmer der Verhandlungen auf die Vorschläge der sozialistischen Länder, die auf dem Wiener Forum vor fast anderthalb Jahren unterbreitet wurden, bekommen haben. Es wäre wünschenswert, daß sie letzten Endes doch eine Antwort gäben.

*Frage:* Bekanntlich wurden die Vorschläge, die in der Rede L.I. Breshnews im Oktober in Berlin enthalten sind, von breiten Kreisen der Öffentlichkeit in den westlichen Staaten positiv aufgenommen. Wie erklären Sie, daß die Regierungen der NATO-Länder keine positive Einstellung zu den realistischen konstruktiven Vorschlägen haben, die in dieser Rede enthalten sind?

*Antwort:* Um diese Frage kurz zu beantworten, möchte ich folgendes sagen: Obwohl die Vereinigten Staaten und einige andere NATO-Länder erklären, daß sie für das Prinzip der Gleichheit eintreten, ist ihre wirkliche Politik darauf gerichtet, einseitige Vorteile auf dem Gebiet der Rüstungen und der Streitkräfte zu erlangen. Aber jeder realistisch denkende Mensch muß sich darüber klar sein, daß die andere Seite nicht erlauben darf, überholt zu werden und in einer ungleichen Lage zu sein. Das bedeutet eine Fortsetzung des Wettbewerbs im Wettrüsten. Wir verurteilen das entschieden.

*Frage:* Wird die Annahme des erwarteten Beschlusses der NATO-Tagung die bilateralen Beziehungen zwischen der UdSSR und der BRD beeinflussen?

*Antwort:* Ich muß sagen, und wir machen kein Hehl daraus in unseren Gesprächen mit den Staatsmännern der BRD, natürlich, das wird nicht ohne Einfluß auf die Beziehungen zwischen der Sowjetunion und der Bundesrepublik Deutschland bleiben. Wie kann dieser Einfluß sein? Sie verstehen wohl selbst, negativ. Aber wir möchten diesen negativen Einfluß vermeiden. Unser Vorschlag ist Verhandlungen, ich wiederhole, Verhandlungen. Er sichert die Interessen aller Teilnehmer der Verhandlungen, denn niemand kann jemandem seinen Willen aufzwingen. Das ist die Suche nach gegenseitig annehmbaren Lösungen. Wir schlagen also einen Ausweg vor, um diesen negativen Einfluß zu vermeiden.

*Frage:* Bedeuten die von Ihnen für Genscher und Schmidt übermittelten Einladungen, die Sowjetunion zu besuchen, daß Sie trotzdem an der Aufrechterhaltung der guten Beziehungen zur BRD interessiert sind?

*Antwort:* Ich würde ganz deutlich sagen, wir sind interessiert daran, daß sich die Beziehungen zwischen der BRD und der Sowjetunion gut entwickeln. Wir verstehen das Erreichte zu schätzen. Wir möchten, daß diese Beziehungen durch nichts verfinstert werden. Wir setzen uns für eine Fortsetzung der Kontakte auf allen Ebenen ein, einschließlich der höchsten Ebene. In unserem Kommuniqué, das veröffentlicht wurde, habe ich die Einladung an Bundeskanzler Schmidt bekräftigt und auch Bundesaußenminister Genscher erneut eingeladen.

*Frage:* Haben Sie im Laufe der jetzigen Verhandlungen den Eindruck gewonnen, daß die Bundesregierung wirklich an Abrüstung interessiert ist?

*Antwort:* Uns gegenüber wurde über ein solches Interesse gesprochen. Solche Erklärungen wurden gemacht, doch wie die Einstellung der BRD zu der Frage ist, von der wir hier gesprochen haben, ist Ihnen bekannt. Jeder von Ihnen kann jetzt die notwendige Schlußfolgerung ziehen.

*Frage:* Habe ich Sie richtig verstanden, daß die Sowjetunion, wenn der Beschluß der NATO-Tagung nicht gefaßt wird, zu Verhandlungen über die Reduzierung der Zahl der SS-20-Raketen mit Mehrfachsprengköpfen und deren Abzug auf sowjetisches Territorium bereit ist?

*Antwort:* Ja, wir sind bereit, die Frage der Reduzierung der Zahl der Abschußrampen für Mittelstreckenraketen zu besprechen. Sie werden auf unserem Territorium bleiben. Wenn Sie in dieser Frage im Unklaren sind, dann hoffe ich, daß meine Erläuterung diese Unklarheit beseitigen hilft.

Zum Abschluß möchte ich sagen, die Verhandlungen und Gespräche verliefen hier, in Bonn, in einer ernsten, sachlichen Atmosphäre. All das entsprach dem Geist der Treffen, die früher zwischen den Vertretern der Sowjetunion und der BRD stattgefunden haben.

## Fortsetzung der Verhandlungen zwischen A.A. Gromyko und H.-D. Genscher

»Prawda«, 4. April 1981

Zuerst möchte ich Sie und die Sie begleitenden Personen anläßlich Ihres Besuches in der Sowjetunion willkommen heißen. Ihre jetzige Ankunft in Moskau setzt die Praxis regelmäßiger politischer Kontakte zwischen unseren Ländern fort, die vor mehr als 10 Jahren zustandegekommen ist und seither aufrechterhalten wird. Der Dialog, den unsere Länder auf verschiedenen Ebenen führen, ist ein bedeutender Faktor der Entwicklung der sowjetisch-westdeutschen Beziehungen. Und daher ist es verständlich, daß beide Seiten für seine aktive Fortsetzung eintreten.

Ihr Besuch ist ja noch nicht beendet, und deswegen ist es noch zu früh, von den Ergebnissen zu sprechen. Der Meinungsaustausch hat einen intensiven, sachlichen Charakter. Im Mittelpunkt stehen Hauptfragen der gegenwärtigen internationalen Lage. Ich meine dabei die Perspektiven der Sicherung eines dauerhaften Friedens in Europa, der Fortsetzung und Entwicklung der Entspannungspolitik, der Begrenzung des Wettrüstens. Es wäre ja auch merkwürdig, wäre es irgendwie anders. Zur Zeit gibt es in der Welt keine wichtigeren Probleme, und Menschen verschiedener Länder messen den Wirkungsgrad politischer Kontakte und Verhandlungen zwischen Staatsmännern mit Recht am Beitrag zur Festigung der internationalen Sicherheit, zur Entspannung.

Unlängst hat der XXVI. Parteitag der Kommunistischen Partei der Sowjetunion seinen Abschluß gefunden. Neue Ideen und wichtige konstruktive Vorschläge, die im Referat von L.I. Breshnew in den Vordergrund gestellt wurden, die gesamte Ausrichtung in der Arbeit des Parteitages beweisen einleuchtend, daß die Sowjetunion auch künftig unbeirrt den Weg des Friedens geht. Auf diesem Wege, wenn man den richtigen politischen Kurs hält, kann es keine Gegner, sondern nur Partner geben.

Alle müssen an der Gewährleistung des Friedens interessiert sein. Dies ist das Lebensbedürfnis der Völker und die vornehmste Pflicht aller Regierungen.

Frieden – das ist keine Kategorie, mit der man manipulieren kann, indem man ausrechnet, wo sie in der Liste der Reihenfolge politischer Aufgaben hingehört. Es gibt jetzt kaum eine wichtigere Aufgabe in internationaler Hinsicht als die Aufgabe, den Frieden zu schützen. Diese Worte, die von L.I. Breshnew auf dem Parteitag gesagt wurden, bringen das Wesen der sowjetischen Politik in den internationalen Angelegenheiten zum Ausdruck.

Nicht alle sind bereit, konsequent diesen Weg zu gehen. Es gibt auch direkte Anhänger der Konfrontation, der Spannungspolitik, die die Entspannung nicht akzeptieren.

Von einigen wird die These in Zweifel gezogen, daß es zur Friedenspolitik keine vernünftige Alternative gibt. Als Alternative schlägt man vor, das Wettrüsten weiter in die Höhe zu treiben, die bestehenden gegenseitig vorteilhaften Wirtschaftsbeziehungen zwischen den Ländern abzubrechen, das Mißtrauen und die Feindschaft der Völker zueinander zu strapazieren. Dieser Kurs wird von uns verurteilt und abgelehnt.

Was für eine Schlußfolgerung muß aus dem Vergleich dieser verschiedenen Auffassungen über die jetzige internationale Lage gezogen werden? Weiter zu den verschiedenen Polen auseinanderzugehen, aus jedem Anlaß und ohne allen Anlaß eine Kraftprobe zu veranstalten? Nein, nicht darin sieht die Sowjetunion die Aufgabe. Es ist ein aktiver, vertiefter Dialog auf allen Ebenen zu den herangereiften Fragen notwendig, der es ermöglichen könnte, die internationalen Beziehungen auf den Weg der breiten Zusammenarbeit im Namen des Friedens zu bringen. Dazu sind wir bereit.

Unter den Fragen, die im Verlauf des Besuches besprochen werden, nimmt das Problem der Kernwaffen in Europa verständlicherweise einen bedeutenden Platz ein. Vor kurzem ist unsererseits ein wichtiger Schritt gemacht worden, um die Erzielung einer Übereinkunft zu erleichtern – es ist ein Vorschlag unterbreitet worden, ein Moratorium für die Stationierung neuer Raketenkernwaffen mittlerer Reichweite der NATO und der UdSSR in Europa zu erklären.

Mit anderen Worten, es handelt sich darum, das bestehende Niveau solcher Rüstungen qualitativ und quantitativ einzufrieren, wobei amerikanische vorgeschobene Kampfmittel in Europa natürlich mitgerechnet werden müssen. Wir schlagen auch vor, Verhandlungen über die Reduzierung solcher Mittel zu beginnen. Der Umfang der Reduzierung kann dabei überaus bedeutend sein, wenn unsere Partner ihrerseits dazu bereit sein werden.

Das Wesen unseres Moratoriums-Vorschlages besteht in folgendem: Während der Verhandlungen weder die quantitative Steigerung entsprechender Systeme in Europa noch die qualitative Vervollkommnung der bereits vorhandenen Rüstungen zuzulassen, anderenfalls würden die Verhandlungen aufgehalten und erschwert werden. Das Niveau dessen, was jede Seite behalten kann, wird gemeinsam bei den Verhandlungen bestimmt. Es würde ein koordiniertes, aufgrund des Prinzips der Gleichheit und gleichen Sicherheit festgelegtes Niveau sein.

Keiner darf das Ziel verfolgen, einseitige Vorteile zu erzielen. Das Gleichgewicht auf niedrigerem Niveau zu gewährleisten – darin besteht die Aufgabe. Und dies ist ein sicherer Weg zur Verringerung der Gefahr eines nuklearen Konflikts.

Bedauerlicherweise kann man nicht sagen, daß die Führer der NATO-Staaten in dieser Frage eine konstruktive Haltung einnehmen. Vieles, was sie in diesem Zusammenhang zum Ausdruck bringen, kann man nur so einschätzen, daß sie keinen Wunsch haben, eine Übereinkunft zu erzielen.

Man möchte doch denken, daß man auch in den NATO-Metropolen die Möglichkeit nicht versäumt, gegenseitig annehmbare Beschlüsse zu fassen, die es ermöglichen würden, von den Völkern die Gefahr abzuwenden, die das weitere Wettrüsten im Bereich der Raketenkernwaffen mit sich bringt.

Natürlicherweise mußten wir unsere Aufmerksamkeit darauf richten, daß im Verlauf der NATO-Diskussionen erneut die Frage der Neutronenwaffe, ihrer Produktion und Stationierung in Westeuropa aufgetaucht war. Wiederum wurde die Werbung für dieses barbarische Massenvernichtungsmittel begonnen.

Zu welchem Zweck wird das getan? Wenn man auf solche Weise versucht, die Überlegenheit über die Sowjetunion, die Staaten des Warschauer Vertrages zu erzielen, so sind es vergebliche Bemühungen.

Unter den Verhältnissen der wesentlichen Verschlechterung der internationalen Lage ist es besonders wichtig, in die Beziehungen zwischen den Staaten nichts hineinzubringen, was dem Bedürfnis nach Festigung des Friedens und Vertiefung der Entspannung zuwiderläuft. Die Erfahrung der letzten Jahrzehnte besagt, daß es keinesfalls leicht ist, Hindernisse der gegenseitigen Verständigung zwischen den Staaten aus dem Weg zu räumen und in der Weltpolitik den Geist der Zusammenarbeit zu verwurzeln. Daraus folgt eine wichtige Konsequenz: Man soll all das Positive, was erreicht worden ist, sorgfältig bewahren. Leichtsinnige Handlungsweise, die in einigen NATO-Staaten im Kampf gegen die Entspannung, gegen all das Gute, was im Interesse des Friedens getan wurde, zutage tritt, ist eine Erscheinungsform unvernünftiger Politik.

Ich glaube, man kann mit Genugtuung feststellen, daß die Staaten in Ost und West darüber einig sind, daß der durch die Unterzeichnung der KSZE-Schlußakte eingeleitete Prozeß fortzusetzen ist. Es gibt freilich nicht immer ein Einverständnis in der Frage, welche konkreten Mittel dabei angewandt werden müssen. Darüber wird auch auf dem Madrider Treffen diskutiert.

Seitens der Sowjetunion wurden erhebliche Bemühungen unternommen, um zu den koordinierten Beschlüssen bezüglich der Einberufung der Konferenz über die militärische Entspannung und Abrüstung in Europa zu kommen. Unsere Vorschläge betreffs der vertrauensbildenden Maßnahmen sowie ihres Anwendungsbereiches sind wohlbekannt. Diese Vorschläge sind im Referat von L.I. Breshnew auf dem XXVI. Parteitag der KPdSU klar formuliert. Sie bieten die Möglichkeit, die in Madrid entstandenen Schwierigkeiten zu überwinden.

Die Aufgabe besteht jetzt darin, aufgrund der vorliegenden Vorschläge das endgültige Herangehen an diese Frage abzustimmen. Die Grundregel dabei lautet: Gegenseitigkeit und Koordination der Verpflichtungen in den vertrauensbildenden Maßnahmen aller Teilnehmerstaaten, was ausschließen sollte, daß die einen auf Kosten der anderen Privilegien erhalten würden.

Dies ist nur ein Teil der Fragen, die schon Gegenstand des Meinungsaustausches gewesen sind oder noch sein werden im Verlaufe Ihres Besuches, Herr Genscher, in unserem Land. In einigen Fragen sind unsere Auffassungen verschieden. Das mag man bedauern, doch diese Tatsache muß anerkannt werden. Wichtig ist dabei, daß die Differenzen den Dialog und weitere Bemühungen um Verständigung nicht ausschließen.

Dies bestimmt unsere Einstellung zu Fragen der weiteren Entwicklung bilateraler Beziehungen zwischen der UdSSR und der BRD. Die Zusammenarbeit zwischen unseren Ländern ist bereits stabil genug, und wir sehen ein, wie wichtig gute Beziehungen sind.

Grundlagen dafür wurden durch die Unterzeichnung des Moskauer Vertrags geschaffen und durch die Annahme gemeinsamer Dokumente im Verlauf der nachfolgenden Treffen auf höchster Ebene gefestigt.

Wir schätzen unsere Beziehungen zur Bundesrepublik Deutschland hoch ein. Die Sowjetunion und ihre Führung sind für die weitere Entwicklung und Bereicherung dieser Beziehungen. Wir möchten die Hoffnung zum Ausdruck bringen, daß es zu gemeinsamen Anstrengungen in dieser Richtung sowohl seitens der Sowjetunion als auch seitens der Bundesrepublik Deutschland kommt.

## Verhandlungen in Bonn
»Prawda«, 18. Januar 1983

Zuerst möchte ich der Bundesregierung für die Einladung, die Bundesrepublik Deutschland zu besuchen, und für die Gastfreundschaft danken.

Unser BRD-Besuch fällt auf den Beginn eines neuen Jahres. Traditionsgemäß ist das die Zeit, um Bilanz zu ziehen und nachzudenken, was unternommen werden muß, damit das neue Jahr besser wird, damit es den Glauben der Menschen an den kommenden Tag festigt.

Bei allen Unterschieden der staatlichen und gesellschaftlichen Strukturen und ideologischen Auffassungen haben unsere Länder eine breite Gemeinsamkeit der Interessen von langfristigem und nicht konjunkturellem Charakter. Sie wird durch solche grundlegenden Faktoren bestimmt wie geographische Nähe, Spezifik wirtschaftlicher Potentiale, die einander gut ergänzen, Bedarf an kulturellen Verbindungen und, was von besonderer Bedeutung ist, durch den Willen der Völker der Sowjetunion und der Bundesrepublik Deutschland, in Frieden zu leben. Ebendeshalb ist die aktive Zusammenarbeit zwischen unseren Ländern, die in den 70er Jahren begonnen hat, eine natürliche und logische Erscheinung.

Je größer die Distanz, die uns vom Tag der Unterzeichnung des historischen Moskauer Vertrages trennt, desto deutlicher wird die Größe und der Weitblick der damals angenommenen gemeinsamen Beschlüsse, die zu bedeutenden positiven Wandlungen nicht nur in den

Beziehungen zwischen unseren Staaten, sondern in ganz Europa geführt haben. Man kann ohne Übertreibung sagen, daß die Sowjetunion und die Bundesrepublik Deutschland gemeinsam an den Anfängen jenes Prozesses gestanden haben, der seinen Ausdruck in einem großen Wort – Entspannung gefunden hat.

Die Sowjetunion war und bleibt immer ein überzeugter Anhänger der friedlichen Koexistenz von Staaten mit unterschiedlicher Gesellschaftsordnung. Wir sind der Meinung, daß dieser Weg auch weiter beschritten werden muß, der Weg der Entwicklung der Beziehungen aufgrund der existierenden Abkommen und Verträge.

Die UdSSR setzt sich dafür ein, daß all das Positive, was früher durch gemeinsame Anstrengungen erzielt worden ist, bewahrt und sogar vermehrt wird. Dies gilt auch der Erhaltung des ständigen politischen Dialogs zwischen unseren Ländern, der auch heute nicht unterbrochen wird. Er ermöglicht unseren Ländern, Bereiche der Übereinstimmung und der Zusammenarbeit zu ermitteln.

Immer größere Bedeutung in unseren bilateralen Beziehungen bekommen wirtschaftliche Handelsbeziehungen. Ihr Hauptkriterium ist der gegenseitige Nutzen. Sowjetische Aufträge, die Realisierung gemeinsamer großräumiger Bauvorhaben sichern in der BRD Tausende und aber Tausende Arbeitsplätze, vom rein kommerziellen Gewinn zu schweigen, – davon wissen Sie ja wohl mehr als wir. Sie entsprechen auch den Interessen der Volkswirtschaft der Sowjetunion.

Normales Funktionieren des wirtschaftlichen Handelsaustausches zwischen den Staaten – dies ist, sozusagen, eine der Grundlagen des Friedens. Es bringt Stabilität nicht nur im Bereich bilateraler Beziehungen, sondern im gesamteuropäischen Bereich mit sich. Die Führung der Sowjetunion ist der Meinung, daß es in unserem gemeinsamen Interesse liegt, daß diese Entwicklung nicht durch Einflüsterungen von anderer Seite zum Scheitern gebracht wird, sondern noch stärker wird.

Für die Entwicklung der wirtschaftlichen Zusammenarbeit wurden von den Regierungen unserer Länder solide Rahmen geschaffen. Da ist vor allem das Abkommen vom 6. Mai 1978, für 25 Jahre abgeschlossen, und das auf seiner Grundlage verabschiedete langfristige Programm. Wir sind dafür, daß diese Übereinkünfte auch weiter durch praktisches Handeln bereichert werden.

Die Schlüsselfrage der internationalen Politik ist die Frage der Erhaltung des Friedens und der Zügelung des nuklearen Wettrüstens. Von ihrer Lösung wird letzten Endes die Zukunft der Menschheit, auch die Zukunft Europas abhängen. Es ist wohl nur rechtens, daß diese Frage jetzt auch in unseren Beziehungen zur Bundesrepublik in den Vordergrund rückt.

Die Entspannung, die den Menschen aller Länder und Kontinente so viel Gutes gebracht hatte, fußte auf einer annähernden globalen und regionalen Gleichheit der militärischen Potentiale der größeren Staaten. Und jetzt wird der Versuch unternommen, diese Gleichheit, zwecks Erlangung militärischer Überlegenheit für eine Seite, aufzubrechen, die Entspannung zu begraben.

Jetzt ist die Gefahr einer neuen Runde des Wettrüstens besonders sichtbar. Sie ist programmiert durch den NATO-Beschluß vom Jahr 1979 über die Stationierung Hunderter neuer amerikanischer Raketen in Europa, durch billionenhohe Ausgaben der USA für die Schaffung einer neuen Generation von Rüstungen, darunter auch der nuklearen.

Die Verwirklichung dieses Programms würde für die ganze Welt eine jahrelange nukleare Konfrontation mit allen sich daraus ergebenden Folgen bedeuten. Wir können auch die Tatsache nicht ignorieren, daß die BRD der einzige Staat ist, wo die Stationierung der »Pershing-2«-Raketen geplant ist, die innerhalb weniger Minuten strategische Objekte tief im Inneren der Sowjetunion erreichen können.

Das Lebensbedürfnis, unsere eigene Sicherheit und die Sicherheit unserer Verbündeten zu wahren, würde uns entsprechende Schlußfolgerungen diktieren, wenn die Lage uns dazu veranlassen würde. Das Gleichgewicht würde auf jeden Fall sichergestellt werden, aber auf einem höheren Niveau, als es jetzt der Fall ist. Aber bei einem solchen Verlauf der Ereignisse wäre der Frieden brüchiger und die Sicherheit der Völker unzuverlässiger geworden.

Wir sagen offen: Das ist nicht unsere Option. Dem Wettrüsten, das uns aufgezwungen wird, würden wir eine Vereinbarung über die Senkung des Niveaus der militärischen Konfrontation vorziehen, und je radikaler diese Senkung sein wird, desto besser. Deswegen tun wir alles, um zu einer Übereinkunft zu kommen – sowohl über die Reduzierung der nuklearen Rüstungen in Europa als auch über die strategischen Rüstungen.

Aber wir sind nicht allein auf der Welt. Vor allen Regierungen und Staaten steht gleichermaßen scharf die Frage, ob die Entspannung weiterbestehen wird, ob man weiter mit dem Gedanken der Möglichkeit einer nuklearen Katastrophe leben wird oder mit der Zuversicht, daß die Zukunft friedlich sein wird. Hier, wie sonst kaum anderswo, muß das hohe Gefühl der Verantwortung zum Ausdruck gebracht werden.

In diesem Zusammenhang ein paar Worte über die nuklearen Rüstungen in Europa, das heißt zum Thema, das auch die Bürger der BRD unmittelbar bewegt. Für die Lösung dieses Problems ist die Sowjetunion bereit, vieles zu unternehmen. Wie der Generalsekretär des ZK der KPdSU J.W. Andropow erklärt hat, wäre die Sowjetunion einverstanden, in der europäischen Zone genau die Anzahl der Raketen zu behalten, über die England und Frankreich verfügen, und alles andere in Europa zu reduzieren, einschließlich unserer modernsten Raketen. Wir sind bereit, gleiche Höchstgrenzen auch für entsprechende Flugzeuge festzulegen.

Unsere Raketen mittlerer Reichweite, die über die Anzahl hinausgehen, die für die europäische Zone vereinbart wäre, würden hinter der Linie in Sibirien stationiert sein, von wo aus sie Ziele in Westeuropa nicht erreichen können. Wir sind auch bereit, die operativ-taktischen Raketen mit einer Reichweite unter 1 000 km auf der Grundlage der Gegenseitigkeit quantitativ zu begrenzen. Das ist die Substanz unserer Position.

Wir sind überzeugt, daß unsere Vorschläge eine reale Chance bergen, das Problem der Begrenzung der nuklearen Rüstungen in Europa gerecht und auf einer langfristigen Grundlage zu lösen. Sie geben auch die Möglichkeit, die Stationierung neuer amerikanischer Raketen in Europa zu vermeiden, eine scharfe Zuspitzung der Lage abzuwenden. Wenn die andere Seite den Wunsch hat, eine Übereinkunft zu erzielen, soll dieser Wunsch mit Taten bewiesen werden.

Die sogenannte »Null-Variante« der USA, die eine einseitige Abrüstung der Sowjetunion bedeutet, bringt die Lösung des Problems keinen Schritt voran. Eine echte, und nicht eine Pseudo-Null-Variante für die Mittelstreckenraketen der UdSSR und der USA ist von uns vorgeschlagen worden. Sie stellt einen realen Ausweg aus der Situation dar. Ein Scheitern der Verhandlungen ist unter diesen Bedingungen nur in dem Falle möglich, wenn der Wunsch zu einem Übereinkommen fehlt. Die Verantwortung dafür wird dann derjenige tragen, der sich einer Lösung der Frage auf der Grundlage der Gleichheit und der gleichen Sicherheit widersetzt.

Mit ihren Vorschlägen über die Begrenzung der nuklearen Rüstungen in Europa sucht die Sowjetunion keine einseitigen Vorteile. Frieden in Europa ist auch unser Frieden. Die Gefahr eines nuklearen Konflikts in Europa ist die Gefahr für unser eigenes Haus. Eine sorgfältig ausgewogene Kräftebalance in Europa auf niedrigerem Niveau brauchen wir wie jeder andere europäische Staat. Wir sind dafür, daß Europa letzten Endes von jeglichen Kernwaffen – sowohl solchen mittlerer Reichweite als auch taktischen – frei wird. Unser Vorschlag, dies zu vereinbaren, bleibt in Kraft.

Die Sowjetunion tritt für einen ehrlichen Vertrag über die nuklearen Rüstungen in Europa ein, der die Sicherheit der Vertragsparteien, aber zugleich auch aller Europäer gewährleisten würde.

Wir möchten aber, daß auch unsere Partner im Westen an die Lösung des Problems der nuklearen Rüstungen mit einem ebenso objektiven und einzig vernünftigen Maß herangehen. Unter den gegenwärtigen Bedingungen kann man die eigene Sicherheit auf Kosten der Sicherheit der anderen nicht festigen.

Im nuklearen Zeitalter sitzen die Bundesrepublik Deutschland und die Sowjetunion, bildlich gesagt, in einem Boot. Das bezieht sich auch auf alle anderen Staaten, darunter auch in Europa. Die Vereinigten Staaten von Amerika bilden keine Ausnahme. Dies können nur die Menschen übersehen, die an politischem Daltonismus leiden, die nicht fähig sind, die Dinge so zu sehen, wie sie sind. Und wenn es doch Hasardspieler und Abenteurer gibt, die erklären, daß sie bereit seien, ihren Ambitionen zuliebe die Menschheit in die nukleare Katastrophe hineinstürzen zu lassen, so ist die Frage erlaubt – wieso wollen sie und wer hat ihnen das Recht gegeben, alle Völker, die leben wollen, mit sich in den Abgrund hineinzuziehen.

Alles, was die Sowjetunion möchte, ist die gleiche und zuverlässige Sicherheit für sich selbst und ihre Verbündeten sowie auch für die anderen Staaten, einschließlich der Bundesrepublik.

Man möchte der Hoffnung Ausdruck geben, daß die Bundesregierung, die politischen Parteien, unabhängig von ihrer heutigen Rolle im Staat, die ganze bundesdeutsche Öffentlichkeit die gegenwärtige Situation nüchtern einschätzen und alles tun werden, um die Gefahr des nuklearen Wettrüstens in Europa abzuwenden.

Unser Land, die ganze sozialistische Gemeinschaft geht davon aus, daß die Möglichkeit besteht, die Entwicklung in Europa und in der Welt in eine gesunde Bahn zu lenken. Gerade deswegen haben sie in der Politischen Deklaration der Teilnehmerstaaten des Warschauer Vertrages vorgeschlagen, einen Vertrag über die gegenseitige Nichtanwendung militärischer Gewalt zwischen den Teilnehmerstaaten des Warschauer Vertrages und den NATO-Mitgliedstaaten abzuschließen. Dessen Substanz ist der Verzicht auf die Erstanwendung sowohl von konventionellen als auch von Kernwaffen gegeneinander. Das ist eine bedeutsame Friedensinitiative. Wir erwarten, daß man sie ernsthaft und objektiv betrachten wird.

## Pressekonferenz in Bonn

»Prawda«, 20. Januar 1983

Dies ist unser offizieller Besuch in der Bundesrepublik Deutschland. Viele Fragen bedürfen eines Meinungsaustausches. Auch wenn ich Ihnen das nicht gesagt hätte, wären Sie selbst darauf gekommen, daß es wirklich eine Menge von Fragen gibt. Es sind Fragen bezüglich der bilateralen Beziehungen zwischen der UdSSR und der BRD und Fragen internationalen Charakters. Obwohl unser Besuch noch nicht zu Ende ist, noch nicht alle Gespräche stattgefunden haben, läßt sich aufgrund der bisherigen Gespräche doch schon einiges sagen.

Was zunächst unterstrichen werden muß, ist die Tatsache, daß nicht nur die Sowjetunion, sondern auch die Bundesrepublik Deutschland das früher in unseren Beziehungen Erreichte positiv einschätzt. Von außerordentlich großer Bedeutung ist der Abschluß des politischen Vertrages zwischen der UdSSR und der BRD, der zum Nutzen beider Staaten, und nicht nur zu ihrem Nutzen, sondern auch zum Nutzen aller Völker Europas und der internationalen Situation im ganzen gedient hat.

Mit Genugtuung darf ich feststellen, daß die Staatsführung der Bundesrepublik Deutschland, ebenso wie die sowjetische Führung, auch weiterhin aufgrund dieses Vertrages handeln möchte, um die Beziehungen zwischen unseren Ländern weiter zu entwickeln, zu vertiefen und zu bereichern. Es handelt sich dabei um Politik, Wirtschaft, Handel, wissenschaftlich-technische Zusammenarbeit, kulturelle Beziehungen und Beziehungen in anderen Bereichen. Wenn seitens der BRD diese Linie weitergeführt wird, dann können wir mit Optimismus in die Zukunft unserer Beziehungen blikken, da wir unsererseits denselben Kurs steuern werden – den Kurs auf die Entwicklung der Beziehungen zur BRD, auf gute Beziehungen zu diesem Land.

Es wäre wünschenswert, wenn die Bundesrepublik Deutschland in den Beziehungen zur Sowjetunion ihr eigenes »Ich« zum Ausdruck brächte, sich von ihren eigenen Interessen leiten und von nichts beeinflussen ließe, was diesen Interessen, der Aufrechterhaltung guter Beziehungen zur Sowjetunion, nicht entspricht.

Denken Sie nicht, daß wir irgendwelche feindseligen Absichten dabei haben, feindselig in dem Sinne, daß wir gerne sehen wollen, daß die Beziehungen der BRD zu einigen anderen Ländern verdorben sind. Solche Absichten verfolgen wir nicht.

Im Verlauf der Gespräche wurden natürlich internationale Probleme besprochen, darunter auch Europa betreffende Probleme. Mehr noch, man kann sagen, unser Hauptaugenmerk galt dabei den Problemen der europäischen Sicherheit, was auch verständlich ist. Die Bundesrepublik Deutschland und die Sowjetunion leben in einem europäischen Haus, unter einem Dach. Beide Seiten können den in Europa herrschenden Zuständen gegenüber nicht gleichgültig sein. Beide Seiten müssen auch daran interessiert sein, wie die internationale Lage zur Zeit ist und in welcher Richtung sie sich entwickelt.

Was könnte man über den Meinungsaustausch zu all diesen Fragen sagen? Mit Genugtuung kann man feststellen, daß von beiden Seiten die Meinung zum Ausdruck gebracht wurde, daß der Frieden, die Sicherheit den Interessen der Völker der BRD, der Sowjetunion, der europäischen wie auch anderen Länder entsprechen. Uns sagen die Gedanken zu, die von unseren Gesprächspartnern zugunsten des Friedens, der Entspannung zum Ausdruck gebracht wurden.

Vielleicht verrate ich auf irgendeine Weise ein Geheimnis, doch ich hoffe, daß mir seitens des Bundeskanzlers H. Kohl keine Vorwürfe gemacht werden. Am Ende unserer Unterredung habe ich offen gefragt, ob ich nach meiner Ankunft in Moskau der ganzen sowjetischen Führung und dem Generalsekretär des ZK der KPdSU J.W. Andropow persönlich sagen kann, daß die Führung der Bundesrepublik Deutschland für die Entspannung ist, für den Kurs, der sich im Verlauf vieler Jahre in den Beziehungen zwischen unseren Ländern positiv bewährt hat, und daß dieser Kurs auch weiterhin in Kraft bleibt. Der Bundeskanzler hat diese Frage mit Ja beantwortet.

Unter den Fragen, die zur Diskussion standen, waren begreiflicherweise Probleme der nuklearen Mittelstrekkenwaffen in Europa und der strategischen Rüstungen. Es sind sehr komplizierte Probleme. Würden Sie über die Details dieser Probleme geprüft, so bin ich nicht sicher, daß Sie alle die beste Note in der Fünfpunkteskala bekämen. Das bedeutet aber nicht, daß es unmöglich ist, sich über die Politik in diesen Problemen Klarheit zu verschaffen.

Ich möchte in erster Linie auf die Probleme der Mittelstreckenwaffen in Europa eingehen. Es gibt einige Berührungspunkte in den Positionen unserer Länder, es gibt aber auch Unterschiede. Und es wäre ja eine Übertreibung zu behaupten, daß die bestehenden Unterschiede und Differenzen im Verlauf der Gespräche überwunden sind. Deswegen bleibt natürlich die Notwendigkeit erhalten, den Dialog, die Konsultationen und Verhandlungen weiterzuführen.

Ungefähr das Gleiche könnte ich sagen, würde ich gefragt, wie die Situation beim Meinungsaustausch in der

Frage der Begrenzung und Reduzierung strategischer Rüstungen ist und was sich in diesem Zusammenhang sagen läßt. Die Positionen beider Seiten haben sowohl Berührungspunkte, als auch Differenzen. In dieser Frage ist es daher auch notwendig, den Dialog, die Konsultationen und Verhandlungen weiterzuführen.

Beide Seiten sind zur Fortsetzung des Meinungsaustausches, der Verhandlungen, des Dialogs bereit. Dies wurde von westdeutscher und von unserer Seite erklärt. Deswegen soll man bezüglich des ersten und des zweiten Problems nicht endgültige Schlußfolgerungen ziehen, die sich pessimistischen Einschätzungen oder, umgekehrt, den entgegengesetzten Einschätzungen annähern. Die Erfahrung besagt, daß diese Probleme nicht leicht zu lösen sind, obwohl es wünschenswert wäre, sie schnell und effektiv zu lösen.

Zuweilen bekommt man folgende Frage zu hören – sie wird in der Presse einiger Länder gestellt. Wem, welcher Partei in der BRD der Besuch des sowjetischen Ministers in der Bundesrepublik Deutschland mehr Nutzen bringe? Dabei werden verschiedene Vermutungen, genauer gesagt: Wahrsagereien angestellt.

In diesem Zusammenhang möchte ich betonen, daß wir nicht gekommen sind, um die Politik einer Partei zu rechtfertigen und die Politik der anderen zu kritisieren. Wir sind gekommen, um unsere Politik klarzumachen und solch eine Politik der BRD, reale oder potentielle, solche Elemente der Politik zu unterstützen, die den Interessen des Friedens, der Entspannung und der Abrüstung entsprechen. Die politischen Parteien der Bundesrepublik Deutschland werden ihre Linie in den entsprechenden Fragen selbst bestimmen. Dies ist die Frage ihrer Verantwortung.

*Ferner beantwortete A.A. Gromyko Fragen der Journalisten.*

*Frage:* Wurde bei den Verhandlungen hier in Bonn die Frage des Abschlusses eines Vertrages zwischen den Staaten des Warschauer Vertrages und den NATO-Staaten über den gegenseitigen Verzicht auf die Anwendung militärischer Gewalt und über die Aufrechterhaltung friedlicher Beziehungen erörtert?

*Antwort:* Ja, es fand ein Meinungsaustausch auch zu dieser Frage statt. Die Regierung der Bundesrepublik erklärte, daß dieser Vorschlag, der in der Politischen Deklaration der Teilnehmerstaaten des Warschauer Vertrags in Prag formuliert worden ist, aufmerksam und ernsthaft studiert wird. Das muß auch sein. Wir äußerten unseren Wunsch, daß man diesen Vorschlag objektiv betrachtet, daß er eben ernsthaft studiert wird.

Es wäre gut, auf ein Argument zu verweisen, das unsererseits für diesen Vorschlag ins Feld geführt wurde. Früher erklärten Staatsmänner des Westens in einigen Hauptstädten – ich werde sie nicht aufzählen, sie kommen wohl selbst darauf, von welchen Metropolen in erster Linie die Rede ist – folgendes: Na gut, die Sowjetunion hat einseitig die Verpflichtung übernommen, nicht als erste Kernwaffen einzusetzen, und dies ist im ganzen eine positive Tatsache, man kann aber den Krieg nicht nur mit Kernwaffen, sondern auch mit konventionellen Waffen beginnen. Keiner hat doch Verpflichtungen auf gemeinsamer Basis in dieser Frage übernommen. Und wie können wir uns daher mit dem, was von der Sowjetunion erklärt worden ist, zufriedengeben?

Unter Berücksichtigung dessen sind die Sowjetunion und ihre Verbündeten im Warschauer Vertrag zur Schlußfolgerung gekommen: Warum denn nicht der Gruppierung des Nordatlantischen Bundes die Unterzeichnung eines Vertrages über die Nichtanwendung sowohl nuklearer, als auch konventioneller Waffen vorschlagen, damit es keinen Krieg zwischen den Staaten gibt, damit alle Streitfragen am Verhandlungstisch, mit friedlichen Mitteln gelöst werden. Ist denn dieser Vorschlag unlogisch? Jeder Mensch, der objektiv denkt und die Lage in der Welt objektiv einzuschätzen versucht, kann nicht umhin, diese Logik anzuerkennen.

Zur Zeit ist unser Vorschlag auf dem Tisch der Regierung eines jeden NATO-Staates. Wir wenden uns an sie, darunter auch an die Regierung der Bundesrepublik Deutschland, mit dem Aufruf, diesen Vorschlag möglichst ernsthaft und unvoreingenommen zu studieren und entsprechende Schlußfolgerungen zu ziehen. Man könnte sagen, zur Erörterung dieses Vorschlages seien Verhandlungen, ein Meinungsaustausch notwendig. Na und, die UdSSR und ihre Verbündeten sind zu solchen Verhandlungen bereit.

*Frage:* Die Verhandlungen, die zur Zeit in Genf zu den Fragen der nuklearen Mittelstreckenwaffen in Europa geführt werden, sind von der UdSSR und den USA begonnen worden und werden auch von diesen Ländern fortgesetzt. Mit ihrem Vorschlag in dieser Frage zieht die Sowjetunion jetzt zwei neue Staaten zu den Verhandlungen heran – England und Frankreich. Können Sie sagen, mit welcher Absicht die Sowjetunion und ihre Verbündeten diese beiden Länder in den Kreis der Teilnehmer an der Diskussion der erwähnten Frage heranziehen?

*Antwort:* Warum wir in Betracht ziehen, daß englische und französische Kernwaffen mitgezählt werden müssen?

Erstens, weil in der offiziellen Politik sowohl Englands als auch Frankreichs deren Militärmechanismus, deren Streitkräfte immer als Teil des NATO-Blocks betrachtet werden. Haben Sie mal Erklärungen gehört, die dieser Meinung nicht entsprechen? Ich glaube kaum.

Zweitens, jeder vernünftig denkende Mensch versteht, daß englische und französische Raketen mitgezählt werden müssen, da sie sich in Europa befinden. Ihren Parametern nach sind es Mittelstreckenwaffen. Zuweilen sagt man uns: Wieso sind es Mittelstreckenwaffen? Sie sind auf Atom-U-Booten stationiert, und deswegen sind sie dem Wesen nach eine strategische Waffe. Na gut, wenn Sie so wollen, sind sie gleichzeitig auch eine strategische Waffe. Man könnte diese Waffe verschieden bezeichnen, die Hauptsache aber ist, daß sie in Europa stationiert ist.

Diese Waffe erreicht das Territorium der UdSSR, die wichtigsten, am dichtesten besiedelten und wirtschaftlich am höchsten entwickelten Lebenszentren des Landes. Noch leichter erreicht sie das Territorium unserer Verbündeten. Welche Gründe gibt es also, diese Waffe zu ignorieren? Wir wären unglaubwürdig, würden wir die englischen und französischen Waffen nicht berücksichtigen, ausgehend von folgendem Prinzip: Mögen diese Waffen existieren, wir werden sie trotzdem nicht mitzählen.

Ich unterstreiche noch eine Nuance, die nicht allen klar ist. Wir schlagen doch nicht vor, die Militärarsenale Englands und Frankreichs zu reduzieren. Das tun wir nicht, diese Waffen sollen einfach bei den Verhandlungen während der Aufstellung einer entsprechenden Bilanz solcher Rüstungen mitgerechnet werden. Ist denn das, was wir vorschlagen, unlogisch? Ist es nicht ein gerechter Standpunkt? Zweifellos ist es ein gerechter Standpunkt. Sie wissen wohl, daß auch in NATO-Staaten viele geachtete Persönlichkeiten der Meinung sind, daß dies ein richtiger Standpunkt ist. Soweit meine Antwort.

*Frage:* Man bekommt den Eindruck, daß einige sich noch darüber Illusionen machen, daß die Sowjetunion letzten Endes mit der amerikanischen »Null-Lösung« einverstanden sein wird. Was könnten Sie in diesem Zusammenhang sagen?

*Antwort:* Nein, das ist ausgeschlossen. Die Sowjetunion kann in keinem Fall die sogenannte »Null-Lösung« akzeptieren. Warum? Sie würde einen scharfen Bruch der Gleichheit in den Rüstungen bedeuten, die sich im Verlauf vieler Jahre, man kann auch Jahrzehnte sagen, herausgebildet hat. Das war ein sehr komplizierter Prozeß, der vom Leben selbst geleitet wurde.

Zur Zeit besteht ein annäherndes Gleichgewicht in den Rüstungen. Die Realisierung der amerikanischen

»Null-Lösung« würde dazu führen, daß die »Null« nur für die Sowjetunion gültig wäre. Deswegen gefällt diese Lösung Washington so sehr. Und was die Vereinigten Staaten von Amerika angeht, bekämen sie eine noch größere Überlegenheit im Vergleich zur heutigen Situation. Ich habe nicht zufällig gesagt: im Vergleich zur heutigen Situation.

Wir sagen, daß es zur Zeit eine annähernde Parität gibt, die Exaktheit fordert aber, daß man eine Erläuterung macht: Kernwaffen sind doch nicht die Trägermittel, nicht die Metallkonstruktionen, die an und für sich keinen Menschen töten oder Zerstörungen hervorrufen. Wenn man Kernsprengladungen zählt, und dies ist ja die eigentliche Kernwaffe, so hat zur Zeit die NATO hier eine anderthalbfache Überlegenheit über die UdSSR.

Kurzum, wenn diese Frage gestellt wird, so könnte es die Sowjetunion tun. Wir sind aber bereit, das nicht zu tun, um die Möglichkeit einer Übereinkunft zu erleichtern. Ich wiederhole, die Verwirklichung des amerikanischen Planes würde das Kräfteverhältnis noch mehr zugunsten der USA verändern.

Um Sie mit konkreten Daten zu rüsten, werde ich auf folgende Tatsache Bezug nehmen: Würde man die amerikanische »Null-Lösung« verwirklichen, hätte die NATO zweimal mehr Trägermittel und dreimal mehr Kernsprengladungen als wir. Denken Sie sich in diese Ziffern hinein. Darin besteht das Wesen der »Null-Lösung«. Nein, nicht von ernsthaften Absichten ließen sich diejenigen leiten, die sie durchdachten und auf den Verhandlungstisch legten. Den Partner, der solch einen

Vorschlag unterbreitet, kann man nicht als seriös bezeichnen.

*Frage:* Herr Minister, in Ihren Gesprächen und Erklärungen in Bonn wichen Sie der Frage aus, ob ein Teil der zu reduzierenden SS-20-Raketen verschrottet wird?

*Antwort:* Wir haben Erklärungen gemacht und sie mehrmals wiederholt, daß wir die Zahl der Raketen in Europa verringern können. Im Verlauf der Verhandlungen haben wir auch präzisiert, daß einige Raketen verschrottet und andere in solche Gebiete verlegt werden können, von wo aus sie das Territorium der Länder in Mitteleuropa nicht erreichen.

Gleichzeitig gebe ich auch denjenigen eine Antwort, die wollen, daß wir nicht nur alle unsere Raketen aus dem europäischen Teil der Sowjetunion verlegen, sondern sie auch alle verschrotten.

Es sei die Frage erlaubt: Wie sollen wir dann die zahlreichen Mittel betrachten, die ohne irgendwelche Einschränkungen auf den Territorien einiger Länder in Asien und den sie umgebenden Gewässern stationiert werden. Was sollen wir damit tun? Wieviel Waffen gibt es noch, die von den geltenden Abkommen nicht erfaßt sind und die in einem zukünftigen Abkommen über Europa nicht erfaßt sein würden.

Es fragt sich: Soll die Sowjetunion dies alles berücksichtigen oder nicht? Zweifelsohne soll sie es tun. Die UdSSR möchte sich nicht in eine bevorzugte Lage bringen, doch das Prinzip der Gleichheit und der gleichen Sicherheit – dies ist das Allerheiligste, und darauf kann sie nicht verzichten. Wir sind der Auffassung, daß die anderen Staaten darauf auch nicht verzichten sollen.

*Frage:* Wie ist die Sachlage in der Frage der Begrenzung und der Reduzierung strategischer Rüstungen? Und wie ist der Standpunkt der UdSSR in dieser Frage?

*Antwort:* Man muß Rücksicht darauf nehmen, daß das SALT-II-Abkommen von den Vereinigten Staaten von Amerika nicht ratifiziert worden ist. Beide Seiten haben folglich keine strengen Verpflichtungen, gemäß diesem Abkommen zu handeln, obwohl es zu einem mündlichen Austausch von Erklärungen gekommen ist, daß die Seiten im allgemeinen sich an seine Bestimmungen halten werden.

In der Tat aber macht die amerikanische Seite kein Hehl daraus, daß sie sich an das Abkommen nur so lange halten wird, wie ihre Verpflichtungen gegenüber diesem Abkommen nicht in Widerspruch zu den praktischen Schritten der US-Regierung zur Ankurbelung der strategischen Rüstungen, d.h. in Widerspruch zur realen Politik, zum realen Stand der US-Rüstungen kommen.

Die amerikanische Regierung gab sich nicht damit zufrieden, daß sie das SALT-II-Abkommen auf die lange Bank geschoben hatte. Sie ging noch weiter und machte den Vorschlag, die Sowjetunion müsse ihre Raketen verschrotten, die bei den Verhandlungen von den USA als »schwere« bezeichnet worden waren. Wir sollen sie ohne weiteres verschrotten, da sie der US-Regierung nicht gefallen. Und was solch einen Bestandteil eines eventuellen Abkommens über die strategischen Waffenrüstungen angeht wie die strategischen Fliegerkräfte, so bliebe die Frage offen. Sie wird von den USA bei den Verhandlungen ausgeklammert und auf unbestimmte Zeit verschoben.

Auf diese Weise ist eine scharfe Veränderung der Balance der strategischen Rüstungen zugunsten der USA vorgesehen. Diese Haltung ist, man kann sagen, mit »soldatischer« Gradlinigkeit formuliert, mit der Festigkeit eines Soldatenschrittes. Sie ist absolut nicht objektiv, ungerecht und für die Sowjetunion absolut nicht akzeptabel. Sie zielt auf den einseitigen Gewinn, auf die Erlangung der Überlegenheit über die Sowjetunion. Es besteht kein Zweifel darüber, daß die amerikanische Regierung mit diesem Vorschlag nicht das Ziel verfolgt, eine Übereinkunft in den Fragen der strategischen Rüstungen zu erleichtern. Er ist offensichtlich darauf gerichtet, die Möglichkeit einer solchen Übereinkunft auszuschließen.

Das ist zu bedauern. Eine Übereinkunft nicht nur bei den Rüstungen mittlerer Reichweite, sondern auch bei den strategischen Rüstungen würde einen wesentlichen Schritt zur Verbesserung der internationalen Lage, der Verringerung der Gefahr eines Kernkrieges bedeuten, und eine wichtigere Aufgabe hat die Menschheit zur Zeit nicht. Solch eine Position bezieht die US-Regierung. Ich wiederhole, wir bedauern, daß sie eine solche Position bezogen hat. Wir würden gerne seitens der USA mehr Flexibilität, mehr Objektivität sehen. Die Sache ist die, daß die Erzielung dieser Übereinkünfte nicht nur den Interessen der Sowjetunion, sondern auch denen der Vereinigten Staaten entspräche. Mehr noch, dies entspräche auch den Interessen der Völker aller anderen Staaten, darunter auch der Staaten Europas.

Damit Sie ein klares Bild vom amerikanischen Vorschlag bekommen, der die Verschrottung sowjetischer SS-18-Raketen betraf, so wie sie im Westen bezeichnet werden, erkläre ich, daß die Frage dieser Raketen Gegenstand sowjetisch-amerikanischer Verhandlungen in Wladiwostok während der Präsidentschaft G. Fords war. Damals legte man fest, daß die Sowjetunion allen Grund und auch das Recht hat, solche Raketen zu behalten, und zwar in der Zahl, über die sie verfügte und die auch der US-Regierung bekannt war, solange die Frage der amerikanischen vorgeschobenen Kampfmittel, darunter auch in Europa, nicht gelöst wird.

Und nur wenn sich die Seiten Verhandlungen über den Abschluß eines nächsten Abkommens über die strategischen Rüstungen nähern, kann diese Frage, genauer gesagt, können beide Fragen im Kontext besprochen werden: die Frage unserer »schweren« Raketen und die Frage der amerikanischen vorgeschobenen Kampfmittel. Und da es bekanntlich keine Übereinkunft über die amerikanischen Stützpunkte und die amerikanischen Waffen in Europa gibt, ist der Vorschlag der USA, der gegen diese unsere Raketenart gerichtet ist, eine offene Willkür.

Washington, sehen Sie, gefallen diese Raketen nicht, daher schlug es vor, daß die Sowjetunion sie verschrottet, wir könnten aber auch auf solche Weise handeln. Uns gefallen, sagen wir, die amerikanischen Raketen »Trident-1« oder »Trident-2« nicht, daher sollen die USA sie verschrotten. In diesem Falle träte ein Chaos ein, und es würde keine geregelte Vereinbarung zwischen den Staaten möglich sein. Es ist ja auch ganz verständlich, daß der US-Vorschlag nicht als Grundlage der Vereinbarung über die strategischen Rüstungen dienen kann.

*Frage:* Im Westen, auch in der BRD, werden Versuche unternommen, die Situation in Polen zu »internationalisieren«, man versucht, sich in die inneren Angelegenheiten Polens einzumischen. Was können Sie in diesem Zusammenhang sagen?

*Antwort:* Ich werde kurz über unsere prinzipielle Einschätzung der Position des Westens gegenüber der Volksrepublik Polen sprechen. Polen soll man in Ruhe lassen. Niemand hat das Recht, sich in Polens innere Angelegenheiten einzumischen. Nur die Polen selbst haben das Recht, ihre inneren Probleme zu lösen. Und sie lösen sie auch. Niemand darf sich in diese Angelegenheiten einmischen: weder der Westen noch der Osten, weder der Norden noch der Süden. Die polnischen Angelegenheiten sind innere Angelegenheit der Polen. Je früher das im Westen verstanden wird, desto besser.

*Frage:* Könnten Sie nicht etwas über die sowjetisch-amerikanische Verhandlungslage in Genf sagen? Wie sind, Ihres Erachtens, die Perspektiven eines sowjetisch-amerikanischen Treffens auf höchster Ebene? Ist es wahr, daß im Sommer vorigen Jahres die Delegationsleiter der UdSSR und der USA bei den Verhandlungen über die Kernwaffen in Europa inoffiziell irgendwelche Kompromißlösungen vereinbart haben?

*Antwort:* Es ist eine eigenartige Frage – so wie mit den Mehrfachsprengköpfen. Ich habe schon die Frage der Verhandlungen über die strategischen Rüstungen erwähnt. Ich kann wohl nur hinzufügen, daß der Optimismus, der in letzter Zeit von Washington im Zusammenhang mit diesen Verhandlungen zum Ausdruck gebracht wird, genau so unbegründet ist wie der bezüglich der Verhandlungen über die nuklearen Mittelstreckenwaffen in Europa. Bis jetzt bleibt die Vorwärtsbewegung bei den Verhandlungen in Genf aus.

Was die Möglichkeit eines sowjetisch-amerikanischen Treffens auf höchster Ebene betrifft, so haben wir schon entsprechende Erklärungen in diesem Zusammenhang abgegeben. Solche Erklärungen sind noch von L.I. Breshnew abgegeben worden. Diese Frage berührte in seinen Reden, auch in den Gesprächen mit einigen Staatsmännern, der Generalsekretär des ZK der KPdSU, J.W. Andropow. Wir äußerten uns allgemein günstig über die Möglichkeit eines solchen Treffens. Man sagt, es brauche Vorbereitung. Diese Meinung teilen auch wir, wenn eine Vorbereitung nötig ist, soll man sich damit befassen. Wir sehen aber in den Erklärungen der amerikanischen Regierung keinerlei Interesse an diesem Treffen.

Die US-Regierung soll übrigens wissen, daß die Sowjetunion auch in dieser Frage nicht als Bittsteller auftritt. Wir lassen uns davon leiten, daß unter bestimmten Bedingungen das Treffen von gegenseitigem Nutzen sowohl für die Vereinigten Staaten als auch für die Sowjetunion, sowohl für Europa als auch für die ganze Welt sein kann.

Und schließlich über die Gerüchte, daß zwischen den Vertretern der Sowjetunion und der Vereinigten Staaten bei den Verhandlungen über die Mittelstreckenwaffen in Europa irgendwelche Vereinbarungen erzielt worden sind. Diese Gerüchte entsprechen der Wirklichkeit absolut nicht. Es ist bekannt, daß offizielle Verhandlungen geführt werden. Es fanden auch inoffizielle Treffen statt, was gewiß nützlich ist. Im Grunde genommen gab es aber keine Vorwärtsbewegung bei den Verhandlungen. Und der Grund liegt nicht darin, daß die Verhandlungsteilnehmer jeder Seite die Gespräche nach persönlichem Ermessen führten. Sie haben entsprechende Instruktionen. Die ganze Sache scheitert an der Position Washingtons, an der Linie derjenigen, die die Außenpolitik der USA bestimmen.

Zum Schluß möchte ich betonen, daß die Außenpolitik der Sowjetunion die Politik des Friedens, der Entspannung, der Freundschaft mit allen Völkern, die Politik der Entwicklung guter Beziehungen zu den Ländern Europas, Afrikas, Asiens und Lateinamerikas ist. Und natürlich sind wir für gute Beziehungen zu den Vereinigten Staaten. Dieser unser Kurs ist durch die Parteitage der Kommunistischen Partei der Sowjetunion, durch die Beschlüsse ihres Zentralkomitees, durch die entsprechenden Erklärungen sowjetischer Staatsmänner und in erster Linie des Generalsekretärs des ZK der KPdSU J.W. Andropow bestimmt. Diese Erklärungen sind veröffentlicht worden. Sie sind wohlbekannt. So ist der Kurs der Sowjetunion in den internationalen Angelegenheiten. Dieser Kurs wird auch in Zukunft von ihr verfolgt.

Am 14. Februar 1984 fand im Kreml ein Gespräch zwischen dem Generalsekretär des ZK der KPdSU, Konstantin Tschernenko, und dem Kanzler der Bundesrepublik Deutschland, Helmut Kohl, statt. An dem Gespräch nahmen außerdem teil das Mitglied des Politbüros des ZK der KPdSU, Erster Stellvertreter des Vorsitzenden des Ministerrates der UdSSR und Minister für Auswärtige Angelegenheiten der UdSSR, Andrej Gromyko, sowie der Vizekanzler und Minister für Auswärtige Angelegenheiten der Bundesrepublik Deutschland, Hans-Dietrich Genscher.

## Verzeichnis der Abbildungen